Kira Vinke
Sturmnomaden

KIRA VINKE

STURM-NOMADEN

Wie der Klimawandel uns Menschen die Heimat raubt

dtv

Für meine Eltern

Cradle to Cradle Certified® ist eine eingetragene Marke
des Cradle to Cradle Products Innovation Institute.

2022 dtv Verlagsgesellschaft mbH & Co. KG, München
Satz: Fotosatz Amann, Memmingen
Karten: © Peter Palm, Berlin
Druck und Bindung: GGP Media GmbH, Pößneck
Printed in Germany · ISBN 978-3-423-29039-5

INHALT

Vorwort – Eure und unsere Migration 7

1 Aufbruch ins Ungewisse – Klimamigration im 21. Jahrhundert 11

2 Schutzlos auf der Flucht – Recht und Unrecht in der Klimakrise 33

3 Inseln ohne Zukunft? Das Paradies der Kleininselstaaten verschwindet 57

4 Konflikte zwischen sesshaften Bauern und nomadischen Viehhirten im Sahel 97

5 Superstürme – Langfristige Auswirkungen auf den Philippinen und in Bangladesch 129

6 Feuer im Regenwald – Biodiversitätskrise im Amazonasbecken 167

7 Klimakrise in Deutschland und der Schweiz – Von der Hallig bis zu den Alpen 201

8 Klimapass für Klimamigranten? Der politische Instrumentenkasten für die Systemkrise 229

9 Ausblick und Auswege aus der Krise – Bruchstücke der Hoffnung 263

Nachwort – Zu guter Letzt 293

Dank 295

Quellennachweise und Anmerkungen 299

Literatur- und Bildnachweis 319

VORWORT – EURE UND UNSERE MIGRATION

Mitten in der Nacht muss sie aufbrechen, zusammen mit den Kindern wagt sie eine abenteuerliche Flucht. Sie ist sich der großen Gefahr bewusst, dass ihre Aktion scheitern kann. Angst und Zweifel begleiten ihren riskanten Weg. Aber sie setzt ihr eigenes und das Leben ihrer Töchter und Söhne aufs Spiel, um in Sicherheit zu leben.

Wessen Fluchtgeschichte ist das?

Die ukrainischer Kriegsgeflüchteter? Eine syrische Familiengeschichte? Der Versuch, dem Teufelskreis von Armut und Gewalt in Burkina Faso zu entkommen? Die Flucht vor einem Supersturm in Bangladesch? Ihre eigene?

Aktuell gibt es etwa 100 Millionen Möglichkeiten, diese Frage zu beantworten. Denn gegenwärtig sind mehr Menschen denn je auf der Flucht, über 100 Millionen, wie das UN Flüchtlingshochkommissariat (UNHCR) im Mai 2022 bekanntgab.

Auch historisch betrachtet prägen zahlreiche Fluchtgeschichten unsere Identität und Werte bis heute. Etwa die mutiger DDR-Bürger:innen, die in Freiheit leben wollten und unter Lebensgefahr ihr Land verließen. Ein kleines Unterkapitel unserer jüngsten deutschen Geschichte, das uns Bewunderung abringt.

Flucht und Migration verbinden uns als Menschen eher, als dass sie uns trennen – auch wenn die Kategorien »Flüchtling« oder »Migrant:in« etwas anderes vermuten lassen. Obwohl Flucht und Migration Teil unserer historischen DNA sind, blicken viele mit Entsetzen auf die Geschehnisse im Mittelmeer, an der Grenze zwischen den USA und Mexiko oder in der Sahara und fragen sich, was Menschen dazu treibt, sich – und nicht selten auch ihre Kinder – einem so extrem gefahrvollen Wagnis auszusetzen. Ein Bild, das wohl niemand mehr vergessen wird, der es gesehen hat, ist das der Leiche des kleinen Alan Kurdi. Der knapp dreijährige syrische Junge kam bei der Flucht übers Mittelmeer 2015 ums Leben, sein lebloser Körper wurde an einen türkischen Strand gespült und von einem Polizisten geborgen. Was passiert in den Herkunftsländern, dass Menschen bereit sind, alles, was ihr bisheriges Leben ausgemacht hat, zurückzulassen für eine ungewisse Zukunft? Es ist wichtig, dies genau zu analysieren, denn Flucht hat viele unterschiedliche Gründe.

2022 passiert das Unbegreifliche. Russland, unter der Führung Wladimir Putins, greift die Ukraine an. Bomben fallen auf die Hauptstadt Kiew, die Hafenstadt Mariupol, auf Charkiw und andere Städte. Auch Lwiw, nahe der polnischen Grenze, wird bombardiert. Millionen fliehen aus dem Land, weitere Millionen werden zu Binnenvertriebenen. Wie ihr Leben weitergeht, ob sie nach Beendigung der Gefechte wieder zurückkehren können oder dauerhaft in der Fremde Fuß fassen müssen, ist zum Zeitpunkt der Veröffentlichung dieses Buchs offen.

Dass neben kriegerischen Auseinandersetzungen, von denen wir kaum unsere Aufmerksamkeit lösen können, auch andere Faktoren Menschen zu Flucht und Migration zwingen, zeigt der 2021 erschienene Bericht der Fachkommission Fluchtursachen der Bundesregierung »Krisen vorbeugen, Perspektiven schaffen, Menschen schützen«. Die Kommission kommt zu dem Schluss, dass nur selten – wie im Fall der Ukraine – ein einzelner Anlass zur Flucht einer Person, einer Familie führt. Vielmehr entsteht der Druck meist aus einem Geflecht direkter Treiber wie Krieg, Verfolgung, Gewalt und Armut sowie indirekter Treiber. Zu ihnen gehört der Klimawandel, der mit seinen verheerenden Folgen Lebensgrundlagen zerstört und Menschen enormen Risiken aussetzt.

Um die Auswirkungen klimatischer Extreme auf Flucht und Migration geht es in diesem Buch, das acht Jahre Forschung in sich vereint. Dabei thematisiere ich nicht nur unmittelbare Umweltveränderungen, sondern auch, wie diese Veränderungen sich in unseren Gesellschaftssystemen niederschlagen und auf welche Weise Regierungen Anpassungen an den Klimawandel fördern oder erschweren können. In zahlreichen Ländern habe ich mit Menschen gesprochen, die selbst aufgrund von Klimafolgen ihre angestammte Heimat verlassen mussten, mit Menschen, die sie zu unterstützen versuchen, und auch mit solchen, die Migration verhindern wollen. Aus diesen Interviews ist ein Kompendium wissenschaftlicher Arbeiten entstanden, aber auch ein komplexes Gesamtbild und zugleich ein persönlicher Eindruck vom Zustand unserer Erde und den Menschen, die auf ihr leben.

Dieses aus vielen Einzelstücken zusammengesetzte Bild, dieses Mosaik möchte ich mit Ihnen teilen und dabei den Menschen, die bereits heute in den Kampf mit den Naturgewalten eingetreten sind, eine Stimme geben. Viele von ihnen sind zu heimatlosen Wanderern geworden, deren Zuhause zerstört wurde und deren Zukunft ungewiss ist – auch weil zunehmende Stürme, Dürren und Überflutungen sie wiederholt vertreiben könnten. Diese »Sturmnomaden« haben die Schäden, die sich aus der Atmosphäre auf unsere Lebenswelten niedergeschlagen haben, unmittelbar vor Augen. Ihr Zeugnis ist eine eindringliche Warnung. Denn ohne ein stabiles Weltklima kann es keine menschliche Entwicklung geben. Ohne Klimaschutz keinen Frieden. Ohne konsequenten Wandel keine Hoffnung. Nur durch einen schnellen Ausstieg aus den fossilen Energien und eine Transformation zur Nachhaltigkeit in allen Sektoren können die Schäden noch begrenzt werden. Schon jetzt sind viele Ökosysteme durch eine jahrzehntelange politische Klimalethargie belastet. Klimaflucht und -migration haben sich im vergangenen Jahrzehnt gehäuft, auch bei uns in Europa. Welches Szenario erwartet uns in den kommenden Jahrzehnten? Migration ist Teil unserer Geschichte, der Geschichte der Menschheit. Über das nächste Kapitel entscheiden wir.

Zur Struktur des Buchs

Im Folgenden möchte ich Ihnen die verschiedenen Dimensionen von Klimamigration vorstellen. Zunächst wird es um ganz bestimmte Migrationsmuster gehen: um Migration innerhalb des eigenen Landes oder über Grenzen hinweg, um freiwillige oder erzwungene, saisonale oder dauerhafte Migration sowie um die Frage, inwieweit sich der Klimawandel auf unser Gesellschaftssystem auswirkt (Kapitel 1). Im nächsten Schritt gehe ich auf die rechtlichen Rahmenbedingungen und die Frage ein, mit welchem Schutz die Menschen, die ihre Heimat verlassen, rechnen können (Kapitel 2). Dann nehme ich Sie mit an ganz unterschiedliche Orte der Welt, um Ihnen einen Eindruck von der menschlichen Seite der Klimakrise zu geben. So erfahren Sie von existenzbedrohenden Klimafolgen durch den Meeresspiegelanstieg auf den Kleininselstaaten (Kapitel 3); von gewaltsamen Konflikten vor dem Hintergrund hydroklimatischer Extreme im Sahel (Kapitel 4); von Superstürmen auf den Philippinen und in Bangladesch (Kapitel 5); von der Vernichtung der Artenvielfalt und den zahlreichen Folgen des Klimawandels im Amazonasregenwald (Kapitel 6); von den Herausforderungen, denen sich bestimmte Lebensräume in Deutschland und der Schweiz gegenübersehen (Kapitel 7). Im Anschluss an diese geografisch ausgerichtete Betrachtung folgen ein konkreter Vorschlag, wie besonders bedrohte Personen unterstützt werden können (Kapitel 8), sowie Fragmente der Hoffnung, die mit Innovationen, Projekten und zivilgesellschaftlichen Initiativen Auswege aus dem Klimachaos aufzeigen (Kapitel 9).

Brechen wir also auf …

Kira Vinke

1 AUFBRUCH INS UNGEWISSE – KLIMAMIGRATION IM 21. JAHRHUNDERT

Vertrieben im eigenen Land ▪ Migrationsmuster in Zeiten des Klimawandels ▪ Dekaden der Klimamigration ▪ Small Data, Big Data, No Data? ▪ Die Nomadisierung unserer Lebensweise ▪ Was Klimamigration mit uns zu tun hat ▪ Gefangen im Klimachaos ▪ Corona und das Klima ▪ Zukunftsaussichten

An einem drückend heißen Tag in Neu-Delhi, während draußen der Asphalt schmolz und Zebrastreifen zu schlangenartigen Aquarellen wurden, diskutierte ich in einem etwas heruntergekommenen Gästehaus mit meiner Mitbewohnerin über die Situation der Wanderarbeiter:innen in Indien. Sie kommen aus ländlichen Gebieten, wo sie ursprünglich als Bäuerinnen und Bauern, oft auch nur als Pächter:innen ohne eigenes Land gearbeitet haben und kaum Möglichkeiten hatten, ihre Rechte einzufordern. Millionen Binnenmigranten schuften in Indiens Boomstädten, zumeist unter extremen Bedingungen – Schwerstarbeit. Ohne Arbeitsschutz erbringen sie tagtäglich körperliche Höchstleistung und dienen, volkswirtschaftlich gesehen, als Schattenmotor eines insgesamt wachsenden Wohlstands. An manchen Sommertagen ist die Hitze unerträglich, die Luftverschmutzung schnürt einem zusätzlich die Kehle zu, aber auf den Baustellen herrscht kein Stillstand – sie sind voller Menschen, die sich irgendeinen Lohn verdienen müssen. Wir fragten uns, was genau sie antreibt und bewegt, in die Städte zu strömen. Ist es tatsächlich »nur« der Wunsch nach einem besseren Leben und ökonomischen Aufstieg, wie das Narrativ der Urbanisierung so oft gestrickt wird? Wollen sie der Abwärtsspirale aus ländlicher Armut und knappen Ressourcen entkommen? Oder bleibt ihnen vielleicht gar nichts anderes übrig, als ihre Heimat zu verlassen? Zwingt womöglich der Klimawandel sie dazu? Zu diesem Zeitpunkt, 2013, forschte ich in Delhi an der Teri-Universität (The Energy and Resources Institute) zum Thema Wassersicherheit und transnationales Flussmanagement. Nach dem Gespräch fing ich an, mich mit Klimamigration zu befassen.

Recherchiert man im Internet den Begriff »Klimamigration«, wirft die Ecosia-Suchmaschine etwa 15 800 Ergebnisse aus. Kein Wunder: Die Tatsache, dass ein Zusammenhang zwischen Klima und Migration besteht, dass eine Folge des Klimawandels auch Migration ist, setzte in den vergangenen Jahren viele wissenschaftliche und mediale Debatten in Gang. Klimaflucht ist ein Thema, das Aufmerksamkeit auf sich zieht. Dabei stehen oft theoretische Fragen der Definition und waghalsige Projektionen zukünftiger Migrationsströme im Vordergrund. Nicht selten driftet die Debatte in eine Angstkampagne ab, in deren Zentrum es um die Frage geht: »Wie viele Menschen werden zu uns kommen?« Dahinter versteckt sich die Sorge: »Werde ich etwas von meinem Wohlstand abgeben müssen?«

Wenig Aufmerksamkeit wurde bisher denjenigen Menschen zuteil, die bereits heute, bei knapp 1,2 °C über der Normaltemperatur, bedroht sind und abwandern. Dies liegt auch an der komplexen Gemengelage. Migration ist – wie die meisten menschlichen Handlungen – multikausal. Das heißt, Menschen migrieren aus vielerlei Gründen: etwa, weil sie nach besseren Arbeitschancen suchen, weil der Bevölkerungsdruck zunimmt oder auch wegen familiärer Schwierigkeiten – doch können Klimafolgen auf bestimmte Treiber von Migration Einfluss nehmen,[1] etwa wenn Stürme und Fluten die Ernten von Kleinbauern zerstört haben oder Hitzewellen die Arbeit unter freiem Himmel unerträglich machen.

Bisher ist der Klimawandel noch nicht der dominierende Faktor in den globalen Migrationsbewegungen. Der Weltklimarat (IPCC, Intergovernmental Panel on Climate Change) hat uns jedoch 2021 nicht zum ersten Mal deutlich vor Augen geführt, dass uns in allen Emissionsszenarien schwierige Zeiten bevorstehen. Diese schmerzhafte Einsicht bleibt uns nicht erspart: Es gibt für die junge Generation kein Zurück mehr in das Klima, in dem ihre Großeltern aufgewachsen sind. Selbst wenn wir rasch aus den fossilen Energien aussteigen und bedeutende Sektoren wie die Landwirtschaft und den Verkehr transformieren, wird es erst einmal wärmer werden, bevor wir den globalen Mitteltemperaturanstieg begrenzen können. Das hängt sowohl mit der Trägheit unseres Weltwirtschaftssystems zusammen, das keineswegs von heute auf morgen dekarbonisiert, also klimaneutral,[2] gestaltet werden kann, als auch damit, wie das Erdsystem auf einen veränderten CO_2-Gehalt in der Atmosphäre reagiert. Die Chance, frühzeitig der Erwärmung gegenzusteuern, wurde längst vertan. Das bedeutet: Klimafolgen, die bisher nur ein Nebenrauschen in der Bandbreite von Faktoren waren, die Migrationsentscheidungen und Migrationsrouten beeinflussen, könnten künftig zu einem viel größeren Faktor werden. Gleichwohl liegt es noch immer in unserer Hand, das Schlimmste abzuwenden und zivilisationsbedrohende Klimarisiken zu minimieren.

Bei meinen Forschungsreisen in Hotspotregionen des Klimawandels in Südasien, Lateinamerika, Subsahara-Afrika und im Pazifik konnte ich erfahren, wie tiefgreifend die Veränderungen heute bereits sind und welche Folgen die Abwanderung für die Migrant:innen selbst, aber auch für Sende- und Empfängergemeinden hat.[3] Hinter steilen Temperaturkurven und komplexen Schaubildern verbergen sich menschliche Schicksale, die kaum Eingang in die Diskussionen um Klimaschutzpläne auf nationaler und internationaler Ebene gefunden haben. Doch auch hier in Europa zeigt sich bei Gesprächen mit Landwirt:innen oder Fischer:innen schnell: Die Normalität bröckelt, auch wenn die Oberfläche noch intakt zu sein scheint.

Heute, 2022, steht fest, nichts ist mehr wie früher. Das Klimasystem gerät immer mehr aus dem Gleichgewicht.[4] Waldbrände, Sturmfluten und desaströse Dürren bestimmen inzwischen Nachrichten von nah und fern. Nach extrem heißen Sommern, warmen Wintern und verheerenden Überflutungen ist der Klimawandel auch in Deutschland angekommen, und an der Erkenntnis, dass die Zeit eines stabilen Weltklimas vorbei ist, besteht kein Zweifel mehr. In manchen Diskussionen heißt es: »Menschen sind schon immer gewandert, um sich Veränderungen anzupassen.« Das ist richtig, aber der Wandel, der sich gegenwärtig vollzieht, ist dramatisch und präzedenzlos in den vergangenen paar tausend Jahren. Der Meeresspiegel steigt so schnell wie nie zuvor in den letzten 3000 Jahren.[5] Die CO_2-Konzentration in der Atmosphäre ist höher, als sie es in den letzten mindestens zwei Millionen Jahren war – das bedeutet: Wir sind die ersten Menschen, die mit einer solch hohen CO_2-Konzentration in der Atmosphäre leben und umgehen lernen müssen. Den Homo sapiens gibt es erst seit etwa 300 000 Jahren. Wir befinden uns damit inmitten eines von uns selbst begonnenen globalen Experiments mit ungewissem Ausgang. Gleichzeitig hat die Weltbevölkerung einen Höchststand erreicht, im Gegensatz zu früher sind heute viele Gebiete dicht besiedelt und die Ressourcen begrenzt. Die Migration, die als Reaktion auf diesen Wandel vollzogen werden muss, ist also eine Menschheitsherausforderung.

Vertrieben im eigenen Land

Der Fluchtweg von Menschen, die aus ihrer vertrauten Gegend aufbrechen, um sich an einem weniger bedrohten Ort eine neue Existenz aufzubauen, verläuft größtenteils innerhalb von Landesgrenzen oder führt – wie Daten des UN-Flüchtlingskommissariats UNHCR[6] belegen – für 86 Prozent aller Geflüchteten in (benachbarte) Entwicklungs- und Schwellenländer. Das bestätigt auch die Metaanalyse meines Kollegen Roman Hoffmann, in der er die Ergebnisse einer Vielzahl anderer Studien zusammengefasst und statistisch aufbereitet hat.[7] Nur die wenigsten Personen zieht es demnach in die Ferne, etwa in Richtung Europa oder Nordamerika. Die meisten möchten in der Nähe ihres Heimatorts und Kulturkreises bleiben.

Hans Joachim Schellnhuber, Gründer des Potsdam-Instituts für Klimafolgenforschung, entlarvt in diesem Zusammenhang in seinem Buch ›Selbstverbrennung‹ die vielgebrauchte Wassermetapher der »Flüchtlingswelle« beziehungsweise des »Flüchtlingsstroms« nach Europa. So kommt »die große Flucht eher einer Sickerbewegung durch die ärmeren Regionen der Welt gleich, wobei gelegentlich auch ganze Ethnien in die Sackgasse geraten«, schreibt er in seinem umfassenden Werk.[8] Anderen wiederum ist es gar nicht möglich, über längere Distanzen zu migrieren. Ihnen fehlen dafür die finanziellen Ressourcen oder ganz einfach der Zugang zu Transportmitteln – aber dazu später mehr.

Das Internal Displacement Monitoring Centre (IDMC), das Daten zur Binnenvertreibung sammelt, auswertet und analysiert, verzeichnete für 2020 einen Höchstwert: 40,5 Millionen neue Binnenvertriebene.[9] Dieser traurige Rekord hat nicht ausschließlich und unmittelbar, aber indirekt mit den Folgen des Klimawandels zu tun, denn ein Großteil (30,7 Millionen) der Menschen floh vor Naturkatastrophen, während 9,8 Millionen vor bewaffneten Konflikten Schutz suchten.[10]

Die verzeichneten Naturkatastrophen waren überwiegend wetterbedingt. Auf Erdbeben oder Vulkanausbrüche, die nicht im Zusammenhang mit Klimawandelfolgen stehen, entfielen lediglich etwa

655 000 Vertreibungen. Zwar sind bei Weitem nicht alle Extremwetterereignisse auf Klimafolgen zurückzuführen, doch der Klimawandel lässt solche Ereignisse immer häufiger und in größerer Intensität in Erscheinung treten. Besonders besorgniserregend ist, dass in vielen Gebieten bereits kleinere Überflutungen, Stürme oder Dürren zu katastrophalen Konsequenzen für die Bevölkerung führen, weil die Infrastruktur fragil ist. Am härtesten trifft es dann jene, die in der »Geburtenlotterie« ohnehin nicht das große Los gezogen haben. Sie leben in Armut – ohne Zugang zu guter Bildung, Gesundheits- und Daseinsvorsorge. Diese Menschen arbeiten auf dem Land als Subsistenzbauern und Fischer oder in städtischen Slums als Bauarbeiter:innen und Rikschafahrer. Die Zahl, über 30 Millionen neue Binnenvertriebene aufgrund von Naturkatastrophen, ist schwer zu fassen, sind es doch vor allem Einzelschicksale, die uns berühren, uns ahnen und verstehen lassen, in welchem Überlebenskampf sich ein Teil der Menschheit bereits befindet.

Migrationsmuster in Zeiten des Klimawandels

Wie in einem feinen Teppich ist Migration mit unserem Leben verwoben. Ortswechsel sind für viele von uns selbstverständlich geworden. Man zieht um, findet eine neue Arbeit, eine neue Umgebung. Immer weniger Menschen verbringen ihren Lebensabend dort, wo sie geboren wurden. Aber es gibt auch ganz andere Arten der Migration, auch Flucht, Vertreibung oder Umsiedlung zählen dazu – mit jeweils eigenem Migrationsmuster, das entlang von drei Kontinuen beschrieben werden kann: dem Grad der Freiwilligkeit (war die Abwanderung erzwungen oder erfolgte sie aus freien Stücken?), dem zeitlichen Aspekt (verlassen die Menschen dauerhaft, mittel- oder nur kurzfristig ihre Heimat und kehren sie möglicherweise wieder zurück?) und der geografischen Dimension (welche Entfernung legen die Menschen zurück und überschreiten sie dabei nationale Grenzen?).

Zwischen diesen verschiedenen Polen gibt es Mischformen, die eine harte Kategorisierung und Abgrenzung weitgehend ausschließen. Die ursprünglich saisonal angelegte Migration etwa kann sich nach und nach über einen immer größeren Zeitraum erstrecken und schließlich zum Dauerzustand werden. Und auch die Frage, inwieweit Migration tatsächlich aus freiem Willen geschieht, wenn doch Armut oder Perspektivlosigkeit den Alltag prägen, lässt sich oft nicht eindeutig beantworten. Der Großteil der Migration liegt daher eher im Graubereich.

Klimamigrant:innen gehen gewissermaßen einen Risikotausch ein. Der drohende Hunger auf dem Land aufgrund von Ernteverlusten wird unter Umständen gegen die existenzielle Unsicherheit in der Stadt, wo das Geld zum Kauf von Lebensmitteln fehlt, eingetauscht. Das Risiko von Sturmschäden steht gegen das Risiko, in dichtbesiedelten Slums in extremer Hitze unter einem Wellblechdach leben zu müssen. Tatsächlich sind Migrant:innen im Nachhinein oft noch schlechter gestellt als zuvor. Und doch gehen sie das Wagnis ein, das oft von anderen mitgetragen wird: von der Familie, dem Partner oder der Partnerin, der Dorfgemeinschaft, die vielleicht Geld zusammenlegt, um den Exodus überhaupt erst zu ermöglichen. Am Zielort leben eventuell Menschen, die den Neuankömmling in Empfang nehmen, eine Diaspora, die beim Ankommen hilft. Migration ist somit nicht nur die reine Fortbewegung von A nach B, sondern Teil eines Gesellschaftssystems – sie ist die Quelle kollektiver Hoffnung, ein Antrieb auf der Suche nach einem besseren Leben.

Neben Menschen, die auf eigene Faust migrieren, gibt es auch solche, die durch Regierungsprogramme umgesiedelt werden. Solche Maßnahmen führen meist zu tiefen Zäsuren, zerstören soziale Bindungen und lassen Strukturen in den Gemeinden zerbrechen. Nicht selten verlieren die Betroffenen sogar ihre ökonomische Lebensgrundlage. Historische Beispiele umfangreicher Umsiedlungsprogramme belegen, wie brutal diese Entwurzelung sein kann und mit welchen Menschenrechtsverletzungen sie einhergeht, insbesondere, wenn autoritäre Regime sie veranlassen. In der DDR haben zum Beispiel in der Lausitz Umsiedlungen ganzer Dörfer für den Kohlebergbau tiefe Narben hinterlassen. Trotzdem werden bis heute in Deutschland Dörfer abgerissen, um Kohle zu baggern.

Die Möglichkeit zu migrieren ist global gesehen äußerst ungleich verteilt. Mit einem deutschen oder amerikanischen Pass ist zumindest die touristische Einreise in viele Länder problemlos realisierbar. Normalerweise. Diese scheinbar selbstverständliche Freiheit wurde durch Infektionsschutzmaßnahmen gegen die Covid-19-Pandemie stark eingeschränkt. Plötzlich wurden selbst innerhalb der Europäischen Union Grenzen wieder spürbar, und die Mehrheit der Bevölkerung beschränkte ihre Bewegungen auf einen sehr kleinen Radius. Ein Gefühl der Unfreiheit breitete sich aus.

Ein großer Teil der Menschheit hat aber ganz unabhängig von der Pandemie eine sehr eingeschränkte Reisefreiheit und ist mit einem Pass ausgestattet, der komplizierte und oft undurchsichtige Visaverfahren verlangt und bei der Einreise nur selten ein freundliches »Willkommen« auslöst. Somit werden Migrationsrouten nicht nur durch den Willen und die Fähigkeit zu migrieren bestimmt, sondern insbesondere auch durch Grenzen, die politisch gesetzt und zunehmend scharf verteidigt werden.

Dekaden der Klimamigration

Die Schätzungen, wie viele Menschen in Zukunft klimabedingt wandern werden, klaffen weit auseinander, sie reichen von der Annahme, dass Klimamigration ein Mythos sei, bis zu einer Milliarde Vertriebenen bis Mitte dieses Jahrhunderts. Sowohl wissenschaftlich untermauerte als auch unseriöse Projektionen sind dabei im Umlauf. Woher kommt diese Unsicherheit, und welche Zahlen und Untersuchungen sind hilfreich, um entwicklungspolitische Entscheidungen treffen zu können? Die Weltbank projiziert in einem pessimistischen Szenario über 200 Millionen Klimabinnenvertriebene bis zum Jahr 2050 in sechs Weltregionen.[11] Je nachdem, wie stark der Klimawandel gebremst wird, kann sich die Zahl halbieren oder sogar noch weiter verringern. Zwar ist der Weltbankreport unter den überregionalen Studien methodisch mit am weitesten entwickelt, dennoch bleiben viele Unsicherheiten. So ist höchst fraglich, ob sich eine Verschiebung von über 200 Millionen Menschen tatsächlich innerhalb von Landesgrenzen abspielen kann oder ob sich dadurch nicht weitere Migrationsdynamiken über Landesgrenzen hinweg entfalten.

Eine einfache Fortschreibung der Gegenwart in die Zukunft ist aufgrund der Komplexität der Bewegungen nicht möglich. Je weiter man nach vorne blickt, desto schwieriger wird es, Klimamigrationsdynamiken vorherzusagen. Sie hängen davon ab, welche Entwicklungspfade wir jetzt und in den kommenden Jahrzehnten einschlagen werden. Wird die globale Erwärmung gebremst? Wenn ja, wie stark? Können ärmere und ländliche Regionen am Weltwirtschaftswachstum teilhaben? Welche Arbeitsmarktregulationen treten in Kraft? Welche Bildungs- und Arbeitschancen werden Frauen haben? Wie entwickelt sich die Weltbevölkerung? Diese und andere Faktoren beeinflussen die Dynamik von Klimafolgen und Migration in fundamentaler Weise. Menschen werden tendenziell von niedrigliegenden Gebieten in höhere Lagen wandern, um die zunehmenden Temperaturen abzupuffern und sich vor dem steigenden Meeresspiegel zu schützen.

Historisch betrachtet, haben sich Menschen schon immer bevorzugt an Küsten und entlang von Flüssen und fruchtbaren Deltas niedergelassen. Genau diese Gebiete sind nun besonders gefährdet. In den Niederlanden zeigt sich, wie durch Infrastrukturmaßnahmen, Deichbau, adaptive Architektur und ausgewiesene Überflutungsflächen Gebiete bewohnbar gehalten werden können, die sonst den Fluten zum Opfer fallen würden. Aber nicht überall lassen sich solch innovative Maßnahmen technisch durchführen oder finanziell stemmen. In ärmeren Staaten, wo es an allem fehlt, ist schwer vorstellbar, dass in den nächsten Jahren oder auch Jahrzehnten Investitionen in mehrstelliger Milliardenhöhe getätigt werden können, um Gebiete zu schützen. Gerade um den tropischen Gürtel leben große Bevölkerungsgruppen, die aufgrund von Armut den Klimafolgen wehrlos ausgesetzt sind. Die Erwärmung der Erde und der Anstieg des Meeresspiegels können perspektivisch dazu führen, dass sich die Bevölkerung vom tropischen Gürtel hin in Richtung Polkappen, in gemäßigtere Gebiete, verschiebt – mit all den gesellschaftlichen Umbrüchen, die eine solche Umverteilung der Menschheit mit sich bringt.

Small Data, Big Data, No Data?

Dass die Beobachtungen und Projektionen zur Klimamigration von Unsicherheiten geprägt sind, hat auch mit der schlechten Datenlage zu tun. Schauen wir uns zuerst die Migrationsseite an. Weltweit wird zu unterschiedlichen Zeitpunkten Migration erfasst, vor allem durch nationale Zensus, also Volkszählungen, bei denen in der Regel Fragen zum Wohnortwechsel gestellt werden. Eine einheitliche Definition für Migration gibt es aber nicht. Mancherorts wird bereits ab sechs Monaten Abwesenheit vom Heimatort von Migration gesprochen, woanders erst ab zwölf Monaten. Saisonale Wanderungen werden oft gar nicht registriert. Hinzu kommt, dass Volkszählungen nur in großen Abständen durchgeführt werden, da mit ihnen ein erheblicher Aufwand verbunden ist. In Deutschland fanden die beiden letzten Zensus 2011 und 2022 statt. Wie sich kurzfristige Naturkatastrophen zwischen diesen Zeitscheiben auswirken, kann aus den Daten also kaum abgelesen werden. Darüber hinaus wird manchmal gar nicht nach den Gründen für die Migration gefragt, und wenn doch, fehlt »Naturkatastrophe« als Antwortoption. Sie wird unter »ökonomischen« oder »anderen« Kriterien subsumiert. In vielen Weltregionen finden Volkszählungen noch seltener und unregelmäßiger als in Deutschland statt. In entlegenen Gebieten ist die Erfassung bestenfalls mangelhaft. Dabei können gerade dort Klimafolgen bei Migrationsentscheidungen eine wichtige Rolle spielen. Neben landesweiten Erhebungen gibt es subnationale Umfragen, die beispielsweise auf lokaler oder regionaler Ebene durchgeführt werden. Doch auch hier stellen sich viele Definitionsfragen, die einen Vergleich über Regionen und längere Zeiträume hinaus schwierig machen.

Migrationswissenschaftler:innen erheben zudem eigens für ihre Forschung Daten, etwa durch Umfragen oder verschiedene Interviewformate, um spezifische Forschungsfragen zu beantworten. Eine neue Datenquelle bilden Handys, deren Metadaten anonymisiert analysiert werden können und so extrem hochaufgelöste Informationen über Migration nach Naturkatastrophen liefern. Erste auf diese Weise generierte Ergebnisse liegen bereits vor.[12]

Damit können sich Hilfsorganisationen und Regierungen nach einer Katastrophe ein besseres Lagebild verschaffen. Allerdings bleibt ein bitterer Nachgeschmack: Vor allem in Ländern mit schwachen Datenschutzrichtlinien werden diese Informationen häufig von ausländischen Wissenschaftler:innenteams ausgewertet. Schlimmstenfalls könnten Handydaten von autoritären Regierungen missbraucht werden, um Menschen auszugrenzen, zu überwachen oder zu verfolgen - auch wenn bei den anonymisierten Angaben sich nicht zurückverfolgen lässt, wer genau das Endgerät benutzt. In jedem Fall sollten solche Daten nur unter strengen Auflagen freigegeben werden.

Bei genauer Betrachtung der Daten zu den Klimafolgen ergeben sich große regionale Unterschiede. So sind in zahlreichen Entwicklungsländern weitaus weniger Beobachtungsdaten vorhanden als in Industrienationen. In den vergangenen Jahrzehnten wurden vielerorts Wetterstationen abgebaut. Das bedeutet, dass die Projektionen weniger genau und damit auch weniger eindeutig und belastbar sind. Außerdem ist die Klimaforschung anderswo insgesamt nicht so gut ausgestattet wie in Europa und den USA. Auf dem afrikanischen Kontinent etwa gibt es nur wenige Universitäten, die beispielsweise Klimaphysik als Studienfach anbieten und entsprechend fähige Wissenschaftler:innen ausbilden. Zudem ist für die Absolvent:innen solcher Studiengänge der nationale Jobmarkt nicht immer erfolgversprechend.[13] Deshalb sind viele Länder auf das Wissen, das in wenigen Industriestaaten produziert wird, angewiesen, um eine eigene Planung zur Klimaanpassung zu entwickeln. Diese Unsicherheit hinsichtlich regionaler Klimafolgen betrifft auch die Klimamigrationsforschung. Aber in beiden Bereichen, Klima und Migration, gibt es eine immer dichtere Datenbasis und eine wachsende Forschungsgemeinschaft, die daran arbeitet, Lücken zu schließen und solides Wissen über die komplexen Wirkungszusammenhänge in und zwischen den zwei Feldern aufzubauen.

Heiß, heißer, Afrika

Wie bedrohlich die Situation bereits ist, beschreibt der nigerianische Poet, gelernte Architekt und alternative Nobelpreisträger Nnimmo

Bassey in schockierender Eindringlichkeit in seinem Buch ›To Cook a Continent‹ (›Wie man einen Kontinent kocht‹). Für ihn ergibt die Kombination von Klimakrise und Ausbeutung fossiler Rohstoffe den perfekten Sturm, der die Ökosysteme des afrikanischen Kontinents zerstört und die dort lebenden Menschen mit ihm. So könnte ein Anstieg der globalen Mitteltemperatur um 2 °C regional einen deutlich höheren Mitteltemperaturanstieg zur Folge haben: in Nordafrika um 2,5 °C, in Ländern wie Ägypten oder Libyen sogar um 3 °C. Ein globaler Anstieg von 4 °C würde für die Region vielleicht zu über 7 °C führen. Kaum denkbar, dass dort dann noch die gleiche Anzahl an Menschen ausharren und überleben könnte. Eine Stadt wie Kairo etwa wäre einer solchen dramatischen Herausforderung kaum gewachsen. Für den gesamten Kontinent steht daher alles auf dem Spiel, wenn es um die Frage geht, wie stark wir den Klimawandel noch eindämmen können.

Wir, das sind vor allem Menschen in den Industriestaaten und den globalen Mittel- und Oberschichten. Fakt ist: In Subsahara-Afrika liegt der durchschnittliche CO_2-Fußabdruck bei 0,8 Tonnen pro Jahr[14] – manchen Berechnungen zufolge ist er niedriger als der eines großen fleischfressenden Hundes in Europa. Viele Lebensstile in der Region sind klimaneutral, teils schlicht wegen der Armut, durchaus aber auch aufgrund der traditionellen Lebensweise, die im Einklang mit der Natur steht. Zum Vergleich: In der EU liegt der durchschnittliche CO_2-Fußabdruck bei 6,4 Tonnen, in Deutschland bei etwa 8,5 Tonnen pro Jahr. Das heißt: Wir kolonialisieren die Atmosphäre, wir verdrecken den Himmel, der allen gehört!

Bassey hat in seiner Heimat, dem ölreichen Nigerdelta in Westafrika, miterlebt, wie internationale Konzerne im Verbund mit korrupten Eliten Regionen ausbeuten. Fruchtbare Böden werden durch undichte Pipelines, die offenbar den Aufwand nicht wert sind, repariert zu werden, langfristig kontaminiert und unbrauchbar gemacht. Von den Erdölgewinnen profitieren nur Einzelne. Die Armut ist trotz des Ressourcenreichtums groß.

Ob wir nun Benzin tanken, Heizöl nutzen oder erdölbasiertes Plastik kaufen: Wir alle sind Komplizen dieser Entwicklung – und zwar unweigerlich, denn aus dem System der erdölbasierten Wirtschaftsweise gibt es kein Entrinnen, es sei denn, wir überwinden es als Gesellschaft. Als Individuum bleiben wir darin gefangen.

Für die nigerianische Bevölkerung kommt noch hinzu, dass sie nicht nur unter den Folgen der Erdölförderung leidet, sondern auch unter der grassierenden Hitze, unter Dürren, Extremniederschlägen und dem Anstieg des Meeresspiegels – allesamt Phänomene, die durch das Verbrennen von Erdöl in Fahrzeugen oder Heizungen weiter begünstigt werden. Und als wäre das nicht schon genug, wird immer mehr Druck erzeugt, die Fehler des Westens im Bereich der industriellen Landwirtschaft zu wiederholen – mehr Pestizide und mehr Dünger münden in weniger Artenvielfalt und mehr Landnutzungsemissionen.

Dem allem stellt sich Bassey als Umweltaktivist mit seinem Thinktank Home of Mother Earth Foundation (HOMEF) mutig entgegen. Mit scharfen Worten analysiert er ausbeuterische Strukturen und organisiert lokale Weiterbildungsangebote zum Thema Nachhaltigkeit. Durch wachsendes zivilgesellschaftliches Engagement dieser Art können Perspektiven für eine andere, selbstbestimmte Entwicklung des Kontinents entstehen.

Die Nomadisierung unserer Lebensweise

Auch wenn noch nicht genau feststeht, wie schwerwiegend zukünftige Klimafolgen sein werden, besteht kein Zweifel daran, dass durch die Verschiebungen im Klimasystem Migration zu einem unausweichlichen Mittel der Anpassung werden wird. Menschen werden saisonal in fruchtbareren Gegenden in der Landwirtschaft arbeiten oder besonders heiße Orte in den Sommermonaten verlassen. Viele Bewohner:innen der vom Klimawandel besonders betroffenen Gebiete werden durch das komplexe Zusammenwirken von Armut, demografischer Entwicklung und Klimafolgen zur Migration gezwungen. Bereits heute befinden sich Menschen permanent auf der Flucht. Von ihren Heimatorten vertrieben, siedeln sie in andere Gebiete um, wo sie in behelfsmäßigen Unterkünften mehr hausen als wohnen oder in riesigen Flüchtlingscamps unterkommen, wie beispielsweise in Dadaab in Kenia. Eine Rückkehr in die Heimat wird sowohl aus klimatischen Gründen als auch aufgrund ihrer zerstörten Lebensgrundlagen immer schwieriger.[15]

Manche Geflüchtete, mit denen ich gesprochen habe, wussten nicht oder konnten nicht sagen, wie lange sie an einem Ort bleiben würden. Sie hatten vor auszuharren, bis ein metaphorischer oder tatsächlicher physischer Sturm ihr Leben aus der Bahn warf und sie zwang, in die nächste Stadt oder das nächste Dorf weiterzuwandern. Der ständige Wechsel und die große Unsicherheit, die damit einhergehen, sind Teil ihres Lebens geworden.

Die zunehmende Nomadisierung ist ein globaler Prozess. Diesen Trend illustriert auch Weltbürger Parag Khanna in seinem Buch ›Move‹. Darin beschreibt er eindrücklich und oft mit schicksalsergebenem Optimismus die wachsende Bereitschaft, aber auch die Notwendigkeit zur Migration. »Der Klimawandel ist so komplex, dass wir nirgendwo allzu sicher sein können, von extremen Wetterereignissen verschont zu bleiben«, so Khanna. Im Schlussteil seines Buches folgert er aus den demografischen und klimatischen Entwicklungen: »Bei der bevorstehenden Migrationswelle geht es nicht nur um Menschen, die unterwegs sind. Sie sind Teil einer wesentlich weitreichenderen Entwicklung, eines epochalen Wandels der globalen Zivilisation. Gegenwärtig öffnet sich ein historisches Möglichkeitsfenster – das letzte Möglichkeitsfenster –, um das Überleben möglichst vieler Menschen sicherzustellen.«

Zu der verstärkten Nomadisierung haben allerdings auch die »Errungenschaften« der letzten Jahrzehnte in den Mittel- und Oberschichten beigetragen, etwa die erhöhte Mobilität, die in etlichen Berufszweigen erforderliche Flexibilität und der vielerorts vereinfachte Zugang zu anderen Ländern. Gleichzeitig sind durch weniger beständige Arbeitsverhältnisse und volatile Weltmärkte auch größere Unsicherheiten in urbane Lebensstile eingekehrt. Der Ortswechsel vieler Menschen geschieht deswegen nicht immer freiwillig. Die große Unbekannte in den Prognosen der menschlichen Mobilität bleibt der Klimawandel. Er könnte bald zum Gamechanger in globalen Migrationsbewegungen werden und bisherige Umbrüche noch in den Schatten stellen.

Was Klimamigration mit uns zu tun hat

Auch wenn andere Länder härter vom Klimawandel betroffen sind als Deutschland, können wir uns vor Gefahren, die sich fern von uns entfalten, kaum abschotten. Das hat die Covid-19-Pandemie in aller Deutlichkeit gezeigt. Die Übernutzung von Ressourcen, so wie etwa durch den Wildtierhandel in China, betrifft letztlich auch Menschen in Bremen, München oder Rüsselsheim. Umgekehrt schlägt sich der Braunkohlebergbau in der Lausitz auf die Lebensgrundlagen im Mekong- oder Ganges-Brahmaputra-Delta nieder. Unser Lebensstil wirft lange Schatten – bis auf die Marshallinseln im Westpazifik und nach Bangladesch in Südasien. Menschen, die am stärksten vom Klimawandel betroffen sind, haben kaum zu seiner Entstehung beigetragen. Diese Interdependenzen zu erkennen, ist unsere einzige Chance, als Zivilisation zu überleben. Insofern enthalten die Geschichten in den kommenden Kapiteln aus verschiedenen Ländern der Welt auch Warnsignale und Stoppschilder. Der Verlust einer gesamten Kultur, wie sie beispielsweise einigen flachliegenden Inselstaaten droht, sollte uns nicht nur betroffen machen, sondern uns zum raschen Umdenken und Umlenken bewegen. Ein »weiter so wie bisher« führt direkt gegen eine mächtige Wand – und diesen Aufprall möchte niemand, unabhängig von politischer Gesinnung oder Wohlstandsniveau, erleben.

Würden alle 25-Jährigen die CO_2-Schulden ihrer Vorväter und -mütter seit Beginn der Industrialisierung erben, so ergäben sich extrem hohe Pro-Kopf-Emissionen in den Industriestaaten. Eine hohe historische Emissionslast haben Deutschland, aber auch andere Staaten, wie die USA, Belgien, Großbritannien oder Tschechien. Besonders erschreckend ist jedoch, dass auch China mit seiner großen Bevölkerungszahl und relativ kurzen fossilen Industriegeschichte rasant aufgeholt hat. Folgten alle Staaten der Entwicklung Deutschlands, würde das Erdsystem in einen völlig anderen Zustand überführt werden. Aus der Klimakrise würde eine Klimakatastrophe. Schon heute sind die Umweltveränderungen gerade in den Staaten gravierend, die wenig zu den globalen Emissionen beigetragen haben, wo also die historische CO_2-Schuld gering ist.

Wie sich Binnenmigration aufgrund dieser Veränderungen auf internationale Migration auswirkt, ist nicht immer sofort erkennbar. Auch wenn die Flucht- oder Migrationsgeschichten der Menschen, die in Deutschland, Europa oder den USA ankommen, kaum von Superstürmen oder Hochwasser erzählen, steht ihre Migration über kaskadische Effekte möglicherweise in einem indirekten Zusammenhang mit zunehmenden Klimafolgen. So kann Migration aus ländlichen Gebieten in nahe gelegene mittelgroße Städte zu einer Wettbewerbssituation führen, in der Neuankömmlinge aus der Not heraus mit sehr niedrigen Lohnforderungen lokale Arbeitskräfte unterbieten. Die wandern dann womöglich in die Hauptstadt ab, wo sich diese Situation wiederholt. Infolgedessen fühlen sich dort gut ausgebildete Fachkräfte durch die Migrant:innen unter Druck gesetzt und emigrieren ins Ausland. Eine klassische Spiralentwicklung. Dennoch wird der ausgebildete Ingenieur seine Migration kaum im Zusammenhang mit Klimafolgen sehen, selbst wenn es derlei indirekte Wirkungsketten gibt. Unstrittig ist, dass aufgrund des demografischen Wandels der Wohlstand in Deutschland ohne Zuwanderung langfristig nicht bewahrt werden kann.

Aber ob es überhaupt zu den eben beschriebenen kaskadischen Effekten kommt, hängt auch von Arbeitsmarktdynamiken ab. Gibt es einen großen Bedarf an Arbeitskräften, muss kein Migrationsdruck aus einer Wettbewerbssituation entstehen – im Gegenteil, dann buhlen Unternehmen eher darum, kluge Köpfe zu halten. In vielen Ländern, gerade in Subsahara-Afrika, herrscht jedoch gegenwärtig eine hohe Jugendarbeitslosigkeit. Junge Menschen, die ihr volles Potential für eine bessere Zukunft einsetzen könnten, sind gezwungen, sich mit Gelegenheitsjobs auf dem Schwarzmarkt über Wasser zu halten. Um die Chancen für einen wirtschaftlichen Aufstieg von Niedriglohnarbeitern ist es in vielen Städten der Welt sehr schlecht bestellt. Städtische Slums und informelle Siedlungen sind nur ein Beispiel von urbanen Armutsspiralen, in denen Migrant:innen oft das letzte Glied in der Kette bilden.

Die Auswirkungen des Klimawandels auf unser Gesellschaftssystem sind noch nicht genügend erforscht. Aber es gibt Anhaltspunkte dafür, dass etwa durch extreme Hitze die Gewaltbereitschaft und die Kriminalitätsraten steigen.[16] Diese dem Klimawandel nicht unmittelbar zuzuordnenden Sekundärfolgen werden zu weiteren Treibern von Migration.

Gefangen im Klimachaos

Nicht fliehen zu können, wenn Gefahr droht, ist noch verhängnisvoller, als zur Migration gezwungen zu sein. Der Klimawandel kann bei bestimmten Bevölkerungsgruppen auch eine erhöhte Immobilität verursachen. Wenn Menschen zum Beispiel in einem Sturm alles verlieren, haben sie manchmal gar nicht mehr die Ressourcen, die Flucht zu ergreifen. Vor allem vulnerable Gruppen wie ältere Menschen, extrem arme Personen, Menschen mit Behinderung oder solche, die sich Verletzungen zugezogen haben, sind häufig von unfreiwilliger Immobilität betroffen. Sie sind gefangen im Klimachaos, an Orten, an denen es nichts mehr gibt, bis auf das Leben selbst.

Der schreckliche Vorfall 2021 während des Hochwassers in der Eifel, als zwölf Personen in einer Einrichtung für behinderte Menschen starben, weil sie nachts nicht schnell genug vor der Flutwelle in Sicherheit gebracht wurden, ist nur ein Beispiel dafür, wie sehr der Grad der Gefährdung von Faktoren wie Wohnort, Geschlecht, körperlichen Fähigkeiten, Ethnizität und Staatsangehörigkeit abhängt. Diese Faktoren können über Leben und Tod entscheiden.

Gleichzeitig gibt es Menschen, die selbst angesichts außergewöhnlicher Risiken ihre Heimat nicht verlassen wollen. Der Verlust ihrer Traditionen, des Bodens, auf dem sie aufgewachsen und in dessen Erde ihre Vorfahren begraben sind, wiegt für sie schwerer als das Risiko, in einem verheerenden Unwetter ums Leben zu kommen. Sie bestehen auf ihrem Recht zu bleiben, komme, was wolle. Manche ahnen auch, dass ihr Leben sich durch eine Abwanderung eher noch verschlechtern könnte. Davon erzählte mir meine Kollegin Himani

Upadhyay nach ihrer Rückkehr von einem Feldforschungsaufenthalt im nordindischen Bundesstaat Uttarakhand an den Ausläufern des Himalaya. Die Frauen in den entlegenen Gebieten entschieden sich bewusst gegen die Abwanderung, obwohl die Arbeit immer beschwerlicher wurde und Gletscherschmelze wie auch veränderte Wettermuster ihre traditionelle Landwirtschaft beeinträchtigten.[17] Ein halbwegs lebenswertes Leben in der Heimat gegen ein bloßes Überleben im Slum einzutauschen, war für sie keine Option. Der verzweifelte Kampf von Menschen gegen die Naturgewalten, um die eigene Heimat zu verteidigen, ist ebenfalls Teil dieses Buchs.

Corona und das Klima

In Indien, wo meine Reise zum Thema Klimamigration begann, geschah indessen während der Coronapandemie etwas zuvor Unvorstellbares. Auf dem Subkontinent kehrten sich zumindest kurzzeitig die Migrationsströme um. Millionen von Wanderarbeiter:innen verloren aufgrund von Lockdown und Infektionsschutzmaßnahmen ihre Arbeit und damit ihr Einkommen und gingen in ihre Heimatdörfer zurück. Dort bestand trotz großer Armut immerhin die Möglichkeit, durch den Anbau von Getreide und anderen Nahrungsmitteln sich selbst zu versorgen. Gleichzeitig trug die massenhafte Rückkehrmigration zur Verbreitung von Covid-19 bei – eine fatale Aufeinanderfolge, denn in den entlegenen Gebieten ist die Gesundheitsversorgung in der Regel noch schlechter als in den Städten. So entstanden Coronavirus-hotspots im ganzen Land. Die temporäre Umkehr der Migrationsströme in Indien verdeutlicht, dass externe Schocks unvorhersehbare und weitverzweigte Folgen nach sich ziehen. Während die meisten Wissenschaftler:innen derzeit davon ausgehen, dass der Klimawandel existierende Migrationsdynamiken wie die Land-Stadt-Wanderungen verstärken wird, können auch ganz neue Korridore entstehen, wenn beispiellose Extremereignisse eintreten.

Die Frage ist, wo stehen wir selbst? Wir, die wir uns noch ein Stück Normalität leisten können? Verharren wir im Status quo oder bereiten wir uns auf eine vom Klimawandel bestimmte Zukunft vor und nehmen die damit verbundenen Herausforderungen an? Bewegen wir uns oder bleiben wir stehen im Lichtkegel der Klimakrise?

Zukunftsaussichten

Wie könnte die globale Klimamigration in der Zukunft aussehen? Um dies zu veranschaulichen, möchte ich, wohl wissend, dass viele andere Entwicklungen denkbar sind und beleuchtet werden könnten, für die zweite Hälfte des 21. Jahrhunderts zwei mögliche Szenarien aufzeigen, einen pessimistischen und einen optimistischen Ausblick. Diese beiden Szenarien sollen die Dimension des Problems und die Bandbreite der Entwicklung veranschaulichen.

Szenario 1) Der Sprung in den Abgrund
Kippkaskaden, Bevölkerungswachstum, verschärfte Grenzregime

Würden mehrere zentrale Ökosysteme der Erde kollabieren, wären die Lebensgrundlagen unzähliger Menschen bedroht. Ernährung, Gesundheit, Sicherheit, Unterkünfte – all dies stünde auf dem Spiel. Subsistenzbauern könnten in weiten Teilen der Welt nicht wie bisher ihre Feldfrüchte anbauen. Viele Gebiete würden wegen anhaltender Hitzeextreme, häufiger tropischer Wirbelstürme und wegen des steigenden Meeresspiegels unbewohnbar. Küstenstriche und Inseln könnten nicht mehr ausreichend geschützt werden, weil die Katastrophenherde in ihrer Vielzahl Gegenmaßnahmen weitgehend unmöglich machen würden, ganz zu schweigen von den materiellen, finanziellen und politischen Ressourcen, die schnell aufgebraucht wären.

Das Szenario verdüstert sich weiter. Schwere Konflikte in Bezug auf den Zugang zur Grundversorgung wären unvermeidbar, denn die Bevölkerung ist in den letzten Jahrzehnten stark gewachsen. Sofern lokale Ressourcen überhaupt vorhanden sind, müssten sie auf immer mehr Köpfe verteilt werden. Die schwindenden Lebensgrundlagen in ländlichen Gebieten würden in der Folge zu verstärkter Land-Stadt-Migration führen. Wenn aber der urbane Arbeitsmarkt nicht genügend Kapazitäten hat, würden die Menschen, die sich auf den Weg gemacht haben, in eine Armutsspirale geraten. Slums würden weiter in Gebiete hineinwachsen, die durch den Klimawandel bereits gefährdet sind, etwa in Berghänge oder Überschwemmungszonen. So würde das Elend nach und nach auch die Innenstädte erfassen, die zunehmend von Gewalt geprägt wären. Einzelne Länder würden daher versuchen, auch die Binnenmigration zu stoppen, um das Wachstum informeller und schwer regierbarer Gebiete zu unterdrücken. Viele Menschen wären gezwungen, in Gefahrenzonen zu bleiben oder zu versuchen, die Grenzen ihres Landes zu überwinden. Allerdings könnten viele Staaten das Grenzregime verschärfen, die Einreise erschweren oder gar verhindern, sodass immer mehr Menschen ihr Leben verlören.

In einem solchen Negativszenario würde das im Großen geschehen, was uns in Bezug auf das Gesundheitssystem während der Coronapandemie bereits deutlich vor Augen geführt wurde: Wenn Prävention fehlschlägt – oder nie ernsthaft betrieben wurde – und bestimmte kritische Punkte überschritten werden, sind Schäden durch Anpassungsmaßnahmen, die zu spät erfolgen, nur noch einzudämmen, aber nicht mehr abzuwenden. Exponentiell wachsende Krisen überfordern dann auch Industriestaaten. Migration als Überlebensstrategie würde ungeahnte Ausmaße erreichen, ihre Dynamik verändern und könnte in Chaos und Gewalt enden.

Szenario 2) Der Tanz an der Klippe
Pariser Klimaabkommen wird gerade noch eingehalten, Weltbevölkerung stabilisiert sich, Klimafolgen werden als Fluchtgrund anerkannt

Würde das Pariser Klimaabkommen eingehalten, sodass sich die Temperaturen bei 1,5 bis maximal 2 °C über dem vorindustriellen Niveau stabilisieren könnten, stünden noch weitreichende Handlungsoptionen für die Bewältigung von Klimafolgen offen. So könnten durch eine nachhaltigkeitsorientierte Modernisierung der Agrarwirtschaft Lebensgrundlagen in ländlichen Gebieten gesichert werden, auch wenn sich Regenfallmuster verändern. Wiederbewaldungsmaßnahmen würden lokal die Erwärmung abpuffern und könnten auch die Wasserverfügbarkeit verbessern. Schwere Klimafolgen blieben auf besonders fragile Ökosysteme, wie tropische Korallenriffe, begrenzt. Inselstaaten und Küstenzonen könnten durch große infrastrukturelle Anpassung weitgehend geschützt werden. Trotzdem wären in vielen Weltregionen Umsiedlungen notwendig. Die davon betroffenen Menschen müssten mit gesonderten Schutzrechten ausgestattet werden, die es ihnen ermöglichen, nach dem Verlust ihrer Heimat in anderen Ländern ohne Visum zu leben und zu arbeiten.

Investitionen in erneuerbare Energien würden durch die dezentrale Energieproduktion eine polyzentrische Urbanisierung fördern, die wiederum für eine gleichmäßigere Verteilung der zugewanderten Menschen über mehrere Zielorte sorgen und neue Arbeitsmärkte erzeugen würde. Gleichzeitig würde durch Energieexporte in Bildung und Entwicklung reinvestiert. Würde dies zu einem weniger beschleunigten Wachstum der Weltbevölkerung führen, wäre der Bevölkerungsdruck in dichtbesiedelten Gebieten wie Bangladesch auch ein weniger relevanter Faktor für Migrationsentscheidungen. Somit bliebe zwar die Klimamigration für bestimmte Regionen ein Thema, könnte aber durch entwicklungspolitische Maßnahmen in ihren negativen Auswirkungen eingedämmt werden und so für einige Bevölkerungsgruppen zur effektiven Form der Anpassung an den Klimawandel werden.

These

Die globalen Treibhausgasemissionen haben zu einem stark veränderten Weltklima geführt, auch wenn das Ausmaß der Erderwärmung sich noch begrenzen lässt. Durch Migration können Betroffene überleben, nicht aber ihre gewohnte Lebensweise aufrechterhalten.

2 SCHUTZLOS AUF DER FLUCHT – RECHT UND UNRECHT IN DER KLIMAKRISE

Flüchtlingskonvention schützt nicht gegen Klimafolgen ■ Das Prinzip der Nichtzurückweisung ■ Klimavertreibung innerhalb von Ländern und über Grenzen hinweg ■ Mensch oder Migrant? Warum unter dem Schutzmantel der Allgemeinen Erklärung der Menschenrechte nicht alle Platz haben ■ Klimaklagen und das Menschenrecht auf eine saubere Umwelt ■ Ökozid – ein Verbrechen gegen den Frieden? ■ Staat ohne Territorium?

Rennen in Todesangst, Schreie und die stille Suche nach Verstecken vor Grenzern: Während meiner Feldforschung in Bangladesch erzählen mir Menschen, dass sie beim Versuch, die Grüne Grenze nach Indien illegal zu überqueren, angeschossen wurden. Sie wollten ohne Papiere nach Ostindien gelangen, weil tropische Zyklone ihnen ihre Heimat geraubt hatten.

Jedes Jahr sterben Dutzende Bangladeschis an dem Grenzstreifen zu Indien, viele von ihnen sind Migranten, die alles für ein besseres Leben riskieren. Sie versuchen, die Grenze illegal zu überwinden, weil sie zu formalen Visa praktisch keinen Zugang haben. Mit einem europäischen oder US-amerikanischen Pass hingegen verlangt die Einreise nach Indien oder Bangladesch nur Behördengänge oder eine Reihe von Formularen. Lebt man an der Armutsgrenze in Bangladesch, stellen Grenzen unüberwindbare Hürden dar. Die Trennlinie zwischen Indien und Bangladesch ist dabei nur einer von vielen tödlichen Grenzverläufen auf unserem Erdball.

Grenzen sind Hotspots für Menschenrechtsverletzungen. Ihre unbarmherzige Verteidigung ist in unserer Gesellschaft zum politischen Streitpunkt geworden. »Auch Demokratien sind in der Lage, mit brutaler Gewalt Flüchtlinge an ihren Grenzen von der Einreise abzuhalten«, konstatiert der Politikwissenschaftler Gerald Knaus.[1] Als ein historisches Beispiel führt er die Zurückweisung Zehntausender jüdischer Schutzsuchender durch die Schweiz im Zweiten Weltkrieg an. Auch wenn viele Akten vernichtet wurden, ist davon auszugehen, dass ein großer Teil dieser europäischen Migrant:innen von den Nazis ermordet wurde. Zahlreiche historische und zeitgenössische Beispiele zeigen: Undurchlässige Grenzen verletzen die Menschenwürde und führen im schlimmsten Fall zum Verlust von Leben und menschlichem Potential.

Was aber bedeuten das heutige Grenzregime und Asylrecht für Klimamigrant:innen? Für Menschen, die aufgrund von Klimafolgen migrieren müssen, gelten internationale Grenzen als besonders undurchlässig. Denn sie haben weder einen eigenen Schutzstatus noch ein Anrecht auf Asyl. Dies hängt auch mit der Definition des Begriffs »Flüchtling« zusammen, die vor mehr als 70 Jahren in der Genfer

Flüchtlingskonvention, dem »Abkommen über die Rechtsstellung der Flüchtlinge«, aufgenommen wurde.

Flüchtlingskonvention schützt nicht gegen Klimafolgen

Die Genfer Konvention ist das zentrale völkerrechtliche Instrument zum Schutz von Geflüchteten. Entstanden als Antwort auf große transnationale Flucht, ausgelöst durch den Zweiten Weltkrieg, wurde die Verfolgung aus politischen, rassistischen, sozialen oder religiösen Gründen als entscheidendes Kriterium für den Anspruch auf Schutz festgelegt. Ein Flüchtling ist demnach eine Person, die

> *aus der begründeten Furcht vor Verfolgung wegen ihrer Rasse, Religion, Nationalität, Zugehörigkeit zu einer bestimmten sozialen Gruppe oder wegen ihrer politischen Überzeugung sich außerhalb des Landes befindet, dessen Staatsangehörigkeit sie besitzt, und den Schutz dieses Landes nicht in Anspruch nehmen kann oder wegen dieser Befürchtungen nicht in Anspruch nehmen will; oder die sich als staatenlose infolge solcher Ereignisse außerhalb des Landes befindet, in welchem sie ihren gewöhnlichen Aufenthalt hatte, und nicht dorthin zurückkehren kann oder wegen der erwähnten Befürchtungen nicht dorthin zurückkehren will.*[2]

Wie aus der Definition ersichtlich wird, lassen sich die Kriterien für den Erhalt des Flüchtlingsstatus nicht auf Menschen anwenden, die vor den Folgen des Klimawandels Schutz suchen, weil sie nicht politisch oder anderweitig verfolgt werden. Wenn allerdings Klimafolgen so gravierend sind, dass sie ein Land destabilisieren und beispielsweise die Rechtsstaatlichkeit aushebeln, ist denkbar, dass die Genfer Konvention hier zur Anwendung kommt. Dann wären jedoch nicht die physischen Klimafolgen als solche anerkannter Fluchtgrund, sondern die daraus resultierenden Sekundärschäden am politischen oder gesellschaftlichen System, die zu einer Verfolgung von Personen führen könnten.[3] Die Anforderungen hierfür sind jedoch immens hoch. Nicht einmal Kriegsgeflüchtete fallen automatisch unter die Definition der Genfer Konvention. Es müsste also aufgrund der aus Klimafolgen resultierenden Sekundärschäden etwa zur Gefahr eines Genozids kommen oder gewisse Gruppen müssten systematisch verfolgt werden, um als »Flüchtling« im Sinne der Genfer Konvention zu gelten. Da der Flüchtlingsbegriff so strikt definiert ist und zumindest theoretisch mit gesonderten Schutzrechten einhergeht, spricht die Mehrheit der Wissenschaftler:innen auch nicht von Klimaflüchtlingen, sondern von Klimamigrant:innen oder umschreibt die Flucht mit dem sperrigen, aber etwas gefälligeren Begriff der »menschlichen Mobilität im Kontext des Klimawandels«.

Auch wenn der Charakter vieler Arten von Migration oft mit fluchtartigen Bewegungen gleichzusetzen ist, spielen für das Anrecht auf Schutz die Gründe der Flucht eine entscheidende Rolle. So ist die Verfolgung durch den eigenen Staat ein rechtlich anerkannter Grund, Schutz in einem anderen Land zu erhalten, lebensbedrohende Armut oder ein alles zerstörender Sturm jedoch nicht. Das ist gerade in Bezug auf das Prinzip der Nichtzurückweisung (auch Non-Refoulement-Prinzip, dazu später mehr) problematisch. Und ein weiterer Punkt muss bedacht werden: Zwar beschränkt sich der überwiegende Teil der heutigen Klimamigration auf Ortswechsel innerhalb nationaler Grenzen, aber es ist keinesfalls auszuschließen, dass bei zunehmenden Klimaschäden auch die Versuche, Grenzen zu überwinden, zunehmen werden. Mit Blick auf die Verteilung der Ursachen für Klimafolgen, also die globalen Treibhausgasemissionen, erscheint es da als ein legitimer Wunsch von Menschen, deren Lebensumfeld durch Klimafolgen unbewohnbar wurde, in Staaten Schutz zu suchen, die diese maßgeblich mit zu verantworten haben.

Eine ethische Schutzverantwortung leitet sich hier nicht nur aus dem humanitären Imperativ ab, also der Maßgabe, Menschen zu helfen, die sich in einer Notlage befinden; sie ergibt sich auch aus dem Verursacherprinzip. Im Kern bedeutet das, dass diejenigen, die Schäden verursachen, für diese auch aufkommen müssen. Der Zwang zur Migration kann ein Folgeschaden der globalen Erwärmung sein.

Würdevolle Migration als Anpassung an den Klimawandel zu ermöglichen, ist somit eine Frage der Klimagerechtigkeit. Nur gibt es für diese moralische Verpflichtung noch keinen rechtlichen Mechanismus, der eine solche Migration legalisieren würde. Geltendes Recht und Gerechtigkeit klaffen in diesem Fall gegenwärtig weit auseinander.

Dass Änderungen an der Genfer Flüchtlingskonvention dennoch selbst von den entschlossensten Aktivist:innen nicht gefordert werden, hat einen guten Grund. Die Genfer Konvention in ihrer jetzigen Fassung wird immer wieder von Politiker:innen attackiert, steht also unter ständigem Beschuss. Daher ist die Gefahr groß, dass im Verlauf einer solchen Verhandlung eher weitere Einschränkungen des bestehenden Flüchtlingsschutzes erlassen werden würden, statt den Schutz auf andere Gruppen wie zum Beispiel Klimamigrant:innen auszuweiten. Die Undurchlässigkeit von Grenzen durch Gewaltanwendung an den Außengrenzen der EU ist bittere Realität.

Das Prinzip der Nichtzurückweisung

Eines der zentralen Rechte gemäß der Genfer Flüchtlingskonvention ist das Recht auf Nichtzurückweisung:

> *Keiner der vertragschließenden Staaten wird einen Flüchtling auf irgendeine Weise über die Grenzen von Gebieten ausweisen oder zurückweisen, in denen sein Leben oder seine Freiheit wegen seiner Rasse, Religion, Staatsangehörigkeit, seiner Zugehörigkeit zu einer bestimmten sozialen Gruppe oder wegen seiner politischen Überzeugung bedroht sein würde.*[4]

Nach der Allgemeinen Erklärung der Menschenrechte gilt zudem:

> *Jeder hat das Recht, in anderen Ländern vor Verfolgung Asyl zu suchen und zu genießen.*

Und das Völkerrecht legt fest, dass Menschen nicht in ihr Heimatland deportiert oder zurückgewiesen werden dürfen, wenn sie dort Menschenrechtsverletzungen erwarten. Trotzdem berichten Betroffene und NGOs immer wieder von »Pushbacks«, also dem gewaltsamen Zurückdrängen von Migrant:innen an Außengrenzen der EU. Dieser Begriff wurde zum Unwort des Jahres 2021 erklärt. Die Begründung lautete, es werde »ein menschenfeindlicher Prozess beschönigt, der den Menschen auf der Flucht die Möglichkeit nimmt, das Menschen- und Grundrecht auf Asyl wahrzunehmen«.[5] Von den Pushbacks an der griechischen und kroatischen Grenze beispielsweise gibt es Belege für sexualisierte Gewalt und die Anwendung von Peitschen und Schlagstöcken. Die Wahrung der Menschenwürde und die Achtung des geltenden Rechts werden also durch eine europäische Grenzpolitik unterminiert, die Gewalt und Entmenschlichung Schutzsuchender duldet. Zumindest wurde Fabrice Leggeri als Frontex-Chef zum Rücktritt gedrängt, weil er die rechtswidrigen Praktiken vertuschen wollte. Er räumte seinen Posten im April 2022.

Der Europäische Gerichtshof für Menschenrechte urteilte 2021, dass die Zurückweisung einer afghanischen Familie an der kroatischen Außengrenze vier Jahre zuvor rechtswidrig war. Der Fall hatte besondere Aufmerksamkeit erregt, da ein sechsjähriges Mädchen von einem Zug erfasst wurde, nachdem die Grenzpolizei der Familie befohlen hatte, entlang der Schienen in der Nacht in Richtung Serbien zurückzulaufen.[6] Trotzdem gehen die Pushbacks weiter, etwa 2021 an der polnisch-belarussischen Grenze. So hatte das belarussische Lukaschenko-Regime für Geflüchtete aus Syrien und dem Irak Anreize für die Reise nach Minsk geschaffen, von wo aus sie weiter in die EU gelotst werden sollten. Die Migrant:innen wurden praktisch für eine neue Form der Kriegsführung benutzt, mit dem Ziel, die EU unter Druck zu setzen, nachdem diese zuvor Sanktionen gegen Weißrussland verhängt hatte. Die jedoch ließ sich nicht darauf ein.

Die polnische Regierung zeigte sich – mit Rückendeckung der EU – von ihrer härtesten Seite und wies selbst Schutzberechtigte zurück. Oberstes Bestreben war, den Machtspielen des belarussischen Autokraten nicht zu unterliegen. Leidtragende dieser Auseinandersetzung waren allerdings die Geflüchteten, die in klirrender Kälte im Grenzgebiet ausharren mussten und deren Schutzgesuche ohne Erfolg blieben.

Kommt es bei Anklagen gegen solch menschenverachtende Handlungen zu Schuldsprüchen, werden meist nur einzelne Grenzpolizisten suspendiert oder entlassen. Die politische Strategie hinter den Pushbacks bleibt davon unberührt. Doch der Pfeiler des Flüchtlingsschutzes gerät ins Wanken, wenn Migrant:innen politisch instrumentalisiert werden. Die grausame Logik der demonstrativen Zurückweisung zum Zwecke der Abschreckung steht den Werten entgegen, die innerhalb der Grenzen der EU als hohes Gut ausgelobt werden.

Welche Rolle spielt nun das Prinzip der Nichtzurückweisung bei schwerwiegenden Klimafolgen? Einige Jurist:innen argumentieren, dass das Nichtzurückweisungsprinzip auch durch klimatische Risiken ausgelöst werden kann, etwa wenn Lebensgefahr besteht. Der UN-Menschenrechtsausschuss erkennt diese Möglichkeit generell an, aber bisher scheiterten die Versuche, das Prinzip in diesem Kontext gerichtlich einzufordern.[7] Der Nachweis über die das Individuum bedrohenden Klimafolgen ist schwierig, weil es sehr aufwendig ist, juristisch wasserdichte Kausalketten zwischen den Schäden an der Umwelt und einer durch eine Rückkehr in die Heimat gegebenen direkten Lebensgefährdung herzustellen. Zudem liegt die Beweislast gegenwärtig bei den Betroffenen. Generell schwierige Lebensbedingungen aufgrund klimatischer Veränderungen ins Feld zu führen, die auch die Allgemeinheit betreffen, reicht hier als Fluchtgrund nicht aus.[8] Vielmehr muss die konkrete Bedrohungslage für den Einzelnen nachgewiesen werden. Illegale Pushbacks können zudem im Einzelfall verhindern, dass Migrant:innen im Ankunftsland überhaupt die Chance bekommen, eine Prüfung ihres Asylantrages zu beantragen. Überdies gewährleistet die mögliche Schaffung eines Rechts auf Klimaasyl noch nicht zwangsläufig dessen Durchsetzung.

Die bestehenden Lücken im Schutzmechanismus bedeuten für diejenigen Menschen, die aufgrund von Naturkatastrophen über nationale Grenzen hinweg versuchen, sich einen neuen Lebensraum zu erschließen, dass sie keinerlei rechtlichen Anspruch auf Aufnahme haben. Wenn sie es schaffen, die Grenzen zu überwinden, bleibt ihre rechtliche Situation in den Ankunftsländern oft über Jahre ungeklärt. Einige Staaten nutzen sogar Internierungslager, um Menschen zu »verwahren«, deren Aufenthaltsstatus ungewiss ist. Der Lebensstandard in solchen Massenunterkünften ist oft niedriger als in herkömmlichen Gefängnissen. Manche Länder verlegen die Unterkünfte ins Ausland, um dadurch einen noch stärkeren Abschreckungseffekt zu erzielen. So betreibt Australien beispielsweise Haftanstalten für Geflüchtete in Papua-Neuguinea und auf dem Kleininselstaat Nauru. Dort werden Asylsuchende aus Afghanistan, Iran, Bangladesch oder Pakistan über Jahre festgehalten. Während ihrer Gefangenschaft dürfen sie sich nicht frei bewegen, erfahren Erniedrigungen oder Missbrauch.[9] Viele der dort Untergebrachten nehmen sich das Leben. Ihr vermeintliches Verbrechen: Migration – der Versuch, in Sicherheit zu gelangen, vor Verfolgung, Hunger oder Unterdrückung zu fliehen.

Klimavertreibung innerhalb von Ländern und über Grenzen hinweg

Da Migration im Zusammenhang mit Klimaschäden und globaler Erwärmung größtenteils innerhalb der eigenen Landesgrenzen abläuft, ist der Schutz von Binnenmigrant:innen besonders relevant, denn wenn viele Menschen etwa nach einem verheerenden Sturm gleichzeitig aufbrechen müssen, um ihr Überleben zu sichern, kommt es oft zu chaotischen Situationen. So zum Beispiel in der Karibik 2017, als tropische Stürme auf mehreren Inseln eine zerstörerische Kraft entfalteten, oder auf den Philippinen, als im Dezember 2021 Taifun Odette Hunderttausende Menschen vertrieb. Noch Monate nach den Extremereignissen waren weite Gebiete unterversorgt, diejenigen, die trotz allem geblieben waren, sahen sich existenziellen Herausforderungen gegenübergestellt. Solche Katastrophen bilden oft eine nachhaltige Zäsur im Leben der Betroffenen. Aufgrund der Schwere der Schäden müssen viele für unbestimmte Zeit in einer neuen Umgebung Fuß fassen.

Bestimmte Gruppen brauchen besonderen Schutz. Vor allem Kinder, die ihre Eltern verloren haben, oder Frauen, die sich in einer Notlage befinden, sind Zielscheibe von organisierter Kriminalität und werden nicht selten Opfer von Menschenhandel. Wenn in einer Situation des kollektiven Schocks Regierungen ihrer Bevölkerung nicht helfen können, entsteht ein Machtvakuum, das häufig von Dritten ausgenutzt wird. Um solchen Bedrohungen etwas entgegenzuhalten und Staaten zu einem Mindestmaß an Schutzleistungen zu verpflichten, wurden 1998 auf internationaler Ebene Leitprinzipien zur Behandlung von interner Vertreibung entwickelt. Sie schließen Personengruppen mit ein, die aufgrund von (menschengemachten) Naturkatastrophen fliehen müssen. Schleichende klimatische Veränderungen, die ebenfalls zu Zwangsvertreibung führen können, finden hingegen keine explizite Erwähnung.

Dazu kommt: Die Leitprinzipien sind nicht bindend, sondern werden von einzelnen Staaten freiwillig in Rechtsdokumenten formuliert und implementiert. Entsprechend schlecht ist es um sie in Ländern bestellt, in denen es großflächige Binnenmigration und gewaltsame Vertreibung gibt. Als Instrument zum Schutz von Klimamigrant:innen reichen sie nicht aus. Doch trotz einer fehlenden uniformen Lösung für die Notlagen von Binnenvertriebenen erzeugte das Dokument einen Wandel in verschiedenen regionalen Rahmenwerken, die sich auf die Leitlinien beziehen. Das gilt zum Beispiel für die Kampala-Konvention der Afrikanischen Union, die den Schutz Binnenvertriebener auf dem Kontinent in den Fokus nimmt. Gerade regionale Abkommen können bei fehlendem Konsens in der gesamten Staatengemeinschaft mehr Sicherheit für Vertriebene schaffen und wiederum Impulse für neue völkerrechtliche Vereinbarungen geben. Somit wirken sich auch Fortschritte im Soft Law, also im nicht zwingenden Recht, auf die nationale, »harte« Gesetzgebung aus und treiben Neuerungen voran.

Das Gleiche gilt auch für die Rechtspraxis und -entwicklung bei der grenzüberschreitenden Migration. Wenn es im verbindlichen Völkerrecht keinen Fortschritt gibt, können nicht bindende, regionale Abkommen schrittweise den Weg für Änderungen bahnen. Die von lateinamerikanischen Staaten vereinbarte Cartagena Declaration von 1984 etwa fasst den Begriff des Flüchtlings weiter als die Genfer

Konvention und bezieht Situationen als Fluchtgrund ein, in denen die öffentliche Ordnung schwer kompromittiert ist. Zum ersten Mal wurde sie von Brasilien in der venezolanischen Flüchtlingskrise angewandt. Auch im Kontext des Klimawandels könnte sie ihre Relevanz entfalten.

Auf globaler Ebene wurden über Jahre zwei Meilensteindokumente debattiert und 2018 schließlich verabschiedet: der Globale Pakt für eine sichere, geordnete und reguläre Migration (engl.: Compact for Safe, Orderly and Regular Migration)[10] und der Globale Pakt für Flüchtlinge (engl.: Global Compact on Refugees).[11] Letzterer beinhaltet nur einen kurzen Hinweis darauf, dass der Klimawandel selbst keine Flüchtlingsbewegungen auslöst, aber mit den »Treibern von Flüchtlingsbewegungen interagiert«. Dies entspricht der engen Definition des Flüchtlingsbegriffs, der auch dem UNO-Flüchtlingspakt zugrunde liegt.

Der UN-Migrationspakt hingegen behandelt Klimawandel und Umweltveränderungen ausführlicher und weist auf Maßnahmen hin, die ergriffen werden können, um die Notwendigkeit zur Klimamigration zu verringern, wie zum Beispiel bessere Katastrophenvorsorge und Zugang zu verlässlichen Informationen. Auch dieser Pakt ist nicht bindend und legt lediglich grobe Ziele für die Verbesserung der Situation von Migrant:innen in Ankunftsländern und zur Minderung von negativen Migrationstreibern fest. Dennoch stimmten die USA, Israel, Ungarn, Polen und Tschechien in der UN-Generalversammlung dagegen. Migration, insbesondere wenn sie Bewegungen von Entwicklungs- in Industrieländer bedeutet, wird oft politisch instrumentalisiert und immer wieder zur Polarisierung genutzt. Auch deswegen sind die Fortschritte in der Rechtsentwicklung verschwindend klein, während die Herausforderungen weiter wachsen. Doch Organisationen wie die von Deutschland unterstützte Staateninitiative Platform on Disaster Displacement (PDD) versuchen weiterhin, durch internationalen Dialog einen besseren Schutz für grenzüberschreitend Katastrophenvertriebene auf freiwilliger Basis voranzutreiben. Die Vorgängerorganisation der Plattform entwickelte beispielsweise eine ausführliche Agenda, die aufzeigte, in welchen Bereichen Verbesserungen herbeigeführt werden könnten.[12] Auf diese Agenda nimmt auch der UN-Migrationspakt explizit Bezug.

Mensch oder Migrant? Warum unter dem Schutzmantel der Allgemeinen Erklärung der Menschenrechte nicht alle Platz haben

Allen Migrant:innen steht der Schutz ihrer Menschrechte zu, unabhängig von ihrem Aufenthaltsort. Migration ist ein Menschenrecht und in Artikel 13.2 der Allgemeinen Erklärung der Menschenrechte verankert:

> *Jeder hat das Recht, jedes Land, einschließlich seines eigenen, zu verlassen und in sein Land zurückzukehren.*

Dennoch zeigt die Realität zum einen, dass insbesondere Migrant:innen Menschenrechtsverletzungen ausgesetzt sind, und zum anderen, dass viele Betroffene keine Möglichkeit haben, ihre Rechte einzufordern oder gar vor ein Gericht zu ziehen. Abgesehen davon, dass gerade arme Bevölkerungsgruppen, die kaum Zugang zu Bildung haben oder hatten, oft nicht um ihre Rechte wissen.

In der Migrationswissenschaft spricht man vom Zyklus der Migration, der mit den Vorbereitungen und dem Aufbruch beginnt, dann die Migration selbst betrifft und schließlich in die Ankunft und Integration der Menschen mündet. Zu jedem Zeitpunkt sollten die Rechte des Einzelnen geschützt sein.[13] Das allerdings ist nicht leicht zu gewährleisten, denn während dieser unterschiedlichen Phasen sind die Betroffenen diversen Risiken ausgesetzt, möglicherweise sind auch mehrere Staaten und Institutionen für den Schutz ihrer Rechte zuständig. Auch die Rechte von indigenen Menschen stechen in diesem Kontext hervor, denn viele von denen, die an vorderster Front im Klimachaos stehen, gehören indigenen Gruppen an. Zum Beispiel auch im arktischen Zirkel, dessen Umwelt sich rasant verändert und somit die Kultur und Lebensweise ganzer Bevölkerungsgruppen gefährdet.[14] So vielfältig die Art der Migration sein kann, so unterschiedlich müssten auch die rechtlichen Schutzinstrumente sein, die in den verschiedenen Kontexten zur Anwendung kämen.[15]

Wenn sich mächtige Industriestaaten über geltendes Recht hinwegsetzen, wie bei den Pushbacks an den EU-Außengrenzen oder in den Internierungslagern Australiens, gibt es oft kaum eine Handhabe, dies zu verhindern. Nur durch öffentlichen Druck oder gezielte Gerichtsverfahren für nachweisliche (!) Menschenrechtsvergehen können Änderungen erwirkt werden. Gerade Letzteres zieht sich aber oft über Jahre hin, ein Zeitraum, in dem ein Leben auf einen Abwärtskurs geraten kann oder vielleicht bereits zerstört ist.

Klimaklagen und das Menschenrecht auf eine saubere Umwelt

Trotz der anhaltenden Stagnation in der Rechtsentwicklung zugunsten des Schutzes von Klimamigrant:innen gibt es seit einigen Jahren aber auch positive Veränderungen im Bereich Klima und Recht. Eine ganze Reihe von Initiativen und wegweisenden Urteilen lenkt den Klimaschutz in die richtige Richtung (Abbildung 1).

Im Oktober 2021 zum Beispiel erzielten Verhandler:innen, die sich seit Jahren auf UN-Ebene für das Recht auf eine saubere Umwelt einsetzen, einen ersten Durchbruch. Der UN-Menschenrechtsrat mit Sitz in Genf erkannte das Recht auf eine »sichere, saubere, gesunde und nachhaltige Umwelt« als ein Menschenrecht an.[16]

Diese Entscheidung gilt als wichtiges Signal für die Fortentwicklung nationalen Rechts, auch wenn durch den Beschluss zunächst noch keine rechtliche Bindung besteht. Multinationale Vereinbarungen entfalten ihre Wirksamkeit oft erst im Laufe der Jahre, setzen aber neue Normen für eine Rechtsevolution auf verschiedenen Ebenen. Für den Bereich Klima und Migration könnte der Beschluss zur Folge haben, dass der Prävention von Umweltschäden mehr Bedeutung eingeräumt wird, da es nun eine direkte Verknüpfung zwischen dem Anspruch auf eine intakte Umwelt und den Menschenrechten gibt.

Ein weiteres positives Zeichen: In mehreren Ländern haben sich

Gruppen von Jurist:innen formiert, die mittels strategischer Verhandlungsführung mehr Klimaschutz erreichen wollen. Beispielsweise die Nichtregierungsorganisation Urgenda, die, auf das Vorsorgeprinzip verweisend, den niederländischen Staat verklagte – und Erfolg damit hatte. Der Fall ging bis vor das höchste Gericht der Niederlande, schlussendlich musste die Regierung ihre Emissionsminderungsziele erhöhen und sich verpflichten, präventive Maßnahmen zu ergreifen, um Schaden von den Bürger:innen abzuwenden. Dazu gehört ambitionierterer Klimaschutz. Indem Staaten gesetzlich zu mehr Klimaschutz gezwungen werden, bewahren uns Jurist:innen womöglich davor, zu Klimavertriebenen im eigenen Land zu werden. Dabei zählt nicht nur der Einzelfall, der vor Gericht gebracht wird, sondern auch die Gesamtdynamik, die sich durch mediale Aufmerksamkeit und Normensetzung entfalten kann.

Auch das deutsche Bundesverfassungsgericht fällte 2021 ein wegweisendes Urteil, das die Bundesregierung verpflichtete, ihr Klimaschutzgesetz nachzuschärfen. Begründet wurde die Entscheidung damit, dass die geplante Umsetzung von Klimaschutzmaßnahmen zur Einhaltung der 1,5 °C-Grenze zu Lasten jüngerer Menschen gehe. Wenn nicht frühzeitig ambitioniertere Schutzmaßnahmen ergriffen würden, müssten ab den 2030er Jahren massive Emissionssenkungen durchgeführt werden. »Die Vorschriften verschieben hohe Emissionsminderungslasten unumkehrbar auf Zeiträume nach 2030«,[17] heißt es in der Pressemitteilung des Verfassungsgerichts. Es stellt klar, dass das Hinausschieben von wesentlichen Maßnahmen zur Emissionsminderung auf die Zeit nach 2030 dazu führt, dass die Freiheit jüngerer Menschen unverhältnismäßig stark eingeschränkt wird. Die Freiheitsrechte der Jüngeren würden beschnitten, weil praktisch alle Lebensbereiche in Verbindung mit der Verursachung von CO_2-Emissionen stehen. Gleichzeitig erkennen die Richter:innen an: Je länger Emissionsminderungen hinausgezögert werden, desto weitreichender ist in Zukunft der Eingriff in die Freiheitsrechte.

Mit der Rechtsprechung setzte das Bundesverfassungsgericht nicht nur einen Maßstab für eine stärkere Generationengerechtigkeit, die Karlsruher Richter definierten darüber hinaus die im Pariser Abkom-

Abb. 1: Denkbare rechtliche Absicherung von Klimaschutz und Anpassung

men verankerten Temperaturgrenzen als Leitschnur für politisches Handeln in Deutschland. Falls sich abzeichnet, dass die Klimafolgen, die mit den genannten Temperaturgrenzen im Zusammenhang stehen, schwerwiegender als erwartet ausfallen, muss der Gesetzgeber gegebenenfalls nochmals schärfere Maßnahmen ergreifen, um Risiken zu mindern.

Gerade die untere Temperaturgrenze von 1,5 °C, die im Urteil mehrfach genannt wird, ist in Bezug auf Migration und Vertreibung essenziell. Denn je höher die Temperaturen auf der Erde steigen, desto mehr Menschen werden gezwungen, ihre Heimat zu verlassen. Eine Erwärmung von mehr als 1,5 °C würde zur Unbewohnbarkeit flachliegender Inselstaaten und ganzer Küstengebiete führen. Auf diesen Zusammenhang verweist auch der Sachbericht des Urteils: Deutschland könnte »von den Folgen des Klimawandels in anderen Teilen der Welt mittelbar auch durch die Zunahme klimabedingter Flucht und Migration nach Europa betroffen sein«.[18]

Entscheidungen unabhängiger Gerichte spielen generell eine immer größer werdende Rolle beim Klimaschutz. Zu einem wichtigen Präzedenzfall könnte die Klage eines peruanischen Bauern gegen den deutschen Energieriesen RWE werden – sofern die Richter zu seinen Gunsten entscheiden. Saúl Luciano Lliuya lebt in Huaraz, einem Ort in den peruanischen Anden. Da die Gletscher der Anden schmelzen, sind die Dörfer an den Berghängen erheblichen Risiken ausgesetzt. Stürzt eine Lawine in den Gletschersee, kann es zu gewaltigen Sturzfluten kommen. Wie dramatisch solche Gletscherseebrüche sein können, zeigt sich in Bildern, die aus Uttarakhand in Indien im Jahre 2020 um die Welt gingen. Die Flutwelle an den Ausläufern des Himalayas riss 200 Menschen in den Tod.

Ein ähnliches Szenario ist auch in den peruanischen Anden vorstellbar. Das Überleben der Menschen und ihr Verbleib in den angestammten Gebieten ist aufgrund der Klimakrise nicht mehr gesichert. Deswegen verklagte der Bauer aus Huaraz mithilfe der Nichtregierungsorganisation Germanwatch den Energiekonzern RWE. Lliuyas Forderung: Der Konzern soll sich entsprechend seines Anteils an den globalen Treibhausgasemissionen an den Kosten für Anpassungsmaßnahmen beteiligen. Eine Anpassungsmaßnahme wäre beispielsweise der Bau von Deichen und Schutzwällen, die verhindern würden, dass Menschenleben durch die Gletscherschmelze gefährdet werden oder Bewohner:innen aus dem Dorf abwandern müssen, um sich in Sicherheit zu bringen.

RWE ist weltweit für 0,5 Prozent *aller* menschengemachten Treibhausgasemissionen verantwortlich. Im Falle eines Urteils zugunsten von Luciano Lliuya würde zwar nur ein Betrag von 21 000 Euro fällig werden – wenig Geld für den Energiekonzern. Doch sollte der Kläger recht bekommen, droht eine Klagewelle unvorhersehbaren Ausmaßes gegen Großemittenten wie Energiekonzerne. Das in erster Instanz zuständige Essener Landgericht wies die Klage ab, aber der Peruaner und seine Anwältin Roda Verheyen gingen beim Oberlandesgericht in Hamm in Berufung.[19] Das Gericht beraumte im Rahmen der Beweisaufnahme zunächst einen Termin zur Ortsbegehung in Peru an, um zu prüfen, inwiefern der Kläger von den Risiken einer Sturzflut betroffen ist. Die Richter:innen und Sachverständigen reisten im Mai 2022 nach Huaraz, der Prozessausgang ist noch offen.[20]

Klimaklagen werden allerdings häufig abgewiesen. So der spektakuläre Vorstoß, der unter dem Namen »People's Climate Case« bekannt wurde. Zehn Familien aus Deutschland, Fidschi, Frankreich, Italien, Kenia, Portugal und Rumänien sowie der Verband junger Samen aus Schweden, Sáminuorra, zogen, unterstützt von Anwält:innen und Nichtregierungsorganisationen, vor den Europäischen Gerichtshof, um durchgreifendere Emissionsminderungen in der EU zu erzwingen. Die damalige Zielsetzung der EU, eine im Vergleich zu 1990 40-prozentige Reduktion bis 2030 zu erreichen, sei zu niedrig angesetzt, um die globale Erwärmung gemäß dem Pariser Abkommen aufzuhalten, hieß es in der Klage. Unter den Kläger:innen befand sich eine auf Langeoog beheimatete Familie, die sich sorgt, ob ihre Kinder zukünftig noch auf der Nordseeinsel leben und arbeiten können. Höhere Sturmfluten und die mögliche Versalzung der knappen Trinkwasservorkommen bedrohen die Anwohner:innen akut.

Alle Familien und der samische Jugendverband waren auf unterschiedliche Weise von den Folgen des Klimawandels betroffen, sei es wirtschaftlich, kulturell oder gesundheitlich. Ihre Klage wurde jedoch bereits aus prozeduralen Gründen abgelehnt, den Kläger:innen ihre Klagebefugnis abgesprochen. Gemäß früherer Rechtsprechung müssen sie in einzigartiger Weise von der EU-Gesetzgebung, in diesem Fall den zu schwachen Gesetzen zur Emissionsminderung, tangiert sein. Schließlich habe der Klimawandel Einfluss auf alle Menschen: »Die Klägerinnen haben nicht nachgewiesen, dass die angefochtenen Bestimmungen des Gesetzespakets sie in ihren Grundrechten verletzen und sie individuell von allen anderen [...] Personen, die von diesen Bestimmungen betroffen sind, unterscheiden [...]. Es trifft zwar zu, dass jeder Einzelne in der einen oder anderen Weise vom Klimawandel betroffen sein kann [...]. Der Umstand, dass die Auswirkungen des Klimawandels für eine Person anders sein können als für eine andere, bedeutet jedoch nicht, dass aus diesem Grund eine Klagebefugnis gegen eine Maßnahme mit allgemeiner Geltung besteht.«[21]

Rein moralisch gesehen ist diese Begründung ein Paradox, denn je folgenschwerer die Unterlassung von Klimaschutz ist, desto mehr Personen sind betroffen, erfahren aber auch durch die Judikative keinen Schutz.[22] Einen Lichtblick gibt es bei dem Urteil dennoch. Durch massiven öffentlichen Druck, zu dem auch der People's Climate Case beitrug, wurde das Emissionsminderungsziel der EU auf 55 Prozent angehoben.

Ökozid – ein Verbrechen gegen den Frieden?

Schäden an großen Ökosystemen können verheerende Konsequenzen für die Bevölkerung in einzelnen Weltregionen und über das feinverwebte Erdsystem auch für die ganze Menschheit haben. Die Zerstörung des Amazonasregenwalds, bei der durch systematische Brandrodung Flächen für Sojaproduktion und Rinderzucht geschaffen werden sollen, verdeutlicht als ein singuläres Beispiel das Ausmaß der Bedrohung für den Planeten. Stehen wirtschaftliche Interessen im Vordergrund, wird der Umweltschutz von Unternehmen und Regierungen oft umgangen oder nur stiefmütterlich berücksichtigt. Dabei können Umweltkatastrophen jahrzehntelange Folgen haben. So auch bei der Explosion der Ölplattform Deepwater Horizon 2010, bei der knapp 800 Millionen Liter Öl in den Golf von Mexiko freigesetzt und infolgedessen Entschädigungszahlungen in Rekordhöhe fällig wurden.[23] 20,8 Milliarden US-Dollar gingen an die betroffenen US-Bundesstaaten und an Nationale Programme zur Wiederherstellung und Erforschung des Ökosystems. Auch wenn die Schadenssumme außerordentlich hoch war, ist fraglich, ob damit die Verluste tatsächlich ausgeglichen werden konnten. Was kostet ein Fischleben oder ein intaktes Ökosystem? Hat es überhaupt einen monetären Gegenwert? Fest steht: Bis heute hat sich der nördliche Golf von Mexiko nicht vollkommen regeneriert.[24]

Noch bevor die Höhe der Schäden und Strafzahlungen beziffert war, kündigte der damalige Vorstandsvorsitzende des BP-Konzerns, Tony Hayward, gegenüber Großaktionären an, dass auch 2010 Dividenden ausgeschüttet werden würden – was schließlich nur unter großen politischen Protesten abgewendet wurde. Der Karriere von Hayward indes, der ein Millionengehalt bei BP verdiente, schadete dies jedoch ebenso wenig wie die Tatsache, dass er sich massiver Kritik ausgesetzt sah, weil BP nur ungenügende präventive Maßnahmen zur Verhinderung und Reparatur von Öllecks getroffen hatte. Zwar musste er als BP-Vorstandsvorsitzender zurücktreten, wechselte jedoch schnell zu dem Kohlegiganten und Rohstoffunternehmen Glencore, einem der größten CO_2-Emittenten weltweit.[25] Das Unternehmen ist in verschiedene Korruptionsskandale verwickelt.[26]

Sollten leitende Funktionäre von Unternehmen, die aufgrund fehlender Präventionsmaßnahmen möglicherweise für dramatische Umweltkatastrophen verantwortlich sind, persönlich belangt werden können? Wann ist eine Katastrophe derart grob fahrlässig hervorgerufen worden, dass sie strafrechtliches Unrecht ist, wann ist es schlicht ein Unglück? Hier gehen die Meinungen weit auseinander.

Viele Umweltverbrechen werden nicht einmal geahndet, selbst wenn langfristige Schäden bleiben und Menschen durch sie vertrieben werden. Sofort kommen einem da Politiker:innen in den Sinn, deren verantwortungsloses Handeln unberührte Natur vernichtet: der brasilianische Präsident Jair Bolsonaro zum Beispiel, der die Abholzung des Amazonasregenwalds zugunsten landwirtschaftlicher Profite befeuert. Bei dem gerechtfertigten Fingerzeig auf Entscheidungsträger:innen dürfen jedoch auch die Industrieländer nicht außer Acht gelassen werden, die durch die hohe Nachfrage nach günstigen Sojaprodukten als Futtermittel in nicht unerheblichem Umfang mit zu dem Ökozid beitragen.

Der Ökozid umfasst schwerwiegende und mutwillige Zerstörungen von Ökosystemen, die perspektivisch auch von einem internationalen Gericht oder ersatzweise den Gerichten der Mitgliedsstaaten geahndet werden könnten. Dafür setzt sich eine wachsende Zahl von Jurist:innen ein. Ihr Ziel ist es, die Strafbarkeit von Ökozid durch den Internationalen Strafgerichtshof mit Sitz in Den Haag sicherzustellen. Dessen Mandat ist über das Römische Statut geregelt und umfasst die gravierendsten Verbrechen von Individuen im Völkerstrafrecht: Völkermord, Kriegsverbrechen, Verbrechen gegen die

Menschlichkeit und Verbrechen der Aggression, also die Verletzung des Angriffskriegsverbots. Der Internationale Strafgerichtshof wird nur dann aktiv, wenn die Verbrechen nicht durch nationale Gerichte sanktioniert werden. Doch nicht alle Staaten der Welt sind Mitglied und unterliegen seiner Gerichtsbarkeit. Große Staaten wie China und Indien sind gar nicht beigetreten. Die USA und Russland haben zwar das Römische Statut unterzeichnet, aber letztlich nicht ratifiziert. Verbrechen aus diesen und weiteren Ländern wurden also bisher nicht geahndet.

Dass der Handlungsspielraum multilateraler Organisationen eingeschränkt ist, mindert ihre Bedeutung dennoch nicht. Im Gegenteil: Es gibt Anlass, sich für eine Ausweitung des Mandats und der Mitgliedschaft einzusetzen. Genau dies tat eine Gruppe von Jurist:innen um die 2019 verstorbene schottische »Anwältin der Erde«, Polly Higgins, die einen langen Kampf für die Integration des Ökozids in das Römische Statut führte. Mithilfe der von Higgins gegründeten Nichtregierungsorganisation Stop Ecocide International wurde ein internationales Expertengremium einberufen, das eine völkerrechtliche Definition von Ökozid erarbeiten sollte. Seinen gemeinsamen Entwurf legte das Gremium 2021 vor. Er bezeichnet als Ökozid »rechtswidrige oder grob fahrlässige Handlungen, mit dem Wissen begangen, dass eine erhebliche Wahrscheinlichkeit schwerer und entweder weitreichender oder langfristiger Schäden für die Umwelt besteht, die durch diese Handlungen verursacht werden«.[27] Die weltweit anerkannten Jurist:innen machten zudem konkrete Vorschläge, wie das Mandat des Internationalen Strafgerichtshofs erweitert werden kann. Auch Papst Franziskus äußerte sich bereits zum Thema Ökozid und sprach sich indirekt für eine Integration des Straftatbestands in das Römische Statut aus.[28]

Schon viel früher hätte der Ökozid als Straftatbestand aufgenommen werden können. In den Diskussionsentwürfen um die Entstehung des Internationalen Strafgerichtshofs wurden bereits 1986 schwerwiegende Umweltschäden als eines der Verbrechen gegen die Menschlichkeit vorgeschlagen.[29] Bis Mitte der 90er Jahre, also bis kurz vor Beschluss des Statuts, debattierte man über diesen zusätzlichen Straftatbestand, doch drei europäische Staaten verhinderten letztendlich die Etablierung des Ökozids darin: die Niederlande, Großbritannien und Frankreich. Lange schien eine weitere Debatte um dieses wichtige Thema aussichtslos, doch gerade in den vergangenen Jahren baute sich ein neues Momentum auf.

Staat ohne Territorium?

Sollte es zu dem Schreckensszenario kommen, dass ganze Atollstaaten durch den Meeresspiegelanstieg ihr Territorium verlieren, stellen sich nicht nur humanitäre und ethische Fragen, sondern auch rechtliche: Besteht der Nationalstaat trotzdem fort? Werden die Bewohner:innen der Inseln zu staatenlosen Personen? Wie verhält es sich mit dem Seerecht? Verschwindet die Hoheitsmacht des Staates über die Ausschließliche Wirtschaftszone (AWZ)? Auch wenn es noch möglich ist, die Erderwärmung zu begrenzen, ist die Bedrohung für die flachliegenden Inselstaaten schon so real, dass sich Rechtswissenschaftler:innen und Politolog:innen bereits mit diesen Fragen auseinandergesetzt haben.

Im Allgemeinen setzt Staatlichkeit ein Territorium, eine Bevölkerung und Staatsgewalt mit einem Mindestmaß an Autonomie voraus.[30] Alle drei Kernelemente eines Staates können durch den Klimawandel attackiert werden: Territorialverlust durch Meeresspiegelanstieg, Entvölkerung durch transnationale Klimamigration und Untergrabung der Staatsgewalt durch extreme und wiederkehrende Naturkatastrophen inklusive der daraus resultierenden gesellschaftlichen wie politischen Spaltung. Diese Veränderungen in der Staatlichkeit stehen in Zusammenhang miteinander und können sich gegenseitig bedingen.

Während die Untergrabung der Staatsgewalt über viele weitverzweigte Wirkungsketten stattfinden kann und sich nur in Teilen auf den Klimawandel zurückführen ließe, ist die Abwanderung der Bevölkerung eines Staates ihm eindeutig zuordenbar. Schon vor dem Gesamtverlust von Landfläche würden Menschen ihr Land verlassen.[31] In manchen Atollstaaten hat diese Dynamik womöglich bereits eingesetzt. Der Ausgang, ob unter Umständen alle Menschen abwandern müssen, ist ungewiss und liegt in den Händen der Industrienationen.

Sollten immer mehr Personen versuchen zu migrieren, könnte dies auch die Position des Staates insgesamt schwächen, seine Existenz zu verteidigen.[32]

Dem stehen Beispiele für machtvolle Diasporapopulationen gegenüber, die sowohl Einfluss auf das politische Geschehen in ihrem Herkunftsland ausüben als auch eine starke Stimme für ihre Landsleute an deren Zielort sind. So nimmt etwa die Exilbevölkerung Kubas in den USA Einfluss auf die amerikanische Außenpolitik in Bezug auf den Inselstaat. Denkbar wäre, dass gerade eine starke Diaspora Rechte für ihre Heimatstaaten einfordern könnte. Dies ist mancherorts schon der Fall. Viele Klimaaktivist:innen aus pazifischen Inselstaaten leben heute aus unterschiedlichen Gründen in Australien, Neuseeland oder den USA und üben von dort Druck auf die internationale Gemeinschaft aus.

Wenn ein Staat nicht mehr existiert, kann es nach bisheriger Gesetzeslage auch keine Staatsangehörigkeit mehr zu diesem Staat geben.[33] Bekämen die Betroffenen dann keine andere Staatsangehörigkeit zugesprochen, würden sie zu staatenlosen Personen werden. Gemäß dem Übereinkommen zur Verminderung von Staatenlosigkeit von 1961 und der Konvention über die Rechtsstellung der Staatenlosen von 1954, die auch Deutschland ratifiziert hat, sind Regierungen jedoch dazu angehalten, Staatenlosen, die sich in ihrem Land aufhalten, Möglichkeiten zur Einbürgerung zu bieten. Es bleibt zu hoffen, dass es nicht so weit kommt, dass Klimamigrant:innen staatenlos werden.

Denkbar wäre, dass die vom Territorialverlust betroffenen Länder weiterhin anerkannt werden, auch wenn ihr Gebiet nicht mehr existiert. Zum Beispiel werden faktisch existierende Staaten, die durch Verletzung des Völkerrechts entstanden sind, von der Staatengemeinschaft nicht anerkannt. Unabhängigkeitsbestrebungen, die die territoriale Integrität eines Staates in Frage stellen, sind höchst umstritten. Dies betrifft Sezessionsbewegungen wie in Katalonien oder auch die Anerkennung des Kosovo. Länder, die durch kriegerische Handlungen entstehen, zum Beispiel Nordzypern, werden in der Regel nicht anerkannt und sind auch nicht in UN-Gremien vertreten.[34] Im Umkehrschluss könnten Staaten, die aufgrund von Rechtsverletzungen verschwinden, trotzdem weiterhin anerkannt werden.[35] Aus moralischen Gründen wäre diese Anerkennung geboten, gerade für Staaten, die durch ihren Emissionsausstoß den Staatsverlust mitverursacht haben. Es ist nur fraglich, wie lange ein solcher Status de facto aufrechterhalten werden könnte.

Eine andere theoretische Möglichkeit wäre, das ursprüngliche Staatsgebiet auf das Hoheitsgebiet eines anderen Staates zu verlegen und die gesamte Bevölkerung dorthin umzusiedeln. Dazu müssten sich Länder jedoch bereiterklären, Teile ihres Territoriums zu Gunsten der schwindenden Staaten aufzugeben oder längerfristig zu verpachten. Während die erste Option eher unwahrscheinlich sein dürfte, wirft die zweite wiederum Fragen der juristischen Zuständigkeit zwischen Pächter und Gastgeberstaat auf.[36] Zudem verursachen umfangreiche staatlich gesteuerte Umsiedlungen oft substanzielle Probleme für die betroffenen Gemeinden.

Auch wenn das Territorium eines Staates nicht mehr bewohnt werden kann, hat die Bevölkerung ein Anrecht auf Staatsangehörigkeit. Artikel 15 der Allgemeinen Erklärung der Menschenrechte legt fest:

1. *Jeder Mensch hat das Recht auf eine Staatsangehörigkeit.*
2. *Niemandem darf die eigene Staatsangehörigkeit willkürlich entzogen noch das Recht versagt werden, die Staatsangehörigkeit zu wechseln.*[37]

Ob Staaten Menschen, die aufgrund schwerer Klimafolgen ihr Land verlassen müssen, aufnehmen und ihnen womöglich eine Staatsangehörigkeit anbieten würden, ist offen. Manche Wissenschaftler:innen argumentieren, dass auch ohne Territorium eine Nation samt Staatsangehörigkeit weiter existieren kann, selbst wenn diese über mehrere Orte oder Länder verteilt wäre. So spricht sich die Rechtsprofessorin der Universität von Hawaii, Maxine Burkett, für ein »Nation Ex-Situ«-Modell aus, in dem Betroffene ihre eigene Staatsangehörigkeit behalten und zudem eine zweite Staatsangehörigkeit des Landes annehmen, in dem sie leben.[38] Die Vorteile eines solchen Arrangements wären, so Burkett, dass die kulturelle Identität und das Zusammengehörigkeitsgefühl der Gruppe durch die gemeinsame Staatsangehörigkeit gefestigt würden. Doch ob eine solche »Nation Ex-Situ« über Generationen Bestand hätte, ist im jetzigen Völkerrechtssystem eher zweifelhaft. Gleichwohl könnten einschneidende Völkerrechtsreformen in den kommenden Jahrzehnten auf den Weg gebracht werden, sollten Klimafolgen immer stärker geltendes Recht auf die Probe stellen.

Kurzum: Das bestehende Recht ist nicht für eine Welt im Klimawandel gemacht. Die Umwälzungen, die in einem sich rapide verändernden Erdsystem bevorstehen, werden unser Rechtssystem in Frage stellen. Um dieser Herausforderung zu begegnen, braucht es proaktives Handeln, den Willen zur Veränderung und progressive Ansätze zur Auslegung des geltenden Rechts. Erst in den vergangenen Jahrzehnten hat die Menschheit begonnen, die Auswirkungen des Klimawandels zu überdenken und wissenschaftlich nachzuvollziehen. Rechtsänderungen hingegen brauchen Zeit. Rechtswissenschaftler:innen und Jurist:innen weltweit stellen sich der komplexen Gemengelage und versuchen durch strategische Verhandlungsführung, neue Definitionen und Rechtsänderungen, der Entwicklung gerecht zu werden und unkonventionelle Wege zu gehen.

These

Das bestehende Grenzregime wird im Zuge dramatischer Klimafolgen zu immer mehr Menschenrechtsverletzungen führen. Ungleich verteilte Umweltschäden erfordern institutionelle und rechtliche Reformen, die sichere, legale Migrationswege aus zerstörten Gebieten eröffnen und zukünftige Schäden begrenzen.

3 INSELN OHNE ZUKUNFT? DAS PARADIES DER KLEININSELSTAATEN VERSCHWINDET

Trostlose Heimat – Überleben im Paradies ■ Ein Deck voller Blut ■ Superyachten in der Armutsidylle ■ Atolle zwischen den Weltmächten ■ Die Vertreibung aus Bikini und das nukleare Erbe der USA ■ Kleininselstaaten im Kampf der internationalen Klimadiplomatie ■ Deutschland und die Ziele der Kleininselstaaten ■ Geplante Umsiedlungen auf Fidschi ■ Im Auge von »Irma« – Superstürme in der Karibik ■ Evakuierung mit Waffengewalt ■ Milliardäre und Obdachlose – Wem gehören die Inseln? ■ Toxischer Algengürtel ■ Grab-and-Go-Kapitalismus ■ Parallele Krisen – Willkommen im Anthropozän

Das war's, denke ich, als eine Welle den Segelkatamaran seitwärts erwischt. Ich liege unter Deck in einem der zwei Bootsrümpfe der »Okeanos Marshall Islands« und werde durch die Wucht des Aufpralls hin und her geworfen. Schlaftrunken suche ich nach der Luke, klettere an Deck und klippe mich ein. Unsere Schwimmwesten haben einen zusätzlichen Sicherheitsmechanismus – ein Seil mit einem großen Karabiner, den man an Stahlseilen einhakt, sodass man sich auch bei hohem Seegang sicher bewegen kann. Es ist mitten in der Nacht. Strömender Regen peitscht uns ins Gesicht. Fast die ganze Crew ist auf den Beinen und kämpft mit allen Mitteln gegen den Sturm, der über uns hinwegpfeift. Die Stimmung ist angespannt, aber das Team –

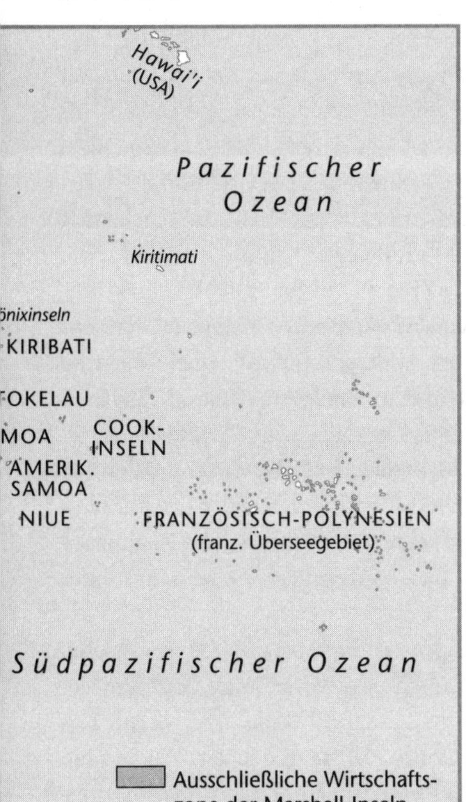

Abb. 2: Wie Perlen liegen die Inselstaaten verstreut über den gewaltigen Pazifik. Doch die kleinen Staaten verfügen über große Ausschließliche Wirtschaftszonen im Meer. Hier beispielhaft eingezeichnet ist die ungefähre Ausschließliche Wirtschaftszone der Marshallinseln, die dem Staat etwa die Nutzungsrechte für die Fischerei exklusiv zuspricht.

erfahrene Segler:innen aus Tahiti, Fidschi und den Marshallinseln – ist eingespielt und weiß, was es zu tun hat. Unser Segeltörn führt von Majuro, der Hauptstadt der Marshallinseln, nach Ailuk, einem entlegenen Atoll. Etwa zwei Tage sind wir per Segelboot unterwegs. Unsere »Okeanos Marshall Islands« transportiert Dinge des täglichen Bedarfs, eine mechanische Nähmaschine, Koffer und Lebensmittel wie Reis, und ich möchte vor Ort Interviews mit Menschen führen, deren Angehörige abgewandert sind.

Von der türkisblauen Lagune Majuros aus war es am Vortag kaum vorstellbar, welche Kräfte der Ozean entfesselt. Die tiefdunkle Nacht lässt die Naturgewalten noch mächtiger erscheinen. Die Wassermassen umtosen das Boot von allen Seiten. Entgegen meiner Befürchtung, das Meer würde uns gleich verschlingen, prescht der Katamaran tapfer über die gewaltigen Wellenberge, die wie eine schwarze Wand auf uns zurollen. Er schafft es, jedes Mal wieder daraus aufzutauchen. Nach einer gefühlten Ewigkeit legt sich schließlich der Wind und der Morgen bricht an. Der Pazifik, der unter Segler:innen als unberechenbar gilt, nötigt mir nach dieser Nacht großen Respekt ab. Zugleich spüre ich mit der Morgendämmerung eine tiefe Verbundenheit mit dem Ozean: Ebenso unvergesslich wie das nächtliche Erlebnis ist der Sonnenaufgang auf dem Pazifik, die Welt scheint mit einem rot-rosa Glühen ihre Seele aufzureißen und bloßzulegen. Jemand fängt an, auf der Ukulele zu spielen, es wird gesungen. Die wilde Nacht ist wie weggespült, als hätte es sie nicht gegeben. Als wir schließlich vor Ailuk ankern, nähert sich uns die Bürgermeisterin der Insel zusammen mit einer kleinen Gruppe auf einem Boot, das an den Katamaran andockt. Wir setzen über und spüren erleichtert wieder Land unter den Füßen.

Die Marshallinseln sind ein eigenständiger Staat mitten im Pazifik. Die äußeren Inseln vermitteln noch eine Vorstellung vom Südseeparadies: Palmen und einsame weiße Sandstrände, übersät mit Kokosnüssen. Auch unter Wasser gibt es viel zu entdecken. Taucht man ab, lassen sich Riffhaie, dicke Zackenbarsche und Clownfische beobachten. Doch das Bild einer vermeintlich heilen Inselwelt bekommt schnell Risse, wenn Bewohner:innen ihren Alltag schildern. Ältere Leute erzählen mir von den Veränderungen durch den Klimawandel, die sich auf den Inseln vollziehen. Ein 77-jähriger Mann berichtet: »Es ist viel heißer als zu meiner Jugendzeit. Die Dürreperioden sind häufiger und dauern länger. Diese Inseln gleichen einem Ödland. Der Boden ist schlecht. Jetzt haben wir kaum noch etwas zu essen, weil es nicht genügend Brotfrucht und Obst gibt. Früher kam genug auf den Tisch.« Außerdem fehlten durch die Abwanderung der jüngeren Menschen Arbeitskräfte, was die Situation noch verschlimmere. Eine Frau pflichtet ihm bei: »Das Leben ist härter geworden.« Im Gespräch mit jungen Marshalles:innen hingegen steht nicht das »Früher« im Vordergrund, ihr Blick ist nach vorne gerichtet. Sie führen einen inneren Kampf zwischen dem Wunsch zu bleiben und der Einsicht, dass es für sie womöglich keine Zukunft mehr in ihrer Heimat gibt. Resigniert stellen sie fest, was alles bereits verloren ist. Viele sehen kaum noch Chancen für sich und ihre Familien.

Trostlose Heimat – Überleben im Paradies

Zwischen Deutschland und den Marshallinseln besteht ein Höhenunterschied von 261 Metern. 261 potenziell lebensnotwendige Meter, denn Deutschland liegt im Schnitt 263 Meter über dem Meeresspiegel und die Marshallinseln etwa zwei. In Zeiten der globalen Erwärmung, die mit mächtigen Sturmfluten und Überschwemmungen einhergeht, kann dieser Umstand über die Zukunft einer ganzen Nation entscheiden. Die Marshallinseln, auf denen weniger als 75 000 Menschen leben, gehören zu der Gruppe flachliegender Korallenatolle, die durch den Anstieg des Meeresspiegels in ihrer Existenz bedroht sind. Dazu zählen beispielsweise auch die Malediven im Indischen Ozean oder Kiribati und Tokelau, ebenfalls im Pazifik gelegen. Der Großteil der Bevölkerung wohnt auf der Hauptinsel. Sie hat ihre eigene Sprache und Kultur. Doch immer mehr Menschen wandern von den äußeren Inseln ab, einige, weil sie hoffen, bessere Ausbildungschancen zu bekommen, andere, weil das Land nicht mehr ihre Familien ernähren kann. Auf Ailuk spreche ich mit Familien, die gezwungenermaßen auf gepackten Koffern sitzen.

Ein junges Paar mit einem Kleinkind empfängt uns in seinem Zuhause, einer inseltypischen Hütte, abgedeckt mit Wellblech. Tücher verdecken die rissigen Betonwände. Kilok und seine Frau Tracy sind Ende zwanzig, Tracy beschäftigt sich mit ihrem Kind, die meiste Zeit erzählt Kilok.[1] Beide wirken erschöpft. Die Luft ist stickig, die Hitze fast unerträglich. Der Raum speichert die Wärme, statt sie nach außen abzuleiten. Traditionelle Holzbauten und Palmendächer sehe ich kaum, denn der Baumbestand der Insel ist knapp geworden. Als Baustoff dient daher vornehmlich Zement, obwohl es an Süßwasser und auch an Sand mangelt. Das wohl oder übel verwendete Salzwasser wiederum und die tropische Witterung verursachen Risse in den Wänden. Die Gebäude fangen an zu bröckeln, sie haben keine lange Lebensdauer.

Wir sitzen auf dem Boden, während das Paar vom Leben auf der abgelegenen Insel berichtet. Keiner der beiden spricht Englisch, der Manager der »Okeanos Marshall Islands« übersetzt das Marshallesisch für mich: Es gibt kein Internet und keine reguläre Telefonverbindung, Nachrichten werden über das Radio oder per Satellitentelefon empfangen. Die Dorfgemeinschaft ist eng miteinander verbunden. Die Männer arbeiten vor allem in der Produktion von Kopra, getrocknetem Kokosnussfleisch, das in unregelmäßigen Abständen von einem Schiff abgeholt, in Majuro zu Mehl und Öl verarbeitet und dann weltweit exportiert wird.

Kopra mit einer Machete aus der Kokosnussschale zu lösen, erfordert einiges Geschick. Für die meisten Familien stellt sie die Haupteinnahmequelle dar, aber der Preis liegt zeitweise so niedrig, dass die Regierung ihn subventionieren muss. Und wenn einer der Frachter, der Kopra abholt und Waren liefert, sich um Wochen oder gar Monate verspätet, werden auf der Insel Medikamente und Lebensmittel knapp. Die Frauen fertigen Handarbeiten an, feingewebte Matten aus Palmblättern, geflochtene Ketten oder Schildkröten aus Muscheln, die immer noch gelegentlich als Ersatzwährung dienen, wenn das Geld nicht reicht.

Kilok und Tracy leben eigentlich gern auf Ailuk und sind stolz auf ihre Kultur. Ihre Bräuche sind eng verwoben mit dem Land, der Möglichkeit, fischen zu gehen, Kokosnusspalmen und Pandanusbäume anzubauen oder traditionelle Medizin aus endemischen Pflanzen zu gewinnen. Bereits 1000 Jahre vor unserer Zeitrechnung haben sich hier Menschen niedergelassen, eigene Kunstformen und eine eigene Technik zum Bau von Segelbooten entwickelt. Das alles ist nun bedroht. Wie belastend das Leben mit einer beständigen Bedrohung ist, spüre ich im Gespräch mit Kilok und Tracy. Sobald es um ihre Sorgen und Probleme geht, stockt es. Schließlich erzählt uns Kilok, wie schwierig es für die junge Generation ist, überhaupt noch fruchtbares Land zur Bewirtschaftung zu finden. Die häufigen Überflutungen versalzen die Böden, schaden den Palmen und anderen Bäumen. »Mehr als 50 meiner Bäume (Kokospalmen) sind beschädigt durch die Tiden. Sie sind meine Nahrungspflanzen. [...] Wir haben nun weniger zu essen«, hat uns bereits ein Lehrer auf Ailuk geklagt. Fruchtbares Land wird immer knapper.

Auf den Inseln sind die Klimaveränderungen nicht zu übersehen. Die Natur, die den Menschen hier über Jahrtausende ein Leben ermöglichte, gerät aus dem Gleichgewicht. Kilok blickt besorgt in die Zukunft, er weiß nicht, warum Überflutungen und Dürren sich häufen. Andere Dorfbewohner berichten, dass sie in den flachen Gewässern um die Insel immer weniger Fisch aufspüren – wegen der Korallenbleiche. Fischer müssen weiter aufs Meer hinausfahren, um einen guten Fang zu machen. Das birgt Gefahren, kostet Zeit und Treibstoff, der importiert werden muss. Vor dem Hintergrund der immer spürbarer werdenden Veränderungen sieht Kilok keine Möglichkeiten, seine Familie hier auf Dauer zu ernähren.

Wie viele seiner Landsleute ist auch er entschlossen, Ailuk zu verlassen, das Atoll, auf dem er sein ganzes bisheriges Leben verbracht hat. Sein Gesicht verrät, wie schwer die Verantwortung auf ihm lastet. Die Familie will nach Oklahoma in den USA umsiedeln, dort kennen sie jemanden, der Kilok einen Job vermitteln kann. Marshalles:innen können ohne Visum in die USA einwandern. Die Vereinigten Staaten besaßen nach dem Pazifikkrieg das Treuhandmandat über die Inselregion und haben dort noch in den 1950er Jahren Atombomben getestet und eine Raketenstation errichtet.

Der Exodus der Marshalles:innen führt häufig zuerst auf die Hauptinsel Majuro, von dort in die USA, in den nächstgelegenen Bundesstaat Hawaii oder nach Kalifornien, Arkansas, Missouri oder Oklahoma. In diesen Staaten gibt es eine marshallesische Diaspora, die den eigenen Landsleuten beim Ankommen hilft. Dennoch warten auf die meisten von ihnen oft nur schlechte Jobs am Fließband. In Arkansas zum Beispiel arbeiten viele ehemalige Inselbewohner in industriellen Hühnerfabriken. Nicht selten erleben sie die Arbeit in einer solchen Fabrik und den Alltag, diesen krassen Gegensatz zum Dasein auf einer einsamen Insel, als großen Schock. Allein der Wechsel in die Hauptstadt Majuro oder in die USA bringt eine radikale Veränderung in ihrem Leben mit sich, denn ihre tief mit dem Land und dem Ozean verwobenen Traditionen können im urbanen Umfeld kaum noch gelebt werden.

Es findet aber auch noch eine andere Art der Migration aus den Marshallinseln statt: Eliten, zumeist die Landbesitzer, können es sich leisten, ihre Kinder zum Studieren in die USA zu schicken – wo sie dann oft gleich bleiben. Eine solche Migration mündet nicht selten in eine Erfolgsgeschichte, in eine gute Ausbildung, die vor einem schlecht bezahlten Job am Fließband schützt. Diese Chance bietet sich Kilok und seiner Familie nicht, ihre Zukunft ist ungewiss. In unserem Gespräch möchte ich ihm und seinen Angehörigen am liebsten zurufen: Geht nicht nach Oklahoma! Aber was wäre die Alternative? Es gibt keine einfachen Lösungen. Ich schweige. Wir verabschieden uns.

Viele Migrant:innen erhoffen sich eine Rückkehr auf »ihre Insel«, selbst wenn sie auf Majuro etwas mehr Geld verdienen als dort. Andere scheuen den Wechsel. Trotz der schwierigen und immer bedrohlicher werdenden Situation wollen viele auf ihren angestammten abgelegenen Inseln bleiben, so lange es irgendwie geht. Eine marshallesische Politikerin berichtet, was Frauen ihr erzählt haben: »Eine von ihnen sagte: ›Ich habe keine Angst davor, in der See unterzugehen. Ich habe Angst davor, wegzuziehen und niemand mehr zu sein‹, und: ›Wenn ich in die USA migrieren würde – wer wäre ich dann? Sie haben keine Kokospalmen! Sie haben keine Pandanusbäume! Sie haben nicht unseren Fisch! Sie haben ihren, aber er schmeckt nicht wie unserer. Ich würde … ich werde keine Identität haben.‹« Den Frauen ist bewusst, dass Migration in letzter Konsequenz zu einem Identitätsverlust führt – ein Vorzeichen für den drohenden Untergang einer ganzen Kultur.

Ein Deck voller Blut

Die »Okeanos Marshall Islands« bringt uns wieder zurück nach Majuro. Der Segelkatamaran ist ganz auf Nachhaltigkeit ausgerichtet. Neben der Windkraft gibt es einen Motor, der mit Kokosnussöl angetrieben wird. Der zusätzliche Antrieb wird genutzt bei widrigen Winden, bei der Einfahrt in einen Hafen oder in eine enge Bucht. Solarpaneele erzeugen Strom für die nautischen Geräte an Bord. Die »Okeanos« zeichnet sich durch einen Mix aus Hightech und Traditionen aus, denn das grundlegende Design der in Neuseeland hergestellten Katamarane kommt aus dem jahrhundertealten Bootsbau des Pazifiks.[2]

Während der Rückreise von Ailuk sind wir gut versorgt mit Reis, Kokosnüssen und gelegentlich einer Schüssel Cornflakes. Crewmitglieder werfen Köder aus, und plötzlich zieht einer von ihnen einen Thunfisch an Bord. Das silbrig glänzende Tier ist riesig und hat ein Gewicht, das meines übersteigt. Vor meinen Augen wird es getötet und mit einem Messer ausgeweidet. Auch wenn die Versorgung der Mannschaft mit Fisch so für die nächsten Tage gesichert ist, kann ich den Anblick des getöteten Tieres kaum ertragen. Blut spritzt auf das weiße Deck und fließt langsam ins Meer. Was bedeutet der Tod eines Tieres? Diese Frage stellen sich viele Menschen, wenn es um Fleischkonsum im Alltag geht – aber ein Fisch erregt kaum Mitleid.

Natürlich ist es ein Unterschied, ob Menschen nur so viele Fische fangen, wie sie zum Überleben brauchen, oder ob riesige Fangschiffe, ausgerüstet mit Schleppnetzen, Radar und akustischen Sensoren, den Meeresboden für industrielle Zwecke abräumen.[3] Angesichts dieser Übermacht an Gerätschaften gibt es für viele Tiere kein Entkommen, nicht einmal für den bis zu 1000 Meter tief tauchenden Thunfisch. Seit sich in den 80er Jahren der Konsum von Fisch globalisiert hat, ist sein Bestand rapide gesunken, auch wenn es Zeichen von Erholung in einzelnen Gebieten gibt. Schutzbestimmungen greifen kaum bei Tieren, die sich über weite Distanzen bewegen und damit auch in unterschiedliche Hoheitsgebiete gelangen.

Fangquoten, die immer noch zu hoch angesetzt sind, werden nicht eingehalten, Bußgelder und andere Strafmaßnahmen in Kauf genommen, denn gerade Thunfisch erzielt sehr hohe Preise – solange es genügend Käufer:innen für diese Produkte gibt und nicht schärfer reguliert wird. Viele der Tiere, die heute auf großen Fischmärkten, wie Toyosu in Tokio, auktioniert werden, erreichen nicht einmal die

Geschlechtsreife. Das heißt, bevor sie getötet werden, konnten sie sich nicht einmal vermehren, was zur weiteren Abnahme der Bestände führt. Bis der letzte Thunfisch auf jemandes Teller landet … Aber es geht nicht nur um den Thunfisch. Als Beifang geraten alle möglichen Arten in die Schleppnetze, die den Meeresboden massiv schädigen, auch indem sie CO_2 freisetzen, das dort gebunden ist.

Im Hafen von Majuro ankern kleinere Fischerboote. Unweit der Kaimauern liegt eine Thunfischfabrik, die »Pan Pacific Foods Inc.«, die den Fisch für den Export aufbereitet. Im Gespräch mit einigen Beschäftigten wird schnell klar, dass sie froh sind, überhaupt eine Arbeit gefunden zu haben. Neben ein paar Einzelhandelsgeschäften, einer Hand voll Hotels und kleinen Betrieben gibt es in Majuro nur noch »Tobolar«, das zweitgrößte Unternehmen der Insel, das die getrocknete Kopra zu Mehl und zu Öl verarbeitet. Kopramehl wird als Tierfutter hauptsächlich nach Australien geliefert. Das Öl dient als Grundstoff für eine ganze Palette von Produkten, von Kosmetika bis zu Arzneimitteln oder eben Treibstoff. Neben der Fabrik bieten vor allem die staatlichen und kommunalen Behörden Beschäftigungsmöglichkeiten.

Die Ernährung ist ein Thema, das vielen Sorgen bereitet. In den urbanen Zentren wie Majuro und Ebeye funktioniert die traditionelle Selbstversorgung nicht mehr. Die Bevölkerung ist auf Lebensmittelimporte angewiesen, und diese wollen bezahlt werden. Frisches Obst und Gemüse können sich nur die wenigsten leisten, die meisten ernähren sich von stark verarbeiteten Nahrungsmitteln oder preisgünstigem Reis mit Huhn. Doch die Fehlernährung hat Folgen: Mehr als die Hälfte der Erwachsenen leidet an Übergewicht, und die Bevölkerung hat eine der höchsten Diabetes-Typ-2-Raten der Welt.

Superyachten in der Armutsidylle

Kurz vor Weihnachten fahren wir mit der »Okeanos Marshall Islands« noch nach Maloelap, ein Atoll westlich von Majuro im Zentralpazifik. Dort warten die Menschen seit Längerem auf Lebensmittelhilfen, die während einer schweren, von El Niño getriebenen Dürre auf der Hauptinsel Majuro eingetroffen sind. Inzwischen ist mein Vater Hermann Vinke auf den Marshallinseln gelandet. Als Auslandskorrespondent, der bereits in den 1980er Jahren Mikronesien mehrfach bereiste, möchte er sich die Gelegenheit nicht entgehen lassen, mich ein Stück auf dieser besonderen Expedition zu begleiten. Während seiner Arbeit in Fernost standen noch die direkten Folgen der Atombombenversuche im Fokus. Nun birgt der Klimawandel die größten Risiken für die Inselketten.

Vor der Überfahrt nach Maloelap wollen wir noch Proviant für die Reise einkaufen. Als wir im Supermarkt ankommen, herrscht in den Regalen fast gähnende Leere. Kein frisches Gemüse oder Obst, keine abgepackten Lebensmittel. Mit etwas Toastbrot ziehen wir wieder ab. Am Anleger treffen wir den Manager der »Okeanos Marshall Islands«, der uns berichtet, er habe alle Supermärkte abgefahren, und überall habe sich ihm das gleiche Bild geboten: leere Regale. Er kenne auch den Grund. Die Crew der im Hafen von Majuro ankernden Yacht »Senses« habe sich mit dem nahezu kompletten Lebensmittelvorrat der Hauptinsel eingedeckt, um die Weihnachtstage auf Ailinglaplap, einer entlegenen Insel mit einem Luxusresort, gebührend feiern zu können. Dass nun den Bewohner:innen der Insel kurz vor Weihnachten kaum noch frische Lebensmittel zur Verfügung stehen, habe die Besatzung offenbar nicht interessiert. Die Yacht »Senses« von Google-Gründer Larry Page ist mit allem ausgestattet, was ein Multimilliardär begehren könnte: mit Surfbrettern, Jetskis und einem Hubschrauber (Gerüchten zufolge, weil der Besitzer ab und zu seekrank wird und sich dann ausfliegen lässt).

Eine der surrealsten Szenen auf meiner Reise erlebe ich, als von der Yacht plötzlich laute elektronische Musik über das Hafengelände dröhnt, während die Besatzung in knapper Bekleidung wie aus einem Ralph-Lauren-Werbefilm an Deck tanzt. Neben der »Okeanos« ankert ein heruntergewirtschaftetes Fischerboot mit burmesischen Seemännern, die allem Anschein nach schon länger nicht mehr an Land waren. In ihrer Nachbarschaft rosten Schiffe, die Wracks gleichen. All dies trübt die Stimmung an Bord der »Senses« nicht.

Atolle zwischen den Weltmächten

Die Fahrt nach Maloelap verläuft wieder stürmisch. Aber schon der Anblick der Lagune lässt die Strapazen vergessen. Ein paar Crewmitglieder und ich springen ins Meer und schauen uns unter Wasser um. In dem türkisfarbenen Gewässer kreisen bunte Fische, dazwischen wedeln riesige, noch lebende Korallen, und dann werden plötzlich die Konturen eines Schiffswracks sichtbar. Es zeugt von den erbitterten Kämpfen zwischen amerikanischen und japanischen Streitkräften während des Zweiten Weltkriegs. Unser Captain Alex sichtet einen großen Hai, den wir nun auch sehen wollen. Mein Vater sorgt sich, dass wir zum Ersatzfutter werden, doch Haie greifen nur selten Schwimmer an, vielmehr kommen diese wundersamen Tiere viel zu häufig durch Menschenhand zu Tode. Aber der Hai bewegt sich schneller als wir und schwimmt in die Tiefen des Ozeans davon.

Uns hingegen steht noch etwas Arbeit bevor, denn die Fracht der »Okeanos« will entladen werden. Nachdem wir die Reissäcke mit vereinten Kräften an Land gebracht haben, kommen wir mit Bewohner:innen Maloelaps ins Gespräch. Ein Lokalpolitiker erklärt: »Die Menschen hier versuchen ihr Bestes, aber für sie ist es schwer. Die Ressourcen der Insel sind erschöpft, das Einkommen sinkt. Die Kokosnussernten gehen zurück; das gilt auch für die Fischbestände. […] Viele Leute haben die Insel deswegen verlassen. Auch einige aus meiner eigenen Familie wanderten ab.« Ein anderer stimmt zu: »Die Menschen können sich hier nicht mehr selbst versorgen. Wenn die Lebensmittel knapp werden, suchen sie nach anderen Möglichkeiten da draußen.«

An Land befinden sich noch Überreste des Pazifikkrieges. Während des Zweiten Weltkriegs unterhielt Japan einen Marinestützpunkt mit Landebahnen für Flugzeuge, die den Nachschub besorgten. Tropische Pflanzen ranken sich an der Ruine eines mehrstöckigen Gebäudes empor, das einst das Hauptquartier war. In den riesigen Tanks, die die Kriegsschiffe mit Treibstoff versorgten, klaffen große Löcher, die der Rost gefressen hat. An anderer Stelle legt die Natur ihr sattes Grün über einen Hochbunker. Aus der flachen Lagune ragt ein einzelnes Flakgeschütz – einem verlorenen Posten gleich. Maloelap trägt die Spuren der jüngeren Geschichte inzwischen gelassen und demonstriert zugleich, dass die Inseln und Atolle im Pazifik immer wieder zum Spielball der Großmächte wurden.

Die Einflüsse von außen reichen lange zurück. In der zweiten Hälfte des 19. Jahrhunderts kamen christliche Missionare auf die Inseln, um die Bewohner:innen zu bekehren. Ihr Wirken war keineswegs segensreich, denn sie verdrängten schrittweise die lokale Religion und Kultur. Die Missionare waren den Handelskaufleuten gefolgt, die schon vorher begonnen hatten, in Kokosnussplantagen zu investieren und den Handel mit Kopra anzukurbeln. Führende deutsche Handelshäuser wie J. C. Godeffroy & Sohn in Hamburg profitierten von einem schwunghaften Handel mit Kopra, Perlmutt und Schildpatt.

Bevor Japan die Marshallinseln zu Beginn des Ersten Weltkrieges besetzte, standen sie von 1885 bis 1914 unter deutscher Kolonialherrschaft und fungierten für die kaiserliche Marine als Proviant- und Kohlestation. Hier wurden Kriegsschiffe wieder mit Brennstoff und Nahrungsmitteln beladen. Auch wenn formal Verträge mit Stammesführern geschlossen wurden, die die deutschen Aktivitäten auf den Inseln genehmigten – gegen eine Militärmacht wie das deutsche Kaiserreich hätten sich die Menschen in Mikronesien kaum auflehnen können. Wegen dieser verzweigten Geschichte tragen viele Marshalles:innen auch deutsche Namen, wie zum Beispiel die Ex-Staatspräsidentin der Marshallinseln, Hilda Heine.

Als wir nach Majuro zurückkehren, erscheint mir die Superyacht »Senses« irgendwie verändert, und ich frage unseren Captain, ob das Luxusschiff gedreht habe. »Nein«, antwortet Alex. »Das ist die andere Google-Yacht, die hier ankert.« Die »Dragonfly« mit über 70 Metern Länge übertrifft die »Senses« noch und gehört dem zweiten Google-Gründer Sergey Brin.

Das reichste eine Prozent der Menschheit verursacht im Schnitt pro Kopf mit seinen Privatjets, Yachten und anderen Konsumgütern mehr als 30-mal so viele Treibhausgase, wie mit der 1,5 °C-Grenze vereinbar sind.[4] Dabei wächst der Anteil der globalen Emissionen, der auf den Lebensstil von Superreichen zurückzuführen ist, weiter und könnte bis 2030 bei 16 Prozent liegen. Ungleichheit, Klimawandel, Mangelernährung – die Probleme der Welt treten auf den Marshallinseln wie unter einem Brennglas hervor.

Auch in der Hauptstadt Majuro ballen sich die Probleme. Das dicht besiedelte Atoll, das sich wie eine Schlange aus dem Pazifik erhebt, hat nur noch wenige Strände. Sand wird zum Betongießen weggebaggert, und Wellenbrecher, sogenannte Sea Walls, die eigentlich die Infrastruktur schützen sollen, tragen dazu bei, dass sich der feine Sand vor der Küste langsam abträgt und somit die Erosion letztlich befördert. Einen kleinen Strandabschnitt gibt es noch vor dem Campus der University of the South Pacific, in der die Deutsche Gesellschaft für Internationale Zusammenarbeit (GIZ) ein Büro eingerichtet hat. Im Sand rostet ein Kühlschrank vor sich hin – offenbar angespült. Die Wellen klatschen dagegen. Überall auf der Insel stellt Müll ein Problem dar. Es gibt keine Müllverbrennungsanlage, und immer mehr Kunststoff gelangt zusammen mit den importierten Waren aus der Volksrepublik China hierher. Den höchsten Punkt der Insel bildet inzwischen ein Müllberg auf dem Majuro-Atoll, der stetig wächst und scherzhaft »Trash Mountain« genannt wird.

Ein Angestellter der städtischen Verwaltung berichtet von dem Plan, ein Riff zu sprengen, um dort einen Teil des Mülls mitsamt einem Betonmantel, der die Deponie umschließt, zu versenken. Dieses Gebilde soll dann gleichzeitig als Wellenbrecher dienen. »Es ist ein totes Riff«, sagt der Mann, »wir drillen, dann packen wir Dynamit hinein und jagen es in die Luft.« Ungläubig schaue ich ihn an, in der Hoffnung, dies könnte ein Scherz sein. Aber ich merke schnell, dass an einem Ort, wo sich die Probleme der Welt zu bündeln scheinen, verzweifelt Lösungen gesucht werden. »Wir haben nicht die fachlichen Fähigkeiten und das Wissen, um mit den Folgen des Klimawandels und verschiedenen Umweltbelastungen fertigzuwerden.«

An vielen Stellen verschandeln ausgediente Autokarosserien die Umgebung. Autos überhaupt sind ein weiteres Problem auf Majuro. Es gibt zu viele davon, sodass es auf der Hauptstraße sogar zu Staus kommt, und die Entsorgung der ausrangierten Fahrzeuge ist nicht geregelt. »Wir haben den amerikanischen Lebensstil hier kopiert«, sagt mein Gesprächspartner und zuckt mit den Achseln.

Die Vertreibung aus Bikini und das nukleare Erbe der USA

An einem Sonntag im Jahre 1946 versammelte der amerikanische Militärgouverneur Ben Wyatt nach dem Gottesdienst die Bewohner:innen des Bikini-Atolls der Marshallinseln und erinnerte sie an »die Kinder Israels, die Gott vor ihren Feinden schützte und in das gelobte Land führte«. Diesem biblischen Exodus gleich sollten nun auch die Bewohner:innen Bikini verlassen: »zum Wohle der Menschheit und um alle Kriege auf der Erde zu beenden«,[5] lautete die fadenscheinige Begründung. Die US-Amerikaner wollten nach dem Ende des Zweiten Weltkriegs Atombomben testen, und zwar in einem möglichst entlegenen Gebiet.

Die missionierten Marshallesen auf Bikini stimmten widerwillig einer temporären (!) Umsiedlung zu – was blieb ihnen angesichts der Großmacht USA auch anderes übrig – und wurden auf das Atoll Rongerik gebracht. Die meisten hofften, bald wieder zurückkehren zu können. Rongerik war jedoch viel kleiner als Bikini und hatte nicht genügend Fischgründe, um die umgesiedelten Menschen langfristig zu ernähren, sodass Monate des Hungers folgten. Da die amerikanischen Besatzer die Bevölkerung nicht ausreichend versorgten, verschärfte sich die Situation immer mehr. Nun wurden die Männer, Frauen und Kinder nach Kwajalein und später nochmals nach Kili verfrachtet, wo einige von ihnen bis heute leben – abhängig von Lebensmittellieferungen, denn Kili hat keine Lagune. Somit fehlen Möglichkeiten zum Fischfang.

In den Jahren von 1946 bis 1958 unternahmen die USA insgesamt 67 Atombombentests auf Bikini und Eniwetok. Die Testreihe gipfelte in der »Operation Castle«, bei der thermonukleare Bomben von einer gewaltigen Sprengkraft gezündet wurden. Ein Desaster war vorprogrammiert. 1954 explodierte die Wasserstoffbombe »Bravo«, die 1000-mal stärker war als die Atombombe, die Hiroshima im Zweiten Weltkrieg verwüstete. Der Radius des radioaktiven ascheartigen Niederschlags war deutlich größer als ursprünglich angenommen. Bewohner:innen auf dem nahe gelegenen Rongelap-Atoll sowie Fischer auf offener See waren dem nuklearen Ascheregen ausgesetzt und wurden alsbald von teils schweren Strahlenerkrankungen heimgesucht. Es wird nicht ausgeschlossen, dass ihre Verstrahlung billigend in Kauf genommen wurde, um später die Auswirkungen der Atombombentests auf Menschen untersuchen zu können.

Auf Ailuk sprach ich mit einem überlebenden Fischer, der den Feuerball, das gleißende Licht der Explosion mit eigenen Augen sah und nicht wusste, was dies zu bedeuten hatte. Viele seiner Freunde starben später an den Folgen, etwa an Krebs. Er selbst hatte Glück und überlebte, arbeitete weiter in der Fischerei und verbrachte sein Leben auf Ailuk. Bis heute bedeuten die Atomversuche der 1940er und 1950er Jahre für die Marshallinseln eine schwere Hypothek. Ganze Inseln verdampften unter den Atomschlägen. Viele Bewohner:innen leiden noch immer an der atomaren Verseuchung ihrer Umwelt. Die Zahl der an Krebs Erkrankten ist hoch, Missbildungen bei Kindern aufgrund von Spätfolgen durch Strahlenschäden sind keine Seltenheit.

Bevor die Menschen auf dem Bikini-Atoll zu Sturmnomaden des nuklearen Zeitalters wurden, hatten sie Tausende von Jahren nach den ungeschriebenen Regeln und Gesetzen der Natur gelebt. Einer Natur, die ihnen mit ihren Früchten und dem Fischreichtum im Ozean ausreichend Nahrung bot. Mit dem Treuhandmandat der USA über Mikronesien änderte sich so manches. Die Coca-Cola-Kultur hielt Einzug, untergrub das traditionelle Leben auf den Inseln und lockte vor allem junge Menschen mit falschen Versprechungen, was schließlich in eine völlige Abhängigkeit von den Vereinigten Staaten führte.

Jahrzehnte vergingen, bis sich Ende der 70er Jahre die Atommacht USA endlich daranmachte, den als Folge der Testserie nuklearen Abfall einzusammeln, in einen Krater zu versenken, der bei einer der Explosionen entstanden war, und diesen dann mit einer Betondecke zu verschließen. Die Aufräumaktion verlief oberflächlich. Insbesondere ging es darum, mit Plutonium verseuchtes Material einzulagern. Plutonium hat eine Halbwertszeit von 24 000 Jahren.

Ein Großteil der Rückstände landete aber auch in der Lagune von Eniwetok. Dagegen erhoben die Bevölkerung und Umweltexpert:innen heftigen Protest, jedoch vergebens. Die Auflagen für die Konstruktion des Atomsilos waren lax und standen in einem krassen Gegensatz zu dem, was der »Runit-Dome« an Gefahren barg: »Der Dom erfüllt nicht einmal die Standards für Deponien von amerikanischem Haushaltsmüll«, so Michael Gerrard, der das Sabin Center for Climate Change and Law an der Columbia-Universität gründete.[6] Die Radioaktivität der Landflächen sei aufgrund der unzureichenden Sicherungen deutlich höher als die zugelassenen Grenzwerte.

Seit einigen Jahren weist der »Runit Dome« Risse auf, das heißt, der Betonpanzer wird porös. Witterung und fehlende Wartung setzen dem Material zu. Mit dem Anstieg des Meeresspiegels dürfte die atomare Lagerungsstätte eines Tages überschwemmt werden. Ein tropischer Zyklon könnte zudem die Betondecke aufreißen, sodass hochradioaktive Stoffe ins Meer gelangen. Die US-Behörden sehen allerdings keinen Grund zur Sorge. Die Lagune sei ohnehin so schwer atomar belastet, heißt es, dass einer weiteren potenziellen Verschmutzung keine Bedeutung zugemessen werde.

Heute wiederholt sich die Geschichte der Vertreibung, ebenfalls hervorgerufen durch Umweltbelastungen und -zerstörungen mächtiger Industriestaaten wie den USA. Emissionen, die andere Länder in die Atmosphäre entlassen, treffen flachliegende Inselstaaten im Pazifik, wie die Marshallinseln, besonders hart. Nur gibt es bei dieser Vertreibung keinen Ort mehr innerhalb des Landes, wo die Menschen Schutz finden könnten. Das gesamte Staatsgebiet ist betroffen.

Kleininselstaaten im Kampf der internationalen Klimadiplomatie

Die Aussichten für die Kleininselstaaten sind schlecht. Selbst bei einer Erwärmung der Erde um nur 1,5 °C (heute stehen wir bereits bei fast 1,2 °C über dem vorindustriellen Temperaturniveau) könnten besonders flachliegende Atolle unbewohnbar werden. Wenn ich gefragt werde, was den Unterschied zwischen 1,5 und 2 °C Erwärmung ausmacht, verweise ich oft auf die Existenz dieser Kleininselstaaten. Manchmal wird dann mit einem gewissen Unterton nachgefragt, wie viele Menschen dort überhaupt leben, als seien bestimmte Staaten und Kulturen verzichtbar, als wären sie der Preis, den es eben zu zahlen gilt für das fossile Wachstum der globalen Mittel- und Oberschichten. Davor, welche inhumane Konsequenz hinter dieser Logik steht, möchten manche lieber die Augen verschließen. Doch bereits heute sind die Schäden an Mensch und Natur durch den Klimawandel unübersehbar.

Für flachliegende Atolle prognostizieren Wissenschaftler:innen, dass nicht primär durch den Landverlust Menschen zur Abwanderung gezwungen sein werden, sondern durch die Versalzung von Trinkwasser. Atolle haben keine tiefen Grundwasservorkommen, sondern kleine sogenannte Süßwasserlinsen. Wenn ein Sturm tobt, bedeutet der Anstieg des Meeresspiegels, dass immer größere Flächen überschwemmt werden – mit Salzwasser. Führt dies dazu, dass die geringen Süßwasservorkommen versalzen, werden die Menschen abhängig vom Regen. Bleibt aber der Niederschlag aus und steigen gleichzeitig Anzahl und Intensität von Dürreperioden, sind die Probleme kaum noch zu bewältigen. Deswegen gehen einige Wissenschaftler:innen davon aus, dass viele Atolle bereits Mitte des 21. Jahrhunderts unbewohnbar sein werden, selbst wenn noch ausreichend Landmasse existiert.[7]

Politiker:innen auf den Kleininselstaaten stehen vor einer schwierigen Entscheidung: entweder für den Erhalt ihrer Heimat zu kämpfen, indem sie Druck auf internationaler Ebene ausüben, die Emissionen zu reduzieren, oder auszuloten, wie Teile der Bevölkerung frühzeitig und unter erträglichen Bedingungen migrieren können. So versuchte zum Beispiel der frühere Präsident von Kiribati, Anote Tong, das Konzept »Migration in Würde« zu etablieren, und kaufte in diesem Zusammenhang Land auf Vanua Levu, der zweitgrößten Insel in Fidschi. Dort sollten sich Menschen aus Kiribati ansiedeln können, denn auf dem Korallenatoll gestaltet sich die Situation noch angespannter als auf den Marshallinseln: Ein geringeres Pro-Kopf-Einkommen der Bewohner:innen begrenzt ihre Möglichkeiten zur Anpassung, und die Bevölkerung wächst. Während jedoch seine leidenschaftliche Einforderung ambitionierterer Klimapolitik in den internationalen Foren große Anerkennung erfuhr, stieß Tongs vorausschauende Politik bei seinen Landsleuten auf Empörung. Ihm wurde unterstellt, er sei bereit, sein Land aufzugeben.

Bei einem Side Event, einer Diskussionsveranstaltung am Rande der Verhandlungen auf der COP 26, der Weltklimakonferenz von 2021 im schottischen Glasgow, gehörte ich ebenso wie eine Delegierte aus Kiribati, Teea Tia, zu einem Panel zum Thema »Klimawandel und Vertreibung«. Tia richtete an das Publikum die Frage: »Warum sollten unsere Landsleute migrieren, die Inseln und ihre Art und Weise zu leben zurücklassen wegen des Klimawandels?« Die Frage »Warum wir?« traf den Kern der Klimaungerechtigkeit, denn sie unterstrich, was die Weltgemeinschaft bereit ist, Ländern wie Kiribati aufzubürden. Die Pacific Climate Warriors, ein Verbund vor allem junger Klimaaktivist:innen aus den pazifischen Inselstaaten, organisieren sich unter dem Ausruf »We are not drowning, we are fighting!« (Wir ertrinken nicht, wir kämpfen!). Auch sie wollen den Schutz ihrer Heimat mit aller Kraft durchsetzen. Meine Meinung: Das Recht zu bleiben und die Möglichkeit zu migrieren schließen sich nicht aus. Beide Optionen müssen den Betroffenen angesichts der Gefahren gleichermaßen offenstehen.

Deutschland und die Ziele der Kleininselstaaten

Deutschland setzt sich in verschiedenen internationalen Foren für die Interessen der Inselstaaten im Klimaschutz ein. Aus diesem Grund stimmten viele dieser Staaten, die als eigenständige Nationalstaaten jeweils ein Stimmrecht im UN-System haben, für den nichtständigen Sitz Deutschlands im Sicherheitsrat der Vereinten Nationen im Zeitraum von 2019 bis 2020. Auch deswegen setzte die Bundesregierung das Klimathema gegen den Widerstand der US-amerikanischen Trump-Regierung immer wieder auf die Tagesordnung des Sicherheitsrats. Zwar kam es zu keiner Resolution – die Vetomächte USA, Russland und China hätten dies blockiert –, aber der Zusammenhang zwischen Klimafolgen und Sicherheit wird inzwischen in immer mehr internationalen Foren aufgegriffen. Die Bundesregierung finanziert auch den ersten Klimasicherheitsberater einer UN-Friedensmission, den Briten Christophe Hodder. In Somalia teilt er seine Expertise zu Umweltthemen, die auch die Sicherheitslage im Land betreffen.

Zudem gründete die Bundesrepublik zusammen mit dem pazifischen Kleininselstaat Nauru die Freundesgruppe »Group of Friends on Climate and Security«. Die Gruppe will das Thema in verschiedenen UN-Gremien, wie dem Sicherheitsrat, verankern und Agenda Setting betreiben. Zwar schlossen sich die Amerikaner unter Präsident Joe Biden der Freundesgruppe an, doch scheiterte 2021 ein weiterer Versuch, eine Resolution im UN-Sicherheitsrat zum Thema Klimawandel zu verabschieden, an dem Veto Russlands. Gegen die Resolution, die von Irland und Niger eingebracht wurde, stimmte auch Indien, das einen nichtständigen Sitz im Sicherheitsrat hat. China hingegen enthielt sich. Von den 15 Mitgliedern im Sicherheitsrat stimmten somit immerhin 12 Länder dafür.

Warum gerade ein Land wie Indien, das extrem von Klimafolgen betroffen ist, gegen die Resolution stimmte, kann viele Gründe haben. Zum einen ist ein Teil der politischen Elite eng verbunden mit dem Kohlebusiness und will die fossilen Industrien bis zur Mitte der zweiten Hälfte des Jahrhunderts weiter nutzen.[8] Zum anderen wollen Staaten wie Russland einen klassischen und eng ausgelegten Sicherheitsbegriff für den Rat aufrechterhalten, sodass die nationale Souveränität durch die Befassung des Sicherheitsrats mit innerstaatlichen nichttraditionellen Sicherheitsrisiken nicht aufgeweicht wird. Dieser Position könnte sich Indien angeschlossen haben. Zur Begründung wurde angegeben, mit der Resolution würde der Prozess der internationalen Klimaschutzverhandlungen unterminiert, die unter der Klimarahmenkonvention der Vereinten Nationen (UNFCCC) erfolgen. Dies scheint jedoch kaum plausibel. Die Resolution hatte lediglich zum Ziel, die Rolle von Klimafolgen bei der Bewältigung von Konflikten und der Terrorismusbekämpfung einzubeziehen. Ihr

Scheitern ist eine weitere vertane Chance, auf höchster politischer Ebene Klimarisiken durch multilaterales Handeln einzudämmen.

Im Dienste der Menschheit – One point five to stay alive

Der ehemalige Außenminister der Marshallinseln, Tony de Brum (1945–2017), und die von ihm gegründete »Hochambitionskoalition« (High Ambition Coalition) waren maßgeblich für die Verankerung der 1,5 °C-Grenze im Pariser Klimaabkommen verantwortlich. Der charismatische Politiker setzte sich mit dem Slogan »1.5 to stay alive« für das höhere Schutzniveau ein. Schon früh in seiner politischen Karriere beschäftigte er sich mit menschengemachten Umweltproblemen. Als kleiner Junge war er 1954 Augenzeuge des »Bravo«-Atombombentests auf dem Bikini-Atoll, später forderte er unter diesem Eindruck in seiner Amtszeit das Verbot von Atomwaffen sowie angemessene Entschädigungen für die von den Tests verstrahlten Landsleute. Schließlich wandte er sich der Bewältigung der Klimakrise zu.

Mit diplomatischem Geschick gewann er in den Verhandlungen zum Pariser Abkommen Regierungen von Partnerländern für seine Interessen, wie etwa die deutsche Bundesregierung, die die Anliegen der kleinen Inselstaaten unterstützte. Auch das von den Malediven gegründete Climate Vulnerable Forum[9] und die Allianz der kleinen Inselstaaten (AOSIS)[10] schlossen sich der Initiative an. Und sie hatten Erfolg. In Artikel 2 des Abkommens wird als Ziel formuliert, dass »der Anstieg der durchschnittlichen Erdtemperatur deutlich unter 2 °C über dem vorindustriellen Niveau gehalten wird und Anstrengungen unternommen werden, um den Temperaturanstieg auf 1,5 °C über dem vorindustriellen Niveau zu begrenzen, da erkannt wurde, dass dies die Risiken und Auswirkungen der Klimaänderungen erheblich verringern würde«.[11] Damit wurde die 1,5 °C-Grenze Teil des internationalen Abkommens.

Diese Vereinbarung ist jedoch nicht nur für die Kleininselstaaten von großer Bedeutung. Für die 1,5 °C-Grenze zu kämpfen bedeutet letztlich einen Dienst an der Menschheit. Nach dem Pariser Klimaabkommen legte der Weltklimarat den 1,5 °C-Bericht vor und zeigte auf, wie ungleich höher die Schäden an der Umwelt und den natürlichen Lebensgrundlagen bei einem 2 °C-Szenario wären.[12] Für alle Staaten würden sich die Risiken nochmals deutlich verschärfen, so zum Beispiel durch die höhere Eintrittswahrscheinlichkeit von schweren Hitzewellen. Dies gilt auch für Deutschland, Österreich oder die Schweiz.

Für sein Engagement im Kampf gegen den Klimawandel sowie für die nukleare Abrüstung erhielt Tony de Brum 2015 den Right Livelihood Award, den Alternativen Nobelpreis. Zum Zeitpunkt der Verhandlungen in Paris und der Preisverleihung war Tony de Brum bereits schwer krank. Er starb 2017. Seine Stimme fehlt bei den internationalen Klimaschutzverhandlungen, doch sein politisches Vermächtnis besteht fort. Die verwundbaren Staaten fordern immer vehementer Emissionsminderungen ein. Der Slogan »1.5 to stay alive« wurde im Vorfeld der COP 26 in Glasgow 2021 umgedreht und lautete: »keeping 1.5 alive«. Das Einhalten der Temperaturgrenze sollte durch den Gipfel im Bereich des Möglichen bleiben.

Angesichts rapide steigender Emissionen ist das kein einfacher Auftrag. Dennoch konnten sich die Staaten zumindest auf eine deutliche Bekräftigung der Temperaturgrenze im Abschlussdokument der Glasgower Konferenz einigen, die mit zeitnahen Emissionsminderungszielen untermauert wurde. In der Klimarahmenkonvention erkennt die internationale Staatengemeinschaft an, »dass die Begrenzung der globalen Erwärmung auf 1,5 °C eine rasche, tiefgreifende und nachhaltige Verringerung der globalen Treibhausgasemissionen erfordert, einschließlich einer Verringerung der globalen Kohlendioxidemissionen um 45 Prozent bis 2030 im Vergleich zum Stand von 2010 und einer Netto-Null-Reduzierung um die Jahrhundertmitte sowie einer tiefgreifenden Verringerung anderer Treibhausgase«.[13]

Wer nun an der Ernsthaftigkeit dieser Beschlusslage zweifelt, muss wissen: Auf den Klimagipfeln werden vor allem politische Zielsetzungen ausgehandelt und formuliert, die auf Kompromissen zwischen sehr unterschiedlichen Staaten beruhen. Die Kleininselstaaten, deren Existenz von tiefgreifendem Klimaschutz abhängt, müssen sich schlussendlich mit den Ölstaaten, deren Wirtschaftsmodell auf dem fossilen System gründet, einigen. Dass dieser multilaterale Spagat überhaupt ein – wenn auch sehr langsam – steigendes Ambitionsniveau hervorbringt, ist eine Errungenschaft an sich. Trotzdem reicht dieser Prozess, der seinen Anfang mit der COP 1 in Berlin unter der Schirmherrschaft der damaligen Bundesumweltministerin Angela Merkel 1995 nahm, nicht aus, um die Kehrtwende zur Nachhaltigkeit zu vollziehen. Vielmehr braucht es einen Multi-Ebenen-Ansatz, in dem Städte, Kommunen und Regionen neue Impulse für nationalstaatliches Vorgehen setzen, sodass nicht nur der Kompromiss auf zwischenstaatlicher Ebene Richtschnur für das Handeln wird.

Neben Zielsetzungen und politischen Versprechen braucht es vor allem mehr konkrete Umsetzungen – auch um das Vertrauen der Menschen in die Politik zu stärken, indem Rechenschaft für das Erreichen oder Nichterreichen von Zielen abgelegt wird. Das bedeutet: Die 2020er Jahre müssen zum Jahrzehnt der Implementierung von Zielen werden. Dafür sind in allen Wirtschaftszweigen, im öffentlichen und im privaten Leben große Umwälzungen vonnöten. Tony de Brum hat gezeigt, wie viel ein einzelner Mensch und einer der kleinsten Staaten der Welt verändern kann.

Geplante Umsiedlungen auf Fidschi

Nicht überall auf den Inselstaaten gleicht die Problemlage jener der flachliegenden Korallenatolle, wie den Marshallinseln oder Kiribati. Selbst innerhalb des pazifischen Raums sind die geografischen Bedingungen unterschiedlich ausgeprägt. Fidschi beispielsweise ist flächenmäßig etwa 100-mal so groß wie die Marshallinseln, es gibt Berge und Regenwälder. Trotzdem ist auch dieses Gebiet bedroht, ganze Küstendörfer wurden bereits bei tropischen Zyklonen dem Erdboden gleichgemacht, andere drohen durch den Anstieg des Meeresspiegels und damit einhergehender Küstenerosion langsam zu versinken.

2019 hatte ich die Gelegenheit, an einem Talanoa, einem dorfgemeinschaftlichen Dialogforum, auf Fidschis Hauptinsel Viti Levu in Qelekuro teilzunehmen. Der kleine Ort war vom steigenden Meeresspiegel und schweren Stürmen stark in Mitleidenschaft gezogen worden. Im Mittelpunkt stand die Frage, ob die Dorfgemeinschaft einen Plan zur Umsiedlung ins Inland entwickeln sollte und wo gegebenenfalls zukünftig neue Unterkünfte gebaut werden könnten.

Zwar wurde die Frage nur vorläufig beantwortet, doch das Thema bleibt hochaktuell, denn die Regierung Fidschis veröffentlichte mit Unterstützung der deutschen Gesellschaft für Internationale Zusammenarbeit (GIZ) bereits Richtlinien zur geplanten Umsiedlung.[14] Fest steht, dass allein durch Anpassung wohl nicht alle bisher besiedelten Gebiete weiterhin bewohnt werden können.

Wie schwierig und emotional sich solche Diskussionen gestalten, zeigt sich auch bei uns im Ahrtal, wo nach den Überschwemmungen im Jahr 2021 der Wiederaufbau größtenteils genau dort erfolgt, wo die Fluten so zerstörerisch gewirkt haben. Aus der Perspektive der Betroffenen ist dies nachvollziehbar, niemand möchte seine Heimat verlieren und nur wenige wollen ganz umsiedeln. Aber ob diese Gebiete in Zukunft wirklich effektiv geschützt werden können, ist ungewiss; sowohl für technologische als auch für finanzielle Fragen müssen Lösungen gefunden werden.

Angesichts der bereits kritischen Lage in Teilen Fidschis konstatiert die dortige Regierung: Die »geplante Umsiedlung innerhalb Fidschis ist eine Maßnahme des letzten Auswegs, und es wird angenommen, dass diese in Zukunft häufiger als Antwort auf Klimafolgen genutzt wird«. Düstere Aussichten für das Inselparadies, aber einige Kommunen werden schon heute aktiv und loten ihre Möglichkeiten aus – zum Beispiel in einem Talanoa.

Ein traditioneller Talanoa wie der in Qelekuro beginnt mit mehreren Ritualen, die den gegenseitigen Respekt der verschiedenen Diskussionsteilnehmer demonstrieren und eine angenehme Stimmung schaffen sollen. Wir übergeben als Zeichen unserer Dankbarkeit für die Gastfreundschaft eine Reihe von Nutzpflanzen an die Dorfvertreter. Das Gespräch findet in einer entspannten Atmosphäre statt und bietet somit Raum, auch bei gegensätzlichen Positionen Lösungswege miteinander zu erarbeiten. In einem Gemeinschaftshaus treffen wir auf eine Frauengruppe, den Bürgermeister und junge Dorfbewohner:innen. Mein Kollege Teddy von der University of the South Pacific in Suva, Fidschi, und ich sitzen barfuß im Schneidersitz auf handgewebten Matten auf dem Boden und trinken Kava, ein Getränk, das aus den Wurzeln der Kavapflanze gewonnen wird und eine beruhigende Wirkung haben soll. Es wird im Pazifik traditionell bei Zeremonien gereicht. In abgewandelter Form steht es heute in einigen Ländern sogar als Softdrink zum Verkauf. Auch wenn ich das graubraune Getränk schon aus meiner Studienzeit auf Hawaii kenne, hat es für mich noch immer einen eigentümlichen Geschmack. Ich nippe mit Bedacht an der Schale, in der es gereicht wird, und setze die meisten Nachfüllrunden aus, voller Sorge, womöglich ein wichtiges Detail des Gesprächs im Kavanebel nicht mitzubekommen …

In der Runde werden unterschiedliche Umweltschäden angesprochen. Sowohl lokale Probleme, wie die Überfischung, als auch der Klimawandel mit seinen vielschichtigen Folgen werden mit gedämpfter Stimme von den Beteiligten erläutert. Der tropische Zyklon »Winston« etwa beschädigte und zerstörte 2016 einen Großteil der bescheidenen Häuser des Dorfes, eine Frau kam ums Leben.[15] Die Trinkwasservorkommen wurden durch Überflutungen verunreinigt, woraufhin sich Typhus ausbreitete. Einige Schäden an der Infrastruktur sind bis heute sichtbar: ramponierte Holzwände, wackelig wieder aufgetürmte kleine Schutzwälle aus Steinen, die kaum einer größeren Flut standhalten könnten. Ein weiterer Sturm der Stärke von »Winston« würde vielleicht das gesamte Dorf zerstören. Deswegen stehen die Bewohner:innen vor der Frage, ob weiter in Schutzmaßnahmen vor Ort investiert werden soll oder ob die Familien sich perspektivisch zur Umsiedlung entscheiden müssen.

In dem Gespräch tut sich ein Generationenkonflikt auf. Während die junge Generation sich eher bereit zeigt, weiter ins Landesinnere zu ziehen, möchten die Älteren ausschließlich eine Umsiedlung innerhalb der bestehenden Dorfgrenzen. Sie fürchten eine Spaltung der Dorfgemeinschaft. Das Für und Wider wird ausgetauscht. Weil die Fischgründe schrumpfen und das Land um das Dorf knapp wird, arbeiten jüngere Männer schon jetzt im Inland auf Feldern, die teils zum Dorf gehören. Dafür legen sie täglich lange Fußwege zurück. Die älteren Einwohner äußern Verständnis, aber sie sorgen sich, dass ihre Traditionen verloren gehen, wenn das Dorf in seiner bestehenden Form keine Zukunft hat. Noch steht die Entscheidung aus, zumal es auch an Geld fehlt, um die Umsiedlung finanziell zu stemmen. Eine

Kommission soll im Interesse der Bewohner:innen eine abgestimmte Entscheidung über die Zukunft des Dorfes herbeiführen.

Nach dem Ende des Talanoa führt uns der Dorfvorsteher durch den Ort und zeigt uns die Stelle, wo das Wasser über die Ufer trat und seine Zerstörungskraft entfaltete. Angesichts der kleinen Hütten wird mir mulmig zumute. Wie soll man in einem solch exponierten Gebiet ohne Angst leben? Ich spüre auch die Zerrissenheit des Dorfvorstehers, der seine Gemeinde schützen will, uns aber gleichzeitig auf die kleinen Kulturstätten des Ortes hinweist. Alte Gräber und Bereiche, die von religiöser Bedeutung sind, möchte niemand einfach so zurücklassen.

Der Talanoa hat mir die Augen dafür geöffnet, in welch unterschiedlichen gesellschaftlichen Kontexten sich der Klimawandel niederschlägt und wie viele Dörfer, Gemeinden und Städte von den neuen Herausforderungen betroffen sind, für die es Lösungen zu finden gilt. Er hat mir aber auch gezeigt, dass in einer ruhigen und entspannten Atmosphäre sehr unterschiedliche Standpunkte ausgetauscht werden können. Wenn ich an den fortschreitenden Verlust unserer Diskussionskultur in Deutschland denke, an die verhärteten Meinungsfronten und das Empörungsüberangebot in den sozialen Medien, empfinde ich den Talanoa als eine Inspiration. Gäbe es kein solches Forum zur Aushandlung gegensätzlicher Positionen im Dorf, könnten aus Meinungsverschiedenheiten schnell handfeste Konflikte werden.

Die Form des Talanoa wurde auch auf der COP 23, die 2017 unter der Präsidentschaft Fidschis in Bonn ausgerichtet wurde, als ein neues Element des Miteinander und der Verhandlungsführung auf Augenhöhe etabliert. Während Deutschland sich als Gastgeber und als logistischer Ausrichter nicht mit Ruhm bekleckerte – ich erinnere mich noch gut an zahlreiche verzweifelte Delegierte unterschiedlicher Herkunft, die am Bonner Hauptbahnhof vergeblich nach Informationen suchten –, hat der pazifische Spirit die Verhandlungen selbst auf Dauer doch wiederbelebt.

Im Auge von »Irma« – Superstürme in der Karibik

In einer anderen Ecke der Erde, auf den karibischen Inseln, bedrohen ebenfalls Superstürme das Leben der Menschen. Hurrikan »Irma« hinterließ 2017 eine Schneise der Verwüstung, als er über verschiedene Karibikstaaten mit Höchstwindgeschwindigkeiten von 290 Stundenkilometern hinwegzog. Besonders hart wurde Barbuda in der östlichen Karibik getroffen. Das Auge »Irmas« tobte stundenlang auf der kleinen Insel und zerstörte die gesamte Infrastruktur. Wie durch ein Wunder ist nur ein Mensch ums Leben gekommen – tragischerweise ein Kleinkind. Nur zwei Wochen später traf ein weiterer Sturm die Region, Hurrikan Jose. Doch da sich das bereits abgezeichnet hatte, waren alle Bewohner:innen zwangsevakuiert worden. Aber man muss auch in die Zukunft denken. Die Wahrscheinlichkeit, dass Stürme mit heftigster Gewalt auf Inseln in der Karibik treffen, wird durch den Klimawandel vergrößert.[16]

Zwei Jahre nach der Katastrophe besuche ich Barbuda. Ich will erfahren, wie es um den Wiederaufbau steht, ob die Menschen zurückkehren konnten und welche politischen Maßnahmen notwendig sind, um zukünftig Evakuierungen und Rückkehrprozesse besser zu managen. Die Recherchen erfolgen im Rahmen eines Projekts der GIZ, das sich mit dem Umgang mit Klimamigration beschäftigt.[17]

Die Reise nach Barbuda gestaltet sich kompliziert. Ich fahre zunächst nach St. Lucia, einer bergigen Insel, die Drehort für den Blockbuster ›Fluch der Karibik‹ war. Kurz darauf geht es mit einer winzigen Propellermaschine weiter nach Antigua. Der Lärm ist ohrenbetäubend, und die Maschine hüpft auf und ab, bis wir kurze Zeit später sicher auf Antigua landen. Am nächsten Tag soll es von hier zu der Nachbarinsel Barbuda gehen.

Antigua und Barbuda bilden zwar einen gemeinsamen Staat, aber die Unterschiede zwischen den beiden Inseln sind gewaltig. 97 Prozent der insgesamt knapp 100 000 Bewohner:innen leben auf Antigua. Durch dieses große Ungleichgewicht in der Bevölkerungsverteilung hat Barbuda quasi keinen Einfluss auf das Handeln der

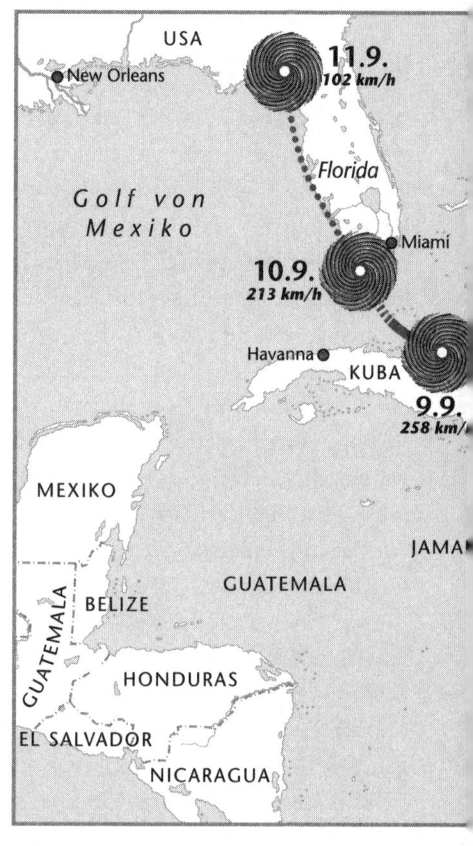

Abb. 3: Im September 2017 zog Hurrikan »Irma« über die Karibik und Teile Floridas in den USA. Er hinterließ eine Schneise der Zerstörung. Auf der Karte ist der Verlauf der Sturmbahn schematisch zu erkennen.[18]

Nationalregierung. Barbuda stellt lediglich einen Parlamentarier. Auch ökonomisch weichen die Inseln stark voneinander ab. Antigua entwickelte sich zum Ankerpunkt für Karibikkreuzfahrten, täglich ergießen sich Massen von US-amerikanischen und britischen Kreuzfahrtfahrer:innen in den Hafen und besuchen die Souvenirshops und Restaurants, die zahlreich vorhanden sind. Der Kreuzfahrttourismus auf Barbuda hingegen spielt eine marginale Rolle.

Die Geschichte des Zwillingsstaates Antigua und Barbuda ist von der Kolonialisierung und dem Sklavenhandel gezeichnet. Im 17. Jahrhundert wurden versklavte Menschen aus dem afrikanischen Konti-

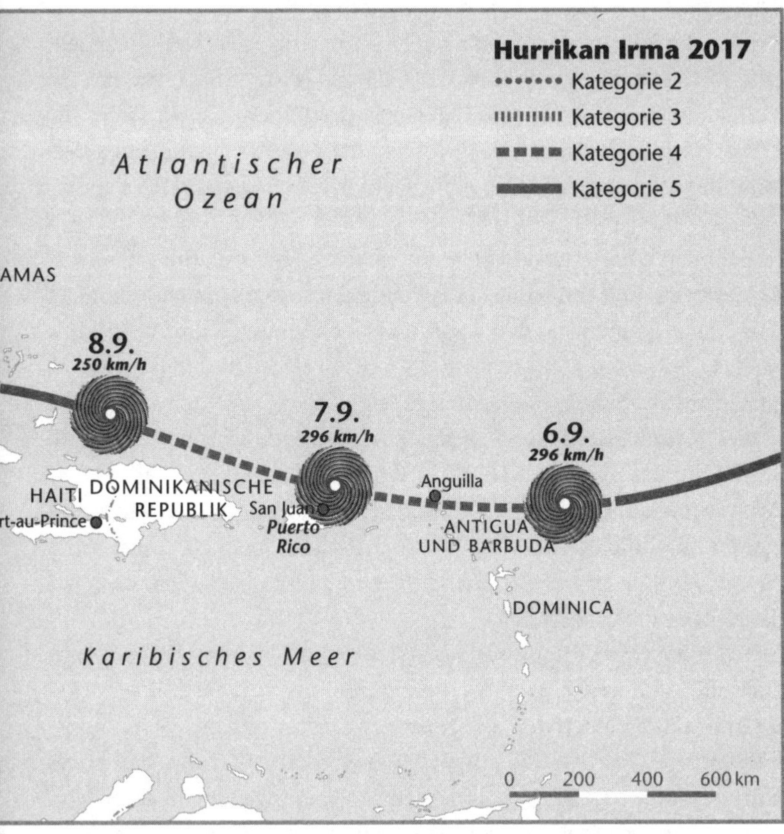

nent dorthin gebracht, um unter britischer Kolonialherrschaft Zucker für den Export nach Europa anzubauen. Die Nahrungsmittel, die auf Barbuda kultiviert wurden, dienten hauptsächlich der Versorgung von Arbeiter:innen auf Antiguas Zuckerrohrplantagen.

Als ich über den bunten Markt in St. Johns, der Hauptstadt von Antigua und Barbuda, laufe, habe ich ein beklemmendes Gefühl in dieser befremdlichen Umgebung. Heute werden hier Schnapsgläser mit Karibikmotiv und Billigshirts aus China feilgeboten. Die Häuser sind bunt gestrichen. Touristen kaufen sorglos ein, genießen Sonne und Karibikfeeling. Doch der Schein der Postkartenszenerie trügt. Es ist nicht nur das koloniale Erbe, das auf dem Inselstaat lastet, auch die Folgen des Klimawandels haben ihm schwer zugesetzt und die gesellschaftliche Spaltung zwischen Barbuda und Antigua noch vergrößert. Schnell laufe ich weiter zum Hafen und erkundige mich, wann die Fähre nach Barbuda ablegt. Es gibt zu dieser Zeit keine tägliche Verbindung, und so schlafe ich eine Nacht in einem leeren Hotel außerhalb der Stadt.

Schon von der kleinen Fähre aus ist bei meiner Ankunft am nächsten Morgen die Zerstörung auf Barbuda durch den Hurrikan sichtbar. Wo früher Palmen standen, ragen nur noch braune Stümpfe aus dem Boden. Der Wind pfeift mir um die Ohren, als ich an Land gehe. Am Hafen wartet bereits meine Gastgeberin Claire, die ein kleines Café auf der Insel betreibt und Zimmer an Reisende vermietet. Sie hilft mir, Kontakte für Interviews auf Barbuda zu knüpfen. Als wir die Wohngebiete durchqueren, kommt es mir vor, als sei der Sturm erst gestern über die Insel gerast. Zerstörte Häuser, überall Trümmer und Schutt. Wasser und Elektrizität gibt es nur sporadisch. Und das zwei Jahre nach dem Unglück!

Ich treffe eine Gruppe von jungen Männern, die durch den Hurrikan alles verloren haben. Sie beschreiben ihre Angst während des Sturms, das Krachen der zerberstenden Häuser und das Tosen ringsumher. Im Zuge der Zwangsevakuierung kamen einige bei Angehörigen auf Antigua unter, andere mussten monatelang in einer Notunterkunft ausharren, etwa in einem vorübergehend zur Verfügung gestellten Sportstadion. Sie sprechen von traumatischen Ereignissen, die nur schwer zu überwinden seien. Aus ihren Worten klingen Wut und Enttäuschung. Die jungen Leute haben das Gefühl, dass man sie mit der Krise allein lässt. Einer will mir zeigen, wo er gewohnt hat. Wir radeln durch die verwüsteten Straßenzüge bis zu einem Grundstück, auf dem nur noch das nackte Betonfundament zu sehen ist. »Hier stand mein Haus«, sagt er.

Einige Anwohner:innen haben Hilfe von Nichtregierungsorganisationen erhalten und konnten ihre Häuser wiederaufbauen. Andere leben noch immer in Zelten. Um neue Unterkünfte zu errichten, fehlt es an Geld und Baumaterial. Antigua und Barbuda sind hochverschuldet, die Staatsverschuldung beträgt etwa 87 Prozent des Bruttoinlandsprodukts. Viele kleine Inselstaaten stehen vor ähnlichen Problemen. Aufgrund immer neuer Schäden durch den Klimawandel wird es für sie zunehmend schwieriger, Kredite zurückzubezahlen und neues Geld aufzunehmen.

Evakuierung mit Waffengewalt

Ein älterer Mann, der unweit von meiner Unterkunft an seinem zerstörten Haus arbeitet, erzählt mir, dass er die Insel nach dem Sturm nicht verlassen wollte. Doch die Regierungstruppen hätten ihn mit Waffengewalt gezwungen zu gehen. Die Zwangsevakuierung war für viele Menschen auf Barbuda ein weiteres traumatisches Erlebnis. Obwohl der zweite Sturm die Insel verschonte, durfte die Bevölkerung zunächst nicht zurückkehren. Nicht einmal, um Reparaturen an ihren Häusern durchzuführen. Ein fataler Beschluss, denn durch die wochenlange Abwesenheit vergrößerten sich die Schäden, Regen und Wind zerstörten die letzten verbliebenen persönlichen Gegenstände und machten die Häuser komplett unbewohnbar. Die Vermutung, dass die Evakuierung keine reine Vorsichtsmaßnahme der Regierung war, die auf Antigua ihren Sitz hat, hatten nicht wenige.

Schon lange steht Barbuda unter enormem Druck, den gleichen Entwicklungspfad wie Antigua zu nehmen und sich mehr dem Tourismus zu öffnen. Doch die große Mehrheit der Inselbewohner:innen lehnt das ab. Barbuda zeichnet eine Besonderheit aus: Die dort lebenden Menschen nutzen die Landflächen der Insel gemeinsam. Diese Praxis hat eine lange Geschichte. Nach dem Abzug der britischen Kolonialherrschaft blieben die zuvor versklavten Menschen auf dem ressourcenarmen Territorium sich selbst überlassen, konnten aber durch eine gemeinschaftliche Bewirtschaftung eine funktionale Subsistenzwirtschaft aufbauen. Bis heute gibt es keinen individuellen Landbesitz. Alle neuen Bauprojekte oder externen Investitionen müssen vom Council Barbudas, dem gewählten Rat der Insel, bewilligt werden. Dies hat dazu geführt, dass große Teile Barbudas ihre natürliche Schönheit bewahrt haben, während an den meisten Karibikküsten überdimensionierte Kreuzfahrtschiffe den Blick verstellen und die Umwelt belasten.

Auch nach dem Sturmdesaster führte die kommunale Nutzung dazu, dass die Menschen sich mit dem Nötigsten selbst versorgen konnten. Doch der Nationalregierung ist diese Praxis ein Dorn im Auge, sie will eine Privatisierung des Landes, um ausländische Investoren anzulocken und die Wirtschaft anzukurbeln. Die Bevölkerung wehrt sich dagegen, da die potenziellen Investoren für Grund und Boden weitaus höhere Preise als die angestammten Bewohner:innen bieten können und diese dann womöglich langfristig von ihrem Land verdrängen.

Diese Sorge ist nicht unbegründet. Als die Einwohner:innen Barbudas nach der Evakuierung schließlich auf ihre Insel zurückkehrten, mussten sie feststellen, dass ihre Abwesenheit dazu genutzt worden war, ein weiteres umstrittenes Projekt voranzutreiben: den Bau eines internationalen Flughafens. Dieser soll insbesondere Luxustouristen Zugang zur Insel verschaffen, ist also quasi die Voraussetzung für neue Resorts und wird laut Regierung von Privatinvestoren finanziert. Während die Bevölkerung von ihrem angestammten Land ferngehalten wurde, konnten in aller Ruhe alte Wälder abgeholzt und archäologische Stätten in Beschlag genommen werden, um einen Landestreifen zu bauen – alles im Auftrag der Regierung und ohne Zustimmung des Barbuda-Rats. Zwar wurde mittlerweile durch Klagen von lokalen Aktivist:innen ein Baustopp erwirkt, aber der Ausgang des Projekts war 2022 weiterhin ungewiss.

Milliardäre und Obdachlose – Wem gehören die Inseln?

Nicht nur in der Karibik gibt es zahlreiche Beispiele für den verhängnisvollen Einfluss ausländischer Investoren auf den Wohnungsmarkt. Auch im Pazifik, wie etwa auf Hawaii, wo ich als Studentin drei Jahre gelebt habe, können sich indigene Gruppen und alteingesessene Bewohner:innen oft kaum noch eine Wohnung leisten. Die Zahl der Obdachlosen steigt. Mit Tausenden wohnungslosen Menschen hat der 50. US-amerikanische Bundesstaat die höchste Zahl pro Kopf an

Obdachlosen in den USA. Ein überproportional großer Teil dieser Gruppe stammt aus Mikronesien.[19]

Manche haben ihre Heimat aus ökonomischen Zwängen verlassen, andere, weil sie dringend Zugang zu medizinischer Versorgung brauchten, zum Beispiel aufgrund von Diabetes oder Krebserkrankungen. Das vermehrte Auftreten dieser Krankheiten ist nicht rein zufällig, sondern steht in engem Zusammenhang mit exogenen Faktoren.

Während Diabetes durch die Abhängigkeit von importierten Lebensmitteln entstehen kann, spricht vieles dafür, dass die hier auftretenden Tumorerkrankungen eine Spätfolge der Strahlenbelastung durch Atombombenversuche auf den Marshallinseln sind. Ein weiterer großer Teil der obdachlosen Bevölkerung sind indigene Hawaiianer, entmachtet und verarmt. Weiße Menschen machen nur einen kleinen Teil der Gruppe aus. Obwohl manche sogar einen Beruf ausüben, wachsen ihre Kinder trotzdem in Zelten auf, weil das Geld für die extrem hohen Mieten und Kautionen fehlt. Im Verlauf des Jahres 2019 waren über 3600 Schüler:innen auf Hawaii zu dem einen oder anderen Zeitpunkt obdachlos.[20]

Die Gefahr ist groß, dass dies zum Dauerzustand wird, denn wer einmal auf der Straße lebt, hat große Schwierigkeiten, wieder zu einem festen Wohnsitz zu kommen. Allein auf sich gestellt und ohne eine Adresse nachweisen zu können, sind bürokratische Hürden kaum überwindbar. Während auf Hawaiis Stränden die Zeltsiedlungen wachsen, kaufte Facebook-Gründer Mark Zuckerberg auf der hawaiianischen Insel Kauai ein 650 Hektar großes Grundstück. Gleichzeitig überzog er Hunderte von Einwohner:innen mit Klagen, um mögliche Ansprüche auf kleine Parzellen innerhalb seines Grundstücks zu verhindern und Auktionen zu erzwingen. Nach dem darauffolgenden Mediendesaster ließ Zuckerberg die Anklagen wieder fallen und erwarb via Auktionen die umstrittenen Ländereien.

Eine ähnliche Entwicklung wie auf Hawaii steht möglicherweise auch Barbuda bevor. Der Schauspieler Robert De Niro will auf der Insel ein Luxusresort namens »Paradise Found« bauen. Das Parlament in Antigua verabschiedete dafür eigens ein neues Gesetz, die »Paradise

Found Bill«, das den Mechanismus aushebelt, der dem Rat von Barbuda die Entscheidungshoheit über Projekte auf der Insel zugesteht. Zusammen mit dem australischen Erbmilliardär James Packer erhielt De Niro somit einen 99 Jahre währenden, ohne Zustimmung des Rats geschlossenen Pachtvertrag. Über die Paradise Found Bill, die wohl eher »Paradise Lost« heißen sollte, wird den Investoren außerdem ein Steuererlass für 25 Jahre zugebilligt. Ideale Bedingungen für die Ausbeutung von Zivilbevölkerung und Ressourcen.

Nach Hurrikan »Irma« setzte sich auch Hollywoodschauspieler De Niro umgehend als Helfer in der Not in Szene. In einem bezeichnenden Interview mit CNN-Reporterin Poppy Harlow erzählt er, dass er sich verantwortlich fühle zu helfen und so schnell wie möglich mit dem Bau eines Hotels Arbeitsplätze schaffen wolle.[21] Sofort nach dem Sturm habe er mit dem Premierminister von Antigua und Barbuda, Gaston Browne, in direkter Verbindung gestanden. Als die Reporterin jedoch nach den Menschen auf Barbuda fragt, wirkt De Niro unsicher und gibt schließlich zu, dass er sie eigentlich kaum kennt. Sein Verhalten ist ein typischer Fall des »White Savior Complex«, auf Deutsch: der »Weiße-Retter:innen-Komplex«, bei dem weiße Menschen mit vermeintlich positiven Absichten Black, Indigenous, People of Colour (BIPoC) »helfen« wollen, ohne dabei die Missstände zu verstehen, die sie dadurch womöglich zementieren.[22]

Ob bei Trump-Anhänger De Niro tatsächlich die scheinbar gute Tat im Vordergrund steht oder einfach nur Geld gewinnbringend investiert werden soll, bleibt offen. Der Premierminister ernannte ihn jedenfalls schon vor dem Desaster zum Sondergesandten für die Wirtschaft des Landes. Während Unterhändler:innen der Nationalregierung Antiguas und Barbudas auf den internationalen Klimakonferenzen in emotionalen Reden mehr Klimagerechtigkeit zugunsten der Kleininselstaaten einfordern, werden im Land selbst Gesetze umgangen und die eigene Bevölkerung ausgebootet, um ausländischen Investoren die lokale Umwelt zu überlassen. Auch das ist Teil der Wahrheit auf den Kleininselstaaten, Licht und Schatten liegen oft nah beieinander.

Toxischer Algengürtel

An einem Nachmittag nimmt mich meine Gastgeberin mit an einen Küstenstrich, um mir eine der einst schönsten Stellen der Insel zu zeigen und gleichzeitig auf ein weiteres Umweltproblem aufmerksam zu machen. Der Sandstrand ist vom angeschwemmten Plastikmüll übersät. Hervorstechend ist eine braune Algenschicht, die wie eine Decke auf der Brandung schwimmt und mehrere Meter ins Meer hineinragt. Auch an Land türmen sich Berge des Sargassums, des sogenannten Golftangs. Die Algenart ist in den vergangenen zehn Jahren immer häufiger massenweise in der Karibik aufgetreten, so zum Beispiel auch auf Barbuda oder in Mexiko, wo sie mancherorts schon den Tourismus bedroht. Zersetzt sich Sargassum langsam an Land, entsteht ein übler Geruch. Schwimmen möchte man auch nicht zwischen den meterlangen braunen Schlingen.

Algenblüten, wie die des Golftangs, können im Meer großen Schaden anrichten, denn beim Verwesen abgestorbener Algen werden Giftstoffe freigesetzt und im Wasser entsteht Sauerstoffmangel. Diese Kombination kann sogar zum Tod von Fischen und anderen Meereslebewesen führen.[23]

Sowohl die Erwärmung der Meere als auch der Eintrag von Nährstoffen ins Wasser begünstigen das Algenwachstum. In Brasilien werden durch die industrialisierte Landwirtschaft im Amazonasgebiet immer mehr Düngemittel in den Atlantik eingetragen, die über die Ozeanzirkulation schließlich auch das karibische Meer erreichen und diese Entwicklung antreiben. Das Problem hat bereits bedrohliche Ausmaße erreicht – so fanden Wissenschaftler:innen heraus, dass sich ein riesiger Algengürtel von Westafrika bis zum Golf von Mexiko gebildet hat.[24]

Mit 8850 Kilometern Länge bedrohen die gewaltigen Algenfelder immer mehr Strände. In Mexiko werden bereits Millionenbeträge investiert, um Küstenstreifen zu säubern oder im Meer Barrieren gegen die Algen zu errichten. Einige Start-ups und Nichtregierungsorganisationen investieren in die Nutzung der Algen zur Herstellung von

Seife, Nahrungszusatzstoffen oder gar Düngemitteln, damit Anreize zum Einsammeln der lästigen Meeresfrucht entstehen. In Barbuda lassen sich solche Gegenmaßnahmen kaum finanzieren, und so werden regelmäßig Tonnen von stinkenden Algen angeschwemmt. Frank Schätzings Roman ›Der Schwarm‹ lässt grüßen.

Bevor ich meine Rückreise antrete, bitte ich noch einen Fischer, mich zu dem Schiffscontainer zu bringen, den der Sturm seinerzeit wie ein Spielzeug Hunderte Meter weit von der Insel in die See wirbelte. Mit einer kleinen Nussschale fahren wir vorbei an zerstörten Mangrovenwäldern. Mangroven wachsen im flachen Gewässer und schützen die Küste eigentlich vor Stürmen, weil sie Wellen brechen. Doch bei zunehmender Sturmintensität halten auch die stärksten Mangrovenbäume nicht mehr stand. Hier und da blitzen in dem Grau ein paar grüne Blätter und kleine Büsche auf, die langsam wieder anfangen zu wachsen – zwei Jahre nach dem Sturm.

Nun bietet sich uns ein seltenes Naturschauspiel: Fregattvögel nutzen die Mangrovenwälder vor Barbuda als Brut- und Rastplatz. Zwischen den Weibchen tummeln sich zahlreiche Jungvögel und vereinzelt schwarze Männchen mit einem großen roten Kehlsack. Es soll die größte Fregattvogelkolonie in der westlichen Hemisphäre sein. Wo sie sich während des Sturms verstecken konnten, bleibt ihr Geheimnis. Elegant fliegen sie über unsere Köpfe hinweg, während der Fischer schildert, wie er den Sturm damals erlebt hat. Die Wucht des Hurrikans war für die Bewohner:innen unvergleichlich. Und der Schaden, den er anrichtete, ist noch lange nicht behoben. Das zeigt sich beispielhaft an den zerstörten Riffen, die dauerhafte Einkommenseinbußen für Fischer bedeuten. Es kann viele Jahre dauern, bis sich das empfindliche Ökosystem regeneriert.

Grab-and-Go-Kapitalismus

Trotz der beginnenden Regeneration ist das Vogelparadies in Gefahr. An dem angrenzenden Küstenstreifen soll eine weitere Tourismusanlage, ein riesiger Golfplatz, entstehen, der laut einer ersten Umweltrisikobewertung eine Bedrohung für das gesamte Feuchtgebiet darstellt. Allein der Name des Projektträgers weckt Zweifel: »Peace, Love and Happiness«. Hinter Frieden, Liebe und Glück steht ein weiterer Milliardär, John Paul DeJoria, der sein Geld unter anderem mit der Vermarktung von Patrón Tequila, einer überteuerten Spirituose, und der Gründung von Paul Mitchell, einer überteuerten Haarproduktlinie, gemacht hat.

Während ein Teil der Menschheit vor unüberwindbaren Grenzen steht und sie selbst in höchster Not nicht überwinden kann, gibt es zugleich eine kleine Schicht von Personen, für die die Grenzen von Nationalstaaten quasi nicht existieren. Sie können von Ort zu Ort jetten, um zu investieren, zu feiern, noch mehr Geld zu verdienen. Ob diese Handlungen sich als schädlich für Mensch und Umwelt herausstellen, spielt keine Rolle. Die Geschichten dieses Grab-and-Go-Kapitalismus multinational agierender Einzelpersonen und Firmen sind mitunter so bizarr, dass man meinen könnte, sie entstammen samt allen selbstgewählten Bezeichnungen einem schlechten Roman. Sie bilden jedoch einen Teil unserer Realität ab, sind Auswüchse einer Globalisierung, die die einen zu hungernden Arbeitnehmer:innen macht und andere als Milliardär:innen in den Weltraum katapultiert. Diese so unterschiedlichen Leben sind unmittelbar miteinander verwoben, Konsequenzen unseres Konsums, der Ungerechtigkeiten manifestiert. Doch in einem Wirtschaftssystem, das die Ausbeutung von Menschen und natürlichen Ressourcen normalisiert hat, ist es schwer, sich dem überhaupt zu entziehen und Alternativen zu finden.

Globalisierungskritikerin Naomi Klein prägt in ihrem Buch ›Die Schock-Strategie‹ den Begriff des Desasterkapitalismus.[25] Sie beschreibt das immer wieder zu beobachtende Phänomen, dass die besonderen Umstände von Katastrophen und das damit einhergehende Chaos dazu genutzt werden, neoliberale (Wirtschafts-)Reformen, Privatisierungen, Landerwerb und dergleichen zu realisieren. Auch aus dem Chaos, das der Hurrikan »Irma« auf Barbuda hinterlassen hat, versuchen Milliardäre und ihre politischen Handlanger Profit zu schlagen – indem sie die letzten ursprünglich verbliebenen Flecken der Erde zu Luxusresorts umbauen.

Was in diesem Fall Hoffnung macht, ist der Widerstand vieler Bewohner:innen Barbudas, die sich mutig gegen die Regierung und vermeintliche Profitversprechen stellen. Dass die Gemeinschaft noch nicht an den Zerstörungen, Traumata und dem Druck der Nationalregierung zerbrochen ist, zeugt von der Resilienz der Bevölkerung und ihrer Verbundenheit untereinander. Aber diese menschlichen Fähigkeiten sind nicht unbegrenzt. Zunehmende Wetterextreme verlangen direkte Hilfe. Zu diesem Zweck fordern viele Kleininselstaaten in der Karibik, dass bestehende Staatsschulden erlassen werden, wenn in lokale Anpassungsmaßnahmen in der eigenen Währung investiert wird. Ein solcher Schuldenerlass könnte ein wichtiger Schritt auf dem Weg zu einem besseren Katastrophenschutz sein. Ob allerdings ein Schuldenerlass einer Insel wie Barbuda helfen kann, deren Bevölkerung von der eigenen Regierung hintergangen wird, ist ungewiss.

Parallele Krisen – Willkommen im Anthropozän

Barbuda, die Marshallinseln, Fidschi, Hawaii – die Sehnsuchtsorte der Menschheit sind akut bedroht. Auf meinen Reisen begleitete mich das Staunen über die Schönheit und Vielfalt der Inseln ebenso wie das Entsetzen darüber, was wir bereit sind aufs Spiel zu setzen. Nicht zugunsten der menschlichen Entwicklung, sondern für einen Lebensstil, der alles nimmt und wenig gibt. Für das falsche Versprechen: Kauf dich glücklich! Für den Konsum von Tieren, Kleidung, Plastik, Orten, für ein Lebensgefühl, das der permanenten Ablenkung dient und mit einem ungedeckten Scheck bezahlt wird.

Wir sind an einem kritischen Punkt angekommen. 2021 zeigte noch einmal, wie stark sich die Risikolandschaft bereits verändert hat. Der Inselstaat Vanuatu, die Salomonen, Tonga und Fidschi wurden inmitten der Covid-19-Pandemie von dem tropischen Zyklon Harold getroffen, Tonga darüber hinaus im Januar 2022 von der Megaeruption eines Unterseevulkans. Die Kommunen mussten also gleichzeitig gegen die Naturgewalten kämpfen und Infektionsschutzmaßnahmen aufrechterhalten. Diese einer Dystopie gleichenden Szenen vergegenwärtigen, dass sich alle zukünftigen Krisen, seien es wirtschaftliche

Zusammenbrüche, geophysikalische Katastrophen wie Erdbeben oder Gesundheitskrisen wie Pandemien, vor dem Hintergrund eines sich verändernden Klimas abspielen werden.

Die zunehmende Parallelität von Krisen schränkt unseren Handlungsspielraum ein und treibt das Katastrophenmanagement an seine Grenzen. Umso wichtiger wird es für uns sein, bei den vielfältigen Krisen auf Prävention zu setzen und Risiken frühzeitig einzudämmen. In Zeiten des Klimawandels bedeutet dies Emissionsminderung und Anpassung, also »avoiding the unmanageable and managing the unavoidable«, übersetzt: das Unkontrollierbare zu vermeiden und das Unvermeidbare zu bewältigen.

Die schlimmsten Risiken auszuschließen und die verbleibenden Risiken, wie etwa die gravierenden Folgen für die Kleininselstaaten, unter dem Pariser Temperaturpfad durch Anpassungsfinanzierung unter Kontrolle zu bringen, ist heute Voraussetzung für menschliche Entwicklung. Gelingt uns dies nicht, drohen wir in einen permanenten Krisenreaktionsmodus zu verfallen. Die ersten Anzeichen dafür bestimmen bereits heute das Leben auf den Kleininselstaaten.

These

Auf den Kleininselstaaten hat der Überlebenskampf im Klimachaos bereits begonnen. Der drohende Untergang ganzer Kulturen wird billigend in Kauf genommen für das Wachstumsparadigma der fossilen Industrien. Von den Inseln ohne Zukunft geht ein Warnsignal aus – ein letzter Aufruf, die globale Katastrophe noch abzuwenden.

4 KONFLIKTE ZWISCHEN SESSHAFTEN BAUERN UND NOMADISCHEN VIEHHIRTEN IM SAHEL

Europas Außengrenzen in der Wüste ▪ Burkina Faso: Terror unterm Sternenhimmel ▪ Äthiopien: Gewaltbereiter Friedenslaureat und ein Land im Umbruch ▪ Sahel am Scheideweg

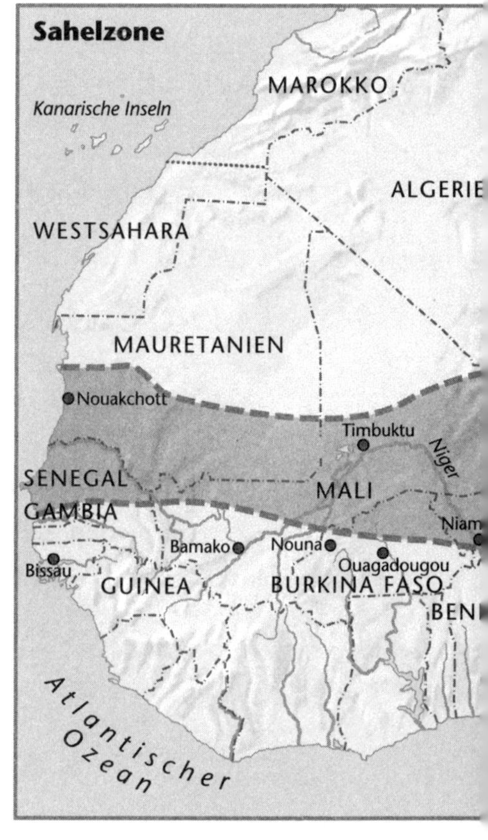

Abb. 4: Die Sahelzone erstreckt sich über eine Fläche von mehr als 3 Millionen Quadratkilometern. Es gibt unterschiedliche Definitionen der Zone, doch generell liegen in ihr Teile von Senegal, Mauretanien, Mali, Burkina Faso, Algerien, Niger, Nigeria, Kamerun, der Zentralafrikanischen Republik, Tschad, Sudan, Südsudan, Eritrea und Äthiopien.

Als mir zum Abschied ein Huhn geschenkt wird, bin ich gerührt und fest davon überzeugt, dass ich zeitnah in das staubige Burkina Faso zurückkehre. Inzwischen sind bereits einige Jahre vergangen, doch die prekäre Sicherheitssituation hat eine Reise nach Nouna, wo ich meine Feldforschung zur Klimamigration 2017 unternahm, bisher nicht zugelassen. Das kleine westafrikanische Land im mächtigen Gürtel der Sahelzone stand damals noch im Ruf, politisch relativ stabil zu sein. Von Burkina Faso, einem Land mit vielfältigen Traditionen, die sich in extremen klimatischen Bedingungen ausgebildet haben, wird später noch ausführlich die Rede sein.

Zunächst aber möchte ich die gesamte Sahelzone unter dem Aspekt

des Klimawandels, aber auch der globalen Sicherheitspolitik betrachten, die eng mit den Umweltveränderungen verwoben ist. Der Sieg der Taliban über das westliche Verteidigungsbündnis NATO im Sommer 2021 in Afghanistan spielt den islamistischen Extremisten im Herzen Afrikas in die Hände. Die Auswirkungen des Klimawandels in den Dürreregionen des Sahel verschaffen den Terrorgruppen eine zusätzliche Gelegenheit, Ethnien gegeneinander auszuspielen und bewaffnete Konflikte zu schüren. Diese Kombination von terroristischer Gewalt und klimatischer Bedrohung stellt auch für die internationale Stabilität, in erster Linie aber natürlich für die betroffenen Länder, eine enorme Herausforderung dar.

Ähnlich wie in Nouna in Burkina Faso war es auch in Tigray im Norden Äthiopiens vor wenigen Jahren noch möglich, die Region zu bereisen und Menschen zur Klimakrise zu befragen. Nicht nur mit dem Bürgerkrieg in Tigray – Krieg ist immer auch ein Klimakiller – greift Äthiopien tief in die Lebensgrundlagen seiner Einwohner:innen ein; auch ein gewaltiges Staudammprojekt am oberen Nil belastet das Verhältnis zu den Nachbarländern Sudan und Ägypten. Bei diesem Vorhaben werden ganz unterschiedliche wirtschaftliche und nationalstaatliche Entwicklungen und Interessen tangiert: die Energieversorgung Äthiopiens, eines der bevölkerungsreichsten Länder Afrikas, der Wasserbedarf von Sudan und Ägypten, die Auswirkungen auf das Klima durch schwere Eingriffe in die Natur und manches mehr.

Die Sahelzone umfasst ein riesiges Gebiet, das vom Senegal im Westen bis zur nördlichen Spitze Äthiopiens im Osten[1] reicht. Dieser trockene Gürtel trennt die Saharawüste von der südlich liegenden Savannenlandschaft. In den vergangenen Jahren rückte die Sahelzone oft in die deutschen und europäischen Schlagzeilen. Die politische und gesellschaftliche Destabilisierung Malis sowie zahlreiche terroristische Anschläge, wie auf ein Hotel und ein Café in der Hauptstadt Burkina Fasos, Ouagadougou, im Jahr 2016, erschütterten die Region nachhaltig. Islamistische Gruppierungen, die sich teils mit dem sogenannten Islamischen Staat (IS) und Al-Qaida solidarisieren, operieren in weiten Teilen der Region. Aber auch Regierungen beteiligen sich an der Gewalt. So berichtet zum Beispiel die Menschenrechtsorganisation Amnesty International, dass nationale Militäreinheiten in ländlichen Gebieten in Niger, Burkina Faso und Mali außergerichtliche Hinrichtungen vollziehen. Wegen der schlechten Sicherheitslage mussten in den letzten Jahren viele Schulen in diesen Ländern schließen – die langfristigen Folgen sind kaum abzuschätzen.

Unter dem Schirm der UN-Friedensmission MINUSMA in Mali (Mission Multidimensionnelle Intégrée des Nations Unies pour la Stabilisation au Mali) sind seit 2013 Tausende von ausländischen Soldaten, Polizisten und zivilen Kräften aktiv. Trotz dieses geballten Einsatzes konnte die Situation nicht hinreichend stabilisiert werden – im Gegenteil, die Sicherheitslage verschlechtert sich zunehmend. Ein Grund: Das riesige Staatsgebiet Malis lässt sich kaum effektiv unter Kontrolle bringen. 2021 wurde nördlich der Wüstenstadt Gao ein Selbstmordanschlag verübt, bei dem zwölf deutsche Bundeswehrsoldaten und ein belgischer Blauhelmsoldat teils schwere Verletzungen erlitten. Der Anschlag wurde dem Terrornetzwerk Al-Qaida zugeordnet. Ein Ziel terroristischer Gruppierungen ist es, ausgehend von Mali andere Länder, die ihre innere Stabilität bereits schrittweise verbessert hatten, wieder zu schwächen. Wo der Staat keine Präsenz zeigt, entstehen rechtsfreie Räume im Sahel. Dieses Machtvakuum nutzen die terroristischen Gruppierungen für sich, und auch der organisierten Kriminalität, zu der Drogenhandel und Menschenschmuggel gehören, ist Tür und Tor geöffnet.

Nicht zuletzt ist unser Sahelbild durch die menschenunwürdige Migration geprägt, die sich über Schleppernetzwerke durch die Region zieht und oft tödlich endet. Schmugglerbanden setzen Migrant:innen mitten in der Wüste aus und überlassen sie ihrem Schicksal. Auf der Flucht wie auch in den Auffanglagern haben Kinder und Jugendliche kaum Zugang zu schulischer Bildung. Insbesondere Frauen und Kinder sind sexualisierter Gewalt ausgesetzt.

Während ein Großteil von Flucht und Migration innerhalb des afrikanischen Kontinents verläuft, versuchen manche über Libyen, Algerien, Tunesien und Marokko nach Europa zu gelangen.[2] 90 Prozent aller irregulären Migration nach Europa erfolgt über die Mittelmeerrouten. Die Ursachen sind vielfältig und doch gleichen sie sich: Menschen fliehen vor Konflikten wie dem in Mali; vor brutaler Unterdrückung wie der in Eritrea; vor Terrorgruppen wie Boko Haram in Nigeria; vor Hunger und extremer Armut wie in Niger und weiten Teilen der Sahelzone. Klimafolgen wie extreme Dürren und Hitzewellen wirken wie Brandbeschleuniger und treiben die Migration weiter an.

Europas Außengrenzen in der Wüste

Die Flucht aus einem Land im Sahel nach Europa kann sich über Monate, manchmal sogar auch Jahre hinziehen und birgt extrem hohe Risiken. Niemand fällt eine solche Entscheidung – die vertraute Heimat gegen eine ungewisse Zukunft einzutauschen – leichtfertig, auch wenn vielen Migrant:innen das Ausmaß der damit verbundenen Gefahr gar nicht bewusst ist. Der Streit innerhalb der Europäischen Union um die Verteilung von Geflüchteten führte dazu, dass sie einen Teil ihres Grenzschutzes mittlerweile tief in die Sahelzone verlagert hat. Um Migrationsrouten nach Europa schon vor dem Mittelmeer zu durchbrechen, wurden Kooperationen mit Staaten wie Niger intensiviert. Die Folge ist eine zunehmende Kriminalisierung von Migration, die zuvor toleriert wurde.

Die nigrische Karawanenstadt Agadez beispielsweise war ein Drehkreuz für Migration aus Nigeria und anderen Sahelländern nach Libyen und weiter nach Europa. Inzwischen greift die Nationalregierung hart durch und schränkt seit 2016 die Bewegungsfreiheit auf den Routen von Agadez Richtung Sahara drastisch ein. Das treibt Schmuggler dazu, noch gefährlichere Routen zu wählen, mit der Folge, dass wahrscheinlich mehr Menschen in der Sahara als im Mittelmeer sterben. Menschen drängen sich auf überladenen LKW, die nicht anhalten, wenn eine Person von der Ladefläche fällt, auch weil die Fahrzeuge bei einem Stopp im Sand steckenzubleiben drohen. Genaue Zahlen, wie viele Menschen tatsächlich auf der Flucht ihr Leben lassen, gibt es allerdings nicht – viele Familien bleiben über das Schicksal ihrer Angehörigen im Ungewissen. Das Missing Migrants Project der Internationalen Organisation für Migration (IOM) versucht zu dokumentieren, wo Menschen während ihrer Migration umkamen – eine fast unmögliche Aufgabe. Dabei werden sowohl die oft unzuverlässigen Daten der Nationalregierungen genutzt als auch eigens durchgeführte Interviews mit Migrant:innen, die die Flucht überlebten, ferner Reports von Nichtregierungsorganisationen und lokalen Medien.[3] Diese mühsame und zutiefst bedrückende

Recherche soll zugleich bewusst machen, dass jedes einzelne Menschenleben zählt. Doch belastbar sind die Zahlen, die durch die kleinteilige Nachforschung ermittelt werden, nicht. Fraglos ist die Dunkelziffer noch viel höher.

Die Grenzen zwischen Migration, Menschenschmuggel und der Gewalt extremistischer Gruppierungen verschwimmen in der öffentlichen Diskussion über die Lage im Sahel. Das hat auch mit der Realität vor Ort zu tun. Auch in der Praxis ist es schwierig, die Trennlinien zu identifizieren. Entwicklungshilfe und Migrationsabkommen sollen transnationale Fluchtbewegungen unterdrücken, selbst wenn zwischen einzelnen Staaten eigentlich Freizügigkeit herrscht. Mobile Grenzschutzeinheiten in Niger etwa werden durch deutsche und niederländische Steuergelder mitfinanziert. Die Kontrolle darüber, ob diese Einheiten menschenrechtskonform agieren, obliegt letztlich jedoch der Nationalregierung. Die EU sagte Niger Entwicklungshilfegelder von mehr als einer Milliarde Euro im Zeitraum von 2014 bis 2021 zu. Diese Mittel sollten eigentlich für Sozialprogramme und als Impuls zur Schaffung neuer Arbeitsplätze genutzt werden. Aber auch die Finanzierung von Anpassungsmaßnahmen an Klimafolgen spielt eine Rolle. Gleichzeitig soll Niger irreguläre Migration verhindern.

Aber es gibt noch weitere länderübergreifende Aktivitäten: Eine gemeinsame Einsatztruppe von fünf Sahelstaaten (die sogenannten G5 Sahel: Burkina Faso, Mali, Mauretanien, Niger und Tschad) wird von der EU gefördert. Die Bundeswehr ist in den Sahelstaaten im Rahmen der European Union Training Mission (EUTM) und der UN-Friedensmission MINUSMA aktiv und beteiligt sich an Training und Ausbildung malischer und sogenannter Joint-Force-Truppen der G5-Sahelstaaten. Darüber hinaus gibt es eine European Union Capacity Building Mission in Niger und Mali, bei der Polizisten von der deutschen Polizei ausgebildet werden. Ziel des deutschen und europäischen Engagements ist es, terroristische Gruppierungen in der Region zu bekämpfen und irreguläre Migration zu stoppen.

Der zweite Militärputsch innerhalb von neun Monaten in Mali im Mai 2021 und der Militärputsch in Burkina Faso im Januar 2022 zeigen, wie problematisch die von Deutschland unterstützte Ertüchtigung in Gebieten sein kann, in denen demokratische Werte nicht gelten oder nicht gefestigt sind und Teile des Militärs Menschenrechtsverletzungen begehen. Führende Putschisten in Mali hatten selbst an Ausbildungsprogrammen in Deutschland teilgenommen. Russische Söldner unterstützen die Militärjunta und kämpfen für sie gegen Terrormilizen in Mali. Korrupte und gewaltbereite Regierungen werden Teil einer Schicksalsgemeinschaft, die im Kampf gegen den islamistischen Terror und nicht zuletzt auch gegen irreguläre Migration Richtung Europa vereint ist. Die Nachhaltigkeit solcher Einsätze wiederum ist durch den Kollaps der afghanischen Regierung nach dem Abzug der internationalen Truppen 2021 in Frage gestellt. Angesichts der jüngsten Entwicklungen kündigte Frankreich an, seine Truppen aus Mali abzuziehen. Deutschland entschied sich im Mai 2022 für eine einjährige Mandatsverlängerung. Während die Ausbildungsmission EUTM in Mali zurückgefahren und auf Niger fokussiert wird, bleibt Deutschland über die MINUSMA-Mission der Vereinten Nationen in Mali präsent. Eine politische Implosion wie in Afghanistan nach Abzug der internationalen Truppen soll in Mali verhindert werden.

Die Interessen der Europäischen Union und der Afrikanischen Union lassen sich in der Migrationsfrage nur schwer in Einklang bringen. So streben viele afrikanische Staaten eine größere Freizügigkeit, also freien Personen- und Güterverkehr, an, wie sie etwa innerhalb der westafrikanischen Wirtschaftsgemeinschaft ECOWAS eigentlich schon möglich ist. In dem ECOWAS-Regionalverbund gab es freien Personen- und Güterverkehr, zumindest bis die Europäische Union darauf drängte, strengere Kontrollen einzuführen, um die Migration nach Europa abzuwehren. Die EU praktiziert Freizügigkeit für Menschen und Waren, möchte dies aber wegen der drohenden Migration nach Europa in afrikanischen Staaten unterbinden. Migration kann ein Motor für Entwicklung und Fortschritt sein – ein Motor, der nun ins Stottern gerät.

Die Probleme in der Region sind in jeder Hinsicht gewaltig. Armut, Korruption und ein hohes Bevölkerungswachstum stehen einer nachhaltigen Entwicklung im Wege. In Niger zum Beispiel wird sich die

Bevölkerung bis 2025 im Vergleich zu 1950 verzehnfacht haben. Laut UN-Department of Economic and Social Affairs könnte sich die Einwohnerzahl bis 2100 nochmals versiebenfachen – in einem Land, das zur Hälfte aus Wüste besteht. Zwölf der vierzehn Staaten, die im oder am Sahel liegen, gehören zu den am wenigsten entwickelten Ländern der Welt. Dies liegt nicht zuletzt an den extremen klimatischen Bedingungen, mit denen die Menschen dort zu kämpfen haben. Wenig Regen und hohe Temperaturen erfordern eine hohe Anpassungsfähigkeit. So entstanden im Sahelgürtel besondere Lebens- und Wirtschaftsformen wie die Transhumanz, die das gesamte Gebiet prägt. Die Transhumanz ist eine Art der Wanderweidewirtschaft, bei der Viehhirten mit ihren Tieren oft weite Distanzen überwinden, um durch die Nutzung verschiedener Flächen eine ausreichende Versorgung sicherzustellen. Oft folgen sie bestimmten Regenfallmustern und bewegen sich über nationale Grenzen hinweg. Die Transhumanz war ursprünglich ein fein austariertes Migrationssystem, das es Menschen ermöglichte, unter widrigen Bedingungen Viehzucht zu betreiben. Dabei war der nachhaltige Umgang mit der Natur besonders wichtig, damit zwischen den Phasen der Beweidung durch unterschiedliche Nutztiere wie Rinder, Kamele und Ziegen sich die Natur erholen konnte und Routen langfristig nutzbar blieben. Auch in unseren Breitengraden gibt es übrigens ähnliche Formen der Weidewirtschaft, zum Beispiel in den Alpen, wo Viehherden den Winter in Tälern verbringen und zu Beginn des Sommers die Berge hochgetrieben werden auf eine Alp.

Das jahrhundertealte System ist jedoch im Laufe der Zeit immer mehr zum Zankapfel der modernen Sahelstaaten geworden. Gewaltsame Auseinandersetzungen zwischen nomadischen Viehhirten (Pastoralisten) und sesshaften Bauern häufen sich. Die Gründe dafür sind vielfältig: extreme Armut, sich verändernde Landnutzungspraktiken, islamistischer Extremismus, Bevölkerungswachstum und politische Trennlinien. Darüber hinaus haben in den vergangenen Jahren Verschiebungen bei den Niederschlägen zu Ernteausfällen geführt. Aufgrund der besonderen geografischen und klimatischen Gegebenheiten in einem ariden beziehungsweise semiariden Gebiet wie der Sahelzone ist die Land- und Wasserwirtschaft eine Herausforderung. Der fortschreitende Klimawandel birgt umso größere Risiken für die Bevölkerung. Der Entzug der Lebensgrundlagen von Bauern und Pastoralisten bedroht mittlerweile massiv das einst friedliche Zusammenleben der Menschen im Sahel. Gleichzeitig begünstigt diese Entwicklung die Ausbreitung von Terrornetzwerken und organisierter Kriminalität.

Wie sich der Klimawandel in der Sahelzone regional auswirken wird, ist noch von Unsicherheiten geprägt. Dies liegt unter anderem an der schlechten Datenlage, die in vielen afrikanischen Ländern ein Problem ist. Klimamodelle sind auf solide historische Wetterdaten angewiesen. Das bedeutet, dass Datensätze in einem möglichst engen Netz von Wetterstationen regelmäßig erhoben werden müssen. Wegen mangelnder Finanzierung, politischer Umbrüche, Unruhen und Bürgerkriegen sind die meisten Datensätze jedoch unzureichend. Wetterstationen, die teils noch aus der Kolonialzeit stammten, wurden mittlerweile abgebaut. Andere liefern nur unregelmäßig Daten. Die Zahl der Wetterstationen pro Quadratkilometer ist zudem deutlich niedriger als beispielsweise in Deutschland oder Europa, auch weil weite Gebiete der Sahelzone nur sehr dünn besiedelt sind und viele Regierungen gar nicht die Notwendigkeit sehen, in neue Stationen zu investieren. Denkt man an klassische Entwicklungshilfe, würden die wenigsten Länder die Errichtung einer Wetterstation dem Bau einer Grundschule vorziehen – verständlicherweise. Das hat dramatische Folgen. Regierungen sind außerstande, regionale Klimafolgen mittel- und langfristig einigermaßen zuverlässig abzuschätzen. Außerdem leidet die Wettervorhersage unter der schlechten Datenbasis. Für Städter mag dies nicht weiter relevant oder schlimmstenfalls ein Ärgernis sein, wenn sie den Schirm nicht eingepackt haben oder unpassend gekleidet sind. In der Landwirtschaft dagegen sind genaue Angaben ausschlaggebend für eine ertragreiche Ernte. Stimmt die Vorhersage nicht, kann es passieren, dass zur falschen Zeit gesät, gedüngt oder die Ernte eingebracht wird. Ohne moderne Bewässerung ist die Abhängigkeit von den Niederschlägen groß, selbst kleinere Verschiebungen in den Regenfallmustern stellen Kleinbäuerinnen und -bauern vor existenzielle Herausforderungen. Aufgrund dieser zunehmenden Schwierigkeiten versuchen Ackerbäuerinnen und -bauern und Viehzüchter:innen ihr Einkommen zu diversifizieren und betreiben teils Mischformen von Land- und Weidewirtschaft. Wenn jedoch Bäuerinnen und Bauern selbst mit der Viehzucht beginnen, verringert sich die Notwendigkeit zur Kooperation und Symbiose mit den Pastoralisten merklich, was wiederum Konflikte begünstigt.

Auch die nomadischen Viehhirten in der Sahelzone richten sich nach dem Wetter und folgen dem Regen auf ihren Routen, denn wiederkehrende Dürren dezimieren ihre Viehbestände. Die sind nicht nur ihre zentrale Einkommensquelle, sondern auch ein wichtiges Element der kulturellen Identität nomadischer Gruppen, etwa der Fulani, Afar und Tuareg, die oft durch ihre Religionszugehörigkeit oder auch durch eine gemeinsame Sprache miteinander verbunden sind – ihr Verlust bedeutet daher tiefe Einschnitte in das soziale Gefüge. Dennoch sind diese Erwerbstätigkeiten vielerorts weiterhin nach ethnischen Identitätslinien getrennt. Da sich Klimafolgen auf sesshafte Bauern und nomadische Viehhirten unterschiedlich auswirken, können Spannungen zwischen diesen Berufsgruppen entstehen und auch eskalieren. Zudem wird mit ethno-nationalistischem Populismus mobilisiert und Ressentiments gegen »die anderen« geschürt.

Heiße Kriege – Klimawandel und Konflikte

Der Zusammenhang zwischen Klimafolgen und Konflikten ist ein hitzig diskutiertes Thema. Der Soziologe Harald Welzer veröffentlichte schon vor mehr als zehn Jahren unter dem etwas reißerischen Titel das Buch ›Klimakriege – Wofür im 21. Jahrhundert getötet wird‹. Doch gibt es sie wirklich, die »Klimakriege«? Seit dem Erscheinen des Buches hat sich in der Forschung einiges getan. In renommierten Wissenschaftsmagazinen wurden Artikel publiziert, die statistische Zusammenhänge zwischen dem Auftreten von gewaltsamen Konflikten und Extremwetterereignissen, wie zum Beispiel Dürren, zeigen. Danach erhöht sich das Risiko eines gewaltsamen Konflikts nach einem Extremwetter, besonders in Ländern, die stark von der Landwirtschaft abhängig sind und in denen verschiedene, einander feindlich gegenüberstehende ethnische Gruppen leben.

Eine 2019 erschienene Studie stellt fest: »[...] Experten sind sich einig, dass das Klima Auswirkungen auf gewaltsame innerstaatliche Konflikte hat. Aber andere Treiber, wie niedrige sozioökonomische Entwicklung oder niedrige staatliche Kapazitäten, werden als substanziell einflussreicher gewertet, und die Wirkungsmechanismen von Klima zu Konflikt sind weiterhin von Unsicherheiten geprägt.«[4] Dass andere Faktoren bislang als gewichtiger angesehen wurden als die Auswirkungen des Klimawandels, ist insofern nicht überraschend, als wir zum einen noch am Anfang der erwartbar drastischeren Folgen des Klimawandels stehen und zum anderen die Ursachen für die Entstehung von gewaltsamen Auseinandersetzungen vielschichtig sind. Letztlich kann eine Naturkatastrophe der Tropfen sein, der das Fass zum Überlaufen bringt.

Das zeigte sich am Beispiel Syriens. Eine Gruppe von Wissenschaftler:innen wies darauf hin, dass dem syrischen Bürgerkrieg die schlimmste Dürre seit Beginn der Temperaturaufzeichnungen vorausging und zu der Gewaltspirale beitrug: Die Wasserknappheit, die durch ein miserables Ressourcenmanagement verschlimmert wurde, ließ einen Großteil der Viehherden im Land verenden, woraufhin syrische Bauern in großer Zahl in die Städte zogen. Schnell wuchs hier der Unmut über Wohnungs- und Arbeitsmangel. Gleichzeitig kamen aus dem Irak Geflüchtete in Syrien an, um Schutz vor der Gewalt in ihrer Heimat zu suchen. Die Preise für die Lebensmittel schnellten aufgrund der Dürre in die Höhe. Parallel dazu kam es zu Demonstrationen gegen das repressive Assad-Regime, inspiriert auch vom Arabischen Frühling, der eine Strahlkraft gerade auf junge Menschen ausübte. Doch die keimende Hoffnung auf eine gerechtere Zukunft wurde bitter enttäuscht. Die blutige Niederschlagung der Demonstrationen durch Assads Handlanger rief weltweite Empörung hervor und markierte den Beginn des bis heute andauernden Kriegs gegen das syrische Volk.

An der Geschichte des syrischen Bürgerkriegs lässt sich beispielhaft ablesen, wie komplex Konfliktgenese ist und wie viele Elemente bei der Eskalation eine Rolle spielen. Wäre es ohne die Dürre zu einem

Konflikt gekommen? Das lässt sich nicht eindeutig sagen. Sie war womöglich der oben beschriebene Tropfen, der das Fass zum Überlaufen gebracht hat. Andererseits: So oder so hätte es viele Interventionsmöglichkeiten im entstehenden Konflikt gegeben, bessere Sozialprogramme in städtischen Gebieten etwa, ländliche Entwicklung und landwirtschaftliche Versicherungen für Bauern und Viehhirten, friedliche Beilegung der Proteste sowie frühzeitige Konzessionen und schließlich – auch wenn es aus heutiger Sicht illusorisch erscheint – die Abgabe der Macht durch das Assad-Regime, um nur einige wenige Punkte zu nennen.

Wie sich Klimafolgen auf das soziale Gefüge auswirken, hängt stark von den jeweiligen infrastrukturellen, institutionellen und kommunalen Kapazitäten ab, die zur Verfügung stehen. Trifft ein Sturm beispielsweise auf ein Land mit schlechter Bausubstanz, großer politischer Repression und hoher sozioökonomischer Ungleichheit, sind die Folgen höchstwahrscheinlich weitaus gravierender als an einem Ort mit den besten Gebäudestandards, exzellentem Katastrophenschutz, einer soliden Regierung und funktionierenden Strukturen. In erster Linie ist Klimaschutz, also die Minderung von Emissionen, ein wichtiges Mittel der Krisenprävention. Je nachdem, wo die Schwachstellen im System liegen, gibt es verschiedene Interventionspunkte, um die Widerstandsfähigkeit zu erhöhen, angefangen bei Klimaanpassungsmaßnahmen, wie besserem Deichschutz, über die Stärkung institutioneller Kapazitäten und klassischer Entwicklungsarbeit, wie beispielsweise die Förderung von Bildung für Frauen und Mädchen, bis hin zur umweltbasierten Mediation, wenn ein Interessenkonflikt bereits besteht.

Wegen der Vielfalt von auslösenden Faktoren und weil letztlich doch der Mensch, die Regierung oder die nichtstaatliche Gruppierung entscheidet, ob er oder sie zur Waffe greift, ist der Begriff Klimakrieg zumindest unscharf. Dass aber der Klimawandel einen Einfluss auf gewaltsame Konflikte hat, kann niemand mehr ernsthaft in Frage stellen. Wo fängt der Konflikt an und welche seiner Treiber sind am relevantesten? Über eine Antwort auf diese Fragen werden sich wohl noch viele Forschende in den kommenden Jahren streiten, während der Klimawandel gnadenlos seinen Lauf nimmt.

In der Sahelzone treffen verschiedene Konflikttreiber aufeinander. Migration kann in Form von erzwungener Flucht wegen drohender Gewalt sowohl Konsequenz als auch Auslöser von Konflikten sein. Letzteres ist zum Beispiel dann der Fall, wenn sich der Wettbewerb um bereits knappe Ressourcen, wie Wasser oder Land, verschärft und es keine Instrumente für einen Interessenausgleich gibt. Der Zusammenhang zwischen den schwindenden Lebensgrundlagen, Migration und Konflikten ist verworren und vielschichtig. Dennoch ist es entgegen der Meinung einzelner Theoretiker:innen offensichtlich, dass massive Umwälzungen in der natürlichen Umwelt nicht spurlos an Gesellschaftssystemen vorbeigehen. Insbesondere dann nicht, wenn die Menschen, die in diesen Systemen leben, unmittelbar auf eine funktionierende Landwirtschaft angewiesen sind und staatliche Sozialversicherungen fehlen, die Verluste abfedern könnten. Selbst relativ stabile Länder können von extremen Klimafolgen erschüttert werden, wie zum Beispiel Burkina Faso.

Burkina Faso: Terror unterm Sternenhimmel

Auf der knapp 300 Kilometer langen Fahrt durch Burkina Faso säumen große Mangobäume einen Teil des Weges, den wir zurücklegen müssen, um zum Zielort unserer Feldforschung zu gelangen, dem kleinen Ort Nouna, unweit der Landesgrenze zu Mali. Ein Kollege erklärt, dass viele der Bäume bereits in der französischen Kolonialzeit gepflanzt wurden, um entlang der Fernstraßen Schatten zu spenden. Gleichzeitig ist bereits ein großer Teil des Landes entwaldet, auch weil Ackerbau und Viehzucht für die wachsende Bevölkerung immer größere Flächen erfordern und anstelle von Nutzpflanzen wie Hirse lukrative Cash Crops, zum Beispiel Baumwolle, angebaut werden. Baumwollpflanzen brauchen schattenfreies Gelände, also werden Bäume abgeholzt – und damit beginnt ein Teufelskreis. Ohne Bäume verändert sich der Wasserkreislauf, die Böden trocknen aus, die Erträge sinken. Der Anstieg der globalen Mitteltemperaturen führt zu längeren und intensiveren Dürreperioden. Vielerorts dient Holz oder Holzkohle als Brennstoff zum Kochen. Auch das geht zu Lasten der

Waldflächen und trägt außerdem zur Innenluftverschmutzung und damit zur Gesundheitsgefährdung bei. In dieser Situation bieten sich den Menschen kaum Alternativen. Sie sind schließlich zum Überleben auf die natürlichen Ressourcen angewiesen.

Ich reise mit einer Gruppe um Professor Rainer Sauerborn, der zu Klimawandel und Gesundheit in Heidelberg forscht. Er ebnete mir den Weg zu der Region im Norden des Landes, wo er Anfang der 1980er Jahre als Arzt arbeitete. Seitdem hat er mit unendlicher Energie zahlreiche Forschungskooperationen an der Schnittstelle von Klimawandel und Gesundheit in Nouna aufgebaut, insbesondere mit dem »Centre de Recherche en Santé de Nouna«. Das Gesundheitsforschungszentrum in dem kleinen Ort hat sich in den vergangenen Jahrzehnten etabliert und untersteht inzwischen dem burkinischen Gesundheitsministerium. Schwerpunkt seiner Untersuchungen ist die Verbreitung von Infektionskrankheiten wie Malaria oder HIV in der Region, das Zentrum beschäftigt sich aber auch mit der Schnittstelle von Klimafolgen und menschlicher Gesundheit, wie zum Beispiel den Auswirkungen von Mangelernährung.

Als wir in Nouna, dem Ziel unserer Reise, ankommen, ist es bereits spät. Man rät uns, uns nicht mehr völlig frei im Dorf zu bewegen, in der Umgebung hat es bereits vereinzelt Entführungen von westlichen Ausländer:innen gegeben. Um unsere Sicherheit zu erhöhen, werden zwei junge Männer, etwa 18 Jahre alt, mit Maschinengewehren in der Nähe unserer Hütten postiert. Die bewaffneten Teenager tragen nicht unbedingt zu meinem Sicherheitsempfinden bei. Aber zu diesem Zeitpunkt, 2017, ahnt keiner von uns, dass schon zwei Jahre später dieser Teil des Landes eine No-go-Area sein würde. Burkina Faso, ein Staat, der lange für Stabilität und ein friedliches Miteinander verschiedener ethnischer und religiöser Gruppen stand, wurde zur Zielscheibe terroristischer Aktivitäten. Inzwischen sind von etwa zwei Millionen Vertriebenen in der Sahelzone ungefähr die Hälfte Burkinabe. Wie kam es dazu?

Extreme Dürren sowie unsichere Landnutzungsrechte haben zu einer tiefen Spaltung zwischen nomadischen Fulani und sesshaften Mossi beigetragen. Diese Kluft bietet wiederum Extremisten einen

Nährboden für das Entfachen von Gewalt und die Rekrutierung von Kämpfern. Ansarul Islam zum Beispiel, eine lokale terroristische Gruppierung, die sich mit Al-Qaida im Maghreb (AQIM) solidarisiert, nutzt ethno-nationalistische Propaganda, um insbesondere junge Männer der Gruppe der Fulani anzuwerben. Ihre Strategie fällt auf fruchtbaren Boden, denn deren Lage ist prekär. Wiederkehrende Dürren haben die Viehbestände der teils nomadisch lebenden Fulani dezimiert, die Anzahl von Rindern pro Kopf sinkt, gleichzeitig wächst die Bevölkerung. Viele Hirten sind gezwungen, ihr Vieh zu verkaufen; im schlimmsten Fall verendet es im Wüstensand.

Der Verlust von Vieh ist nicht nur in wirtschaftlicher Hinsicht existenzbedrohend, sondern führt auch zu Entwurzelung und damit in eine Identitätskrise.[5] Traditionen und gesellschaftlicher Status hängen eng mit der Viehzuchtpraxis zusammen. Zu der in Burkina Faso herrschenden Elite gehören kaum nomadische Fulani, vielmehr füllt die Minderheit die Gefängnisse – oft aufgrund willkürlicher Festnahmen. Um unter Generalverdacht zu fallen, genügt es schon, dass Einzelne sich Extremisten angeschlossen haben. Dass es in Burkina Faso unter Richter:innen, Polizist:innen und Militärangehörigen so gut wie keine Fulani gibt, verstärkt ihre Marginalisierung noch weiter, ethnische Diskriminierung und staatliche Korruption sind an der Tagesordnung. Wegen der Gewalt im Norden des Landes fliehen viele Menschen in die Hauptstadt Ouagadougou, leben dort bei Verwandten oder in provisorischen Behausungen.

Nicht nur nomadische Viehhirten sind von extremen Wetterlagen betroffen, auch sesshafte Bauern kämpfen mit dem Klimawandel. In Bourasso, einem Dorf an der Grenze zu Mali, waren viele Menschen bereits vor dem Ausbruch von Gewalt im Land zur Migration gezwungen, weil sie Ernteverluste erlitten hatten. Eigentlich war das Dorf bekannt für seinen erfolgreichen Ackerbau. Ernteüberschüsse von bis zu 20 Prozent wurden zum Beispiel genutzt, um Bier zu brauen. Das Hirsebier schmeckt herb und hat einen stark erdigen Geruch. Ein muslimischer Händler witzelt, er trinke es immer unter dem Tisch, damit Gott ihn nicht sieht. Doch 2017 ist alles anders. Sich in kurzen Abständen wiederholende Dürreperioden vernichten Ernten, weil es keine modernen Bewässerungssysteme gibt: »Dieses Jahr war hart für uns. Normalerweise arbeiten wir hier in der Umgebung. Unser Land brachte uns viele Früchte. Aber in letzter Zeit fiel kaum noch Regen. Früher, wenn du gute Arbeit gemacht hattest, konntest du etwas Geld verdienen und du warst zufrieden«, berichtet der 30-jährige Yacouba. Der Chef du Village, ein Dorfbürgermeister, erklärt uns besorgt, dass Hunger und Mangelernährung zum ersten Mal eine größere Gruppe von Männern aus Bourasso zur Migration gezwungen hätten. Es sind meist die jüngeren Männer, Familienväter, die sich entschließen zu migrieren. In der Hoffnung, mit dem erworbenen Geld ihre Familien ernähren zu können, brechen sie für eine Saison auf und folgen den scheinbar lukrativen Angeboten von Werbern, die sie in den Dörfern ansprechen. »Wir haben nicht gezögert und sind ihm dorthin gefolgt«, erzählt Traoré.[6]

So gingen die Männer nach Mali und an die Elfenbeinküste, um als billige Arbeitskräfte auf Industrieplantagen Zuckerrohr zu schneiden oder in Goldminen zu malochen. Auf den Plantagen herrscht Willkür. Arbeitsschutz existiert nicht, ebenso wenig eine medizinische Behandlung bei Verletzungen oder bei Infektionen mit Malaria. Der Lohn steht in keinem Verhältnis zu den körperlichen Qualen. Goldminen wiederum sind in der Sahelzone auch für gewalttätige Extremisten zu einer wichtigen Finanzquelle und zu einem Umschlagplatz für Menschenhandel geworden. Nach und nach wird in unseren Interviews deutlich, dass die Männer unter falschen Voraussetzungen angeworben und Opfer von Betrügern wurden. Einer berichtet: »Die Anwerber sagten uns, wir würden pro Meter Zuckerrohr eintausend Francs (etwa 1,50 €) bekommen. Aber als wir ankamen, war davon nicht mehr die Rede.« Die Migranten erhielten weder die versprochene Vergütung noch eine Verpflegung vor Ort.

Der 35-jährige Christian klagt: »Wir haben hier im Dorf Getreide angebaut, aber nichts verdient. Deswegen haben wir das Dorf verlassen, in der Hoffnung, anderswo etwas [Geld] zu bekommen, das wir zurückbringen können […] Wenn du auf die Farm gehst, siehst du, dass alles verdorrt ist. Ich wusste, wenn ich nicht während dieser

Trockenzeit migriere, werden meine Kinder und meine Familie nichts zu essen haben. […] Ich habe sonst nichts mehr zu sagen. Ich habe keine Kühe, kein Schaf. Ich habe nichts. Ich bin nun in den Händen Gottes.« Christian kehrte nach dreimonatiger Arbeit auf Zuckerrohrplantagen an der Elfenbeinküste zurück in sein Dorf Bourasso – mit einer Verletzung an der Hand durch die Zuckerrohrmachete und umgerechnet 30 Euro. Scham und Resignation sprechen aus seinen Worten. Er erzählt, wie sehr er seine Familie vermisste. Er ist entschlossen, nicht wieder zu migrieren, komme, was wolle. Nach der Rückkehr ins Dorf ist die Bilanz auch der anderen Männer meist ernüchternd. Viele bringen nur einen geringen Lohn mit, manche wurden von ihren Arbeitgebern ausgeplündert oder mussten hohe Summen für ihren Transport bezahlen. »Unser Boss ist mit dem Geld verschwunden«, berichten mehrere. Lediglich ein Dorfbewohner hat auswärts tatsächlich gut verdient. Als ausgebildeter Mechaniker hatte er bessere Chancen, in einer Stadt einen Job zu finden.

Während die Männer von der extrem belastenden körperlichen Arbeit berichten, erzählen Frauen uns, welche Ängste sie durchleiden. Sie fragen sich: Wird ihr Mann zurückkommen? Wenn ja, in welcher Verfassung? Viele treibt auch die Sorge um, die Rückkehrer könnten Krankheiten einschleppen, HIV zum Beispiel. Solange die Männer auswärts arbeiten, sind die Frauen gezwungen, selbst für sich und die Kinder zu sorgen, also nach Arbeit in der Umgebung zu suchen, um zu überleben. Eine Frau, deren Mann migriert ist, sagt uns: »Ich arbeite auf Feldern anderer Leute, um Geld für Hirse zu verdienen. Manchmal nehme ich einen kleinen Kredit auf, um Essen zu kaufen. Wenn wir nichts verdienen, müssen wir mit leerem Magen schlafen. […] Es gibt so viele Probleme! Manchmal haben wir nicht mal Seife, um die Kleidung zu waschen, oder kein Geld, um die Hirse mahlen zu lassen.« Häufig sind die Frauen monatelang auf sich allein gestellt. Die Arbeit im Haus und auf den Feldern, die Versorgung der Kinder – alles lastet auf ihren Schultern. Die Saisonarbeit ihrer Männer bewerten sie äußerst kritisch, allzu oft wird ihre Hoffnung auf ein besseres Leben durch ein zusätzliches Einkommen enttäuscht.

Trotz ihrer traumatischen Erfahrungen sehen viele Dorfbewohner:innen keine andere Möglichkeit, als es auswärts nochmal zu versuchen, also wieder zu migrieren, wenn die Ernteerträge erneut einbrechen. Das unterstreicht die Hoffnungslosigkeit ihrer Situation und ist zugleich ein Zeichen ihres entschlossenen Willens, für das Überleben ihrer Familien zu kämpfen.

Insgesamt verschlechtert sich die Situation der Kleinbauern – und auch der nomadischen Hirten – in Burkina Faso zunehmend. In Ermangelung moderner Bewässerungssysteme und neuer Einkommensquellen könnte die Migration, vielleicht sogar die permanente, mehr und mehr die letzte Option sein, die ihnen bleibt. Burkina Faso hat, wie die meisten anderen Länder, keinen umfassenden rechtlichen oder politischen Rahmen für den Schutz oder die Unterstützung von Personen, die aufgrund von langsam eintretenden Klimaereignissen migrieren. Das Land hat die Kampala-Konvention (Konvention der Afrikanischen Union zum Schutz und zur Unterstützung von Binnenvertriebenen in Afrika von 2009), die anerkennt, dass Umweltveränderungen zur erzwungenen Migration beitragen können, zwar ratifiziert. Schleichend stattfindende Umweltveränderungen werden darin aber nicht berücksichtigt. Die Abmachung zielt vielmehr auf plötzlich hereinbrechende Katastrophen, zum Beispiel Überflutungen oder Stürme. Daher ist es notwendig, dass in der Konvention die Definition von Vertreibung ausgeweitet wird. Darüber hinaus könnten in Burkina Faso weitere Richtlinien erlassen werden, die Vertriebenen mehr Unterstützung garantieren. Aber alle rechtlichen Absicherungen nützen nichts, wenn die praktische Umsetzung scheitert. Viele Gerichte in Burkina Faso sind überlastet und in ihrer Autorität durch Korruption geschwächt. Vor Polizei und Militär haben viele Burkinabe Angst – auf den Staat ist kein Verlass. Umso wichtiger ist es, dass es Menschen gibt, die konkret etwas verändern und damit Zeichen der Hoffnung setzen.

Traditionell und modern zugleich

Ein Mann, der seine Visionen lebt und mit innovativer Architektur in seinem Heimatort Gando (Provinz Boulgou, im östlichen Burkina Faso) neue Perspektiven geschaffen hat, ist Francis Kéré. Schönheit und Nachhaltigkeit vereinen sich in seinen Bauten, für die er lokale Materialien als Baustoffe nutzt, zum Beispiel Holz oder mit Zement verstärkten Lehm. In den Planungsprozess wird die Dorfgemeinschaft mit eingebunden. So entstehen Gebäude, die an die klimatischen Bedingungen angepasst sind und auch bei hohen Außentemperaturen ein angenehmes Raumklima haben. Das ist insbesondere für Schulen ein wichtiger Aspekt, denn Bauten aus Beton und Glas würden in solchen Breitengraden schnell zum Backofen werden. Kérés Architektur fördert also das Lernen. Viel mehr noch, seine moderne und gleichzeitig traditionsreiche Arbeit inspiriert die Menschen und besonders die Jugend.

Nach einer Idee des inzwischen verstorbenen Regisseurs Christoph Schlingensief entwarf Kéré sogar ein Operndorf in der Savanne von Burkina Faso, 30 Kilometer nordöstlich der Hauptstadt Ouagadougou. Im Rahmen des Projekts, das seit nunmehr zehn Jahren läuft, bekommen Jungen und Mädchen aus den umliegenden Dörfern nicht nur etwas zu essen, sie erhalten auch eine Ausbildung: in den klassischen Schulfächern, aber auch in Schauspiel, Tanz und Gesang. Die Idee, mit Musik und Architektur zu versuchen, die Welt zu verändern, ist gepaart mit Realismus. Etwas aus sich zu machen, etwas zu schaffen, auf das man stolz sein kann, ist eine wichtige Erfahrung. Im Operndorf haben Kinder und Jugendliche die Chance, aus dem Teufelskreis der Armut auszubrechen, Selbstbewusstsein aufzubauen, sich kennenzulernen und zu entfalten.

Francis Kéré kam als Jugendlicher über ein Stipendium nach Deutschland. Aus dem Bedürfnis heraus, seinem Heimatdorf Gando, das ihn mit den besten Wünschen in die Welt hinausschickte, etwas zurückzugeben, begann er noch während seiner Studentenzeit in Berlin, Spenden zu sammeln. Als er sein Studium abgeschlossen hatte, baute er in Gando eine Schule, die erste in dem Dorf. Heute lehrt Kéré an der TU München und gibt sein Wissen und seine Vision an die nächste Generation von Student:innen weiter. Für seine Arbeit wurde er mehrfach ausgezeichnet, zuletzt 2022 mit dem renommierten Pritzker-Preis für Architektur. Er nutzt seinen Erfolg, um noch mehr für die Menschen in Gando zu tun. Mit der Kéré Foundation etwa werden neue Projekte finanziert, bei denen es nicht nur um Bauwerke geht, sondern auch um Wiederbewaldung und lokale Wertschöpfungsketten. Angesichts der massiven Probleme im Land erscheinen solche Projekte wie ein Tropfen auf einen sehr heißen Stein. Aber ich bewundere die unbezwingbare Zuversicht, die mit den Arbeiten Kérés verbunden ist. Im Konkreten etwas bewirken, die eigenen Fähigkeiten und Talente nutzen und dadurch Impulse für eine größere Veränderung setzen – das ist die Essenz des menschlichen Fortschritts.

Zum Ende unseres ereignisreichen Aufenthalts in Burkina Faso werden neue Forschungsfragen diskutiert und deutsch-burkinische Autorenteams gebildet. Voneinander lernen und in andere Themenbereiche zu blicken ist hier keine spröde Theorie, sondern steht im Zentrum unseres Austauschs. Neben meiner Migrationsforschung erfahre ich zum Beispiel viel über die Verbreitung von Malaria und den harten Kampf gegen Mangelernährung.

Für unseren letzten Abend in Burkina Faso in Nouna hat sich Rainer Sauerborn etwas Besonderes ausgedacht: Wir arrangieren einen musikalischen Austausch mit den Kollegen aus dem Institut »Centre de Recherche en Santé de Nouna«, die unsere Forschung maßgeblich unterstützen. Dazu wird die überregional bekannte Gruppe Les Étoiles de Nouna eingeladen. Sie spielen auf ihren Balafons, eine Art Xylophon, das Kürbisse (Kalabassen) als Resonanzkörper nutzt und einen wunderbaren Klang erzeugt. Rainer und ich geben ›Wochenend und Sonnenschein‹ der Comedian Harmonists zum Besten (er E-Klavier, ich Gesang), dann spielt er noch ein Stück von Debussy und lädt die Musiker ein einzustimmen. Da es viele Dreiklänge enthält, passt es perfekt zu den pentatonisch ausgerichteten Balafons. Dieser ungewöhnliche Mix klingt fantastisch, die Stimmung ist ausgelassen. Über meinen Teller klettert eine drahtige Gottesanbeterin. In den Mangobäumen hängen Flughunde, die vor der Coronapandemie noch etwas freundlicher auf mich wirkten als rückblickend.

Am nächsten Morgen brechen wir auf, fahren über die staubigen Straßen zurück nach Ouagadougou. Unsere Rückkehr nach Nouna war fest geplant, konnte aber wegen des eskalierenden Konflikts nicht realisiert werden. Es bleibt vorerst bei den guten und den erschütternden Erinnerungen an das Land.

Neben Burkina Faso ringen viele andere Sahelstaaten mit den klimatischen Veränderungen, aber auch mit sozioökonomischen Herausforderungen. Vom Westen der Sahelzone möchte ich Sie nun mitnehmen ans Horn von Afrika, wo sich derzeit circa neun Millionen Migrant:innen aufhalten. Ein Teil von ihnen lebt in Äthiopien, das selbst betroffen ist von Konflikten, Dürren und gesellschaftlicher Spaltung.

Äthiopien: Gewaltbereiter Friedenslaureat und ein Land im Umbruch

Woran denken Sie, wenn Sie »Äthiopien« hören? An die schlimmen Dürren und Hungersnöte der 1980er Jahre, die über 1,2 Millionen Äthiopier:innen das Leben kosteten? An das UNESCO-Weltkulturerbe in Lalibela, wo aus Felsen gemeißelte Kirchen in- und ausländische Pilger und Touristen begeistern? An den Staatspräsidenten Abiy Ahmed, der für seine Versöhnung mit Eritrea 2019 den Friedensnobelpreis erhielt (übrigens war die Klima-Aktivistin Greta Thunberg auch nominiert), aber wenig später Krieg gegen das eigene Volk in Tigray führte?

Mit seinen vielen Facetten ist Äthiopien einer der faszinierendsten und komplexesten Staaten, die ich bisher kennengelernt habe. Über 80 Sprachen werden im Land gesprochen, fünf davon sind sogar offizielle Amtssprachen (Amharisch, Oromo, Afar, Tigrinya und Somali). Auch die Geografie des Landes ist von einer überraschenden Vielfältigkeit geprägt. Felsmassive scheinen aus dem Nichts emporzusteigen, der große afrikanische Grabenbruch prägt die Landschaft. Extrem fruchtbare Gebiete wechseln sich mit entwaldeten Einöden ab. Vielerorts wird Ackerbau betrieben – zwei Drittel der Bevölkerung arbeiten in der Landwirtschaft, und nur etwas mehr als ein Fünftel der Äthiopier:innen lebt in Städten.

Auf meiner Reise, die von der Hauptstadt Addis Abeba nach Humbo im Süden und Tigray im Norden des Landes führt und bei der ich mit einer Gruppe der Kinderhilfsorganisation World Vision unterwegs bin, spreche ich mit äthiopischen Heimkehrern, die aufgrund von extremen Dürren migrieren mussten. »Einundzwanzig Tage bin ich zu Fuß gewandert. Von hier aus bis an das Meer. Nach 24 Stunden auf einem Boot sind wir von Jemen aus weiter nach Saudi-Arabien gegangen«, erzählt Asefa[7] uns in einem Kaktushain in Tigray. Auf die einundzwanzig Tage folgten acht Monate Schwerstarbeit auf saudischen Baustellen. »Wie Hunde haben sie uns behandelt – nein, schlechter.« Asefa hatte sich auf den Weg gemacht, weil eine Dürre die Ernten in der Region stark beeinträchtigte. Der landlose Bauer sah sich seiner Lebensgrundlage und aller Zukunftsperspektiven beraubt. Am Ende der acht Monate wurde Asefa von den saudischen Behörden abgeschoben, er war illegal ins Land eingereist.

Wir hören wieder und wieder bedrückende Geschichten von Menschen, die trotz drängender Probleme ihre geliebte Heimat und ihr Land nicht verlassen wollen. Doch immer stärker degradiert dieses wunderbare Land durch Entwaldung, Übernutzung, Plastikmüll. Hinzu kommen die schleichenden Veränderungen durch den Klimawandel, dessen Auswirkungen immer stärker spürbar werden. Wir sprechen mit Bauern über heißere Sommer, unvorhersehbare Regenfälle und eine ungewisse Zukunft für sie und ihre Kinder. Die Frage drängt sich auf: Was für eine Heimat wird Äthiopien seinen künftigen Generationen bieten können?

In allen Emissionsszenarien wird die Zahl der extrem heißen Tage in Äthiopien ansteigen, von derzeit circa 57 Tagen pro Jahr auf bis zu 74 bis Mitte des Jahrhunderts im Pariser Konsensszenario und auf bis zu 151 im Hochemissionsszenario Ende des Jahrhunderts.[8] Der Unterschied zwischen einem Niedrig- und einem Hochemissionsszenario ist also riesig und könnte letztlich über die künftige Bewohnbarkeit des Landes entscheiden. Dabei wären insbesondere Gebiete, die traditionell von nomadischen Viehhirten genutzt werden, betroffen. Deren wirtschaftliche Situation würde sich dadurch tendenziell verschärfen. Seit Mitte der 1980er Jahre haben die für das Wachstum der Pflanzen so wichtigen Niederschläge, die das Wetter in Ostafrika von März bis Mai prägen, abgenommen. Oft setzt der Regen später im Jahr ein und hört früher wieder auf. Diese Änderungen bringen enorme Herausforderungen mit sich, denn es gibt kaum moderne Bewässerungssysteme, und ein verspäteter Regen oder eine kurze Dürre können Ernten drastisch dezimieren. Wie sich die Niederschläge langfristig in Ostafrika entwickeln werden, ist noch strittig. Entgegen dem gegenwärtigen Trend zur steigenden Trockenheit könnte es perspektivisch deutlich feuchter in Ostafrika werden. Dieses Paradox, für das Klimawissenschaftler:innen noch nach genauen Erklärungen suchen, macht eine langfristige Anpassungsplanung schwierig. Denn auch zunehmende Niederschläge oder sich ändernde Regenfallmuster können zu Extremen, wie beispielsweise Überflutungen, führen und verbessern die Situation der Landwirt:innen keineswegs.

Eine Folge der gegenwärtigen Umweltveränderungen sind Migrationsbewegungen vom Land in die Stadt beziehungsweise aus degradierten Gebieten in fruchtbare Regionen. Oder wie im Fall des Bauern Asefa sogar über Landesgrenzen hinweg. Wie bereits eingangs ausgeführt, fallen Migrationsentscheidungen zumeist aus mehreren Gründen. Sowohl der drohende Verlust des Einkommens als auch soziale oder politische Umbrüche können Menschen dazu bewegen, ihren Heimatort zu verlassen. Der Klimawandel forciert diese Faktoren, und Migration ist dann die letzte Form der Anpassung. Auch im Fall von Asefa spielten mehrere Dinge zusammen. Er erzählt: »Es gab keine Ernten, keine Bewässerung, kein Einkommen durch den Verkauf von Holz. Hier gab es Dürre, oft Dürre. Somit war ich gezwungen, nach Saudi-Arabien zu gehen. Ich zahlte 18 000 Birr an die Schlepper (etwa 330 Euro).« Vor Ort verdiente er pro Monat nur etwa 100 Euro, die er an seine Familie schickte.

Neben klimatischen und ökonomischen Zwängen kann auch die demografische Entwicklung eines Landes ein Grund für die Migration sein. Immer noch bekommt eine äthiopische Frau durchschnittlich mehr als vier Kinder. Viele Bauern, die wir trafen, hatten sieben oder acht Kinder, die das wenige Land später unter sich aufteilen müssen, sofern sie nicht in die Städte oder ins Ausland ziehen. Diesen demografischen Druck gab es früher auch in Deutschland. Er führte zur sogenannten Höfeordnung, die in besonderer Weise die Erbschaft eines landwirtschaftlichen Betriebs so regelt, dass dieser nicht mehr aufgeteilt werden muss. Teile der Höfeordnung bestehen in manchen Bundesländern bis heute fort, auch wenn nicht mehr nur der erstgeborene Sohn zur Weiterführung des Hofes in Frage kommt und viele Bauernhöfe nach außerfamiliärem Nachwuchs suchen, weil ihre eigenen Kinder in anderen Berufen ihr Glück gefunden haben.

Auch die Emigrationsgeschichte vieler Deutscher, die Mitte des 19. bis Anfang des 20. Jahrhunderts in die USA auswanderten, hängt mit dem Bevölkerungswachstum auf dem Land zusammen sowie mit Naturkatastrophen, die Ernten vernichteten. Zwar lässt sich die deutsche Geschichte der Auswanderung nicht direkt mit der demografischen Entwicklung in Äthiopien vergleichen. Aber es gibt einzelne Parallelen; sie zeigen, dass bestimmte Umwälzungen unabhängig von Ort und Zeit sind. So zum Beispiel die Urbanisierung, die sich in den Industriestaaten bereits vollzogen hat und inzwischen in vielen Ländern Afrikas in vollem Gange ist.

Addis Abeba, die Hauptstadt Äthiopiens, boomt. Überall, wo man hinblickt, sind Baustellen, ein Moloch aus Beton wächst heran. Addis ist Ankunfts- und Hoffnungsort für viele Migrant:innen, die aus den umliegenden Gebieten kommen. In vielen Teilen Afrikas vollzieht sich gerade der Umbruch des Jahrhunderts, die bereits erwähnte Verstädterung. Einen Teil der Landbevölkerung zieht es zunehmend in die Städte, wo es mehr Bildung und diverse Jobs gibt. Auch die Zerstörung landwirtschaftlicher Lebensgrundlagen durch Klimafolgen und Preisdumping bei Agrarerzeugnissen sind Antreiber der Land-Stadt-Migration. Aber der städtische Arbeitsmarkt verfügt nicht über ausreichende Kapazitäten, um tatsächlich allen Neuankömmlingen Arbeit zu ermöglichen.

Das Potential der stetig wachsenden jungen Bevölkerungsschicht wird kaum adäquat genutzt, um die Gesellschaft voranzubringen. Der Klimawandel mit seinen vielschichtigen Folgen verschlechtert die Lebenssituation der Menschen nicht nur auf dem Land, sondern auch in den Städten, wenn auch in unterschiedlicher Form. Während in den ländlichen Gebieten die landwirtschaftliche Einkommensgrundlage der Bevölkerung direkt von einer intakten Umwelt abhängig ist, bedeuten beispielsweise Hitzeextreme im städtischen Raum Produktivitätsminderungen und Gesundheitsrisiken. Wasser- und Nahrungsmittelknappheit können sowohl humanitäre Notsituationen insbesondere in ländlichen Gegenden nach sich ziehen als auch über Preissteigerungen bei den Grundnahrungsmitteln in den städtischen Ballungsgebieten Unruhen auslösen.

Doch ein Kaktushain nahe der Grenze zu Eritrea, in dem wir die Interviews durchführen, weist eine Spur der Hoffnung in eine bessere Zukunft auf. Während unseres Gesprächs lächelt Asefa immer wieder. Wir sitzen im Schatten eines Baumes. Alles um uns herum ist grün, trotz einer längeren Trockenperiode. Nach stundenlanger Fahrt durch verdorrte Landstriche sind wir in einem Tal gelandet, in dem sich die Gemeinden zusammengetan haben, um mit Hilfe der Wiederaufforstungsmethode »Farmer Managed Natural Regeneration« (FMNR) das Land wieder fruchtbar zu machen. Die Methode ist so einfach wie genial. Statt neue Bäume zu pflanzen, nutzen Bäuerinnen und Bauern zum Wiederaufforsten das bestehende, noch intakte Wurzelwerk.

Tony Rinaudo, australischer Agrarwissenschaftler und Mitarbeiter der Kinderhilfsorganisation World Vision, verbrachte viele Jahre seines Lebens in Niger und Subsahara-Afrika, wo er Erfahrung damit sammelte, wie eine natürliche Bewaldung verloren gegangene Lebensgrundlagen wiederherstellen kann. Dafür erhielt er 2018 den Alternativen Nobelpreis. Filmemacher Volker Schlöndorff begleitete Rinaudo auf einigen Reisen und produzierte den erfolgreichen Dokumentarfilm ›Der Waldmacher‹, der 2022 Premiere feierte.

Sein Wissen gibt Rinaudo nun seit Jahrzehnten weiter und kann auf immer mehr Erfolgsgeschichten von Bäuerinnen und Bauern zurückblicken, deren Land wieder fruchtbar wurde. Zentrales Element der Methode ist der Zusammenhalt innerhalb der Dorfgemeinschaft, weswegen FMNR auch in die Toolbox des »Environmental Peacebuilding«, der umweltbasierten Friedensförderung, gehört. In Workshops wird Wissen über den »Wald unter der Erde« vermittelt. Hier erfährt man: Selbst in stark degradierten Gebieten gibt es noch Wurzeln, die zu Büschen wachsen können. Durch die richtige Beschneidung können sich zarte Baumstämme bilden und innerhalb weniger Jahre zu schattenspendenden Bäumen heranwachsen. Unter diesem

Schatten wiederum entwickeln sich gerade in besonders heißen Gebieten viele Pflanzen besonders gut. Zudem unterstützen die Bäume den natürlichen Wasserkreislauf. In manchen Gebieten haben sich die Ernteerträge durch diese Methode verdoppelt.

Voraussetzung für den Erfolg der Projekte ist, dass sich die Dorfgemeinschaft darauf einigt, die Bäume nicht frühzeitig abzuholzen, sondern nur einzelne Äste für Feuerholz, Futter oder Medizin zu nutzen. Dazu gehört auch, das Vieh zunächst von den Flächen fernzuhalten, damit Ziegen und Rinder nicht alles abgrasen. In extrem armen Gebieten, wie in Niger oder Äthiopien, ist das Erreichen eines solchen Konsenses, die Flächen für eine gewisse Zeit nur eingeschränkt zu nutzen, ein lokales diplomatisches Meisterstück. Doch in vielen Dörfern in der Sahelzone bestehen gut funktionierende Gesellschaftssysteme, die Gemeinschaft ist eng miteinander verbunden. Die Menschen suchen nach neuen Ideen und Impulsen, um ihren Kindern eine bessere Zukunft zu ermöglichen.

In Mali wurde ein Pilotprojekt gestartet, bei dem nomadische Viehhirten und Kleinbäuerinnen und -bauern gemeinsam die Wiederbewaldung vorantreiben. Das traditionelle Wissen über die lokale Vegetation ist entscheidend für den Erfolg. Deshalb müssen die Dorfgemeinschaften anhand der Wurzeln selbst die Baumarten identifizieren, die heranwachsen sollen. Manche Bäume eignen sich später besser als Futterquelle für Tiere, andere für die Gewinnung traditioneller Medizin oder die Anzucht von Waldbienen. Jedes FMNR-Wiederaufforstungsprojekt ist auch ein kleines Experiment. Es muss austariert werden, wie viele Bäume für die Agroforstwirtschaft infrage kommen und wie ihre spätere Beschneidung erfolgen soll, damit genügend Sonnenlicht auf den Boden trifft. Gleichzeitig versuchen Entwicklungshilfeorganisationen wie World Vision, durch modernisierte Kochstellen den Holzverbrauch zu senken. Die Gemeinden tragen die Verantwortung für das Projekt. Wenn die Erfolge sichtbar werden, tritt oft ein Multiplikationseffekt ein: Die Bäuerinnen und Bauern geben ihr Wissen an benachbarte Gemeinden weiter.

Die Entwicklungsfortschritte durch FMNR sind nicht von der Hand zu weisen. Die Stabilisierung der Lebensgrundlagen hilft den

Menschen, sich an Klimafolgen anzupassen und in ihrer Heimat zu bleiben. Bewaldete Gebiete können regionale Änderungen der Temperatur auch in einem begrenzten Maß lokal abpuffern. Darüber hinaus ermöglichen zusätzliche Einkünfte, zum Beispiel durch den Verkauf von Honig oder Brennholz, eine ganz besondere Art von Migration: Bildungsmigration. Ein Mann, dessen kleiner Hof an einem FMNR-Projekt teilnimmt, zeigt uns stolz die Bilder seiner Tochter, die in der nahegelegenen Stadt zur Universität gehen konnte. Die Wiederbewaldung hatte auch für die Heimatregion von Asefa positive Effekte auf die Ernteerträge und führte dazu, dass der Grundwasserspiegel anstieg. Wenn es gelingt, die globale Erwärmung zu begrenzen, kann die FMNR-Methode auch in anderen Ländern den Menschen eine Chance bieten, sich lokal an die Umweltveränderungen anzupassen und somit nicht fortziehen zu müssen. Für Asefa ist die Entscheidung bereits gefallen. Er weist auf das Land hinter sich und sagt nachdrücklich: »Ich bin zurückgekehrt und ich gehe nicht wieder fort.«

In Tigray bekommen wir noch ein Glas Honig aus einem der lokalen Entwicklungsprojekte geschenkt. Durch die Wiederaufforstung kann sich das Ökosystem regenerieren, und neue Einkommensquellen wie die Imkerei erschließen sich. Es ist mit Abstand der beste Honig, den ich je gegessen habe. Wir unterhalten uns darüber, ob er nicht als Delikatesse exportiert werden kann. Aber die Landwirte erwidern, dass für eine Ausfuhr in die EU große Investitionen notwendig wären, um Lebensmittelstandards einhalten und überprüfbar machen zu können. In solchen Gesprächen wird schnell klar: Es gibt keine einfachen Lösungen, um die Spirale der Armut zu durchbrechen. Ganz zu schweigen davon, dass Gewaltausbrüche alle Anstrengungen zunichtemachen: Unsere Reise fand 2017 statt. Drei Jahre später versinkt Tigray im Krieg. Die Hoffnungsspur im Kaktushain erlischt.

Außer dem verhängnisvollen Krieg im Norden Äthiopiens gibt es noch ein neues Spannungsfeld und damit weitere Gründe zur Besorgnis. Einer hängt mit Fragen der Energieversorgung in einem sich wandelnden Klima zusammen. Der Bau des Grand Ethiopian

Renaissance Dam (auch »GERD« genannt), einer riesigen Niltalsperre, die Äthiopiens wachsenden Energiebedarf decken soll, belastet das Verhältnis zu den Nachbarstaaten Sudan und Ägypten und spaltet die Region. Der Staudamm soll die größte Wasserkraftanlage des Kontinents werden. Allerdings: Äthiopien und der Damm liegen flussaufwärts, und die wuchtige Barriere tangiert die Wasserversorgung von Millionen von Menschen flussabwärts. Bereits die Befüllung des Staubeckens hat gravierende diplomatische Verwicklungen und Auseinandersetzungen bis hin zur Androhung von Krieg ausgelöst. Denn wird der Damm zu schnell befüllt, kann dies zu Wasserknappheit in den Nachbarländern führen. Für Ägypten bedeutet der Nil eine Lebensader. Eine langsame Befüllung wäre eine Option. Doch die äthiopische Regierung möchte die Wasserkraftanlage so rasch wie möglich in Betrieb nehmen. Dies hat zum einen ökonomische Gründe, aber GERD ist auch ein nationales Prestigeobjekt.

Durch eine Art Crowdfunding haben viele Äthiopier zum Bau des Damms beigetragen. Die Regierung gab zum Zweck der Finanzierung Staatsanleihen aus, die sich großer Beliebtheit erfreuten. Doch das gesamte Projekt wirkt überdimensioniert und ist gepaart mit einer gehörigen Portion Nationalstolz, der auf die Nachbarn abschreckend wirkt und neue Spannungen zur Folge hat. Gleichzeitig haben das Horn von Afrika und ein bevölkerungsreiches Land wie Äthiopien ohne energiepolitische Großprojekte kaum eine Zukunft. Da der Damm schon steht, stellt sich nun die Frage der friedlichen und möglichst gewinnbringenden Nutzung für alle. Gemeinsam mit belgischen Wissenschaftler:innen haben Kolleg:innen vom Potsdam-Institut für Klimafolgenforschung (PIK) in einer Studie aufgezeigt, wie durch zusätzliche Wind- und Solarenergie die natürliche saisonale Strömung des Nils imitiert werden könnte und damit auch der notwendigen Wasserversorgung in Sudan und Ägypten Genüge getan wäre.[9] Diese Kopplung von Wasser-, Wind- und Sonnenenergie könnte für die gesamte Region Vorteile bringen, denn so würde die Wasserzufuhr sinnvoll und umweltverträglich reguliert werden. Aber dafür fehlen noch wichtige Voraussetzungen: Zum einen sollten die Konfliktparteien wieder an einen Tisch, um über die operationale

Ausgestaltung des Dammes zu beraten; zum anderen bedarf es weiterer Investitionen in erneuerbare Energien und vor allem in ein funktionales Stromnetz, das die Nachbarländer mit einbezieht und einen transnationalen Stromhandel ermöglicht. Dann könnte der Damm nicht nur für die Äthiopier ein Gewinn sein.

Doch bisher ist noch keine Lösung in Sicht. Wenn es nicht gelingt, den mächtigen Staudamm mittelfristig einvernehmlich zu verwalten, geraten die Kornkammern Ägyptens und Sudans in Gefahr. Sollten durch den veränderten Wasserkreislauf landwirtschaftliche Lebensgrundlagen erheblich eingeschränkt oder gar zerstört werden, sind die Folgen unabsehbar – von Abwanderung aus den entsprechenden Gebieten bis hin zu militärischen Auseinandersetzungen.

Sahel am Scheideweg

Noch immer wirft die Kolonialzeit ihre Schatten auf die Region und gleichzeitig bahnt sich die Klimakatastrophe ihren Weg durch die Sahara. Die Herausforderungen in der Sahelzone sind immens. Die Migration aus dem Sahel offenbart jedoch ebenso das Potential der Zone: Menschen einer jungen Generation, die entschlossen sind, sich eine bessere Zukunft zu erkämpfen, die den Ideen der Europäischen Union anhängen und für die Freiheit eines selbstbestimmten Lebens alles hinter sich lassen. Diesen unbändigen Kampf dokumentiert der malische Filmemacher Abou Bakar Sidibé. In dem zusammen mit Moritz Siebert und Estephan Wagner gedrehten Dokumentarfilm ›Those Who Jump‹ zeigt er die Versuche zahlreicher meist aus der Subsahararegion Geflüchteter, von Marokko aus über eine Mauer nach Spanien zu gelangen. Eine Flucht unter Einsatz des eigenen Lebens wagt niemand, der seine Heimat noch als lebenswert empfindet, so viel steht nach dem Film fest. Auch wenn die Bilder der entwürdigenden und lebensgefährlichen Migration zeitweise von anderen Ereignissen verdrängt werden und uns deshalb nicht mehr täglich erreichen, ist die Krise der globalen Vertreibung in vollem Gange.

Wie sieht die Zukunft für den Sahel aus? Werden immer mehr Geflüchtete in streng überwachten Lagern untergebracht werden?

Wird sich die Kriminalisierung von Migration fortsetzen? Oder nimmt die Geschichte der Region eine ganz andere Wendung? All dies ist schwer vorherzusagen, aber eines ist klar: Ohne Gegenwehr werden Klimafolgen die Lebensgrundlagen von immer mehr Menschen zunichtemachen und sie zur Flucht veranlassen. Statt Grenzen braucht es Perspektiven im Sahel.

These

Der Druck an Europas Außengrenzen wird weiter steigen, und die europäischen Werte werden sich daran messen lassen müssen, wie viel menschliches Leid die EU zugunsten des Grenzschutzes in Kauf zu nehmen bereit ist.

5 SUPERSTÜRME – LANGFRISTIGE AUSWIRKUNGEN AUF DEN PHILIPPINEN UND IN BANGLADESCH

Hurrikans, Zyklone, Taifune und der Klimawandel ▪ Klimadiplomaten in Tränen ▪ Unsichere Schutzunterkünfte – Taifune zerstören die Philippinen ▪ Neues Klima, neue Herausforderungen ▪ Klimakrisenhotspot Bangladesch ▪ Schlimmere Klimafolgen, weniger Todesopfer ▪ Megacity Dhaka im Griff der Naturgewalten ▪ Klimafolgen in Slums ▪ Schulden machen, um zu überleben ▪ Tigerschutz versus Menschenschutz ▪ Städte für Klimamigrant:innen? ▪ Ein Drittel Staatsgebiet unter Wasser

Arthur, Bertha, Cristobal, Dolly, Edouard, Fay, Gonzalo, Hanna, Isaias, Josephine, Kyle, Laura, Marco, Nana, Omar, Paulette, Rene, Sally, Teddy, Vicky, Wilfred. Das sind nicht die Namen von Kindern einer Schulklasse, sondern ein Wirbelsturmalphabet für den Atlantik, das sich alle sechs Jahre wiederholt und von der Weltorganisation für Meteorologie (WMO) festgelegt wird. Jedes Sturmgebiet hat seine eigene Liste, so auch der Nordpazifik oder das Südchinesische Meer, mit lokal gebräuchlichen Namen. Diese sollen kurz und leicht verständlich sein, sodass bei Sturmwarnungen mit der Bevölkerung effektiv kommuniziert werden kann. Jeder tropische Wirbelsturm einer Saison erhält einen Namen nach der zeitlichen Reihenfolge seines Auftretens. Die Listen werden wiederverwendet. Nur in Einzelfällen werden Namen ausgetauscht, und zwar dann, wenn ein besonders schwerer Sturm viele Menschenleben gefordert oder gravierende wirtschaftliche Verluste nach sich gezogen hat. In solchen Fällen wird der Name quasi in den Ruhestand versetzt, um den Opfern Respekt zu zollen und gleichzeitig keine Panik bei Menschen mit Erinnerungen an die Sturmereignisse aufkommen zu lassen.

Zuletzt wurde das oben genannte Wirbelsturmalphabet 2020 benutzt. Aber mit Sturm »Wilfred« hörte die Saison nicht auf. Erst zum zweiten Mal überhaupt wurde für die Registrierung das griechische Alphabet herangezogen, weil 2020 eine Rekordzahl von 30 Wirbelstürmen im Atlantik erreicht war. Im griechischen Alphabet ging es dann noch bis zum Sturm Iota, der im November in Zentralamerika gewaltige Schäden hervorrief. Noch nie zuvor hatten sich im Atlantik während einer Saison so viele schwere Stürme aufgebaut. Und gleichzeitig entsprach dies einem mehrjährigen Trend. Denn die Sturmsaison von 2021 war die sechste Saison in Folge, in der im Atlantik höhere Wirbelsturmaktivitäten als in einem normalen Jahr verzeichnet wurden.[1] Das griechische Alphabet wird übrigens in Zukunft nicht mehr verwendet, da die Sturmbezeichnungen in der Aussprache zu schwierig voneinander zu unterscheiden sind. Stattdessen beschloss die WMO ein Back-up-Alphabet, um zukünftigen Entwicklungen Rechnung tragen zu können. Solche Wirbelstürme im Schlepptau des Klimawandels treiben die Migration immer weiter an.

Auch wenn eine Rückkehr danach in vielen Fällen möglich ist, droht schon der nächste Sturm, das nächste Extremwetterereignis, erneut Menschen zu vertreiben. Besitztümer und kritische Infrastruktur werden häufig nicht zeitnah vollkommen wiederaufgebaut. Viele Menschen können somit nicht anders, als ihre angestammte Heimat dauerhaft zu verlassen. Doch wohin?

Hurrikans, Zyklone, Taifune und der Klimawandel

Was unterscheidet Zyklone von Taifunen und Hurrikans? Im Grunde genommen wenig, alle drei bezeichnen tropische Wirbelstürme. Je nachdem, wo sie auftreten, tragen sie einen anderen Namen. So wird etwa im Nordwestpazifik von Taifunen gesprochen, im Nordatlantik von Hurrikans, im Indischen Ozean sowie im Südpazifik von tropischen Zyklonen. Gemeint sind immer Wirbelstürme mit anhaltenden Windgeschwindigkeiten von mehr als 118 Stundenkilometern. Die Stürme entstehen über dem Meer, eine Voraussetzung sind Temperaturen über 26,5 °C in der oberen Wasserschicht, das heißt, bis in eine Tiefe von 50 Metern.[2] Treffen die Stürme mit hohen Windgeschwindigkeiten auf Land, richten sie fast immer schwere Schäden an.

Der Weltklimarat betont in seinem Sechsten Sachstandsbericht die zunehmend desaströsen Folgen von tropischen Stürmen für Natur und Mensch. Der Anstieg des Meeresspiegels potenziert Sturmfluten und vergrößert Überflutungszonen. Gleichzeitig steigen durch die Erwärmung die Niederschlagsmengen, sodass Wind und Wasser im Verbund das Ausmaß der Zerstörung noch steigern. Tropische Wirbelstürme entstehen durch komplexe physikalische Prozesse, was Projektionen ihrer künftigen Entwicklung erschwert. Zudem gibt es für Analysen wenige Datenpunkte, weil Wirbelstürme verhältnismäßig selten auftreten und ein Monitoring durch Satelliten erst seit wenigen Jahrzehnten stattfindet. Auf Basis der bestehenden Datengrundlage nimmt der Weltklimarat an, dass der Anteil extremer Wirbelstürme deutlich zugenommen hat.[3]

Klimaprojektionen weisen in die gleiche Richtung. Auch wenn insgesamt nicht zwingend mehr Stürme entstehen, die Anzahl extremer

Wirbelstürme wird sich erhöhen. Auch die Windgeschwindigkeiten der Rotation werden weiter anschwellen und damit die Wucht ihrer Zerstörungskraft.

Darüber hinaus gibt es Anhaltspunkte, dass im Zuge der globalen Erwärmung die tropischen Wirbelstürme ihr Tempo drosseln, sie bewegen sich langsamer von A nach B.[4] Diese Verlangsamung kann katastrophale Folgen haben, etwa wenn sich die Stürme länger über bewohnten Gebieten austoben. Gewaltige Sach- und Umweltschäden bedeuten auch, dass Menschen möglicherweise nicht mehr in ihre Heimat zurückkehren können, nachdem der Sturm sich gelegt hat und die Wassermassen sich zurückziehen.

Angst einflößende Bilder von den verheerenden Auswirkungen solcher Stürme erreichen uns immer wieder. Die Nichtregierungsorganisation Germanwatch veröffentlicht regelmäßig eine Liste der am schwersten von Klimafolgen betroffenen Länder. Auf diesem Klimarisikoindex stehen sechs asiatische Staaten für den Zeitraum von 2000 bis 2019 unter den Top 10.[5] Tropische Wirbelstürme gehören zu den kostspieligsten Gefahren des Klimawandels. Gerade dort, wo in Küstengebieten eine hohe Bevölkerungsdichte herrscht, offenbart der Kontinent seine offenen Flanken. Einfache Behausungen können nicht einmal mittelstarken Stürmen standhalten. Die betroffenen Siedlungen müssen dann evakuiert werden oder die Menschen kurzfristig vor der Wucht des Windes fliehen. Auf den Philippinen traf eine Vielzahl ungünstiger Bedingungen – unter anderem große Armut und ineffektive Warnsysteme – mit einem der schwersten Stürme der Geschichte zusammen.

Klimadiplomaten in Tränen

Wenige Tage vor den internationalen Klimaschutzverhandlungen in Warschau im Jahre 2013 ändert sich alles in Tacloban, der Hauptstadt der östlichen philippinischen Provinz Leyte. Es gibt die Zeit vor und die Zeit nach dem Taifun »Haiyan«, der über die Philippinen hinwegraste. Dazwischen: Verwüstung, Tod, Chaos. Tagelang sind Kommunikationswege gestört, Informationen aus den am stärksten betroffenen Gebieten in der Provinz gelangen kaum an die Außenwelt. Während nach und nach das Ausmaß der Katastrophe deutlich wird, hält der philippinische Delegierte Yeb Sano auf der Konferenz in Warschau eine erschütternde Rede. Er weist auf die Zerstörungswut einer entfesselten Klimakrise hin und mahnt mehr Emissionsminderungen sowie Hilfen für besonders betroffene Länder an. Sano kämpft mit den Tränen, denn er hat Familie in dem Katastrophengebiet. Zwar sei sein Bruder in Sicherheit, aber noch nicht von allen gebe es Rückmeldung.

In späteren Schweigeminuten ringen auch andere Delegierte angesichts der erschütternden Bilder aus Tacloban um Fassung.[6] Schiffe versperren die Straßen. Häuser wurden dem Erdboden gleichgemacht, Bäume wie Streichhölzer umgeknickt. Auf den Straßen Schutt und Geröll. Bis zum Ende der COP tritt der philippinische Delegierte in den Hungerstreik. Er fastet für das Klima und will so den Druck auf die Verhandlungen erhöhen. Zugleich ist seine Aktion ein Zeichen der Solidarität mit den Menschen im Katastrophengebiet, die kaum Lebensmittel haben und nur begrenzten Zugang zu Trinkwasser.

In gewisser Weise hat Yeb Sano Erfolg, denn zum Ende der COP wird der »Warschau-Mechanismus« für Verluste und Schäden etabliert. Das Risikomanagement soll verbessert und die technische Hilfe verstärkt werden. Doch selbst umfassende ausländische Hilfen können die gravierenden Folgen des Wirbelsturms nicht ausgleichen. Etwa 4,3 Millionen Menschen mussten ihre Häuser verlassen und in Evakuierungszentren oder bei Freunden und Verwandten Schutz suchen. Noch Wochen später werden Tote geborgen, insgesamt beläuft sich die Opferzahl auf mehr als 7000. Die zu beklagenden Menschenleben, die Traumata und die unwiederbringliche Geborgenheit der Heimat – das alles sind permanente Verluste.

Unsichere Schutzunterkünfte – Taifune zerstören die Philippinen

Der Taifun mit seiner todbringenden Sturmflut traf die Menschen unvorbereitet. Viele konnten den Begriff »storm surge« nicht einordnen und verstanden somit die Warnungen nicht. Durch die Wucht des Sturms und den angestiegenen Meeresspiegel drang die Flut tief ins Landesinnere vor und hinterließ eine breite Schneise von Vernichtung und Zerstörung.[7] Für eine rechtzeitige Evakuierung fehlte schlicht die Zeit. Aber auch diejenigen, die ihre Häuser noch verlassen konnten, waren nicht automatisch in Sicherheit. Einige Schutzunterkünfte befanden sich in der Überflutungszone oder waren baulich nicht geeignet, den tosenden Naturgewalten standzuhalten. Deswegen kamen auch Menschen in Evakuierungszentren ums Leben.[8] Den Überlebenden blieb nur die Flucht ins Ungewisse.

Die Migration, die »Haiyan« auslöste, war gewaltig. Neben der Stadt Tacloban war eine Vielzahl von kleineren und mittelgroßen Städten auch auf anderen Inseln von der Katastrophe betroffen. Der Großteil der Evakuierungen verlief über kurze Distanzen. Viele suchten Unterschlupf bei Verwandten und Bekannten. Die einen suchten höher liegende Regionen auf und kehrten nach dem Sturm zurück. Andere trieb es in ländliche Gebiete und Vororte von regionalen Zentren, nach Cebu, eine Stadt in der Region Central Visayas, oder in die Hauptstadt Manila, um Versorgungsengpässen zu entkommen.

Da die Philippinen aus vielen Inseln bestehen, gestalten sich Migrationswege über Provinzen hinweg schwierig. Die Versorgung mit Hilfsgütern nach einem Desaster wie »Haiyan« stellt eine logistische Herausforderung dar, weil praktisch alles eingeflogen werden muss. Das Katastrophenmanagement der philippinischen Regierung zog viel Kritik auf sich. So starben mehrere Menschen an einer Ausgabestelle für Reis, als Tausende Verzweifelte das Gebäude stürmten und dabei eine Wand einstürzte. Zwar waren Sicherheitskräfte anwesend, aber sie schafften es angesichts der Überzahl an Hilfsbedürftigen nicht, die Situation schnell genug unter Kontrolle zu bringen.

Außer dem nationalen Katastrophenmanagement ist nach solchen Tragödien zumeist eine Vielzahl ausländischer Hilfsorganisationen in den betroffenen Gebieten aktiv. Nichtregierungsorganisationen wie zum Beispiel Shelterbox versuchen in Krisensituationen Vertriebene, die alles verloren haben, mit dem Nötigsten zu versorgen.[9] In sogenannten »Überlebenskisten« stellen sie Decken, Zelte, Moskitonetze, Kochutensilien und Kleinöfen zusammen, um vor Ort praktische Hilfe zu leisten. Auch Werkzeug gehört dazu, damit die so hart Getroffenen selbst Notunterkünfte bauen und ihre Häuser reparieren können.

Inzwischen ist die Stadt Tacloban neu entstanden. Finanzielle und technische Hilfen aus der ganzen Welt sowie der unermüdliche Einsatz der Bewohner:innen haben den Wiederaufbau ermöglicht. Die Armenviertel, die in der Überflutungszone lagen, befinden sich jedoch wieder an Ort und Stelle. Zwar wies die Stadt Tacloban Bauverbotszonen aus, aber gerade Fischer:innen und Beschäftigte mit anderer ortsgebundener Tätigkeit hatten gar keine Alternative, als dorthin zurückzukehren.[10]

Aber was passiert, wenn die nächste Katastrophe die Region heimsucht? Über 205 000 Haushalte sollen nach einem Plan der Regierung umgesiedelt werden, damit sie langfristig keinen neuen Gefahren durch Überschwemmungen ausgesetzt sind.[11] Wie aber eine menschengerechte Umsiedlung aussehen kann und wohin die Betroffenen ziehen können, ist größtenteils noch offen. Zwar wurde eine Reihe von Ersatzunterkünften gebaut, allerdings bieten sie so schlechte Lebensbedingungen, dass die dort Untergebrachten sich weigern, sie dauerhaft zu nutzen.

Wie der Klimawandel den Menschenhandel fördert

Ein fataler Nebeneffekt von Extremwetterkrisen ist, dass kriminelle Gruppen sich chaotische Situationen zunutze machen, um daraus Profit zu schlagen. Vor allem Frauen und Kinder werden zur Zielscheibe von Menschenhandel und Zwangsprostitution, aber auch Männer geraten in Abhängigkeiten und müssen Zwangsarbeit verrichten, auf Schiffen, in Steinbrüchen oder in der Landwirtschaft. Bestimmte Sektoren, die kaum einer Kontrolle unterliegen, wie die Fischerei, sind besonders betroffen. Der Verlust sozialer Strukturen, die Disruption der Gemeinschaft und die schlechte Versorgungslage treiben viele Menschen in verzweifelte Situationen. Auf der Flucht gehen sie Gefahren und Risiken ein, die sie unter normalen Umständen gemieden hätten, doch um zu überleben, müssen Geflüchtete Vertrauen zu völlig fremden Menschen fassen – unter ihnen auch Kriminelle, die ihre Notlage schamlos ausnutzen.

Viele Menschen besitzen keine Bankkonten, keinen Notgroschen, den sie für schlechte Zeiten nutzen können. Schlägt dann das Schicksal zu, suchen sie nach Lösungen, um ihre Familien durchzubringen. Wenn Ressourcen knapper werden, nehmen Eltern ihre Kinder auch aus der Schule, damit sie arbeiten. Oder ein Kind wird zwangsverheiratet oder jemandem versprochen, um das Leben der anderen Kinder in der Familie zu sichern. Oftmals sind Mädchen davon betroffen. Aber auch Jungen fallen dem Menschenhandel zum Opfer. Mit falschen Vorwänden oder mit dem Versprechen, andernorts eine Ausbildung beginnen und ein besseres Leben führen zu können, werden sie von kriminellen Banden der elterlichen Obhut entzogen. Besonders gefährlich sind Situationen, in denen Kinder und Jugendliche auf sich allein gestellt sind, zum Beispiel wenn sie von ihren Eltern im Chaos getrennt wurden oder durch die Katastrophe verwaist sind.

Auch nach dem Taifun »Haiyan« grassierte der Menschenhandel.[12] In der Region, wo er sein Unheil entfaltete, gab es auch schon zuvor Menschenhandel zum Zweck der Prostitution und Schwarzarbeit unter unmenschlichen Bedingungen, aber die Situation verschlechterte sich durch die Katastrophe. Frauen aus den Provinzen wurden in Großstädte gelockt, um dort angeblich als Kellnerinnen zu arbeiten, dann jedoch zur Sexarbeit gezwungen.[13] Kinder wurden als billige Arbeitskräfte missbraucht. Selbst über nationale Grenzen hinweg wurden Menschen verschleppt, etwa in andere asiatische Länder oder den Nahen Osten.[14]

Internationale Organisationen, wie die International Labour Organization (ILO) oder die International Organization for Migration (IOM), versuchen ebenso wie lokale Hilfsorganisationen die negativen

Kollateraleffekte von Extremwetterereignissen abzufedern, indem sie zum Beispiel vulnerable Personen unterstützen, sich in Regierungshilfsprogrammen einzuschreiben, und Aufklärung leisten. Im Fall von »Haiyan« etwa wurden sogenannte Cash-for-Work (»Geld für Arbeit«)-Projekte aufgelegt, bei denen Menschen sich am Wiederaufbau und anderen Infrastrukturmaßnahmen beteiligen konnten und dafür direkt Geldzahlungen erhielten.

Wenn Extremwetterereignisse zunehmen, die das soziale Geflecht durchtrennen, werden Kriminelle neue Möglichkeiten ersinnen, ihren Wirkungskreis zu erweitern. Wissenschaftler:innen fanden heraus, dass auch der Verlust von Wildtierpopulationen den Bedarf an günstigen Arbeitskräften steigert und somit organisierte Kriminalität fördert.[15] Umso wichtiger ist es, dass Organisationen für den Schutz von gefährdeten Menschen einstehen und Umweltrisiken reduziert werden. Eine besondere Rolle kommt dabei denjenigen zu, die in die Fänge von Menschenhändlern geraten sind, ihnen aber entkommen konnten. Sie sind in der Lage, Hinweise zu geben, wie Betroffenen geholfen werden kann, ohne sie weiter zu gefährden. Ebenso zentral sind Organisationen, die ehemaligen Zwangsprostituierten die Chance auf ein Einkommen geben, denn selbst wenn sich die Frauen aus der Versklavung befreien konnten, leiden sie weiter unter gesellschaftlicher Stigmatisierung.

Neues Klima, neue Herausforderungen

Dass die Stürme, die auf die Philippinen treffen, immer heftiger werden, zeigte sich auch im Dezember 2021, als Taifun »Rai«, ein Kategorie-5-Wirbelsturm, in sieben Provinzen der Inselrepublik Schäden anrichtete. Insgesamt etwa 622 000 Menschen wurden vertrieben. Doch nicht nur Wirbelstürme bedrohen die Lebensgrundlagen auf den Philippinen. Eine ganze Reihe von weiteren Klimafolgen setzt dem Inselstaat und seinen Einwohner:innen zu und vergrößert damit langfristig die Verwundbarkeit gegenüber Extremwetterereignissen. Allein 2020 gab es mehr als 4,4 Millionen neue Binnenvertriebene aufgrund von Naturkatastrophen. Dazu zählten Taifune, Vulkanausbrüche und Überflutungen. Auch schleichende Veränderungen wie Dürren können Migrationsmuster verändern.

Die Dürren etwa, zu denen es in der eigentlich ertragreichen Region um Lake Sebu infolge des El-Niño-Ereignisses (siehe Kapitel 6) von 2015 kam, verursachten landwirtschaftliche Verluste in Höhe von mehr als 300 Millionen US-Dollar. Familien trennten sich, um an verschiedenen Orten ihren Lebensunterhalt zu sichern.[16] Die Folgen des Klimawandels werden immer mehr zum Faktor in dieser verhängnisvollen Kette von Katastrophen, Migration und Vertreibung.

Das zeigt sich in hohem Maße in der Land-Stadt-Migration. So treibt es die besonders betroffenen Fischer:innen und Landwirt:innen in die Großstädte, wo sie versuchen, sich eine neue Existenz aufzubauen. Diese Binnenmigration trägt dazu bei, dass Städte wie Manila immer weiter anwachsen. Im Gegensatz zu ländlichen Regionen von außergewöhnlicher Schönheit entwickelt sich vor allem die Hauptstadt Manila zu einem Moloch, der sich immer weiter ausdehnt, wobei der Kontrast zwischen den glänzenden Fassaden der Geschäftsviertel und den Slumgebieten kaum größer sein könnte.

Der innerstädtische Verkehr ist ein Kapitel für sich. Selbst kurze Strecken können mehrere Stunden Fahrzeit in Anspruch nehmen. Während eines Aufenthaltes in Manila versuche ich an einem späten Nachmittag, mich zu Fuß fortzubewegen. Ich zwänge mich durch Autoschlangen, vorbei an hupenden Mopeds und Jeepneys, den grellbunten Kleinbussen, die ursprünglich aus umgebauten amerikanischen Militärjeeps hervorgegangen sind und neuerdings durch sicherere und umweltfreundlichere Minibusse ersetzt werden. Aber viele Jeepney-Kleinunternehmer:innen können sich die Anschaffung der neuen Fahrzeuge nicht leisten und ihre Kund:innen die Fahrten kaum bezahlen.[17] Obwohl die Innenstadt im Verkehrschaos zu ersticken droht, sagen mir Entscheidungsträger:innen, dass sie in ihren Planungen auch den Wunsch der Bevölkerung nach eigenen Autos berücksichtigen wollen. Das hört sich verrückt an, folgt aber einer inneren Logik. Denn je schlimmer der Verkehr ist, desto größer der Antrieb der Einzelperson, sich eben nicht ungeschützt als Passant zu Fuß oder mit dem Rad fortzubewegen. Auch die öffentlichen Verkehrsmittel sind keine Alternative: Sie sind hoffnungslos überlastet.

Die Coronapandemie hat das Bevölkerungswachstum in der Hauptstadt zumindest temporär ein Stück weit ausgebremst. Heute leben in Manila etwa 14,4 Millionen Menschen. Ohne Intervention werden Megastädte wie Manila weiter anwachsen, auch weil die Lebensgrundlagen der Menschen im Hinterland durch den Klimawandel und seine Folgen vernichtet werden. Weite Teile der Metropolregion sind gegenwärtig davon betroffen. So gibt es zusätzlich zu den Wirbelstürmen häufig Überschwemmungen in den Küstengebieten. Hitzewellen erschweren das Leben gerade für diejenigen, die im Freien arbeiten. Und die Zukunft sieht noch düsterer aus. Der neue Normalzustand ist eine deutlich verschärfte Risikolandschaft. So geht die philippinische Klimawandel-Kommission (Climate Change Comission) davon aus, dass allein aufgrund des Meeresspiegelanstiegs 13,6 Millionen Einwohner:innen auf den Philippinen möglicherweise umgesiedelt werden müssen.

Die Frage lautet: Wie soll eine solche Herausforderung bewältigt werden? Oder bleiben die Menschen ihrem Schicksal überlassen, so wie die Millionen, die heute schon in den Slums, zum Teil sogar auf den Gräbern von Friedhöfen, leben? Diese bedrückende Aussicht erfordert mehr Kapazitäten im Aufgabenbereich von Klimawandel und Migration.[18] Bei einem Besuch der IOM in Manila erkundige ich mich, wie und woran die UN-Organisation auf den Philippinen arbeitet. Das Land, in dem sich sehr unterschiedliche Migrationsbewegungen ausgeprägt haben, hat – prozentual gesehen – eine Diaspora, die zu den weltweit größten zählt: Mehr als fünf Prozent aller Filipinas und Filipinos leben im Ausland, um dort den Unterhalt für ihre Familien und Angehörigen zu verdienen. Die IOM berät die philippinische Regierung, wenn es darum geht, effektive Strukturen für die Arbeitsmigration zu schaffen und entsprechende Gesetze zu erlassen. Außerdem wendet sie sich direkt an Betroffene und klärt sie über ihre Rechte auf. Dadurch sollen potenzielle Arbeitsmigrant:innen vor Ausbeutung geschützt werden, sich im Ausland behaupten können und eine Chance auf bessere Jobs bekommen. So gesehen kann internationale Arbeitsmigration eine Form der Anpassung an sich verschlechternde Umweltbedingungen bedeuten – auch wenn hierfür die Hürden für besonders betroffene Menschen generell höher sind als bei der Binnenmigration. Werden nach extremen Wetterereignissen kurzfristige Evakuierungen notwendig, leistet die UN-Organisation auch Katastrophenhilfe und bietet unter anderem temporäre Unterkünfte und psychologische Betreuung an.

Neben der ganz konkreten praktischen Arbeit von Hilfsorganisationen und UN-Institutionen ist die Forschung zu regionalen Klimafolgen und Wettervorhersagen zentral für einen langfristig leistungsfähigen Katastrophenschutz. Ein wichtiges Forschungsinstitut, das sich mit Klimafolgen, Luftverschmutzung und nachhaltiger Entwicklung beschäftigt, ist das von Jesuiten im 19. Jahrhundert gegründete Manila Observatory. Als ich es 2015 besuche, bin ich beeindruckt von der Leidenschaft der Wissenschaftler:innen vor Ort. Unter viel widrigeren Bedingungen, als wir sie aus Deutschland kennen, leisten sie praxisrelevante Arbeit, deren Ergebnisse etwa in den IPCC-Bericht (Intergovernmental Panel on Climate Change), in dem der Forschungsstand der Klimaforschung systematisch erfasst wird, einfließen. Das Team des Manila Observatory verbindet eine gemeinsame Mission: über den Weg der Wissenschaft den Menschen auf den Philippinen zu helfen. Das Institut, das auch zu tropischen Wirbelstürmen forscht, schickte nach dem verheerenden »Haiyan«-Sturm Helfer ins Katastrophengebiet. Um den Klimafolgen in Ländern wie den Philippinen zu begegnen, verdienen solche regionalen Forschungsinstitute weitaus größere Förderung als bisher.

Klimakrisenhotspot Bangladesch

Vor ähnlich komplexen Gemengelagen wie die Philippinen steht auch der südasiatische Staat Bangladesch. Stürme, Flussbetterosion, Missernten, Überflutungen, Versalzung von Böden und Trinkwasser – Bangladesch ist zum Hotspot für Klimafolgen und die daraus resultierenden Migrationsbewegungen geworden. Das in einem Flussdelta gelegene Land bewohnen etwa doppelt so viele Menschen wie Deutschland, 163 Millionen. Gleichzeitig ist Bangladesch in der Fläche weniger als halb so groß wie die Bundesrepublik. Der dichtbesiedelte Süden des Landes ist den immer häufiger auftretenden extremen tropischen Wirbelstürmen fast schutzlos ausgeliefert. Die Zyklone »Sidr« (2007) und »Aila« (2009) trafen in kurzer Abfolge den Süden Bangladeschs. Auch 2019 und 2020 trafen zwei extreme Stürme, »Fani« und »Amphan«, auf das Delta. Die mittellose Landbevölkerung hat keine Kapazitäten, sich den Naturgewalten anzupassen.

Flüchtlingscamps in Wetterextremen

Die Stärke von Stürmen bestimmt nicht allein über Umfang und Ausmaß der Schäden. Die Höhe der Verluste hängt von der Zahl der in den betroffenen Gebieten lebenden Menschen ab, von der Infrastruktur und den physischen Vermögenswerten. Je prekärer die Wohnverhältnisse, desto geringer der Schutz vor Wind und Fluten. Sind durch die Vernichtung von Armutssiedlungen die rein wirtschaftlichen Kosten gering, steigen die menschlichen Kosten umso höher. Familien, die kaum etwas besitzen, verlieren alles. Und sie haben kein Sozialversicherungsnetz, das sie auffängt. Zyklon »Mora« zum Beispiel hatte »nur« Windgeschwindigkeiten von bis zu 150 Stundenkilometern. Damit galt er nach der Saffir-Simpson-Skala, die Wirbelstürme nach ihrer Stärke kategorisiert, als schwach (Kategorie 1). Zyklon »Fani« und Zyklon »Amphan« wurden mit bis zu 270 Stundenkilometern der Kategorie 5 zugeordnet. Doch auch »Mora« brachte immenses menschliches Leid mit sich, weil der Sturm mit aller Härte auf Flüchtlingsunterkünfte traf.

So nahm Bangladesch etwa 900 000 geflüchtete Rohingya aus Myanmar auf, die als muslimische Minderheit verfolgt wurden. Sturm »Mora«, der inmitten der Fluchtbewegungen über den Südosten des Landes zog, zerlegte die Zeltstädte und Hüttensiedlungen, die sich, wie das Kutupalong Camp, um die Stadt Cox Bazaar gebildet hatten. Tausende Menschen standen erneut vor dem Nichts. Die wenigen Lebensmittelvorräte und mühsam erbauten Notunterkünfte wurden durch Windböen und Regenmassen dem Erdboden gleichgemacht. Doch trotz der exponierten Lage des Camps für Extremwetterereignisse stieg die Zahl der Bewohner:innen nach dem Sturm weiter an. So wird das Risiko von Gewalt gegen das Risiko der Naturgewalten eingetauscht.[19] Die Gewalt gegen die muslimische Minderheit in Myanmar war zu groß, ihre Situation ausweglos. Sie musste fliehen. Heute ist Kutupalong mit über 600 000 Menschen das weltweit größte Flüchtlingslager.[20] Viele von ihnen leben inzwischen schon mehrere Jahre in der Unsicherheit der Campstrukturen.

Fluchtbewegungen und Neuansiedlungen führten wiederum zu Umweltschäden in Bangladesch. Dichte Wälder um Cox Bazaar wurden von Geflüchteten in ihrer Not abgeholzt, sie brauchten Feuerholz zum Kochen und zum Bau von Hütten. Rund 40 Prozent des Waldes sind so seit den 90er Jahren verschwunden – ein Teufelskreis, denn degradierte Gebiete sind noch anfälliger für Extremwetterereignisse als intakte. Ohne den Baumbestand steht Erdrutschen nichts mehr entgegen, die Böden nehmen weniger Wasser auf, in den dicht bewohnten Siedlungen staut sich die Hitze. Kommt es zu größeren Überschwemmungen, nehmen übertragbare Krankheiten zu. Die UN-Flüchtlingshilfe versucht, dieser fatalen Entwicklung entgegenzuwirken, indem sie Gaskocher für Haushalte bereitstellt, damit kein Holz mehr geschlagen wird, und Wiederbewaldungsmaßnahmen ergreift.[21] Schnell wachsender Bambus soll künftig als Baumaterial verwendet werden.

Schlimmere Klimafolgen, weniger Todesopfer

Alles in allem kann Bangladesch eigentlich auf eine positive Bilanz im Katastrophenschutz zurückblicken. Die Zahlen der Todesopfer durch tropische Zyklone sind im Vergleich zu den 1970er Jahren stark rückläufig. Infrastrukturmaßnahmen wie Schutzunterkünfte, bessere Frühwarnsysteme und Aufklärung über die Risiken durch Flutwellen haben die Resilienz gestärkt. Dass sich beispielsweise der Superzyklon »Amphan« ankündigte, wurde frühzeitig erkannt. Warnungen und Evakuierungen folgten trotz Widrigkeiten aufgrund von Infektionsschutzmaßnahmen gegen die Covid-19-Pandemie, und die schnelle Informationsweitergabe durch soziale Medien wie Twitter und Messengerdienste half, die Bewohner:innen in verschiedenen Gebieten rasch zu informieren.[22] Rund 800 000 Menschen verließen vorsorglich ihre Häuser, insgesamt kam es zu 2,4 Millionen Binnenvertreibungen. Etwa 100 Personen starben, viele durch umgefallene Strommasten, die in überschwemmten Gebieten zu tödlichen Elektroschocks führten. Jedes Todesopfer ist eines zu viel. Dennoch unterscheiden sich die Opferzahlen deutlich von denen früherer Jahre. Als 1999 ein ähnlich schwerer Zyklon über Odisha und den Golf von Bengalen zog, forderte er 15 000 Menschenleben. 1970 starben durch den Zyklon »Bhola« Schätzungen zufolge eine halbe Million Menschen in Bangladesch (damals noch Ostpakistan) und Westbengalen (Indien).

Effiziente Evakuierungspläne, Deichbau sowie Regierungsprogramme zum Katastrophenschutz im Verbund mit internationaler Entwicklungshilfe trugen dazu bei, dass heutige Sturmfluten auf Barrieren stoßen. Gleichzeitig ist jede Anpassungsmaßnahme ein Wettlauf mit der Zeit, denn die Klimafolgen zeigen sich in dem Deltastaat immer deutlicher. Die Aufrechterhaltung funktionaler Warnsysteme über längere Zeiträume ist aufwendig und setzt das Vertrauen der Bevölkerung in die zuständigen Behörden voraus. Bei hohen Korruptionsraten ist dies nicht immer gegeben. Wird darüber hinaus zu oft die höchste Warnstufe ausgerufen, ohne dass etwas

Gravierendes passiert, nutzt sich die Warnung ab und die Menschen nehmen sie weniger ernst.

Wie schnell Warnungen ihre Schärfe verlieren können, ist in vielen Bereichen sichtbar. Zum Beispiel auch bei uns in Deutschland während der Covid-19-Pandemie. Auch wenn die Ereignisse nicht vergleichbar sind, geschehen ähnliche Abnutzungseffekte: Zeigte die Corona-Warn-App zum ersten Mal »rot« an, also eine Risikobegegnung, war man sehr besorgt. War sie ständig rot, fingen die Menschen an, sie einfach zu ignorieren. Es muss also sensibel abgewogen werden, wann Warnungen gegeben werden, damit zum kritischen Zeitpunkt Betroffene bestmöglich reagieren.

Die Verbesserung im Katastrophenschutz füllt einen eigenen Forschungszweig an Instituten und Hochschulen. Nach mehreren Hochwasserkatastrophen wird beispielsweise diskutiert, neben Stürmen auch Fluten Namen zu geben, um die Kommunikation effektiver zu gestalten. Menschenleben durch bessere Vorhersagen vor den direkten Auswirkungen zu schützen, ist das eine. Ökonomische Schäden (zerstörte Infrastruktur, Krankenhäuser, Landwirtschaftsbetriebe) zu beheben, die sich langfristig auf die Entwicklungsperspektiven von Regionen auswirken und deren Folgen die Bevölkerung oft noch Jahre nach der Katastrophe spürt, sind das andere. Menschen können nicht mehr zurück, wenn ihre Böden versalzen und ihre Häuser Ruinen sind. So führt auch ein Teil der Binnenvertreibungen, durch tropische Zyklone forciert, zu einem permanenten Ortswechsel.

Megacity Dhaka im Griff der Naturgewalten

Meine Feldforschung in Bangladesch beginnt im Jahre 2014. Die Reise dient zugleich der Sammlung von Informationen für ein Projekt, das Klimamigrant:innen unterstützen soll. Im Süden Bangladeschs will ich herausfinden, woran es den Menschen fehlt, die aufgrund von Klimaextremen aus dem ländlichen Raum in die umliegenden Städte ziehen. Zwei landeskundige Student:innen, Rashed und Naoshin, begleiten mich und helfen bei der Übersetzung.

Unser Unterfangen startet ungut. Nach meiner Ankunft in Dhaka wird eine Reisesperre verhängt. Weil Terrorgefahr droht, dürfen wir die Hauptstadt nicht verlassen. Die Sicherheitslage sei zu prekär, heißt es. Bangladesch wird immer wieder durch Anschläge von islamistischen Extremisten erschüttert, nur ein Jahr später wird der italienische Entwicklungshelfer Cesare Tavella beim Joggen in der Nähe meines damaligen Hotels getötet. 2016 sterben bei einem Angriff auf ein bei Ausländern beliebtes Café in Dhaka insgesamt 29 Personen.

Die Reisesperre nutzen wir für einen Besuch in einem Slum, wo wir die von uns vorbereiteten Fragebögen auf Verständlichkeit testen. Der Korail-Slum ist das größte Armenviertel in Dhaka mit schätzungsweise 250 000 Bewohner:innen. Genaue Zahlen gibt es nicht, viele Menschen sind gar nicht registriert und die Grenzen des Slums zum Rest der Stadt verlaufen fließend. Zudem gibt es viele sogenannte Pavement Dwellers, also Personen, die völlig ohne Obdach auf der Straße leben. Dhaka hat etwa neun Millionen Einwohner:innen, mit den Vororten sind es etwa doppelt so viele – bei solchen Dimensionen überraschen ungenaue und teils widersprüchliche Angaben kaum.

Klimafolgen in Slums

Armenviertel gibt es in vielen Ländern. Weltweit lebt fast jede achte Person in einem Slum oder einer informellen Siedlung. Die Zahl derer, die dort hausen, übersteigt heute schon die Milliardengrenze. Bis Mitte des 21. Jahrhunderts könnte sie sich durch die Wucht der Urbanisierung und das allgemeine Bevölkerungswachstum um weitere ein bis zwei Milliarden Menschen erhöhen. Auch in Slums treten Klimafolgen auf und treffen die Bewohner:innen besonders hart. Die Hitze unter dem Wellblech und das Leben auf engstem Raum, unter miserablen hygienischen Bedingungen und vielerorts mit offenen Feuerstellen machen das Dasein zur Qual.

Viele Slums sind die erste Anlaufstelle für Klimamigrant:innen, die aus ländlichen Gebieten kommen und sich mit Jobs auf dem Schwarzmarkt, im Baugewerbe oder in Fabriken durchschlagen wollen. Dabei werden sie oft zu wichtigen Scharnieren globaler

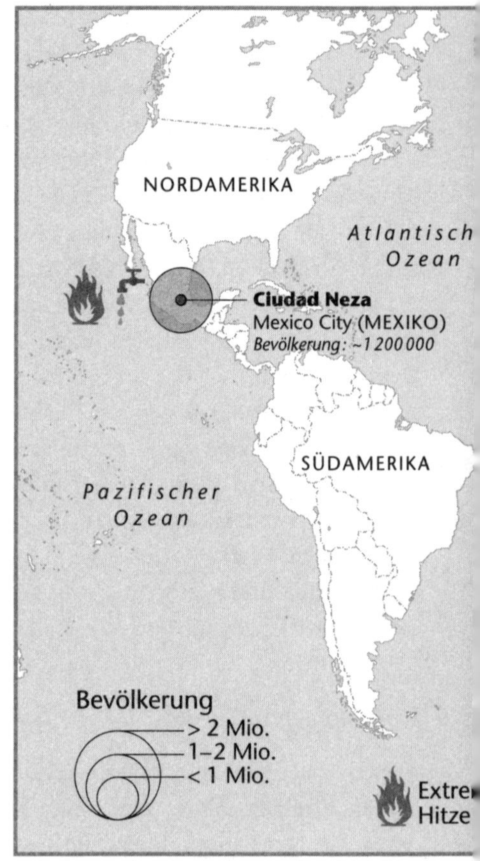

Abb. 5: Klimafolgen in den größten städtischen Slums; schematische Darstellung.

Produktionsketten und stellen für europäische oder amerikanische Kund:innen Kleidung, Billigdeko oder auch Elektrogeräte her. Geiz ist so lange »geil«, wie man die Menschenwürde außer Acht lässt.

Die Abbildung 5 macht deutlich, dass die größten Slums der Welt auch einer ganzen Reihe von Klimafolgen ausgesetzt sind.[23] Wenn sich die Auswirkungen des Klimawandels weiter intensivieren, werden arme Bevölkerungsgruppen in den Städten unverhältnismäßig stark betroffen sein, da sie in der Regel in gefährdeten Gebieten, wie an Berghängen oder in Überschwemmungszonen, leben und keine finanziellen Mittel haben, um ihre Anpassungsfähigkeit zu erhöhen. Ob-

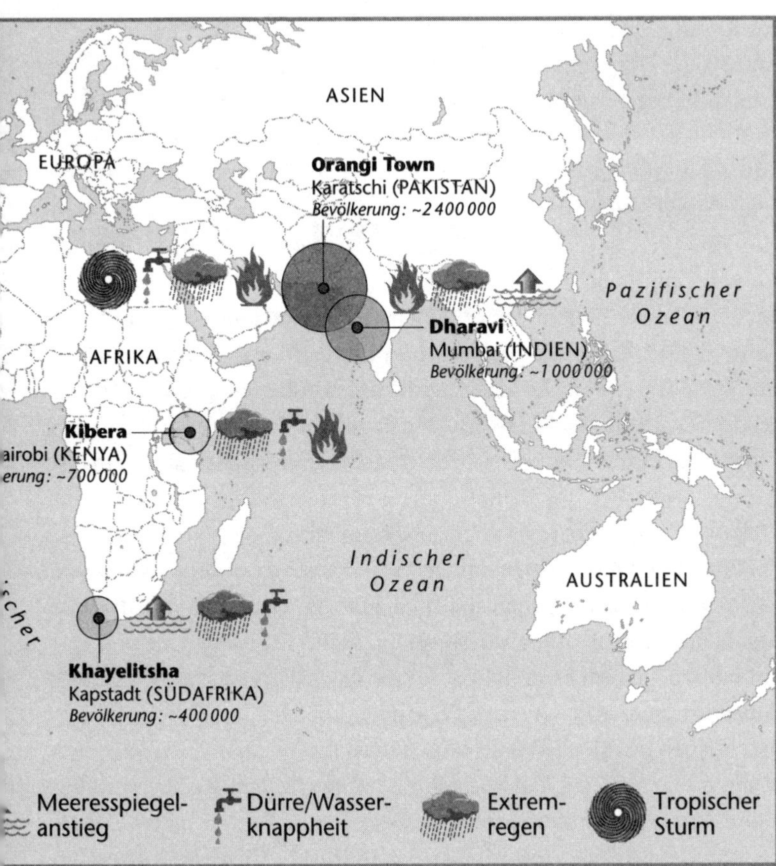

wohl ortsspezifische Analysen dringend notwendig wären, beschränken sich die Analysen zu Klimarisiken in städtischen Slums jedoch meist auf regionale Bewertungen der Auswirkungen klimatischer Extreme. Die SDGs (Sustainable Development Goals, Ziele für nachhaltige Entwicklung), auf die sich die internationale Staatengemeinschaft 2015 geeinigt hat, zeigen, dass ein globaler Konsens über die dringende Notwendigkeit nachhaltiger Lösungen besteht. Wie diese Lösungen speziell für die bedürftigsten Städter:innen aussehen und welche konkreten Maßnahmen ergriffen werden können, ist indes noch nicht geklärt.

Im Korail-Slum in Bangladesch treffen wir zwei Frauen zwischen 20 und 30, die erst wenige Monate zuvor aus dem Süden des Landes nach Dhaka gezogen sind. Trotz der extremen Armut, in der sie leben, strahlen die Frauen Würde aus. Eine trägt einen farbenfrohen Sari – aus meiner Sicht eines der schönsten Kleidungsstücke, die die Menschheit erfunden hat –, die andere einen Salwar Kamiz, eine Kombination aus einer Art Pluderhose und einer langen Tunika. Moyna kam nach Dhaka, um Arbeit zu finden. Hosne hätte nie gedacht, dass sie einmal außerhalb ihres Dorfes leben würde. Doch dann riss der mächtige Brahmaputra ihr Land mit sich und sie floh mit ihrer Familie in die Hauptstadt, um zu überleben. Auch Moyna schildert, dass ihre alte Heimat, eine Stadt in der Nähe der östlichen Grenze zu Indien, immer wieder durch heftige Regenfälle überflutet wurde. Aber auch im Korail-Slum gibt es gewaltige Extremwetterereignisse, die wir bald zu spüren bekommen.

Hosne erzählt, dass sie finanziell kaum über die Runden kommen. Ihr Mann leiht sich täglich für etwa zehn Euro eine Fahrradrikscha und bietet sich Passanten als Fahrer an. Mehrere Stunden muss er erst einmal arbeiten, nur um die Leihgebühr zu erwirtschaften. Mit etwas Glück bringt er einen kleinen Gewinn mit nach Hause. Wenn es regnet, bleiben die Kunden meist aus, sodass die Verdienstmöglichkeiten gegen null gehen. Die Familie zahlt für ihre Hütte Miete, könnte aber jeden Tag aus ihr vertrieben werden, denn die Vermieter, lokale Gangster, besitzen keine offiziellen Landrechte für den Grund, den sie verpachten. In der dunklen, winzigen Behausung, in der Hosne und ihr Mann mit ihren drei Kindern wohnen, gibt es eine Pritsche, auf der abwechselnd geschlafen wird. Alle, die nicht Platz darauf finden, schlafen auf dem Boden oder zu anderen Uhrzeiten. Fünf Großfamilien teilen sich zwei Latrinen. Wenn ein heftiger Monsunregen fällt, steht alles unter Wasser.

Eigentlich ist jetzt gerade Trockenzeit. Doch plötzlich fängt es unerwartet heftig an zu regnen. Ein Zeichen des Klimawandels? Schwer zu sagen, so etwas kommt schon mal vor – in den vergangenen Jahren allerdings immer häufiger, wie uns die Frauen berichten. Sie gewähren uns Unterschlupf und bieten uns an, auf der Pritsche Platz zu nehmen. Der Regen auf dem Wellblech macht einen Höllenlärm. Binnen Minuten steigt das Wasser gefährlich hoch und schwappt langsam in die Hütte. »So ist es hier, es gibt keine richtige Kanalisation«, sagt Moyna. Wir warten noch zwanzig Minuten, bis der Regen etwas nachlässt. Dann waten wir eine halbe Stunde durch die Flut, in der sich Fäkalien und Dreck mischen. Die Lebenserwartung in Slums ist niedrig, die Kindersterblichkeit hoch. Gesundheitsrisiken bestimmen das Leben der Menschen schon von Geburt an.

An einer Straßenecke nehmen wir ein Taxi. Auch die befestigten Straßen stehen inzwischen teilweise unter Wasser. »Willkommen in Bangladesch, hier erleben Sie einen Alptraum am helllichten Tag«, sagt der Fahrer und überlegt, ob das ein guter Spruch für Touristen sein könnte. Ich werde am Hotel abgesetzt, gehe in das komfortable Zimmer, stopfe Zeitungspapier in meine Schuhe zum Trocknen und stelle mich unter die Dusche. Ich denke an Hosne und Moyna, die keinen Zugang zu einem Bett im Trockenen und zu grundlegenden Sanitäranlagen haben. Wenige Kilometer entfernt schlafen sie, wie jede Nacht, in ihren Hütten.

Kurz darauf wird die Reisesperre aufgehoben und wir können aufbrechen. Auf der Fahrt von Dhaka in den Süden Bangladeschs zeigt sich, dass fast jeder Quadratmeter besiedelt ist oder landwirtschaftlich genutzt wird. Wohin gehen also Migranten, wenn sie wegen der Stürme und des Meeresspiegelanstiegs wegziehen?

Um dies herauszufinden, befragen wir lokale Expert:innen, städtische Beamtinnen und Beamte und auch diejenigen, die ebenfalls gut über die jüngsten Entwicklungen in ihrer Stadt Bescheid wissen: zum Beispiel Teebudenbesitzer:innen. Mit ihrer Hilfe ist es mir während meiner Recherchen möglich, in den Slums neue Siedlungen zu identifizieren, in denen sich Vertriebene niedergelassen haben. Dort beschreiben die Menschen, was sie zur Migration veranlasst hat: »Erst haben wir unser Agrarland verloren, nach drei Jahren unseren Wohnsitz. Dann haben wir Land von der Regierung erhalten. Aber auch das haben wir nach zwei Jahren wieder verloren«, erzählt eine Frau in Barisal. Es ist eine typische Geschichte von Vertreibung durch Umweltveränderungen.[24] Inzwischen leiht sich der Mann dieser Frau, ein ehemaliger Landwirt, täglich einen Lastenkarren, um alles Mögliche zu transportieren und mit dem wenigen Geld, das er dabei verdient, seine Familie zu ernähren. Andere arbeiten in Reismühlen oder Ziegelfabriken. Aber sein Einkommen variiert stark. »Es reicht hier gerade zum Überleben. Uns ging es im Dorf besser, wo wir unser eigenes Land bewirtschaften konnten. Jetzt leben wir wie Bettler«, klagt die Frau.

Wegen der Abhängigkeit von funktionierender Landnutzung und auch, weil sie keinen Zugang zu Bildung haben, besitzen Subsistenzbauern weder die finanziellen Ressourcen noch die nötigen Fähigkeiten, sich in städtischen Ballungszentren eine neue Existenz aufzubauen. Etwa 43 Prozent der Bevölkerung sind in der Landwirtschaft tätig. Ihr Besitz besteht zumeist aus einem kleinen Stück Land, Vieh und einer Unterkunft. Da sie nur ein geringes Einkommen erwirtschaften, kann ein Verlust dieser Mittel, zum Beispiel nach einer Überschwemmung, dazu führen, dass sie ohne jegliches Hab und Gut umsiedeln müssen.

In einer anderen Stadt im Süden treffe ich eine Familie, die kurz zuvor umsiedeln musste und ihre einzige Kuh mit an den Stadtrand genommen hat. Die Familie lebt und schläft Seite an Seite auf engstem Raum mit ihr, nur durch eine dünne Plastikplane von ihr getrennt. Der Geruch des Tieres beherrscht den Raum. Tagsüber führt ein Familienmitglied die Kuh an einem Strick auf eine nahegelegene Grünfläche zum Grasen. Das Tier ist alles, was die Familie besitzt, und muss entsprechend gehütet und beschützt werden.

In Khulna, einer Millionenstadt am Rande der Sundarban-Wälder im Süden Bangladeschs, treffen wir in einem der ausgedehnten Slums einen ehemaligen Fischer, der sich sein Auskommen mit einer geliehenen Lastenrikscha zu verdienen sucht. Abir ist 30 Jahre alt. Die harte körperliche Arbeit hat ihn ausgezehrt. Sein Blick wirkt unsicher. Er könnte 40 oder noch älter sein. Der Sturm »Aila« zerstörte seine kleine Hütte und das umliegende Land, das er bewirtschaftete. Alles haben die Fluten mitgerissen. Daraufhin zog er in Richtung Khulna und hauste die ersten Monate irgendwo am Rande eines Flusses.

Dann kam er in einem Slum unter. Weil er die Miete für die ärmliche Bleibe nicht bezahlen konnte, zog er in das nächste Elendsviertel. Dort treffen wir ihn. Unter dem Wellblechdach staut sich die Hitze. Und doch kommen wir ins Gespräch. Bereitwillig berichtet Abir über die Zeit vor dem großen Sturm, vor »Aila«. Damals habe er mit dem Fischfang gut verdient, berichtet er. Aber heute finde man in den Flüssen kaum noch Fische. »Ich habe keine Wahl. Wo soll ich hin? Ich würde in mein Heimatdorf zurückkehren, wenn es mein Haus noch gäbe.« Seine zwei Brüder leben dort immer noch. Beide arbeiten weiterhin als Fischer, aber sie haben kein Zuhause mehr; sie leben auf der Straße. Das Schicksal von Abir steht für unzählige ähnliche Schicksale in Bangladesch, für Menschen, die der Klimawandel zu Nomaden, zu Entwurzelten ohne Halt und ohne Hoffnung gemacht hat. Sie harren aus, wohin es sie verschlagen hat – bis der nächste Schicksalsschlag, das nächste Unwetter, der Hunger sie wieder woanders hintreiben.

Weil der Klimawandel so viele trifft, sind auch die Behörden heillos überfordert. Bei Naturkatastrophen fliehen die Menschen zunächst vom Land in die nächstgelegenen Städte. Aber auch der urbane Raum ist vor Unwettern nicht gefeit. Überschwemmungen und Sturmschäden häufen sich, und nach einer Katastrophe herrscht regelmäßig das Chaos: Wie viele Menschen sind in das Stadtgebiet geströmt? Wo kommen sie unter? Wie ernähren sie sich? Niemand kennt die Antwort. Daten über den Zustrom von Geflüchteten sind Mangelware. Letztlich bleiben die Nomaden sich selbst überlassen, müssen sich irgendwie zurechtfinden und sind dabei nicht selten Gaunern und Gangstern ausgeliefert.

»Es gibt keinen Plan«, räumt der Angestellte einer Stadtverwaltung mir gegenüber freimütig ein, als ich ihn nach den Vorkehrungen für den nächsten Sturm frage. Die Art, wie er es sagt, zeigt mir, dass dies nicht am fehlenden Willen der Beamten liegt, sondern an der Vielzahl der Probleme, derer die Administration offenkundig nicht mehr Herr wird. Dazu gehören eine funktionierende Kanalisation, die Müllabfuhr und die Durchsetzung von Mindestsicherheitsstandards bei neuen Gebäuden. Selbst diese grundlegenden Notwendigkeiten können aufgrund von finanziellen und personellen Engpässen nicht gewährleistet werden.

Schulden machen, um zu überleben

Wenn Binnenvertriebene keine familiären Netzwerke in der Stadt haben, bedeutet dies, dass sie sich verschulden müssen, um anfangs überhaupt zu überleben. Staatliche Hilfen sind rar und das Leben in Slums – so paradox es klingen mag – ist teuer.[25] Selbst für extrem schlechten und unsicheren Wohnraum müssen teils horrende Mieten entrichtet werden. Familien, die keine eigene Toilette haben, zahlen oft für den Zugang zu Sanitäranlagen. Aufgrund der schlechten hygienischen Bedingungen grassieren Krankheiten, die wiederum zu Gesundheitskosten und Verdienstausfall führen können. Gibt es kein Trinkwasser, muss auch das gekauft werden. Weil sie so wenig verdienen, können es sich viele Slumbewohner:innen nicht leisten, Produkte in großen Mengen zu erstehen. Oder sie verfügen über keinen Kühlschrank, um Lebensmittel länger als einen Tag zu lagern. Das bedeutet, sie müssen häufig auf Kleinstpackungen zurückgreifen, die in der Regel von internationalen Unternehmen wie Nestlé oder Unilever hergestellt werden und in der Summe teurer sind als größere Gebinde. Unverarbeitete, frische Lebensmittel weichen in den städtischen Slums zunehmend den abgepackten Produkten internationaler Firmen. Die Kosten für Lebensmittel und Wasser könnten in Zukunft durch schwerwiegendere Klimaauswirkungen wie extreme Dürreperioden sogar noch steigen. Trotz der unterschiedlich hohen Lebenshaltungskosten differenziert die Weltbank nicht zwischen städtischen und ländlichen Gebieten, sondern operiert mit einer einheitlichen Armutsgrenze von 1,90 $ pro Tag. So fallen viele in städtischer Armut lebende Menschen nicht unter die untere Armutsgrenze der Weltbankstatistiken.

Auch die typischen Tätigkeitsfelder von Migrant:innen führen in eine Schuldenfalle. So berichteten Arbeiter, dass sie in der Monsunzeit nicht in Ziegelfabriken und Reismühlen arbeiten können, weil die Produkte im Freien trocknen müssen. Gleichzeitig wohnen sie aber auf dem Fabrikgelände und verschulden sich wegen nicht bezahlter Mieten bei den Besitzern, die in manchen Fällen als Sicherheit sogar die Personaldokumente einziehen – ein klarer Fall von Schuldknechtschaft. In Bangladesch zeigt sich deutlich, dass die Selbstbestimmung der Migrantinnen und Migranten durch die Folgen des Klimawandels noch weiter beeinträchtigt wird. Oft werden sie im Kontext des Klimawandels als freie Akteure dargestellt, die nach einem besseren Leben suchen. Eine solche Annahme ist allerdings trügerisch. Viele dieser Menschen haben jedweden Spielraum für eigene Entscheidungen über ihre Zukunft verloren. Extreme Armut und fehlende Möglichkeiten, sich aus dem Prekariat selbst zu befreien, führen nicht selten dazu, dass sich Hoffnungslosigkeit und Resignation breitmachen.

Tigerschutz versus Menschenschutz

Mehrere Interviewpartner erzählen mir davon, dass nach den Zyklonen vereinzelt Tiger in die Dörfer einfallen und dort Menschen attackieren. Die Großkatzen finden keine Beute mehr in den Sundarbans, den Mangrovenwäldern im Süden Bangladeschs. Wahrscheinlich, weil viele kleinere Tiere die durch die Stürme ausgelösten Fluten nicht überleben. Auch durch Sturmfluten versalzene Wasserstellen setzen den Tigern zu. Jedes Jahr fallen mehrere Dutzend Menschen Tigern zum Opfer. Männer, die in den Sundarbans fischen oder Honig sammeln, kehren dann nicht mehr zurück. Aus diesem Grund und auch, weil das Töten eines Tigers den enormen Mut desjenigen vermeintlich unter Beweis stellt, der sich bewusst einer Lebensgefahr aussetzt, werden immer wieder Tiger von Dorfbewohnern erlegt.[26] Ein verhängnisvoller Kreislauf, der das Ökosystem zusätzlich aus dem Gleichgewicht bringt.

Der bengalische Tiger gehört zu den stark bedrohten Arten. Durch die Mangrovenwälder Bangladeschs streifen nur noch um die 100 bis 150 Tiere. Mehrere Schutzprojekte, oft finanziert mit ausländischem Geld, sollen helfen, die Population zu retten. In diesem Zusammenhang stellte mir ein Anwohner während meiner Reise die Frage:

»Warum schützt ihr Tiger und keine Menschen? Sind Tiger bei euch mehr wert als das Leben von Menschen?« Im Süden Bangladeschs stehen an vielen Kreuzungen Schilder von Hilfsorganisationen, die auf Projekte des Artenschutzes und andere Vorhaben hinweisen. USAID, GIZ, Japan Debt Cancellation Programme, Korea International Cooperation Agency – eine Vielzahl nationaler Entwicklungshilfeprogramme und internationaler NGOs sind im Land präsent. Trotzdem leben viele Menschen weiterhin in bitterer Armut. Ich verstehe den Frust des Mannes, der mich auf den Schutz von Menschen und Tieren ansprach. Die Konflikte zwischen dem Schutz der Wildtiere und der existenziellen Bedrohung für ganze Dorfgemeinschaften sind offenkundig. Die wachsende Bevölkerung siedelt immer tiefer in den Sundarbans und vernichtet damit den Lebensraum der Tiger. Informationskampagnen sollen dazu beitragen, ein Bewusstsein für die Bedeutung der Tiere und ihres Lebensraums zu schaffen.

Ein neues Großprojekt, das Rampal-Kraftwerk im Südwesten des Landes, droht dem Tiger endgültig den Garaus zu machen. Das mit indischen Geldern finanzierte Vorhaben am Rande des Schutzwaldes gefährdet das ohnehin fragile Ökosystem. Um den wachsenden Energiebedarf des Landes zu decken, soll nun die schmutzigste aller Energieformen herangezogen werden – Kohle. Diese wird mit Frachtschiffen, die sich den Weg durch die Mangrovenwälder bahnen, zu dem Kraftwerk gebracht. So der Plan. Umweltschützer gehen davon aus, dass durch den Transport und die Abwässer auch das südlich gelegene Schutzgebiet, das Weltnaturerbe Sundarbans, in Mitleidenschaft gezogen wird. Die Verschlechterung der Luftqualität dürfte zudem die anliegenden Dörfer empfindlich treffen. 2016 forderten die Weltnaturschutzunion (International Union for Conservation of Nature, IUCN) und die UNESCO, den Bau des Kraftwerks zu stoppen – ohne Erfolg.

Auch lokale Umweltgruppen demonstrierten gegen das geplante Kraftwerk. Dabei werden Aktivist:innen immer wieder zur Zielscheibe von Gewalt. Selbst in Deutschland regte sich Widerstand. 2020 demonstrierten junge Umweltschützer:innen gegen die Fichtner-Gruppe in Stuttgart, die das Projekt begleitet, die ausführende indisch-bangladeschische Gesellschaft berät, bestimmte Prozesse überwacht und so der öffentlichen Wahrnehmung als deutsches Gütesiegel dient. Menschen aus der Region, in der das Kohlekraftwerk entsteht, wurden bereits vertrieben, um Platz für die Bauarbeiten zu schaffen. Auch diese Art der Vertreibung ist Teil der Klimakrisengeschichte: Menschen werden wegen Kohlekraftwerken und Minen gezwungen, ihren Wohnort zu verlassen. Ein Teil des Kraftwerks ist bereits fertiggestellt und soll im Laufe des Jahres 2022 in Betrieb genommen werden.

Kinder und Klimamigration

Das Schicksal der Kinder, denen ich während meiner Reise in Bangladesch begegne, geht mir besonders nahe. Sie werden in den Dreck der Slums hineingeboren. Wenn sie etwas größer sind, verkaufen sie am Straßenrand Zigaretten oder schleppen schwere Wasserkanister. Gehen sie zur Schule? Nicht immer. Einigen sieht man an, dass sie unterernährt sind. Ich erlebe auch einige unbeschwerte Momente, wenn sie spielen, neugierig in die Welt schauen, einfach nur Kind sind. Es sind kurze Einblicke in Kinderleben, doch sie stimmen mich noch lange nachdenklich. Wie oft können diese Kinder sorglos sein? Wie sieht ihre Zukunft aus? Neben der Armut im Slum »erben« diese Kinder die Last der globalen Klimakrise, die ihre Lebensperspektive noch weiter verschlechtert, wenn die mächtigen Industrieländer, also die Verursacher und Verantwortlichen, untätig bleiben im Kampf gegen den Klimawandel. Von den weltweit 30,1 Millionen neuen Binnenvertriebenen aufgrund von Wetterereignissen waren im Jahr 2020 fast ein Drittel Kinder.[27] Disruptive Wetterextreme schränken ihren Zugang zu Gesundheitsdienstleistungen ein. Weltweit leben etwa 400 Millionen Kinder in Risikogebieten tropischer Wirbelstürme.[28]

In einer Armutssiedlung des regionalen Zentrums Khulna sprechen wir mit einer 14-Jährigen. Als sie sieben Jahre alt war, kamen ihr Vater und ihre Großeltern in dem Wirbelsturm »Sidr« ums Leben. Ihre Mutter konnte sie nicht mehr versorgen und ging als Haushaltshilfe nach Dhaka. Seitdem lebt sie bei der Familie ihres Onkels. Das Mädchen kann zumindest die Schule besuchen, aber Kontakt zu ihrem Heimatdorf hat sie nicht mehr. »Alle sind gestorben«, sagt sie.

Die Zerstörung der Lebensgrundlagen und auch die erzwungene Vertreibung aus dem gewohnten Umfeld können ein langanhaltendes Trauma nach sich ziehen. Psychologische Hilfe steht jedoch nur selten zur Verfügung. Bei Naturkatastrophen verlieren Kinder und Jugendliche häufig ihr gesamtes soziales Netz, ihre Schulbildung wird unterbrochen. In manchen Regionen errichten Kinderhilfswerke provisorische Schulen. Auch in Flüchtlingsunterkünften gibt es Unterricht, so gut es eben geht. BRAC (Bangladesh Rural Advancement Committee), eine der weltweit größten Nichtregierungsorganisationen, unterrichtet knapp 750 000 Schüler:innen in Bangladesch. Einige Familien berichten mir, dass sie nur aufgrund dieses Angebots ihre Kinder in die Schule schicken können – der Grundstein im Leben junger Menschen bietet etwas Hoffnung auf eine möglicherweise bessere Zukunft. Bei unserem Besuch berichten allerdings auch einzelne Väter hinter vorgehaltener Hand, sie würden gezwungen, ihre Söhne auf Madrasas, islamische Schulen, zu schicken. Wieder andere Kinder müssen arbeiten, statt zu lernen, weil das Einkommen der Eltern nicht reicht.

Auf einen ganz besonderen Schutz sind in diesem Zusammenhang Kinder mit Behinderungen, verwaiste Kinder und solche, die in extrem abgelegenen Gebieten leben, angewiesen. Das UN-Kinderhilfswerk UNICEF entwickelte zusammen mit dem Technologieunternehmen Microsoft den sogenannten Learning Passport. Das ist eine Online-Lernplattform, die Kindern, die infolge von Naturkatastrophen, Pandemien oder Kriegen keine reguläre Schule besuchen können, Lernstoff auf Laptops und Tablets zur Verfügung stellt. Manche der vertriebenen Kinder leiden unter Stigmatisierung oder Ausgrenzung, wenn sie sehr arm sind oder außerhalb ihres ursprünglichen Kulturkreises leben. Um zu verhindern, dass sozioökonomische Ungleichheiten anwachsen, ist es von zentraler Bedeutung, Bildungschancen trotz widriger Umstände aufrechtzuerhalten. Während der Covid-19-Pandemie beispielsweise erwies sich der »Learning Passport« als wegweisend, da durch zusätzlich bereitgestellte Geräte viele Kinder den Schulunterricht auf digitalem Weg fortsetzen konnten. Krisenjahre müssen also nicht zu verlorenen Jahren werden.

An einem unserer letzten Intervieworte ist die Stimmung besonders angespannt. Unser Fahrer wirkt unsicher, als wir über eine unbefestigte Straße den Ort ansteuern. Hier sollen Anhänger der islamistischen Jamaat-e-Islami- oder Hefazat-Gruppierungen leben. Beide Organisationen stehen im Zusammenhang mit schwersten religiös motivierten Verbrechen, wie der brutalen Ermordung von säkularen Bloggern und Verlegern.

Nochmals besprechen wir uns und entscheiden gemeinsam, dass es sicher genug ist, um die Interviews zu führen. »Aber wir müssen hier unbedingt vor Anbruch der Dunkelheit wieder raus sein«, mahnt uns der Fahrer. Es ist schon spät am Tag. Wenn ich eines auf meinen Reisen gelernt habe, dann, auf den Rat der Menschen vor Ort zu hören. Sie können Situationen besser einordnen und Risiken entsprechend bewerten.

Anlass für unseren Besuch in dem Ort sind Informationen von Migrant:innen über dramatische Küsten- und Flussbetterosionen. Wegen der ungewissen Lage und der möglichen konservativen Haltung mancher Dorfbewohner:innen steigen zunächst die beiden Männer aus. Naoshin und ich warten im verriegelten Auto. Nach wenigen Minuten kommen sie zurück. Wir sind willkommen und können uns ihnen anschließen. Wir treffen den Dorfvorsteher, der uns freundlich begrüßt und uns sofort zu einer Abbruchkante führt. Schnell erkennen wir das ganze Ausmaß des Schadens. Eine große Fläche fruchtbaren Bodens am Ufer eines Nebenarms des Brahmaputras war eine Woche zuvor weggebrochen und ins Flussbett gespült worden. Eine mehrköpfige Familie wurde mit in den Tod gerissen. Schaulustige kommen hinzu und blicken mit uns auf die Stelle. Das Unglück geschah in der Nacht und machte erneut deutlich, wie gefährlich es ist, nah am Fluss Hütten zu errichten und Landwirtschaft zu betreiben. Doch alle umliegenden Flächen sind dicht besiedelt, ein Ausweichen ist kaum möglich.

Auf einem angrenzenden Landstück leben Nachbarn der verunglückten Familie. Wir fragen, ob sie weiterhin dort wohnen bleiben werden, ob das nicht viel zu gefährlich sei. Ihre Antwort klingt resigniert: »Wir bleiben hier, bis uns der Fluss auch mitnimmt. Wo sollen wir sonst hin?« Ausharren trotz der immensen Risiken? Wider alle Erkenntnis hoffen, dass es einen selbst nicht trifft? Außer dem Stück Land besitzt die Familie nichts, was ihr Halt geben könnte. Also klammert sie sich an diese kleine Parzelle, die ihr hoffentlich bis auf Weiteres über die Runden hilft. Zöge sie weg, müsste sie sich wahrscheinlich in einem der Slums durchschlagen und unter noch widrigeren Bedingungen ihr Dasein fristen. Der Kampf ums Überleben ist ständiger Begleiter.

Im Anschluss wollen wir mit dem Dorfvorsteher noch ein Interview führen. Um uns herum gruppiert sich eine Reihe von Personen. Wir erklären, weswegen wir vor Ort sind und was wir als Wissenschaftler:innen untersuchen, und fragen, ob er bereit sei, an einer Befragung teilzunehmen.

Für wissenschaftlich ausgerichtete, semistrukturierte Interviews ist der Ablauf immer sehr ähnlich. Man stellt sich selbst, das Forschungsprojekt und die Intention des Vorhabens vor. Dann wird erklärt, was mit den Angaben anschließend geschieht, wie sie veröffentlicht, anonymisiert oder mit Klarnamen belegt und wie lange sie gespeichert werden. Die Teilnahme ist selbstverständlich freiwillig. Auch hat jeder das Recht, das Interview abzubrechen oder einzelne Fragen nicht zu beantworten. Zu Beginn wird die Zustimmung der Teilnehmenden schriftlich eingeholt, sonst kann das Gespräch für Forschungszwecke nicht verwendet werden. Für Menschen, die nicht lesen können, gibt es auch die Möglichkeit, mündlich zuzustimmen, sofern Zeugen anwesend sind und es aufgezeichnet wird. Nachdem all diese Formalien geklärt sind, gehen wir unseren Fragebogen mit unseren Interviewpartner:innen durch, halten uns aber die Möglichkeit offen, auf Themen, die spontan zur Sprache kommen, einzugehen und zusätzliche Fragen zu stellen.

Der Dorfvorsteher ist mit allem einverstanden, nun schildert er eindrucksvoll die Not der hier ansässigen Menschen. Während er spricht, scharen sich immer mehr Menschen um uns. Schließlich hat sich eine Traube von fast 60 Personen gebildet. Diejenigen, die später dazukamen und ganz hinten stehen, haben unsere Erklärung zu Beginn natürlich nicht mitbekommen. Sie machen sich mit Zwischenrufen bemerkbar und bringen aufgebracht und enttäuscht ihren Unmut darüber zum Ausdruck, dass die Nationalregierung ihnen nicht hilft, und rufen empört in unser Gespräch hinein. Die Atmosphäre lädt sich auf. Wut und Hoffnungslosigkeit brechen sich Bahn. Der Dorfvorsteher versucht die Menschen zu beruhigen, aber die Zwischenrufe dauern an, werden lauter. Vermutlich denken einige Bewohner:innen, wir seien von der Regierung und sie könnten endlich ihren berechtigten Frust und ihre Kritik loswerden. Tatsächlich droht die Stimmung zu kippen. Ich schaue zu dem studentischen Übersetzer und wir entscheiden per Blickkontakt, das Gespräch zu beenden. Damit dies nicht allzu abrupt geschieht, stelle ich noch zwei kurze Fragen. Dann danke ich den um uns Versammelten für ihr Kommen und ihre Beteiligung an der Diskussion. Rashed übersetzt, und je ausführlicher ich unser Anliegen nochmal erkläre, desto entspannter werden die Gesichter der Umstehenden. Die Dorfbewohner lassen uns schließlich gehen, und wir sind erleichtert, als wir den Rückweg zu unserem Fahrzeug antreten. Islamistischen Fanatikern sind wir im Dorf nicht begegnet, wohl aber Menschen, die uns ihre nur zu verständliche Existenzangst haben spüren lassen.

Die letzte Nacht im Süden Bangladeschs verbringen wir in einem angenehmen Gästehaus einer NGO inmitten von grünem Dickicht. Ein Moment der Ruhe nach den Strapazen der vergangenen Tage tut gut. Doch es gibt noch eine Überraschung: Ich öffne den Schrank und eine handtellergroße Spinne krabbelt mir entgegen. Zwar habe ich keine Spinnenphobie, aber mit diesem Tier möchte ich nicht das Zimmer teilen. Schnell laufe ich ins Erdgeschoss und spreche mit unserem Gastgeber. Lachend kommt er mit in mein Zimmer, nimmt die Spinne mit bloßer Hand auf und trägt sie nach draußen. Angesichts anderer Probleme ist der Achtbeiner wohl eher ein Witz. Beruhigt, aber mit genügend Fantasie für weitere Tierwesen in meiner unmittelbaren Umgebung ziehe ich meinen dünnen Schlafsack über den Kopf und falle erschöpft in einen traumlosen Schlaf.

Der Rückweg nach Dhaka verläuft zunächst reibungslos. Stundenlang fahren wir über Landstraßen, überall sehe ich Erwachsene mit ihren Kindern, Menschen, die ihr Hab und Gut transportieren, klapprige Rikschas mit Hühnerkäfigen, Lastwagen, beladen mit Waren, schwarzen Ochsen oder Unmengen an Baumaterial, mit Säcken voller Lebensmittel und manchem mehr. Immer wieder fahren wir an bemalten Häuserwänden und Mauern vorbei, auf denen die deutsche oder auch die brasilianische Flagge zu sehen ist. »All Support of Brazil« steht darunter, mit einer kleinen bangladeschischen Flagge. Die Fußballweltmeisterschaft 2014 steht kurz bevor und es gibt klare Favoriten bei den ausländischen Teams. Angesichts meiner Erlebnisse hier scheinen Deutschland und eine Welt, die sich um Fußball dreht, weit weg. Und doch bin ich mir sicher, dass die bangladeschischen Unterstützer der deutschen Nationalmannschaft den Gewinn des Weltmeistertitels gefeiert haben.

An der Stadtgrenze von Dhaka gerät unsere Fahrt ins Stocken, das Verkehrschaos nimmt zu, wir stehen immer wieder stundenlang innerhalb der Stadt im Stau. An einer Kreuzung scheinen alle Fahrzeuge in einem gordischen Knoten gefangen zu sein. Polizisten versuchen die Situation zu lösen. Dabei zielen sie auf die Schwächsten in dem Gewusel ab, die Fahrer der Fahrradrikschas. Mit schwingenden Schlagstöcken hauen sie allen Rikschas die Fahrradlampen ab, offenbar als Strafe für Verkehrsregelverletzungen. Daran sind letztlich alle Verkehrsteilnehmer an dieser Kreuzung beteiligt, aber kein Polizist schlägt auf Motorhauben. Die Gesichter der Rikschafahrer sind schmerzverzerrt, als wären sie körperlich getroffen worden. Für sie bedeutet eine kaputte Lampe einen empfindlichen Einkommensverlust, da sie ohne Lichtwerk nicht fahren dürfen. Außerdem sind viele der Rikschas nur geliehen. Eine zerstörte Lampe bedeutet Hungern für sie und ihre Familien. Auch wenn sie unter- und mangelernährt sind, in vielen Hungerstatistiken tauchen Fahrradrikschafahrer kaum auf, weil körperliche Anstrengungen nicht ausreichend in den Minimum-Kalorienbedarf mit einkalkuliert werden.

Städte für Klimamigrant:innen?

Wie können Städte mit den wachsenden Problemen der Klimakrise umgehen? Was für Lösungen bieten sich in Regionen an, die nur über wenige finanzielle Mittel verfügen? Welche Schritte für mehr Klimagerechtigkeit müssen auf internationaler Ebene gegangen werden? Mit diesen und weiteren Fragen befasst sich Professor Saleemul Huq aus Bangladesch. Huq ist Leiter des International Centre for Climate Change and Development (ICCCAD) in Bangladesch, ein Institut, das angewandte Forschung zur Klimakrise und ihrer Überwindung betreibt. Er ist COP-Veteran und hat an allen 26 internationalen Klimakonferenzen teilgenommen.[29] Auf einigen dieser Konferenzen habe ich ihn getroffen, unermüdlich rückt er die Situation der Entwicklungsländer in den Fokus, spricht mit anderen Delegationen und gibt Interviews. Seine Ausstrahlung ist von großer Freundlichkeit und Offenheit geprägt, aber seine Kritik an den Industriestaaten ist messerscharf. Auch er beschäftigt sich seit vielen Jahren mit der Frage der Land-Stadt-Migration aufgrund von Klimafolgen. Im Süden seines Landes werden sie immer extremer zu spüren sein und dazu führen, dass sich mehr und mehr Menschen auf den Weg in die Städte machen. Huqs glaubwürdige These ist: Wenn diese Migration nicht gebremst wird, werden die allermeisten Migrant:innen sich mittelfristig auf den Weg vor allem in die Hauptstadt machen, die schon heute aus allen Nähten platzt.

Angesichts dieser Gemengelage drängt Huq ganz entschieden darauf, die Belastbarkeit von regionalen Zentren zu stärken und sie zu »klimaresilienten, migrantenfreundlichen Städten« zu entwickeln. Letzteres ist nicht immer einfach, denn auch alteingesessene Bewohner:innen haben schwer mit knappem Wohnraum, hohen Lebenshaltungskosten, Arbeitslosigkeit und Klimafolgen zu kämpfen. Gesonderte Ausbildungsmöglichkeiten oder Hilfen für Neuankömmlinge werden daher von der ebenfalls von Armut betroffenen Stadtbevölkerung gelegentlich mit Argwohn betrachtet. Einige städtische Verwaltungen befürchten auch, dass sich der Zuzug verstärkt, je mehr den Ankommenden geholfen wird. Dies ist nicht unbedingt der Fall. Denn gerade wenn Menschen migrieren, um ihr Überleben zu sichern, spielen Überlegungen etwa zu den Arbeitsmarktchancen eine eher nachgeordnete Rolle. So schilderten mir Interviewpartner:innen immer wieder, sie würden in ihren Dörfern so lange wie möglich ausharren und dabei sogar erhebliche Risiken in Kauf nehmen, bevor sie überhaupt in Erwägung zögen, in eine Stadt umzuziehen. Um krisenhafte Situationen gar nicht erst entstehen zu lassen und Konflikten vorzubeugen, plädiert Huq für Programme, die im Idealfall beiden Seiten zugutekommen. So sollen beispielsweise in ländlichen Gebieten Kinder und insbesondere Mädchen besseren Zugang zu Schulen und Ausbildungsstätten erhalten, um später, sollte es nötig werden, auf dem urbanen Arbeitsmarkt schnell Fuß fassen zu können.

Auch das von der GIZ gegründete Projekt »Urban Management of Internal Migration due to Climate Change« (Städtisches Management interner Migration aufgrund von Klimafolgen, UMIMCC) in 47 Slums Bangladeschs setzt auf Aus- und Weiterbildung, um Zugezogenen und Ortsansässigen eine Chance auf ein reguläres Arbeitsverhältnis und besseren Verdienst zu geben. Außerdem werden Informationen darüber, wie Regierungshilfen und finanzielle Unterstützung beantragt werden können, Migrant:innen und anderen von Armut betroffenen Personen gleichermaßen zur Verfügung gestellt. Selbstständige Kleinunternehmer:innen erhalten Sachhilfen. Während der Covid-19-Pandemie stellte die GIZ gemeinsam mit anderen Hilfsorganisationen zusätzliche Mittel bereit, um Verdienstausfälle auszugleichen. Per Handytransfer gelang diese Maßnahme auf unbürokratischem Weg und konnte insbesondere Frauen unterstützen.

Der Wissenschaftliche Beirat der Bundesregierung Globale Umweltveränderungen (WBGU), für den ich als Referentin tätig war, empfiehlt in seinem Gutachten »Der Umzug der Menschheit – Die transformative Kraft der Städte« ebenfalls die Förderung einer polyzentrischen Urbanisierung. Die Stärkung mittelgroßer Städte soll deren Absorptionsfähigkeit erhöhen, sodass sie Klimafolgen und daraus entstehende Zuzüge besser abfedern können. Durch eine »dezentrale Konzentration« soll auch wachsenden Ungleichheiten zwischen Land- und Stadtgesellschaft entgegengewirkt werden.

Der Urbanisierungstrend deutet auf immer größer werdende Megastädte hin, aber solche Strukturen stehen vor riesigen Herausforderungen, denn sie benötigen große Mengen an Energie, die außerhalb der Stadtgrenzen erzeugt und von dort in die städtischen Zentren transportiert werden müssen. Auch sind sie oft schwer zu verwalten und zu regieren, gerade wenn das Bevölkerungswachstum steil verläuft und Jobmöglichkeiten und Wohnungsangebote nicht Schritt halten. In vielen Fällen bilden sich um die Kernstadt herum Satelliten von informellen Siedlungen, in denen der Staat keine Dienstleistungen erbringt und nur begrenzte Durchsetzungsbefugnisse hat. Nicht zuletzt befördert ein unkontrolliertes Wachstum von Megastädten die Entstehung von Megaslums mit mehr als einer Million Menschen, wie zum Beispiel Orangi Town in Karatschi, Pakistan, oder Dharavi in Mumbai, Indien. Die Regierungen müssen daher Strategien zur Förderung kleiner und mittelgroßer Städte entwickeln und umsetzen. Dazu gehört die Aufwertung der Kultur und Identität eines Ortes ebenso wie die Schaffung wirtschaftlicher Möglichkeiten durch Forschung oder neue Industriezweige. Wäre all dies gewährleistet, könnten Abwanderungstendenzen in große Ballungsräume blockiert werden, in denen es schon jetzt immer schwieriger wird, Sozialwohnungen in der Nähe des Stadtzentrums bereitzustellen. Künftige Fortschritte bei der Digitalisierung und den 3-D-Drucktechnologien könnten diese polyzentrische Ausbreitung der Städte sogar noch unterstützen.

Historische Beispiele für polyzentrische urbane Agglomerationen, die zur Wiege für Fortschritt und Entwicklung wurden, gibt es bereits, zum Beispiel Jena und Weimar zur Zeit der Aufklärung oder die Emilia-Romagna in der Renaissance.[30] Gelingt es nicht, eine stärker dezentrale Ordnung zu etablieren, könnten zukünftig hochpreisige Megacitys, die untereinander im globalen Wettbewerb um Ressourcen und Talente stehen, einen immer größeren Kontrast zu dem entwerteten ländlichen Raum bilden, so die Analyse des WBGU.

Ein Drittel Staatsgebiet unter Wasser

Wird ein Strauß von verschiedenen Maßnahmen im Umgang mit Klimamigration etabliert, könnten davon auch Länder profitieren, in denen möglicherweise erst später schwerwiegende Klimafolgen spürbar werden.[31] Fortschritte im Bereich von Katastrophenschutz und Klimaanpassung sind dringend notwendig. In einem pessimistischen Szenario, das von wachsenden Klimafolgen und gleichzeitig schwacher und ungleich verteilter Entwicklung ausgeht, projiziert die Weltbank fast 20 Millionen zusätzliche Binnenvertriebene allein in Bangladesch bis 2050. Dies würde bedeuten, dass knapp die Hälfte aller künftigen klimabedingten Binnenmigration in Südasien auf Bangladesch entfällt.[32] Migration aufgrund von tropischen Stürmen ist in diesen Berechnungen nicht einmal vollends berücksichtigt. Die Vorzeichen für die Vertreibungen sind allerdings bereits überdeutlich, allein 2020 wurde in der Monsunsaison ein Drittel Bangladeschs überflutet.

Trotz allem sind die Entwicklungsfortschritte des Landes beachtlich. Seit fast zwei Jahrzehnten wächst die Wirtschaft jährlich um robuste sechs Prozent. Aufgrund der erfolgreichen Armutsbekämpfung soll Bangladesch Mitte dieses Jahrzehnts vom Status eines der am wenigsten entwickelten Länder der Welt auf die Ebene eines Entwicklungslands aufsteigen. Es bleibt zu hoffen, dass der Klimawandel diesen Positivtrend nicht durchbricht.

Weil Bangladesch vom Klimawandel besonders betroffen ist, engagiert es sich auf internationaler Ebene, etwa im Climate Vulnerable Forum. Diese Plattform der Süd-Süd-Kooperation hilft Regierungen von Ländern wie Bangladesch und den Philippinen, aber auch aus anderen Weltregionen, wie dem afrikanischen Kontinent oder Zentralamerika, nach Lösungen zu suchen und gemeinsame politische Positionen für die internationalen Klimaschutzverhandlungen zu erarbeiten. Die 48 teilnehmenden Staaten eint das Ziel, die globale Erwärmung auf 1,5 °C über dem vorindustriellen Niveau zu begrenzen und dafür auch die eigene Wirtschaft langfristig emissionsneutral aufzustellen. Auch wegen fehlender finanzieller Hilfen zur Transformation im Energiesektor sind Länder wie Bangladesch hiervon noch weit entfernt, der Anteil erneuerbarer Energien im Strommix beträgt weniger als zehn Prozent.

Obwohl die im Pariser Abkommen festgelegte untere Temperaturgrenze von 1,5 °C mit jedem Jahr wachsender Emissionen unwahrscheinlicher einzuhalten sein wird, ist sie für stark exponierte Länder von enormer Wichtigkeit. Denn in von tropischen Stürmen betroffenen Ländern wie Bangladesch oder den Philippinen werden die Grenzen der Anpassung offenkundig. Steigen Sturmfrequenz und -intensität ungebremst an, werden Menschen in vielen Küstengebieten nicht mehr sicher leben können.

Bereits in der vergangenen Dekade hat sich eine Reihe von Superstürmen weltweit ins kollektive Gedächtnis gebrannt: 2015 verwüstete Hurrikan »Patricia« Teile Mexikos. Er war der stärkste tropische Zyklon der westlichen Hemisphäre. Zyklon »Winston« zerstörte 2016 Küstenstriche Fidschis und war einer der verheerendsten tropischen Stürme der südlichen Hemisphäre. 2017 löste Hurrikan »Irma« große Fluchtbewegungen in der Karibik aus und ließ Barbuda in Trümmern zurück. 2019 rief Zyklon »Idai« schwerste Schäden in Ostafrika hervor, als er von den Küstenstrichen Madagaskars und von Mosambik aus weit ins Inland von Malawi und Simbabwe vorstieß und dort mit durch ihn hervorgerufene große Wassermassen Ernten vernichtete.

Daran wird deutlich: Schon heute werden Jahr für Jahr Tausende, wenn nicht Hunderttausende Menschen aufgrund von Wirbelstürmen vertrieben, suchen Zuflucht in Notunterkünften und informellen Siedlungen, um beim nächsten Extremwetterereignis wieder weiterziehen zu müssen. Anpassung an den Klimawandel setzt somit für viele voraus, mobil zu sein, um das eigene Überleben zu sichern.

These

Aufeinanderfolgende Superstürme könnten exponierte Gebiete langfristig entvölkern. Fortschritte im Katastrophenschutz in asiatischen Ländern sind wegweisend für die Bewältigung unterschiedlicher Extremereignisse in Europa.

6 FEUER IM REGENWALD – BIODIVERSITÄTSKRISE IM AMAZONASBECKEN

Brasilien: Hüter des Amazonasbeckens ■ Unermüdliche Aktivisten ■ Klimawandel und Artenverlust ■ Die Rolle der Vielfalt ■ Planetare Gesundheit ■ Peru: drei Vegetationszonen und noch mehr Herausforderungen ■ Lima: Stadt ohne Wasser ■ Der unbarmherzige Junge: El Niño ■ Ausgrenzendes Wachstum ■ Dienste des Wetters ■ Wandernde Bäume, arme Glücksritter und ölige Wunden ■ Die Zukunft unserer Überlebensnische

Blickt man auf ein Satellitenbild Lateinamerikas, scheint der gewaltige Amazonasregenwald, der sich über Brasilien, Peru, Kolumbien und zu kleineren Teilen in weitere Nachbarländer erstreckt, unverletzlich. Doch beim näheren Hineinzoomen treten sogleich die offenen Wunden dieses majestätischen Ökosystems hervor: Schnurgerade Straßen ziehen sich immer tiefer in den Wald. Sie ebnen den Weg zur Holzwirtschaft, die breite Schneisen in das dichte Grün schlägt.

Momentan bedeckt der Amazonasregenwald noch knapp die Hälfte des brasilianischen Staatsgebiets – eine riesige, unschätzbare Ressource, die zugleich eine enorme Artenvielfalt beherbergt. 80 Prozent der dort vorkommenden Arten tummeln sich in 20 Prozent der terrestrischen, überwiegend tropischen Regionen, mit der weltweit größten Vielfalt im Amazonasbecken und den angrenzenden Anden. Auch deswegen müssen die zentral gelegenen Waldgebiete besonders geschützt werden – es gilt das unersetzbare Naturerbe zu sichern. Im Jahr 2022 stellt jedoch eine Studie fest: Der Amazonaswald verliert dramatisch an Widerstandskraft, ausgelöst durch Rodungen und Brände sowie begünstigt durch klimatische Veränderungen.[1] Diese Entwicklung muss uns extrem beunruhigen, schließlich ist der Wald ein wichtiges Regulativ im gesamten Klimasystem. Durch ihn entstehen fliegende Flüsse (»flying rivers«), die Wasser in der Atmosphäre transportieren. Wie muss man sich das vorstellen? Bei Milliarden von Bäumen bilden sich aufgrund der Verdunstung große Wassermassen in der Luft, die Wasserströme über dem Atlantik ansaugen und dafür sorgen, dass diese in das südamerikanische Niederschlagssystem mit einfließen. Die Wasserströme wiederum ergießen sich über Argentinien und Chile bis hin nach Patagonien, wo sie derzeit noch zuverlässig Niederschlag sicherstellen. Allerdings drohen sie durch die Austrocknung abzureißen, denn die Sogwirkung wird immer geringer. Der Erhalt des Amazonasregenwalds ist somit entscheidend für Wasserkreisläufe.

Der Tropenwald speichert zudem Kohlenstoff, der aus der Atmosphäre absorbiert wird, in großen Mengen. Wissenschaftler:innen schlagen nach intensiven Beobachtungen und Analysen aber immer häufiger Alarm, denn in den vergangenen zehn Jahren hat der Amazonasregenwald ein Fünftel mehr CO_2 abgegeben als aufgenommen.[2] Diese erschreckende Kehrtwende ist auf mehrere zusammenhängende Dynamiken zurückzuführen. Im Vordergrund steht eine qualitative Veränderung des Waldes, dessen Zustand sich zunehmend verschlechtert. Steigende Temperaturen, Feuer, die Zerstückelung des Waldes durch Straßenbau und wirtschaftliche Erschließung untergraben das komplexe Ökosystem und reduzieren seine Artenvielfalt. Die Biomasse nimmt ab, noch bevor der Wald völlig verschwindet.

Der andere große Treiber ist die Abholzung und damit die großflächige Zerstörung des Regenwalds, der mehr und mehr Platz macht für Rinderzucht und als Anbaufläche für Soja und andere Nutzpflanzen dient. Zwischen August 2020 und Juli 2021 wurden 10 476 km^2 Regenwald vernichtet, was dem höchsten Wert seit einem Jahrzehnt entspricht.[3] Auch andere Gebiete Brasiliens sind von der wirtschaftsgetriebenen Zerstörungswut betroffen. So standen 2020 in dem Biodiversitätshotspot Pantanal, einem Feuchtgebiet südwestlich des Amazonasgebiets, die größten Flächen seit Beginn der Aufzeichnungen in Flammen. Die zunehmende Trockenheit dort führt dazu, dass kleine Brandrodungen von Viehzüchter:innen schneller außer Kontrolle geraten. Die bisherigen Praktiken sind für ein unter Druck geratenes Ökosystem nicht mehr tragfähig.

Der Amazonasregenwald zählt zu den Kippelementen im Erdsystem. Durch eine Abholzung von 20 bis 40 Prozent oder eine Erderwärmung um 4 °C könnte er sich in eine Savannenlandschaft verwandeln. Diesem Punkt nähert sich der Wald sichtbar an, bis 2019 wurden schon mehr als 17 Prozent abgeholzt, seitdem setzt sich die Zerstörung fort, mit immer neuen Höhepunkten.[4]

Ein Problem dabei: Wenn ein solcher Kippprozess erst einmal begonnen hat und offenkundig zutage tritt, ist es für Rettungsmaßnahmen bereits zu spät. Deswegen besteht akuter Handlungsbedarf, um diese Katastrophe gerade noch rechtzeitig abzuwenden, denn die völlige Zerstörung einer so wichtigen Kohlenstoffsenke und die Disruption des Niederschlagssystems auf dem südamerikanischen Kontinent würden weltweite Folgen nach sich ziehen. Doch statt das Gebiet zu schützen, passiert das Gegenteil. Die brasilianischen Politiker:innen der Bolsonaro-Regierung betrachten den Regenwald vielmehr als Ressource, die kurzfristig gewinnbringend ausgebeutet werden soll.

Brasilien: Hüter des Amazonasbeckens

Der 10. August 2019 geht als schwarzer Tag in die Geschichte Brasiliens ein. An diesem Tag lassen Großgrundbesitzer im Amazonasregenwald an vielen Stellen Feuer legen, um Tatsachen zu schaffen. Die verbrannten Flächen sollen der Agrarwirtschaft dienen. Es handelt sich um eine ultimative Attacke auf den Urwald, der noch längst nicht vollkommen erforscht ist und noch viele Geheimnisse birgt. Angeblich hat das Umweltministerium in Brasilia Kenntnis über die Absprachen der Großagrarier gehabt, unternahm jedoch nichts, um die Kriminellen zu stoppen. Anstatt den Brand zu bekämpfen und bessere Schutzstrukturen zu etablieren, agieren bestimmte brasilianische Regierungspolitiker:innen lieber nach der Methode »Whataboutism«. »Whataboutism« ist der ständige Verweis auf andere, ähnlich gelagerte Probleme, um von der eigenen Verantwortung abzulenken. So werden, während der Amazonasregenwald in Flammen aufgeht, andere Umweltprobleme ins Feld geführt, um die Diskussion zu verwässern. Es heißt zum Beispiel: »Was ist mit den Wäldern in Deutschland, Russland, Australien oder Portugal? Was ist mit der Plastikverschmutzung im Ozean?« In der Argumentation der Bolsonaristas spielt es auch keine Rolle, dass es aus Artenschutzperspektive nicht dasselbe ist, ob ein Tropenurwald brennt oder eine Nadelbaummonokultur in Europa in Flammen steht. Die brasilianische Regierung brüstet sich sogar damit, dass im Gegensatz zu Waldbränden in anderen Ländern in Brasilien bisher niemand zu Tode kam. Krankheiten und Langzeitschäden durch die Anwendung von Pestiziden und Entwaldungsmitteln im Vorfeld der absichtlich gelegten Brände werden gern verschwiegen.

Erst nach massiver Kritik aus dem Ausland, etwa durch den französischen Staatspräsidenten Emmanuel Macron, der zu diesem Zeitpunkt den G7-Vorsitz innehatte, schickte die Regierung Militär in das

Gebiet. Reine Symbolpolitik, denn die Soldat:innen waren weder ausgebildet noch ausgerüstet, um den Feuersturm zu stoppen. Durch große Trockenheit breiten sich die Brände ohnehin rasend schnell aus. Selbst vom Weltraum aus sind die lodernden Flammen sichtbar.

Weniger als ein Jahr später wird am 22. April 2020 auf einem internen interministeriellen Treffen in Brasilien über die Deregulierung der Umwelt gesprochen. Eigentlich ist das Treffen angesetzt, um das Konjunkturprogramm »Pró Brasil« zu diskutieren. Doch schnell wird deutlich: Die Coronapandemie soll dazu genutzt werden, Umweltgesetze zu entschärfen und den Wirtschaftsinteressen im Regenwaldgebiet freien Lauf zu lassen, während die öffentliche Aufmerksamkeit auf die Pandemie gerichtet ist. Die Inhalte des Gesprächs wurden nur bekannt, weil ein Richter sie aufgrund einer Ermittlung gegen die Familie des brasilianischen Staatspräsidenten Jair Bolsonaro freigab.

Die Redebeiträge der Minister lassen sich nur schwer übersetzen, denn die verwendeten Formulierungen sind laienhaft und unpräzise. Warum das so ist, eröffnet Raum für Spekulationen. Die eine Interpretation lautet, dass sich die Minister absichtlich ungenau ausdrücken, um eine Nebelwand vor ihre brandgefährliche Politik zu ziehen. Die andere Interpretation zielt schlicht auf ein Unvermögen der Steigbügelhalter Bolsonaros, sich einer normalen Sprache zu bedienen. So beschwert sich etwa der brasilianische Umweltminister Ricardo Salles über die Intervention der Gerichte, die gegen verfassungswidrige Umweltderegulierung und -zerstörung vorgehen: »[…] es ist sehr schwierig. In dieser Hinsicht halte ich die Umwelt für am schwierigsten, irgendeine infrastrukturelle Änderung zu verabschieden. Es geht um normative Anweisungen und Vorschriften. Denn alles, was wir tun, ist am nächsten Tag ein Problem in der Judikativen.« Umweltminister Salles nutzte schon die Diskussion um Fleischkonsum und Entwaldung bei den internationalen Klimaschutzverhandlungen 2019 in Madrid für eine Provokation. In den sozialen Medien veröffentlichte er ein Foto von einem riesigen Rindersteak mit der dümmlichen Unterschrift: »Ein vegetarisches Essen als Kompensation für die Emissionen«.

Sein Counterpart im Bildungsministerium, Minister Abraham Weintraub, der zuvor Banker war, verhöhnt bei dem interministeriellen Treffen in Brasilia nicht nur die Umweltschützer, sondern beleidigt überdies die Menschen, die durch den Landraub der Großgrundbesitzer vertrieben werden: »Ich hasse den Begriff ›indigene Völker‹, ich hasse diesen Begriff. Ich hasse ihn. Das ›Zigeunervolk‹. Es gibt nur ein Volk in diesem Land. [...] Es ist das brasilianische Volk – es gibt nur ein Volk. Sie können schwarz, weiß, japanisch oder indigener Abstammung sein, aber sie müssen Brasilianer sein. Schluss mit der Sache mit den Völkern und Privilegien.« Damit plädiert er für eine komplette Assimilierung der indigenen Völker. Dahinter stehen wirtschaftliche Interessen an Landflächen, die den Indigenen zugesprochen wurden, zu deren Lebensraum sie seit Jahrhunderten gehören. Weintraub war aufgrund seiner Kaltschnäuzigkeit und seiner provozierenden Äußerungen schon mehrfach in den Negativschlagzeilen. Weil er unter anderem die brasilianischen Verfassungsrichter als Penner bezeichnete, die ins Gefängnis gehörten, musste er schließlich zurücktreten. Vorher nutzte er noch seinen diplomatischen Pass, um während der coronabedingten Reisebeschränkungen in die USA auszureisen. Doch sein Rücktritt als Bildungsminister schadete ihm nicht. Im Gegenteil. Schon bald darauf erhielt er den Posten eines Exekutivdirektors bei der Weltbank in Washington, D. C., in den Vereinigten Staaten.

Die antiindigene und umweltzerstörerische Agenda der Bolsonaro-Regierung ist sowohl mit Worten als auch mit Taten belegt. Seine rassistische Gesinnung ließ der brasilianische Staatspräsident schon lange vor seinem Amtsantritt erkennen, als er vor einem Journalisten 1998 Folgendes zu Protokoll gab: »Die brasilianische Kavallerie war sehr inkompetent. Kompetent war hingegen die nordamerikanische Kavallerie, die in der Vergangenheit ihre Indianer dezimierte und heute dieses Problem in ihrem Land nicht mehr hat.« Tatsächlich lebten vor der Kolonialisierung Südamerikas im Amazonasgebiet laut Schätzungen mehrere Millionen Indigene, deren Zahl danach drastisch abnahm – durch Ermordung, Vertreibung und die Verbreitung von Krankheiten. Die Ausrottung indigener Völker setzte sich über

Jahrhunderte auf unterschiedliche Weise fort; so vergifteten Mitarbeiter der brasilianischen Schutzbehörde für Indigene (Serviço de Proteção ao Índio, SPI) ganze Stämme mit arsenversetztem Zucker, wie der ›Spiegel‹ 1968 berichtete.[5] Heute gefährden vor allem indirekte Faktoren wie Umweltzerstörung, Landraub und Klimafolgen diese Gruppen und vertreiben sie von ihren Gebieten. Aber es kommt auch immer wieder zu teils tödlich endenden Gewalttaten gegenüber indigenen Umweltaktivist:innen.

Gleich zu seinem Amtsantritt 2019 ergriff Bolsonaro eine Reihe von Maßnahmen, um die Rechte indigener Völker zu beschneiden und die Waldgebiete für die Interessen korrupter Eliten zu öffnen. So wurden die Kompetenzen der für indigene Angelegenheiten zuständigen Behörde FUNAI (Fundação Nacional do Índio, dt.: »Nationale Stiftung des Indios«), der Nachfolgeorganisation der verbrecherischen SPI, per Dekret eingeschränkt. Die Behörde wurde aus dem Justizministerium herausgelöst und dem deutlich weniger mächtigen Familienministerium des Landes unterstellt. Dieses Ministerium leitet eine evangelikale Pastorin, die glaubt, Jesus hätte in einem Guavenbaum zu ihr gesprochen. Gleichzeitig beschloss der Präsident, die Zuständigkeit der Behörde, Territorien indigener Völker festzulegen und gegenüber anderen Flächen abzugrenzen, dem Landwirtschaftsministerium zuzuschlagen, das die Interessen der machtvollen Agrarlobby in Brasilien schützt. Die in der brasilianischen Verfassung vorgesehene Demarkierung von Flächen bedeutet einen gewissen Schutz, da Großunternehmer:innen in diesen Gebieten nicht ohne Weiteres Landwirtschaft oder Minen betreiben können. Diese Flächen dienen ausschließlich der Nutzung durch Mitglieder indigener Gruppen.

Begriffe wie »indigene Gruppen« oder »Völker« umfassen dabei selbst innerhalb Brasiliens extrem heterogene Kulturen mit eigenen Sprachen und unterschiedlichen Weltauffassungen. Der Online-Duden definiert indigen wie folgt: »die erste, ursprüngliche Bevölkerung eines Gebiets (meist außerhalb Europas) betreffend oder diesem zugehörig«. Wie Staaten indigene Völker anerkennen und welche Rechte sie ihnen zusprechen, kann jedoch sehr unterschiedlich sein. Obwohl indigene Personen schätzungsweise nur etwa 5 Prozent der Weltbevölkerung ausmachen, sprechen sie 4000 der weltweit 7000 lebenden Sprachen. Somit bewahren sie auch eine kulturelle und gesellschaftliche Diversität, die nicht verloren gehen darf.

Viele Landflächen, die von indigenen Gruppen verwaltet werden, weisen eine höhere Biodiversität auf als andere Gebiete.[6] Die Gründe dafür variieren je nach Region. So können Aspekte der generationenübergreifenden Nutzung von Land und die kulturelle Wertschätzung natürlicher Ressourcen eine Rolle spielen. Aber auch fehlender Zugang zu industriellen, ausbeuterischen Formen der menschlichen Entwicklung kann dazu beitragen, dass Ressourcen nicht übernutzt werden. Werden Flächen unter so strengen Schutz gestellt, dass keinerlei Nutzung erlaubt ist, führt dies unter Umständen zu Interessenkonflikten mit indigenen Gruppen. Einerseits bedeutet Naturschutz also Einschränkung, auch für lokale Gemeinden. Andererseits eröffnet er zukünftigen Generationen Perspektiven.[7] Nur etwa ein Fünftel aller indigenen Gebiete unterliegt formellen Landrechtssystemen. Ihre Bewohner laufen somit ständig Gefahr, Landraub zum Opfer zu fallen und ihre angestammten Flächen zu verlieren. Werden sie »erschlossen«, also gerodet, verschärft dies wiederum den Klimawandel, sodass nur wenige Menschen kurzfristig profitieren, aber viele die Folgen von Landgier und Vertreibung langfristig tragen müssen.

Unermüdliche Aktivisten

In Brasilien sind die indigenen Völker die wahren Hüter des Regenwaldes. Eine Studie aus dem Jahr 2020 belegt, dass Flächen, die formellen Landnutzungstiteln unterliegen und indigenen Gruppen zugeschrieben sind, deutlich weniger stark entwaldet sind als andere Flächen.[8] Unter Bolsonaro und auch schon unter seinem Vorgänger, Ex-Präsident Michel Temer, wurden jedoch keine weiteren Formalisierungen von Landtiteln für indigene Gruppen vorgenommen. Deswegen wächst der Widerstand von indigenen Aktivist:innen, die sich in großen Protestaktionen in der Hauptstadt Brasilia und mit Aufrufen der jüngeren Generation in den sozialen Medien heftig zur Wehr setzen.

Eine von ihnen ist Alice Pataxó, die auf Plattformen wie Instagram für mehr Klima- und Umweltschutz wirbt und über Vorurteile gegenüber indigenen Personen aufklärt. Zusammen mit Gleichgesinnten demonstriert sie gegen die Agrarwirtschaft, die immer tiefer in Waldgebiete vordrängt, und gegen die Bolsonaro-Regierung, die versucht, Indigenen ihre Rechte zu entziehen. Ein 2022 eingebrachter Gesetzesvorschlag etwa sieht vor, in den von Indigenen genutzten Territorien wirtschaftliche Aktivitäten wie Rohstoffabbau zuzulassen.

Der Amazonas ist bereits heute ein Dorado für alle möglichen illegalen Unternehmungen, gegen die die Regierung nichts unternimmt. Das gilt für die Rodung wertvoller Tropenhölzer ebenso wie für den Betrieb von Goldminen auch innerhalb von Reservaten. Käme das Gesetz durch, würden die zerstörerischen Kräfte weiter Auftrieb erhalten. Aktivist:innen, die sich gegen die Holz- und Agrarwirtschaft stellen, leben gefährlich. Immer wieder werden indigene Personen ermordet, wie der Waldschützer Jorginho Guajajara aus dem Volk der Guajajara im brasilianischen Amazonasgebiet, der 2018 von Holzfällern getötet wurde.

Dem Staatspräsidenten Bolsonaro ist jedes Mittel recht, um die brasilianische Agrarlobby zu stärken. So werden der Krieg in der Ukraine und die daraus entstandenen Preissteigerungen für Düngemittel als Vorwand genutzt, den Raubbau an indigenem Grund und Boden zu rechtfertigen. Im Amazonasgebiet sollen angeblich Kali-Düngemittel für die Landwirtschaft abgebaut werden, auch wenn der Rohstoff Kalium in anderen Teilen Brasiliens in viel größeren Mengen vorhanden ist. Dahinter steht die Deregulierungsagenda, die den Wirtschaftseliten nützt und indigenen Gruppen die Lebensgrundlagen entzieht.

Fotografien des Wandels

Ein unermüdlicher Zeuge der Zerstörung und Dokumentarist der Vielfalt ist der 2019 mit dem Friedenspreis des deutschen Buchhandels ausgezeichnete brasilianische Fotograf Sebastião Salgado. Zusammen mit seiner Frau Lélia Wanick Salgado veröffentlichte er einen atemberaubenden Bildband über das Amazonasgebiet, ›Amazônia‹, nachdem er auf mehreren Reisen in sehr entlegene Gebiete die faszinierende Schönheit des Regenwalds eingefangen hatte.[9] Aus seinen Bildern sprechen Anmut und Würde der Menschen, die diesen Lebensraum bewohnen. Im Vorwort des Buchs drückt Salgado die Hoffnung aus, dass es nicht zu einem Zeugnis »verlorener Welten« wird, sondern dass die Kultur und die Natur des Amazonasgebiets eine Zukunft haben.

Als ich Salgado und seine Frau 2015 zusammen mit Hans Joachim Schellnhuber in Berlin treffe, wird schnell klar, wie tief das Wissen des Fotografen um den Zustand der Erde reicht und wie stark sich das Ehepaar mit Mensch und Natur verbunden fühlt. Die Begegnung mit ihnen beeindruckt mich nachhaltig.

Zu den bekanntesten Fotografien Salgados zählen seine Aufnahmen von Vertreibung und Flucht, in seinem Werk ›Exodus‹ etwa die Bilder vom Genozid in Ruanda, vom Wirbelsturm »Mitch« in Honduras und vom Schicksal der vertriebenen landlosen Bäuerinnen und Bauern in Brasilien. 2015 kam Wim Wenders' Film ›Das Salz der Erde‹ in die Kinos, der Salgados Leben und Werk so einfühlsam wie bewegend nachzeichnet. Tief getroffen von den Schreckensseiten und der Zerstörungswut der Menschheit, die er fotografisch auf vielen seiner Reisen festgehalten hatte, widmete sich Salgado dem Projekt »Genesis«, mit dem er die andere Seite, also die noch fast unberührte Natur, einfing. Aber er setzte auch ganz praktisch ein Zeichen. Ende der 1990er Jahre gründete er auf der Farm seiner Eltern im brasilianischen Bundesstaat Minas Gerais das Instituto Terra mit dem Ziel, die zerstörten Gebiete der atlantischen Regenwälder durch Neubepflanzung wiederzubeleben. Die dem Institut angeschlossene Baumschule kann jährlich etwa eine Million Setzlinge produzieren. Innerhalb von zwei Jahrzehnten wurden so mehr als 2100 Hektar Land wiederaufgeforstet. Zudem unterstützt das Institut umliegende Landwirtschaftsbetriebe darin, einen Teil ihrer Grundstücke zu bewalden und ihr Einkommen zu diversifizieren.

Einige von Salgados Amazonas-Fotografien waren 2021 während der internationalen Klimaschutzverhandlungen in Glasgow zu sehen. Die von brasilianischen Aktivist:innen organisierte Ausstellung im gemieteten »Brazil Climate Action Hub«-Pavillon bot einen starken Kontrast zum offiziellen Pavillon der Nationalregierung des Landes, denn mit seinen Bildern öffnet Sebastião Salgado den Menschen die Augen für die Wunden, die der Natur bereits zugefügt wurden, und zugleich zeigt er die unendliche Schönheit unserer Erde – eine Schönheit, die in ihrer Vielfalt unbedingt bewahrt werden muss.

Klimawandel und Artenverlust

»Was ist schlimmer, das Artensterben oder der Klimawandel?«, wird oft gefragt. Die Differenzierung in der Frage ist allerdings in sich falsch, denn intakte Ökosysteme brauchen ein stabiles Erdklima, und Tier- und Pflanzenarten tragen zu natürlichen Kreisläufen der Erde bei. Statt vom Artensterben sprechen Wissenschaftler:innen eher vom Verlust der Biodiversität, denn dieser Begriff umfasst nicht nur die Vielfalt der Arten, sondern im Kleinen auch die genetische Vielfalt innerhalb von Artengruppen und im Großen die gesamte Vielfalt an Ökosystemen. Die genetische Vielfalt macht Populationen von Arten resilienter gegenüber Veränderungen, und eine gesunde Artenvielfalt wiederum macht Ökosysteme resilienter, zum Beispiel gegenüber den Dynamiken der Klimaveränderungen.

In seinem Sechsten Sachstandsbericht macht der IPCC (Intergovernmental Panel on Climate Change), genauer, die Arbeitsgruppe II des Gremiums, auf die Folgen des Klimawandels für die Biodiversität aufmerksam.[10] Die Erforschung dieser Zusammenhänge verzweigt sich in viele Bereiche, da die Artenvielfalt, wie bereits am Fall Brasiliens geschildert, aufgrund vielerlei menschlicher Einflüsse unter Druck steht. Der Verlust von Lebensraum durch Rodungen, toxische Belastungen, Eintrag von Düngemitteln und Pestiziden in Flüsse und Ozeane, Plastikverschmutzung, Versiegelung von Böden – dies alles sind Beispiele für die gefährlichen Stellschrauben, an denen der moderne Mensch seit Jahrzehnten dreht.[11] Deswegen ist eine isolierte Betrachtung der Folgen des Klimawandels für die Artenvielfalt und damit auch für die künftigen Lebensräume des Menschen kaum möglich. Wir alle sind auf verschiedene Weise Teil des großen Experiments des Anthropozäns, des Erdzeitalters, in dem Menschen die Beschaffenheit der Natur maßgeblich beeinflussen.

Es besteht kein Zweifel daran, dass Klimafolgen Lebensräume zerstören, beispielsweise weil sie zu heiß für ihre Bewohner:innen werden. Sensible Moorlandschaften trocknen aus, häufige Waldbrände und Hitzewellen können bereits dezimierte Artenbestände weiter verkleinern oder ganz vernichten. Auch Überschwemmungen und Küstenerosion gefährden Tiere und Pflanzen, wie etwa die Bramble-Cay-Mosaikschwanzratte, die in Australien endemisch war und seit 2016 als ausgestorben gilt. Tropische Korallen, die nur in einem bestimmten Temperaturkorridor gedeihen, bleichen durch den Temperaturanstieg im Meer und die CO_2-getriebene Versauerung aus und sterben ab. Von intakten Korallenriffen, einem Ökosystem, das über Hunderte Millionen von Jahren sich entwickelt und bestanden hat und nun innerhalb weniger Dekaden ins Wanken gerät, profitieren derzeit weltweit aber noch etwa 500 Millionen Menschen, sei es durch Fischerei, Tourismus oder als Schutzwall gegen Sturmfluten. Verschwindet es, sind auch die Lebensgrundlagen unzähliger Menschen in Gefahr.

Auch der bisher fein getaktete Wechsel von Jahreszeiten in den temperierten Zonen der Erde gerät durch früher einsetzende Warmperioden und milde Winter aus seiner Balance. Zwar können sich bestimmte Arten in begrenztem Maß anpassen, beispielsweise einige Vögel, die nun früher brüten. Aber diese Änderungen reichen wahrscheinlich nicht aus, um ein Überleben bei steigendem Klimawandeldruck zu garantieren.[12] Allgemein gilt, je höher die globale Mitteltemperatur steigt, desto gravierender werden die Folgen für die Artenvielfalt sein. Ab einer Erwärmung über 1,5 °C steigen die Risiken für das Aussterben vor allem endemischer Arten, also solchen, die nur in bestimmten Ökosystemen vorkommen, deutlich an.[13] Somit zeigt sich auch an der Biodiversität, dass jedes zehntel Grad vermiedene Erwärmung zählt.

Die Rolle der Vielfalt

Der Krise des Erdsystems ist nicht allein dadurch beizukommen, dass man den Klimawandel in den Griff bekommt. Ein ganzheitlicher Ansatz erfordert, den Zustand von Ökosystemen mit einzubeziehen.

Bisher werden jedoch die außen-, wirtschafts- und industriepolitischen Prozesse, die zur Bewältigung der Krisen zusammenfließen müssen, kaum kohärent gedacht und noch seltener entsprechend implementiert. Die Journalisten Fritz Habekuß und Dirk Steffens ziehen in ihrem Buch ›Über Leben – Zukunftsfrage Artensterben: Wie wir die Ökokrise überwinden‹ folgendes Resümee: »Es scheint, als hätten die meisten Menschen heute weniger Angst vor dem Ende der Welt als vor dem Ende des Kapitalismus. Wie sonst ist es zu erklären, dass die erschreckenden Aussterbe-Zahlen des Weltbiodiversitätsrates nur mit einem Achselzucken quittiert werden, während eine drohende Wirtschaftsrezession Panik auslöst?«[14] Die Autoren fragen also: Wie sicher können wir uns fühlen, wenn zahlreiche Arten um uns herum aussterben?

Der Zusammenhang von Klima, Biodiversität und kultureller Diversität ist komplex. Was jedoch allein am Beispiel des Amazonasgebiets überdeutlich wird, ist die Tatsache, dass zahlreiche Antidiversitätsaktivitäten – etwa die Expansion von Agrarwirtschaft und Rohstoffgewinnung in zuvor intakter Natur – zu einer Reduktion biologisch-ökologischer und sozialer Vielfalt führen. Der Verlust biologischer Vielfalt ist äußerst dramatisch, denn mit ihr verlieren wir genetische Informationen, die über Jahrmillionen entstanden sind, zu Arten, die uns teilweise noch völlig unbekannt sind. Dies kommt dem wahllosen Löschen von Informationen auf der Festplatte der Natur gleich. Und die Vertreibung indigener Völker, um für Plantagen, Goldgewinnung und Rinder Platz zu machen, beginnt mit ihrer Entwurzelung und endet mit ihrer Zerschlagung. Viele Gruppen werden ausgelöscht, noch bevor ihre Kultur und ihr Wissen überhaupt erfasst werden konnten. Indigene Völker wiederum, die ihr Wissen an Fremde weitergeben, werden nicht selten Opfer von Biopiraterie, indem skrupellose Unternehmen dieses Wissen mit ihrem eigenen Namen patentieren lassen und daraus Gewinn schlagen, ohne die Urheber zu beteiligen.

Die über Jahrmillionen entstandene Vielfalt an Genen innerhalb von Artengruppen sorgt für eine gewisse Stabilität, weil durch sie der natürlichen Selektion mehr Raum und Dynamik erhalten bleibt, um auf Veränderungen zu reagieren. Man kann es so formulieren: Der Verlust an Diversität schwächt die Resilienz von Ökosystemen und die der menschlichen Gesellschaft gegenüber Klimafolgen sowie jene Strukturen, die zur Lösung ökologischer Krisen beitragen könnten. Ungehinderte Umweltzerstörung bedeutet letztlich die Vernichtung von biologischer Vielfalt, die wir nicht einmal ansatzweise erfasst haben, und auch die Vernichtung von Kulturräumen, die über Jahrhunderte gewachsen sind. In diesem Zusammenhang bekommen Flucht und Vertreibung eine völlig neue Dimension.

Das natürliche System bringen wir durch massive Eingriffe in die Biodiversität nun ins Wanken. Durch die Kommodifizierung einer Pflanzen- oder Tierart für den internationalen Markt findet eine weitgehende Homogenisierung statt. Obwohl beispielsweise Peru mehr als tausend Sorten von Mais und Kartoffeln hat, werden nur einige wenige für den Welthandel genutzt. Damit treten diese Sorten in Konkurrenz um Anbauflächen. Andere Arten und andere Anbauweisen bleiben außen vor, werden verdrängt.

Auch in Wäldern entfaltet sich diese fatale Dynamik. Anstatt den Wald als Ökosystem zu verstehen, seine Ressourcen in Bezug auf Medizin und Forschung für kommende Generationen zu bewahren, wird er abgeholzt und durch Monokulturen ersetzt. Dies kann man sowohl in Brasilien hinsichtlich des Sojaanbaus beobachten als auch bei uns in Deutschland hinsichtlich der Holzwirtschaft. Die Biodiversitätskrise ist kein Problem ferner Länder. Auch in der Bundesrepublik sind rund 30 Prozent aller Arten vom Aussterben bedroht. Da das Problem praktisch alle Länder betrifft, wird auf den internationalen Verhandlungen zum Schutz der Biodiversität darüber gestritten, welche allgemeinen Ziele dem Artenerhalt dienen können. Dazu gehört etwa die mögliche langfristige Verpflichtung, bis 2050 die Hälfte aller Flächen unter einen gewissen Schutz zu stellen.[15]

Doch ebenso wie der internationale Klimaschutz weist auch der weltweite Artenschutz nur wenige messbare Erfolge vor. Trotz verschiedener Abkommen scheiterte bisher eine effektive Implementierung von Maßnahmen. Wie lokaler Artenschutz für uns relevant werden kann, zeigt nicht zuletzt der Wildtierhandel in China, der mit größter Wahrscheinlichkeit Auslöser der Covid-19-Pandemie war. Trotz dieser Erkenntnis geschieht weiterhin zu wenig, um dem Verlust von Lebensräumen und Wildtierpopulationen und dem illegalen Handel Einhalt zu gebieten. Dabei sind gesunde Ökosysteme für Menschen überlebenswichtig.[16]

Planetare Gesundheit

Wie eng die Gesundheit von Menschen mit der Gesundheit des Erdsystems zusammenhängt, erfasst ein noch relativ neuer Forschungszweig, »Planetare Gesundheit« oder auch »One Health« genannt. Das Grundverständnis des Konzepts ist, dass für die Gesundheit des Menschen eine intakte Umwelt erforderlich ist, wie saubere Luft und sauberes Wasser, fruchtbare, unbelastete Böden oder klimatische Stabilität. Dabei geht es oft auch um die komplexen Interaktionen zwischen Klimafolgen, um die daraus entstehenden Schäden an Ökosystemen und um die Folgen für die menschliche Gesundheit. Die Probleme beginnen bereits mit der Verbrennung fossiler Energieträger, die unmittelbar für lokale Gesundheitsschäden verantwortlich sind. Die WHO schätzt, dass jedes Jahr 4,2 Millionen Menschen aufgrund von Außenluftverschmutzung und 3,8 Millionen wegen Innenluftverschmutzung sterben.[17] Einige Wissenschaftler:innen gehen sogar davon aus, dass mehr als 8 Millionen Menschen jährlich allein aufgrund der Außenluftverschmutzung durch die Verbrennung fossiler Energieträger vorzeitig ihr Leben verlieren.[18] Zwar ist fast jeder Bewohner des Erdballs (99 Prozent!) von schlechter Luftqualität betroffen, aber einige Regionen und vor allem bestimmte Städte wie Kairo oder Neu-Delhi weisen besonders dramatische Werte auf.[19]

Die indirekten Effekte fossiler Brennstoffe, von denen dieses Buch weitestgehend handelt, wirken noch lange nach. CO_2 verbleibt mehrere hundert Jahre in der Atmosphäre. Das Treibhausgas kann also noch viele weitere Menschenleben fordern. Hitzetote, die stärkere Verbreitung übertragbarer Krankheiten wie Malaria, Verletzungen durch Stürme und auch psychische Erkrankungen gehören zu den vielfältigen Folgen des Klimawandels für die Gesundheit. Und laut dem renommierten Lancet Countdown werden es immer mehr.[20] Direkt oder indirekt nehmen sie auch Einfluss auf Migrationsentscheidungen.[21] Schleichende Risiken durch Hitze oder Luftverschmutzung werden häufig über längere Zeiträume in Kauf genommen. Lebensbedrohliche Stürme lösen hingegen eine plötzliche Fluchtbewegung aus. Menschen mit Behinderungen oder akut Erkrankte sind bei Extremwetterereignissen auf besonderen Schutz angewiesen. Betroffene brauchen dann möglicherweise externe Hilfe, um sich fortzubewegen. Diese notwendige Hilfe sollte in Evakuierungsplänen und im Katastrophenmanagement gleich mit angelegt sein, sonst wiederholen sich Tragödien wie die in Sinzig bei der Ahrtalflut im Jahr 2021.

Durch eine Migration kann sich der Zugang zu Gesundheitsdienstleistungen verbessern oder auch verschlechtern. Ebenso drohen während der Migration Gesundheitsrisiken, denen die Menschen vorher nicht ausgesetzt waren. In den Großstädten Brasiliens etwa stranden viele Migrant:innen aus dem Hinterland und dem gesamten lateinamerikanischen Kontinent. Doch wer keine gute Ausbildung hat, dem steht ein hartes Leben bevor. Vertriebene unterschiedlichster Herkunft hausen in den Außenbezirken der Amazonasstadt Manaus in informellen Siedlungen: Haitianer, Indigene, Venezolaner; sie alle werden regelmäßig aus ihren Armutssiedlungen wieder fortgejagt.

Viele von ihnen sind über weitverzweigte Busrouten des lateinamerikanischen Kontinents in Brasilien gelandet. So verbindet Brasilien und Peru nicht nur der Amazonasregenwald, sondern auch die längste Busroute der Welt, die von Rio de Janeiro in etwa 100 Stunden nach Lima, der Hauptstadt Perus, führt. Die Route wurde oft von peruanischen Migrant:innen genutzt, die aus den ländlichen Gebieten in den frühen 2010er Jahren nach Brasilien kamen, um in den Großstädten Arbeit zu suchen. Inzwischen kehren viele aus dem krisengeplagten Land wieder in ihre Heimat zurück. Wenn in Peru die Arbeitsmarktchancen auch nicht viel besser stehen, sind zumindest die Lebenshaltungskosten dort deutlich niedriger.

Peru: drei Vegetationszonen und noch mehr Herausforderungen

Staubig-trockenes Küstenhochland, majestätisches Andengebirge mit Gletscherseen und der tropische Regenwald – die Vielfalt der Landschaft Perus im Westen Lateinamerikas beeindruckt jeden Besucher, jede Besucherin. Weil sich am Beispiel dieses Landes die Herausforderungen des Klimawandels in ganz unterschiedlichen Vegetationszonen ablesen lassen, ist es Ziel unseres vom Bundesumweltministerium geförderten Projekts East Africa Peru India Climate Capacities (kurz EPICC), mit Wissenschaftler:innen aus Peru Forschungsfragen zu Klimafolgen auf die Land- und Wasserwirtschaft zu entwickeln und die Auswirkungen des Klimawandels auf die Binnenmigration zu analysieren. Wie verschieden die Zusammenhänge von Klimafolgen und Migration in Peru sein können und welche Konsequenzen sie für das Wohlbefinden von betroffenen Personen haben, das hat mein Kollege und früherer Mitstreiter im Potsdam-Institut für Klimafolgenforschung, Jonas Bergmann, erforscht.[22]

Im peruanischen Regenwald führte Bergmann Interviews mit Personen, deren Lebensgrundlagen aufgrund von Flussbettübertritten massiv gefährdet waren. Zwei kleine Dörfer in der Provinz San Martin, im Norden des Landes, waren besonders stark betroffen. In einem Fall gelang es den etwa 150 Bewohner:innen nach vielen Jahren, eigenes Land zu erwerben und sich so eine kleine Existenzgrundlage zu schaffen, ein Minimum an Sicherheit. Auf Hilfe von außen – durch den Staat oder nichtstaatliche Organisationen – konnten sie sich dabei nur sehr begrenzt verlassen. »Alles, was wir haben, das wenige, das wir haben, verdanken wir uns selbst«, sagte ihm eine Anwohnerin.[23]

Die andere Dorfgemeinschaft, mit etwa 700 indigenen Einwohnern, harrt immer noch in dem überflutungsgefährdeten Ort aus. Weil sie nicht genügend Geld für einen Landkauf besitzt, hat sie 2015 staatliche Hilfen zur Umsiedlung beantragt. Diese wurden ihr zwar versprochen, doch nachdem lokale Behörden auch offiziell das Gebiet als unbewohnbar deklariert hatten, passierte nichts mehr. Die strukturell benachteiligten Menschen, deren Hütten in unmittelbarer Nähe zum Fluss stehen, leben in ständiger Angst vor der nächsten Flut.[24] Sie haben keine Möglichkeit, ihre Rechte einzufordern und durchzusetzen.

Die peruanische Regierung hat Umsiedlungen aus Gefahrenzonen zu einem wichtigen Instrument der Katastrophenvorsorge erkoren. Gleichwohl fehlt es an Mitteln, Kapazitäten und oft genug am politischen Willen, den besonders betroffenen Ansiedlungen zu helfen. Gerade marginalisierte Gruppen wie Indigene erhalten wenig Unterstützung und sind noch mehr als andere den sich verschlechternden Umweltbedingungen ausgesetzt. Doch es gibt Nichtregierungsorganisationen, die das Leid der armen Landbevölkerung zu lindern versuchen und ihr abseits der Städte neue Perspektiven erschließen.

Bei unserem Aufenthalt im Rahmen eines Workshops für unser EPICC-Projekt in Peru im Jahr 2018 besuchen Jonas Bergmann und ich in Lima das Büro der Caritas, die Projekte im ganzen Land betreibt und deren Hauptsitz an einer staubigen Straße mit dem damals noch assoziationsfreien Namen »Calle Omicron« liegt. Wir sind beeindruckt von der Vielfalt der Projekte dieser katholischen Hilfsorganisation, die stark auf das Empowerment von Kommunen setzt. So werden kleine Kaffeeanbaubetriebe in die Lage versetzt, ihre Produkte auf einem größeren Markt zu vertreiben. Technische Ausbildung, kaufmännisches Training und ausgesuchte Materialien sind wichtige Voraussetzungen für die Vermarktung.

Auch einer Gruppe von Ananasbauern half die Caritas. Durch den Zusammenschluss mehrerer Bäuerinnen und Bauern sowie Investitionen in besseres Equipment und organisatorische Weiterbildungen konnte ihr Anbau fast verdoppelt werden. Statt die Früchte für Säfte zu pressen, werden sie nun im Ganzen verkauft. Das steigert die Umsätze und schafft schließlich neue Arbeitsplätze. Diese Hilfe ist gerade jetzt von großer Bedeutung, weil die Auswirkungen der Coronapandemie das Land in seiner Entwicklung um ein Jahrzehnt zurückgeworfen haben.

Der peruanische Arm der Caritas betreibt über die klassischen Maßnahmen der ländlichen Entwicklung hinaus auch Projekte zur

Minimierung von Klimarisiken. So wurden etwa Frühwarnsysteme für hydrologische Extremereignisse etabliert und Informationen über kommunales Risikomanagement in Workshops vermittelt. Da sie mit verschiedenen lokalen Gruppen zusammenarbeiten, wissen die Mitarbeiter:innen, wo man Informationen zu klimabedingten Vertreibungen einholen kann. Bevor wir uns von ihnen verabschieden, kaufen wir etwas Kaffee aus einem der laufenden Projekte, der uns später zurück in Deutschland in seiner geschmacklichen Intensität noch verblüffen wird.

In den darauffolgenden Jahren erarbeiten wir in Zusammenarbeit mit der Internationalen Organisation für Migration (IOM) einen Risikobericht, der das bestehende Wissen um Klimafolgen in Peru und ihre Auswirkungen auf Binnenmigration im Land zusammenfassend analysiert.[25] Die Projektionen über zukünftige Klimarisiken verheißen nichts Gutes. So ergeben unsere Recherchen, dass das Land von drei verschiedenen und möglicherweise parallel auftretenden, nie zuvor dagewesenen Gefahren betroffen sein könnte, falls die globale Erwärmung auf 4 °C Celsius zusteuert. Jede geografische Zone birgt dabei unterschiedliche Risiken.

Erstens: die Überschreitung thermoregulatorischer Grenzen im Amazonasgebiet. Solche Grenzen können zum Beispiel durch die sogenannte Wet Bulb Globe Temperature ausgemacht werden. Diese Maßeinheit wurde vom US-amerikanischen Militär entwickelt, um Hitzetote bei Übungseinsätzen zu verhindern. Sie umfasst Größen wie Temperatur, Windstärke, Sonneneinstrahlung und Luftfeuchtigkeit. Wird es durch die globale Erwärmung zu heiß und zu feucht, können sich Menschen nicht mehr länger im Freien aufhalten, weil durch Schwitzen die Körpertemperatur nicht mehr reguliert werden kann. Entstehen solche extremen Wetterverhältnisse an mehr als 200 oder gar 300 Tagen im Jahr, werden die Gebiete mit großer Wahrscheinlichkeit unbewohnbar. Das wäre insbesondere in den Tropen wie etwa im Amazonasgebiet der Fall, sollten die globalen Emissionen weiter ansteigen.[26]

Zweitens: das praktisch vollständige Abschmelzen der Gletscher im Andengebirge, das die Frischwasserzufuhr einschränken würde.[27]

Schon heute steht es schlecht um den Zustand der Gletscher, die immer mehr Masse verlieren. Seit den 1960er Jahren gibt es bereits einen Rückzug von rund 40 Prozent, und gerade auch in jüngster Zeit büßen die Eisriesen immer mehr Fläche ein.[28] Zunächst bedeutet das Schmelzen des Eises einen Überfluss an Wasser. Gletscherabbrüche können zu lebensbedrohlichen Fluten führen wie im Fall des Andendorfs Huaraz (Kapitel 2).

Ist der Höhepunkt der Schmelze jedoch überschritten, folgt die Trockenheit. Bislang versorgte gerade in den Sommermonaten die natürliche saisonale Gletscherschmelze Flüsse mit zusätzlichem Frischwasser. Wenn es im Sommer keinen Gletscher mehr gibt, fehlt dieses Wasser. Zu einem solchen Umbruch im System der tropischen Gletscher kann es bereits in wenigen Jahrzehnten kommen; bei einzelnen Gletschern hat der Umbruch sogar schon stattgefunden.

In einem Hochemissionsszenario wären alle Gletscher bis Ende des Jahrhunderts verschwunden. Stabilisieren sich die Temperaturen bei 1,5 bis 2 °C, sind vielleicht noch 20 Prozent der empfindlichen Eismassen zu retten. Ein umfassenderer Schutz der Andengletscher ist nicht mehr möglich, zu viele Treibhausgase wurden bereits ausgestoßen. Das liegt auch an Rückkopplungseffekten, also der geringeren Rückstrahlkraft von dunklen, eisfreien Flächen im Verhältnis zu hellen, eisbedeckten Gebieten. Dieser verminderte »Albedo-Effekt« treibt die Erwärmung an und führt damit zu weiteren Eisschmelzen. Knapp ein Drittel der Bevölkerung Perus lebt in dem Berggebiet und dürfte direkt oder indirekt von den Folgen der Gletscherschmelze betroffen sein.

Drittens: die verheerenden Auswirkungen extremer El-Niño-Ereignisse an den Küsten Perus, die zu Überflutungen und einer dramatischen Verringerung der Fischbestände führen werden. Dazu später mehr.

Diese drei Szenarien sind nicht nur mit erheblichen Bedrohungen verbunden, sie bergen auch weitreichende Implikationen für Migration und Vertreibung. Selbst wenn ein fatales 4 °C-Szenario verhindert werden kann: Auch schon bei 2 °C würden erhebliche Schäden auftreten, die Menschen zum Ortswechsel zwingen. Zwar migrieren Peruaner:innen seit Hunderten von Jahren, um naturräumlichen Gefahren auszuweichen. Aber heute steht das Land vor einem dramatischen Wandel, der bestehende Migrationsmuster sowohl verstärken als auch verändern könnte.[29] Besonders vom Klimawandel angetrieben ist die Land-Stadt-Migration, die in regionale Zentren wie in die Andenstadt Cusco oder Arequipa im Süden des Landes führt. Noch mehr Menschen aber suchen Unterschlupf in der Millionenstadt Lima, die vor erheblichen infrastrukturellen Herausforderungen steht.

Lima: Stadt ohne Wasser

Nördlich der Atacama-Wüste liegt mit fast zehn Millionen Einwohner:innen Lima, eine der trockensten Großstädte weltweit. Seit Mitte des 20. Jahrhunderts, als die Hauptstadt des Andenstaates nur etwa eine Million Einwohner fasste, ist die Bevölkerung rasant angewachsen. Migration aus den bitterarmen ländlichen Gebieten war und ist einer der Haupttreiber dieser andauernden Entwicklung. Noch immer siedeln Menschen um die staubige Hauptstadt herum in äußerst kargen Landschaften. Dort finden sich offene Abwasserkanäle, unbefestigte Schotterwege und jede Menge Straßenhunde. An den steilen Hängen ringsumher drängen sich unzählige Hütten dicht zusammen. Viele Bewohner:innen kommen aus Gebieten, in denen extreme Wetterbedingungen zu immer größerer Armut geführt haben. Zwei Millionen Menschen leben hier ohne Zugang zu fließendem Wasser. Sie sind auf die Dienste teurer Tanklaster angewiesen.

Lima war nicht immer so trocken. In der präkolonialen Zeit, vor der gewaltsamen Aneignung durch den spanischen Konquistador Francisco Pizarro, verfügte es über reiche Wasser- und Waldvorkommen. Erst mit der blutigen Kolonialisierung Perus begann eine jahrhundertelange Ausbeutung von Ressourcen, die schließlich auch zu der durch klimatische Veränderungen begünstigten Entwaldung und Austrocknung von Lima beitrug. Eine vorher wahrscheinlich artenreiche, vibrierende Kulturlandschaft entwickelte sich schließlich zur urbanen Einöde.

Diesen Trend will eine Gruppe von Wissenschaftler:innen um das in Lima ansässige International Potato Center (siehe auch »Genbanken«, Seite 193) stoppen und umkehren.[30] In einem globalen Ideenwettbewerb, ausgeschrieben durch die amerikanische Rockefeller Foundation, schlagen sie drei Interventionen vor, die einen Umbau zur Ökometropole bewirken und den ärmsten Teilen der Stadtbevölkerung Zugang zu frischen Lebensmitteln ermöglichen soll. Ihr Plan heißt »Lima 2035« und umfasst eine Reihe von skalierbaren Innovationen.

Dabei bauen sie auf dem Erfolg von kleineren NGOs auf. Die Bewegung Movimiento Peruanos Sin Agua (Peruaner ohne Wasser) hat bereits begonnen, mit einfachen Mitteln der Luft Wasser zu entziehen.[31] Sie nutzt den Nebel, der saisonal oft um Lima herrscht, indem sie »Nebelfänger« aufstellt, feine Plastiknetze, die an simplen Holzstäben befestigt sind und die in der Luft gebundene Feuchtigkeit in Form von Kondenswasser sammeln. Das ergibt an manchen Stellen bis zu 400 Liter Wasser täglich. Dieses Wasser kann dem Anbau von Pflanzen und Bäumen dienen, die wiederum langfristig den Wasserhaushalt regenerieren. Durch weitere Filtrierung, zum Beispiel durch das Umkehr-Osmoseverfahren, wird daraus Trinkwasser, das, abgefüllt in Flaschen, mitgenommen werden kann. Die Vorteile der Nebelfänger sind nicht von der Hand zu weisen. Da sie extrem kostengünstig sind und ohne Elektrizität auskommen, helfen sie gerade denjenigen, die kaum genügend Geld für ihren Lebensunterhalt haben. Bei konsequenter Anwendung ist vorstellbar, dass die Methode zur Wassergewinnung aus Nebel ganze Landstriche wiederbeleben kann. Das Prinzip des Nebelfangens wenden auch die chilenischen Architekt:innen Susana Ortega und Alberto Fernández an. Sie erstellen Entwürfe für hohe spiralförmige Türme mit großer gewebter Oberfläche.

Der Plan »Lima 2035« schließt urbane Gärtnerei mit ein. Dazu sollen nicht nur Privathäuser genutzt werden, sondern auch die bedrohten archäologischen Stätten aus der frühen Inkazeit, sogenannte Huacas (das Wort Huaca stammt aus der alten Inkasprache Quechua und bedeutet Zeremonienort). Diese Huacas werden aus Geldmangel oft nur lieblos eingezäunt und sind dem Verfall preisgegeben. Der Plan sieht vor, umsichtig Gärten in ihnen zu integrieren, die sowohl Nahrungsquellen als auch Räume für Begegnungen schaffen sollen.

Migrant:innen, die sich in Lima niederlassen, würden so die Möglichkeit erhalten, kleine grüne Oasen anzulegen, die die Ernährungssicherheit stützen können. Da sie oft aus den ländlichen Gebieten Perus kommen, bringen sie viel landwirtschaftliches Wissen mit. Von über 1300 Bewerbungen wurde der Vorschlag »Lima 2035« als einer der zehn Gewinner mit dem Food System Vision Prize gekürt, der von der Rockefeller-Stiftung ins Leben gerufen wurde. Eine Huaca soll nun testweise für den Gemüseanbau umfunktioniert werden, dann kann aus der vernachlässigten archäologischen Stätte behutsam neues Leben erwachsen.

Der unbarmherzige Junge: El Niño

Heute ist in den wohlhabenderen Stadtteilen Limas bei genauerem Hinsehen auch Überflutungsinfrastruktur sichtbar, denn in bestimmten Jahren wird die trockene Großstadt von Extremregen heimgesucht. Und zwar dann, wenn ein El Niño auftritt. Ein El-Niño-Ereignis ist eine Veränderung der Atmosphären- und Ozeanzirkulation, zu der es in unregelmäßigen Zeitabständen kommt und die eine Erwärmung der Oberflächentemperatur des östlichen pazifischen Ozeans zur Folge hat, also gerade auch dort, wo Peru liegt. El Niño (»Der Junge«) wurde von Fischern Perus nach dem im Dezember geborenen Christuskind benannt, da er meist in diesem Monat seinen Höhepunkt erreicht. An Perus Küsten führt er zu Einbrüchen im Fischfang, weil nährstoffreiches kaltes Wasser nicht an die Oberfläche gelangt und deswegen Nahrungsnetze im Meer unterbrochen werden. Zudem bringt er Überschwemmungen durch Extremniederschläge mit sich, die von den höheren Temperaturen ausgelöst werden.

Doch damit nicht genug. Je nach Stärke des El-Niño-Ereignisses entstehen in ganz verschiedenen Weltregionen Extremwetterlagen. Während es in einem Teil der Welt zu Überschwemmungen kommt, treten andernorts Dürren auf, etwa im Nordosten Brasiliens, dem Amazonasgebiet, Südafrika und Nordchina. Auf dem indischen Subkontinent wiederum können schwere El-Niño-Ereignisse Ertragseinbrüche in der Landwirtschaft zur Folge haben, wenn der überlebenswichtige Monsunregen zu lange auf sich warten lässt oder ganz ausbleibt.

Die Vorhersage von El-Niño-Ereignissen ist eine Wissenschaft für sich und füllt ganze Fachzeitschriften. Sie ist enorm wichtig, denn wenn bekannt ist, dass sich ein El Niño aufbaut, können Vorkehrungen, wie zum Beispiel die Einlagerung von Lebensmittelreserven und der Aufbau von Verteilzentren, getroffen werden. Deswegen befasst sich auch eine Gruppe unseres EPICC-Projekts mit der frühzeitigen Vorhersage solcher Ereignisse und des Beginns und Rückzugs des indischen Sommermonsuns.[32]

Die kalte Schwester von El Niño ist La Niña. Bei einem La-Niña-Ereignis sinkt die Oberflächentemperatur des östlichen Pazifiks. Das führt zu mehr tropischen Zyklonen in Asien, mehr Dürren im Westen Lateinamerikas und mehr Überflutungen im Norden Südamerikas und im Süden Afrikas. In vielerlei Hinsicht und sehr vereinfacht beschrieben sind die Effekte von La Niña die umgekehrten eines El Niño, in dessen Folge sie oft auftreten. Die El-Niño- und La-Niña-Ereignisse beeinflussen das Klima so stark, dass bei Letzterem die globalen Jahresmitteltemperaturen absinken, während sie bei El Niño in die Höhe schnellen. Durch den Klimawandel könnten mehr extreme El-Niño-Ereignisse auftreten.[33] Allerdings wirkt er mancherorts auch den Effekten der Zirkulationsanomalie entgegen. So kann die Erwärmung dazu führen, dass Regenfälle, die normalerweise durch El Niño eintreten, dann ausbleiben, wie in Chile beobachtet wurde.[34]

Der Historiker Mike Davis beschreibt in seinem Buch ›Late Victorian Holocausts – El Niño Famines and the Making of the Third World‹[35] die gravierenden Folgen schwerer El-Niño-Ereignisse zum Ende des 19. Jahrhunderts. Zwischen 1876 und 1879, 1889 und 1891 sowie 1896 und 1902 kam es zu extremen Dürren und Ernteausfällen in weiten Teilen des Globus. Nach dem Stand der heutigen Forschung waren diese Perioden von extremen El-Niño-Ereignissen geprägt. Auf Klimaextreme folgten Ausbrüche von Malaria, Cholera, Beulenpest und anderen übertragbaren Krankheiten, die auf eine ausgezehrte Bevölkerung trafen. Im Zusammenspiel mit kolonialer Ausbeutung, die Landarbeiter:innen zwang, Exportgüter anzubauen, statt für die eigene Ernährung zu sorgen, kamen zwischen 30 und 60 Millionen Menschen allein in China, Indien und Brasilien ums Leben. Wohlgemerkt, es gab zu diesem Zeitpunkt weniger als 2 Milliarden Menschen auf der Erde, was die relative Größe dieser Vernichtung von Menschenleben noch erschreckender macht.

Die Gewalt des Hungers beschreibt Davis wie folgt: »Imperialistische Politiken gegenüber verhungernden ›Subjekten‹ waren oft moralische Äquivalente von Bomben, die aus 18 000 Fuß abgeworfen wurden.« Damit zieht der Historiker in seinem Text einen Vergleich zwischen den Toten von Hungersnöten und den Toten der Atombombenabwürfe im Zweiten Weltkrieg. Er unterstreicht, warum Hunger nicht nur die Folge einer Naturkatastrophe, sondern vor allem die Folge bewusster Entscheidungen über die Verteilung von Lebensmitteln und Wohlstand ist. In seinem Buch schildert Davis die grotesken wirtschaftlichen Kontraste im britischen Imperium. Er beschreibt von Dienern umgebene Kolonialherren, die sich im exotischen Reichtum vergnügen, während die Massen elendig an Hunger sterben, unter ihnen zahlreiche Kinder. Im Prolog verweist er auf den US-amerikanischen Ex-Präsidenten Ulysses Grant, der 1877 eine Ferienreise durch die von Dürre geplagten Länder Ägypten, Indien, Burma (heutiges Myanmar), China und Japan unternahm und dabei in jedem Land festlich bewirtet wurde, während die Bevölkerung fast nichts zu essen hatte.

Ausgrenzendes Wachstum

Der Reichtum der Eliten erscheint vielleicht erst durch den zeitlichen Abstand so unfassbar obszön. Denn auch heute wird eine ins Uferlose wachsende Ungleichheit einfach hingenommen. Das Vermögen der Reichen hat in der globalisierten Weltwirtschaft ungeahnte Ausmaße angenommen. Die Entwicklungshilfeorganisation Oxfam veröffentlichte 2017 schockierende Zahlen: Die acht reichsten Personen (allesamt männlich) besaßen ebenso viel wie die ärmere Hälfte der Menschheit – 3,6 Milliarden Menschen zum Zeitpunkt der Veröffentlichung.[36] Die Coronapandemie durchbrach den Trend der Akkumulation von Kapital nicht – im Gegenteil. Die zehn reichsten Männer der Welt verdoppelten ihren Besitz von 700 Milliarden auf 1,5 Billionen US-Dollar im Zeitraum von 2020 bis 2022.[37]

Mit seinen historischen Analysen legt Davis offen, dass von Naturkatastrophen hervorgerufenes menschliches Leid durch ausbeuterische Marktmechanismen noch potenziert werden kann. Somit ist dieses akribisch recherchierte Werk auch ein Fingerzeig für den Umgang mit dem Klimawandel. Die extreme Ungleichheit wirkt inzwischen auf mindestens zwei Ebenen: erstens direkt über ein Wirtschaftssystem, das einige Menschen unfassbar reich macht, so reich, dass sie sich selbst ins Weltall schießen können, während Hunderte Millionen Menschen, die durch dieses System ausgebeutet werden, nicht das Allernötigste zum Essen haben. Zweitens über den übermäßigen Konsum der reichsten Bevölkerungsschichten. Dieser Konsum führt zu einer indirekten Verschlechterung der Lebensgrundlagen für alle Menschen, trifft jedoch die ärmsten Bevölkerungsgruppen am härtesten und schnellsten.

Dienste des Wetters

Die Altstadt Limas ist bis heute geprägt von kolonialen Prachtbauten, die an die Aneignung durch die spanischen Eroberer erinnern. Etwas heiterer wirken die bunten Märkte der Stadt, wo man von lokaler Kunst bis hin zum in China produzierten Schnickschnack alles finden kann (ein Highlight unserer Reise war ein Hut mit Hasenohren, die sich mit zwei Gummistrippen steuern ließen). Auch Märkte mit antiquarischen Büchern üben eine besondere Anziehungskraft aus, ihr Geruch führt zurück in vergangene Zeiten ohne digitale Ablenkung. Nahe der dramatischen Steilküste gibt es hippe Restaurants, die um Tourist:innen und die lokale Elite buhlen, die sich von den Preisen nicht abschrecken lassen. Im Geschäftsviertel Limas hingegen haben reihenweise Kettenrestaurants und Fast-Food-Läden Einzug gehalten.

Zwischen einige Hochhäuser zwängt sich das alte Gebäude einer staatlichen Organisation, die sich schon seit Jahrzehnten mit Wettervorhersagen und Klimamodellierung befasst. Die Rede ist hier vom Nationalen Dienst für Meteorologie und Hydrologie, Senamhi. Zum Zeitpunkt unserer Zusammenarbeit im Rahmen des EPICC-Projekts war Ken Takahashi, ein weltweit anerkannter peruanischer El-Niño-Forscher, Präsident des peruanischen Wetterdienstes. Mit Takahashi und seinen Mitarbeiter:innen führten mein Team und ich leidenschaftliche Diskussionen über die Möglichkeit, El Niño vorherzusagen, und generell über die Auswirkungen des Klimawandels auf die Menschen in Peru. Bei Senamhi sind viele junge Frauen in der Hydrologie oder Meteorologie tätig, was vielerorts leider immer noch eher ungewöhnlich ist.

Der Wetterdienst beschäftigt sich seit einiger Zeit mit einem weiteren Phänomen, dem »Küsten-El-Niño«, der 2017 in Peru auftrat. Dieser ist kein richtiger El Niño, denn er entsteht nicht durch eine Veränderung der Zirkulation des östlichen Äquatorialpazifiks.[38] Aber seine Auswirkungen können ebenso verheerend sein. Es wird vermutet, dass der Küsten-El-Niño 2017 unter anderem durch eine Kombination von sehr warmen Wassertemperaturen an der Küste Perus und hoher Feuchtigkeit über den Anden auftrat.[39] Inwieweit der Klimawandel mit diesem Phänomen zu tun hat, ist noch Gegenstand wissenschaftlicher Debatten. Das Beispiel des Küsten-El-Niños zeigt, dass es noch viele offene Fragen zu den genauen Auswirkungen des Klimawandels auf Peru und seine Bevölkerung gibt. Neben den intensiven akademischen Diskussionen, die im Geiste der Transdisziplinarität geführt werden, schweißt uns im Projekt die Hoffnung zusammen, durch wissenschaftliche Analysen die Grundlagen für eine bessere Klimaanpassung und resiliente Entwicklungszusammenarbeit legen zu können.

Genbanken: Rückversicherer gegen das Sterben?

Im Osten Limas befindet sich das »Internationale Kartoffelzentrum«. Was nach einem originellen Restaurant klingt, gehört zu einer Gruppe von globalen Forschungsinstitutionen, die Saatgut und Genmaterial von Nutzpflanzen unter der Schirmherrschaft des CGIAR (Consultative Group on International Agricultural Research) für künftige Generationen bewahren. Die gemeinsame Mission besteht darin, durch die Ausschöpfung der Artenvielfalt menschliche Entwicklung zu fördern und den Hunger zu bekämpfen. Trotz der immensen Fülle von Nahrungspflanzen wird nur eine verschwindend geringe Anzahl von Sorten genutzt, um einen Großteil der globalen Lebensmittelproduktion zu bewältigen. So werden vor allem Sorten angebaut, die hohe Erträge abwerfen, auch wenn dies nur mit massenweisem Einsatz von Pestiziden und Düngemitteln gelingt, was die Böden belastet. Durch die Konzentration auf wenige Sorten werden andere »alte« Sorten verdrängt, die möglicherweise besser mit bestimmten Schädlingen oder auch extremen Witterungsbedingungen zurechtkommen würden. Um eine Rückversicherung gegen das vollständige Aussterben wichtiger Nahrungspflanzen zu bilden, wurden Saatgutbanken geschaffen. Doch nicht alle Pflanzen können als Saatgut gelagert werden. Deswegen werden diese Sorten entweder durch den kontinuierlichen Anbau auf dem Feld oder als kleine Pflänzchen in Glasröhren (in vitro) aufbewahrt und gekühlt, sodass das Wachstum verlangsamt und eine längerfristige Lagerung erreicht wird. Das geschieht ebenfalls im Internationalen Kartoffelzentrum, das auch Forschung zu Fragen der Ernährungssicherheit betreibt. Die eingelagerten Setzlinge und Samen werden akribisch auf Schädlinge, Pilze und Krankheiten untersucht. Regelmäßig gibt das Zentrum Saat und Setzlinge an Bäuerinnen und Bauern weiter, denn die beste Versicherung ist der Anbau durch die Bevölkerung.

Auch in Europa gibt es Saatgutbanken, zum Beispiel die von Norwegen finanzierte Svalbard Global Seed Vault in Spitzbergen. Der »Tresor« für das Saatgut von Nutzpflanzen aus aller Welt ist in den Permafrost gebaut und dient dazu, in Katastrophenfällen, zum Beispiel bei Großbränden und Chemieunfällen, bestimmte Pflanzen nachzüchten zu können. Gegen die anhaltende Vernichtung der Artenvielfalt ist der Tresor ebenfalls eine wichtige Rückversicherung. Über eine Million Samenproben lagern in der hochmodernen Anlage, die bei konstanten -18 °C gekühlt werden. Zusätzliche Generatoren gewährleisten die Kühlung auch bei Stromausfällen.

Doch auf eines war die Saatgutbank in Spitzbergen nicht vorbereitet: die globale Erwärmung. Durch hohe Außentemperaturen und schmelzende Permafrostböden drang 2017 erstmals Wasser in die Eingangsschleuse der in einen Berg gebauten Anlage. Alarmierte Wissenschaftler:innen wiesen auf die künftigen Probleme durch die milden Witterungsbedingungen hin. Umfangreiche Aufrüstung in zweistelliger Millionenhöhe wurde bewilligt, um das überlebenswichtige Naturerbe in der Saatgutbank weiterhin zu schützen.

Wandernde Bäume, arme Glücksritter und ölige Wunden

Peru hat seit den 1960er Jahren insgesamt 15 Nationalparks und eine Reihe von Reservaten geschaffen. Das kommt der Stabilität von Ökosystemen zugute. Nationalparks unterliegen den strengen Schutzbestimmungen der Internationalen Union zum Schutz der Natur (IUCN), die auch Vorgaben für das Management solcher Parks macht. Die größte Anlage dieser Art in Peru ist mit einer Fläche von 1,7 Millionen Hektar der Manu-Nationalpark im Südosten. Trotz der hohen Auflagen stehen sich Naturschutz und kommerzielle Interessen im Park und an seinen Ausläufern, den sogenannten Pufferzonen, gegenüber.

Der Druck auf einen der artenreichsten Flecken der Erde kommt aus verschiedenen Richtungen. Neue Straßen ermöglichen den Zugang zu vorher unberührten Gebieten und sind Einfallstore für Rodungen und Ressourcenplünderung. So wird in Madre de Dios, der Region, in welcher der Nationalpark liegt, Gold gewonnen, größtenteils illegal. Dafür wird Quecksilber genutzt, weil es das Gold bindet und von dem sandigen Wasser trennt. Quecksilber gelangt auf diese Weise direkt in Flüsse und vergiftet neben den verarmten Glücksrittern auch die Menschen und Tiere, die dort leben. Der illegale Goldrausch nahm während der Finanzkrise 2008 an Fahrt auf, nachdem die Goldpreise am Weltmarkt gestiegen waren und gleichzeitig viele Menschen ihren Job verloren hatten. Peru ist einer der zehn größten Goldexporteure weltweit. Indigene Bewohner:innen, die in den kontaminierten Flüssen Fisch fangen, erkranken an den Folgen von Quecksilbervergiftungen.[40,41] Stillende Mütter geben die toxischen Stoffe an ihre Babys weiter, die davon Gehirnschäden erleiden können.[42,43]

Wie gravierend die Konsequenzen des Goldrauschs sind, wurde im Jahr 2015 deutlich. Die peruanische Regierung musste den Notstand ausrufen, weil Zehntausende Menschen mit Vergiftungserscheinungen zu kämpfen hatten. Sie schickte Militär in das Gebiet, um illegale Goldwaschanlagen zu zerstören. Doch der Schaden war bereits weit fortgeschritten, viele große Gebiete waren schon verseucht und gerodet, das organisierte Verbrechen hatte sich in zuvor unbewohnten Gebieten breitgemacht. Über weit verzweigte Flüsse wurde auch der Manu-Nationalpark in Mitleidenschaft gezogen. Mit seiner gewaltigen Fläche ist das Gebiet nur schwer zu kontrollieren, gerade wenn wenig Mittel zur Verfügung stehen.

In den Goldwaschanlagen, die meist von professionellen kriminellen Banden mit teils großem Fuhrpark betrieben werden, arbeiten vor allem auch Migrant:innen aus ländlichen Gebieten, die sich mit dem Schürfen des Edelmetalls über Wasser halten. Dabei werden paradoxerweise auch Menschen, die aufgrund von Umweltveränderungen verarmt sind und nach neuen Einnahmequellen suchen müssen, zu Handlangern einer umfassenden Zerstörung, die künftigen Generationen die Lebensgrundlagen raubt. Das große Geld wird jedoch auf anderer Ebene gemacht, spätestens wenn Tausende Kilometer entfernt das schmutzige Gold frisch aufpoliert in Ringform auf internationalen Hochzeitsmessen landet. Noch problematischer ist die Einlagerung Tausender Tonnen von Gold als nationale Reserven. Deutschland besitzt mit über 3000 Tonnen die zweitgrößten Goldreserven weltweit, nur die Vereinigten Staaten haben noch mehr Barren gelagert. Dieses Gold zu gewinnen hat erhebliche Umweltschäden verursacht, und die Förderung hält an. Angefacht durch den russischen Angriffskrieg gegen die Ukraine stieg der Goldpreis wieder kräftig.

An den Rändern des Nationalparks wird zudem nach Öl und Gas gesucht und teils auch schon gefördert. Das multinationale Erdölunternehmen Shell führte sogar Tests im Nationalpark selbst durch, um perspektivisch neue Quellen zu erschließen. Diese Exploration steht nicht nur im krassen Kontrast zum lokalen Naturschutz, sondern auch zum Pariser Klimaabkommen, denn die bekannten Reserven an Öl und Gas dürfen größtenteils bereits heute nicht mehr verbrannt werden, will man die Klimaziele nicht verfehlen.

Nicht zuletzt setzt auch der Klimawandel selbst dem faszinierenden Nationalpark zu. Dies beschreibt in aller Klarheit die amerikanische Wissenschaftsjournalistin Elizabeth Kolbert in ihrem aufwühlenden Buch ›Das sechste Sterben‹. Gemeinsam mit Stefan Rahmstorf treffe ich sie auf dem Telegrafenberg in Potsdam, wo sie uns von ihren Recherchen berichtet und uns zu unseren aktuellen Forschungen befragt. Im Gespräch wird ihr tiefes Verständnis für die Zusammenhänge im Erdsystem deutlich und ihre Passion für das Thema. Vom Manu-Nationalpark, den sie selbst mit einer Forschungsgruppe der Wake Forest University besucht hat, berichtet sie, wie sich die empfindlichen Pflanzenarten im tiefgrünen Dickicht an klimatische Veränderungen anpassen.

Wie Mensch und Tier »wandern« auch Bäume, um sich an die neuen Temperaturen zu akklimatisieren, und zwar vor allem bergauf in höhere und kühlere Lagen. Das tun die grünen Riesen über ihre Fortpflanzungswege, also über die Verbreitung ihrer Samen durch den Wind oder über die Ausbildung von samentragenden Früchten mit Hilfe von Vögeln oder Fledermäusen. Die Setzlinge überleben und wachsen nur in dem Temperaturkorridor ihrer klimatischen Nische. Somit bewegen sich die Arten sukzessiv die Berghänge hinauf,[44] in Manu nachweislich 2,5 bis 3,5 Meter pro Jahr.[45]

Doch manche Bäume wandern nicht schnell genug, um sich vor dem Aussterben zu schützen. Denn auch höher liegende Gebiete werden wärmer, und bestimmte Arten, die in naturräumlichen Nischen leben, verlieren das Umfeld, das sie zu ihrem Gedeihen brauchen. Zwar sind Nationalparks wichtige Pfeiler des Artenschutzes, aber »im Gegensatz zu einem Holzfällertrupp beispielsweise kann man den Klimawandel nicht zwingen, eine Grenze zu respektieren. [...] Da so viele Spezies in Bewegung sind, ist ein ortsgebundenes Naturschutzgebiet kein Bollwerk gegen den Artenverlust«[46], schreibt Kolbert. Daher ist es wichtig, dass die Schutzbemühungen über das Nationalparkterrain hinausgehen, beispielsweise, indem Korridore zwischen Schutzgebieten etabliert werden, um Tieren und eben auch Bäumen das »Wandern« zu ermöglichen. Die Lebensweise von uns Menschen muss ganzheitlich mit der Natur in Einklang gebracht werden – eine Mammutaufgabe.[47]

Die Zukunft unserer Überlebensnische

Im Vergleich zu den Bäumen, den Pflanzen und Tieren des Manu-Nationalparks sind Menschen mobiler und anpassungsfähiger. Durch technologische und bauliche Neuerungen können wir uns sogar auf klimatische Extreme einstellen – und waren so in der Vergangenheit in der Lage, uns praktisch über den gesamten Erdball auszubreiten. Dennoch bündeln sich die menschliche Besiedlung sowie landwirtschaftliche Aktivitäten in einem bestimmten Temperaturkorridor. Auch wir nehmen eine klimatische Nische ein.

In dem wegweisenden wissenschaftlichen Artikel mit dem Titel »Future of the Human Climate Niche«[48] (»Zukunft der Klimanische des Menschen«) beschreibt ein internationales Autorenteam, dass sich die Klimanische für menschliche Entwicklung zwischen 11 und 15 °C Jahresdurchschnittstemperatur bewegt. In diesem Temperaturraum haben sich Menschen in den vergangenen 6000 Jahren vermehrt angesiedelt. Dort werden die größten landwirtschaftlichen Erträge und die größte Wirtschaftskraft erzielt.

Durch den Klimawandel verschieben sich jedoch diese Temperaturzonen innerhalb weniger Jahrzehnte. Klimatische Bedingungen von über 29 °C Jahresmitteltemperatur, wie sie heute auf weniger als einem Prozent der Erdoberfläche zu finden sind, können künftig fast ein Fünftel der Fläche betreffen, wenn die globale Erwärmung nicht begrenzt wird, so die Autoren. Bisher konzentrieren sich solche Extreme vor allem im Saharagebiet. Ein Drittel der künftigen Weltbevölkerung wäre diesen Temperaturen ausgesetzt, wenn die Menschen nicht migrieren. Doch selbst bei einer globalen Erwärmung von 1,5 bis 2 °C, die im Einklang mit dem Pariser Klimaabkommen steht und rapide Emissionsreduktionen erfordert, würden immer noch etwa 1,5 Milliarden Menschen außerhalb der Klimanische des Homo sapiens leben. Da andere, kühlere Gebiete geeigneter für die menschliche Entwicklung wären, ist denkbar, dass Migration Anpassung ermöglicht. Doch im Gegensatz zu wandernden Bäumen sehen sich wandernde Menschen nationalen Grenzen gegenüber, die sie möglicherweise nicht überwinden können.

These

Das Wirkungsgeflecht von Artensterben und Klimawandel lässt die Menschheit auf eine beispiellose Krise zusteuern. Nur durch Migration wird es einigen Arten gelingen zu überleben.

7 KLIMAKRISE IN DEUTSCHLAND UND DER SCHWEIZ – VON DER HALLIG BIS ZU DEN ALPEN

Wiederaufbau im Ahrtal ■ Warnungen, die verhallten ■ Fossiles Katastrophenmanagement ■ Vom Regen in die Traufe: Extremniederschläge und der Klimawandel ■ Kohleförderung fördert Vertreibungen ■ Heiße Zeiten ■ Bedrohtes Alpenidyll ■ Deutsche Küstenlandschaft unter Druck ■ Ferne Klimafolgen, nahe Auswirkungen

»Kaffee und Kuchen« ist eine deutsche Tradition, auf die mein brasilianischer Ehemann nicht mehr verzichten möchte. So sitzen wir in einem Café in der Sonne und genießen neben der Backkunst die malerische Umgebung: Blumenkästen auf den Fensterbrettern von alten Fachwerkhäusern, überall Grün am Wegesrand, eine Kleinstadt wie aus einem Deutschlandreiseführer. Neben uns plätschert ein Bach, ein paar Enten streiten sich um eine Brotkrume. Wir sind in Bad Münstereifel, knapp drei Wochen vor der Katastrophe.

Am 14. Juli 2021 reißen Sturzfluten, ausgelöst durch extreme Niederschläge, eine ganze Region ins Unglück. Die Pegel steigen über Nacht von unter einem auf über sieben Meter. Genaue Angaben sind kaum möglich, da viele Werte gar nicht mehr abgelesen werden können, die Messstationen wurden davongerissen. Die Ahr und ihre Nebenarme verwandeln sich in reißende Flüsse, die Tod und Zerstörung bringen. 134 Menschen sterben allein im Ahrtal. Insgesamt lassen über 200 Menschen ihr Leben. Die zauberhafte Altstadt von Bad Münstereifel wird völlig zerstört. Nachdem die Wassermassen sich zurückgezogen haben, ist das ganze Ausmaß der Katastrophe sichtbar. Die Straßenzüge sind kaum noch wiederzuerkennen. Schlamm und Schutt bestimmen das Stadtbild, viele Menschen verloren ihr gesamtes Hab und Gut in den Fluten, trauern um Familienmitglieder und Freunde.

Etwa zehn Monate nach dem Unglück besuche ich Ahütte in der rheinland-pfälzischen Gemeinde Üxheim, einen Ort, der nicht im Fokus der medialen Aufmerksamkeit stand, aber stark von der Tragödie in Mitleidenschaft gezogen wurde. Vom Dorfkern führt eine schmale Straße zu dem Haus von Renate Petry und Ulrich Schulz, die dort eine kleine Pension betreiben – oder besser gesagt: betrieben haben. Das Ehepaar lebt in und mit der Natur der Vulkaneifel. Während Ulrich Schulz eine Ergotherapie-Praxis außerorts führt, bewirtschaftet seine Frau Haus, Pension und Hof. Seit der Flutkatastrophe bestimmt der Wiederaufbau ihren Alltag. Eigentlich liegt das Zuhause der beiden in einer lieblichen Umgebung, gesäumt von Mischwäldern, die ihr dichtes Grün um das Areal legen. Früher bezogen sie einen Großteil ihrer Lebensmittel aus dem eigenen Anbau, sie hielten Hühner und nutzten ihre naturnahe Lebensweise auch als Markenkern für ihre Pension, die »Hinter der Insel« heißt. Über viele Jahre bauten sie in mühseliger Kleinarbeit Garten und Hof auf. Gäste konnten in dieser Oase Ruhe finden, wandern, frischgelegte Eier essen und schlicht die Landschaft genießen. Ein kleines Mühlrad versorgte den Betrieb mit Strom. Doch der Bach, der das Wasserrad antreibt, ist ein Zufluss zur Ahr und verläuft in unmittelbarer Nähe des Hauses.

Hochwasser ist für die Familie nichts völlig Ungewöhnliches. Auch in der Vergangenheit trat der Bach schon über die Ufer, und Wasser bahnte sich seinen Weg in den Bauerngarten. Doch Renate Petry ahnt nichts Gutes, als sie die Extremregenwarnung hört. Am Vormittag des 14. Juli 2021, dem Tag, an dem sich alles ändern sollte, fährt sie noch einmal zu ihren Schwiegereltern, die eine knappe halbe Stunde von Üxheim entfernt leben. Die Verabschiedung fällt dieses Mal sehr ausführlich aus: »Ich sagte ihnen noch, dass sie im Falle von Hochwasser die Ruhe bewahren sollen. Es war da eine Vorahnung, dass es dieses Mal schlimm werden könnte.« Zurück in Üxheim, telefoniert sie mit ihrem Mann, der auf der Arbeit ist, und bespricht die Lage. Die beiden entscheiden gemeinsam, dass Ulrich Schulz schnellstmöglich den Heimweg antritt. Falls es zu überflutungsbedingten Straßensperrungen käme, würde er das Haus nicht mehr erreichen. Die Lage verändert sich dramatisch: »Mittags war noch nichts zu bemerken – um 14 Uhr war klar: Hier kommt etwas. Und es kommt viel schneller, als wir es gewohnt sind.«

Ulrich Schulz trifft gerade noch rechtzeitig ein. Kurze Zeit später versperren Erdrutsche die Zufahrtswege. Da der Ort flussaufwärts der Ahr liegt, steigen die Pegel schon am späten Nachmittag rapide an. Gegen 17 Uhr tritt Wasser in die Keller ein. »Das Wasser kam rasend schnell und uns wurde bewusst, wir müssen uns zurückziehen und können nichts mehr machen«, berichtet Frau Petry. Beide hatten Erfahrung mit leichteren Hochwassern und wussten somit intuitiv, dass sie jetzt nicht anfangen durften, draußen oder im Untergeschoss Gegenstände in Sicherheit zu bringen. Durch solche Fehlentscheidungen kommen immer wieder viele Menschen zu Tode. Während der Keller vollläuft, dringt inzwischen auch Wasser durch die Wände ins Erdgeschoss: »Unser Haus stand komplett im Wasser, von allen Seiten.« Als Nächstes fallen Strom und Telefon aus, und das Handy von Ulrich Schulz versinkt in den Fluten. Das Ehepaar ist ab diesem Zeitpunkt von der Außenwelt völlig abgeschnitten und alleine den Naturgewalten ausgesetzt.

Auf der Terrasse steigt das Wasser über einen Meter hoch. Alles, was sie sich aufgebaut haben, steht nun auf dem Spiel. Wie durch ein Wunder gibt die große Flügeltür, die die Wohnküche vom Außenbereich trennt, nicht nach. Allein deswegen halten sich die Schäden im Innenbereich des Hauses in Grenzen. Doch nach einer nicht enden wollenden Flutnacht zeigt sich am Morgen das Ausmaß der Zerstörung an der Außenanlage des Hofs. »Diesen Anblick werde ich nie vergessen«, beschreibt Renate Petry ihre Empfindung. Quasi alles ist kaputt, die Wassermühle und die Kläranlage sind zerstört, der Selbstversorgergarten und das Hühnerlaufgehege von Schlamm und Wasser verschlungen. Trotz ihrer Verzweiflung ist Frau Petry schon am Tag nach der Flut klar, dass sie diese Katastrophe annehmen müssen, um irgendwie weiterleben zu können. Aber ihre Gedanken drehen sich nicht nur um den wirtschaftlichen Schaden.

Die Stunden und Tage nach der Flut sind geprägt von quälender Ungewissheit. Ob die Eltern von Ulrich Schulz überlebt haben, wissen sie nicht. Beide sind über 80 Jahre alt und wohnen in Insul, nahe dem zerstörten Ort Schuld im Kreis Ahrweiler. Die Kommunikationsnetze sind in weiten Teilen zusammengebrochen. Nur nach und nach gelangen Informationen wechselseitig zu den Betroffenen. Endlich steht fest: Sie haben überlebt, wurden aber erst am zweiten Tag nach der Flut geborgen. Als das Erdgeschoss komplett überflutet war, flüchteten sie sich ins Obergeschoss, wo sie auf Stühlen die Nacht über ausharrten, während Treibgut immer wieder an die Wände des im Wasser stehenden Hauses knallte. Auch am darauffolgenden Tag blieben sie in dem mittlerweile demolierten Haus, in der Hoffnung, der Sohn würde kommen. Sie wussten nicht, dass viele Gebiete in der Region schwer getroffen und Straßen unterspült worden waren, sodass gar keine Möglichkeit bestand, auf eigene Faust in die zerstörten Landstriche zu fahren.

Knapp eine Woche nach der Flut konnte Ulrich Schulz mit seiner Frau und einem Freund erstmals seine Eltern besuchen, um ihnen zu helfen. Bis heute ist sein Elternhaus unbewohnbar. Nicht nur das Wasser richtete Schaden an, Heizöl lief aus und verseuchte alles. Deswegen lebt das alte Ehepaar jetzt in der Ferienwohnung in einem etwa 15 Kilometer entfernten Ort. Weil sich die Wiederaufbauarbeiten hinziehen, wird die Rückkehr in das eigene Heim wohl noch Monate dauern. Durch die erzwungene Migration und die Zerstörung im Dorf wurden Menschen aus ihrem sozialen Gefüge herausgerissen, eng verflochtenen Gemeinschaften fehlten plötzlich gemeinsame Orte der Begegnung, einige Bewohner:innen zogen für immer weg. »Das soziale Zusammenleben ist komplett eingebrochen«, beschreibt Renate Petry die Situation in Orten wie Insul, wo viele Haushalte schwere Schäden erlitten.

Das Trauma der Flutnacht und die darauffolgende Vertreibung hinterließen tiefe Spuren in der Psyche der Menschen. Einige Familien und Ehepaare mussten sich trennen, weil sie keine Unterkunft fanden, in der sie gemeinsam hätten bleiben können. Manche Senior:innen, die auf Hilfe angewiesen waren, gingen, sofern dort ausreichend Platz war, direkt in Heimeinrichtungen, da sie die Instandsetzung ihrer Wohnungen und Häuser nicht abwarten konnten. Zwar ist es in Zahlen nicht dokumentiert, doch es gibt Berichte, denen zufolge viele ältere Menschen in den Monaten nach der Flut starben. Entwurzelt und überwältigt von der Katastrophe haben möglicherweise einige von ihnen ihren Lebenswillen verloren. Gerade für Familien, die mit mehreren Generationen in den besonders betroffenen Gebieten lebten, ist das Ausmaß der Katastrophe unvorstellbar.

Renate Petry und Ulrich Schulz haben durch die Flut eine nur schwer zu bewältigende Aufgabe vor sich. Sie müssen sich darum kümmern, dass drei Häuser restauriert werden: das Haus ihres verstorbenen Schwagers, in dem die Eltern bisher wohnten, das vermietete Geburtshaus von Herrn Schulz und ihr eigenes. Keines der Häuser ist versichert. Während die beiden Häuser in Insul weit weg von der Ahr liegen und niemand von einem erhöhten Risiko ausging, ist der Hof in Üxheim wiederum so nah am Wasser gelegen, dass er gegen Elementarschäden gar nicht versichert werden konnte. Eine fünfköpfige Familie, die in einem der Häuser zur Miete wohnte, war so schwer traumatisiert durch die Ereignisse der Flutnacht, dass sie sich entschied wegzuziehen, um der mit schrecklichen Erfahrungen verbundenen Umgebung zu entkommen. Doch bezahlbarer Wohnraum in der Region ist knapp geworden.

Wiederaufbau im Ahrtal

»Es ist ein Neustart, den wir nicht gewählt haben«, resümiert Frau Petry den Wiederaufbau. Nach und nach treffen Helfer in dem Katastrophengebiet ein. Menschen aus ganz Deutschland und sogar aus dem Ausland reisen an, um Hilfe zu leisten. Und doch geht es nur zäh voran. Allein im Ahrtal wurden rund 9000 Gebäude von der Flut beschädigt,[1] Gas- und Stromleitungen zerstört. Lange muss auch das Ehepaar Petry/Schulz ohne Stromversorgung auskommen. Nach einiger Zeit erhalten sie ein Notstromaggregat, mit dem sie zumindest den Kühlschrank betreiben können. Doch es gibt auch bürokratische Hürden. Während die Regierungshilfen für den Hausrat und die versprochenen Soforthilfen schnell und unkompliziert ausgegeben werden, verläuft die Vergabe der Mittel aus dem Aufbaufonds für Gebäude extrem schleppend. Ellenlange Formulare, sich verändernde Regelungen und komplizierte Verfahren überfordern Betroffene. Alle Anträge müssen online ausgefüllt werden, doch viele verloren ihren Computer in der Flutnacht und einige haben noch kein WLAN in den beschädigten Häusern. Ältere Menschen kommen mit den digital übermittelten Formularen ohnehin nur schlecht zurecht. Zudem müssen für jedes Gebäude zwei unabhängige Gutachter:innen beauftragt werden. Der erste sichtet, evaluiert und dokumentiert die Schäden, die zweite überprüft, nachdem die Rechnungen eingereicht wurden, ob die gekauften Produkte oder Leistungen mit den Schäden kompatibel sind. Allein dieser Aufwand ist enorm, da alle Kommunen parallel betroffen sind. Zugelassene Gutachter:innen werden händeringend gesucht.

Um an Hilfen zu kommen, zählt vor allem Eigeninitiative. Doch Menschen, die traumatisiert sind oder wenig Erfahrung mit formellen Beantragungsverfahren haben, wissen oft nicht, wo sie beginnen sollen. Andere fallen durch das Raster, weil die Art ihrer Schäden nicht abgedeckt ist oder Versicherungssummen nur einen Teil ihrer Verluste ausgleichen und auch der Restbetrag kaum für sie zu stemmen ist. »Das Geld, das von der Regierung bereitgestellt wurde, kommt nicht an. Viele sind verzweifelt, und die Schwächsten bleiben auf der Strecke«, beschreibt Renate Petry die Situation. Wer sich dazu in der Lage sieht, bemüht sich selbst um Kredite, um überhaupt mit dem Wiederaufbau seines Hauses beginnen zu können. Der Bedarf ist riesig, Strukturen, um das Ganze einigermaßen vernünftig zu managen, sind nicht in ausreichendem Maß vorhanden. Schnell zeigt sich: Aufräumarbeiten, die durch angereiste Helfer:innen relativ zügig vorangingen, sind das eine, die konkrete Instandsetzung ist weitaus komplexer. Handwerksbetriebe sind selbst von der Katastrophe betroffen, und Fliesenleger, Heizungsinstallateure, Maler werden überall gleichzeitig gebraucht.

Kleinere Dörfer, die von der Flut verwüstet wurden, aber abseits der Hauptkatastrophengebiete liegen, erhielten oft keine ausreichende Unterstützung. Zehn Monate nach der Flut gibt es Orte, in denen noch immer keine Hilfsorganisation war. Vieles läuft chaotisch, die Überforderung von Lokalpolitiker:innen, speziell von solchen, deren eigene Häuser ebenfalls überflutet waren, ist zunächst verständlich. Renate Petry telefoniert monatelang mit verschiedenen Behörden und Nichtregierungsorganisationen, um auch für Betroffene in der Vulkaneifel Hilfe zu organisieren, die an der Ahr schon kurz nach der Katastrophe zur Verfügung stand. An Hilfsbereitschaft fehlt es nicht, aber an Koordination. Mich beeindruckt besonders, dass Renate Petry diese Zäsur in ihrem Leben zu bewältigen versucht, indem sie auch anderen Menschen hilft, wo sie kann. »Für mich war wichtig, dass diese Katastrophe nicht nur meine Katastrophe ist, sondern dass ich das, was ich kann, auch für andere einsetze.« Konkret bedeutet das, dort genau hinzuschauen, wo viele wegsehen, Menschen an die Hand zu nehmen, die Hilfe benötigen, aber aus Trauer und Verzweiflung den ersten Schritt nicht alleine schaffen oder sich genieren, nach Hilfe zu fragen, weil die Schäden an ihren Häusern weniger gravierend sind als bei anderen.

Hochbürokratische Prozesse vergrößern die Überforderung. In einigen Häusern steht bis heute der stinkende Schlamm.

Die Katastrophe brachte in vielen Menschen das Beste hervor: großzügige Hilfsbereitschaft, Zusammenhalt, Mitgefühl. Aber auch soziale Probleme, wie Ungleichheit, Neidgefühle gegenüber denjenigen, die versichert sind, die schneller zurückkehren konnten oder mehr Hilfe erhielten, traten zutage. Unterstützung unter Nachbarn ist nur eingeschränkt möglich, denn viele sind selbst betroffen und kämpfen ihre eigene Schlacht. All das muss bewältigt werden. Die Pension »Hinter der Insel« in Üxheim aber soll wieder öffnen, sobald die gröbsten Schäden behoben sind und die Wunden des Unglücks sich zu schließen beginnen.

Doch neben der zerstörten Grundversorgung ist auch die Kulturlandschaft weggebrochen. Zugverbindungen in größere Städte wie Köln und Bonn wurden noch nicht repariert, und von vielen kleineren Bahnhöfen fährt keine Bahn mehr. Der massive Zeitaufwand und Kraftakt des Wiederaufbaus in den Gemeinden bedeutet nunmehr auch, dass es unter Freunden und Nachbarn kaum noch andere Gesprächsthemen gibt. Auch die Erwartung, dass alles wieder gut ist, sobald ein Haus wieder bewohnbar ist, geht an der Wirklichkeit vorbei und erzeugt enormen Druck bei Menschen, deren gesamter Alltag sich seit der Flut verändert hat.

Gerade in Orten, wo praktisch alles zerstört wurde, herrscht ein kollektives Trauma. Menschen, die zuvor fest im Leben gestanden haben, sind durch die Katastrophe entwurzelt. Doch bis neue Strukturen aufgebaut und der gesellschaftliche Zusammenhalt wiederhergestellt sind, dürfte noch viel Zeit vergehen. So groß die Sehnsucht nach einer Rückkehr zu den früheren Verhältnissen auch ist: Tiefgreifende Veränderungen und Einschnitte sind nunmehr unausweichlich. Damit steht die Ahrtalflut sinnbildlich für die Klimakatastrophe als solche, die uns den Abschied vom Weltklima aufzwingt, in dem noch unsere Großeltern lebten.[2] Sie steht zugleich für die verpassten Chancen an den Weggabelungen des Klimaschutzes. So wurden gerade in Nordrhein-Westfalen Projekte für erneuerbare Energien durch absurd hohe Abstandsregelungen für Windkraftanlagen und den Ausschluss von Solaranlagen auf (nicht genutzten) landwirtschaftlichen Flächen massiv ausgebremst. Es gab nicht wie in anderen Bundesländern die Verpflichtung, bei Neubauten Solaranlagen zu installieren. Diese Abkehr von Innovation bedeutet eine Befeuerung der Klimarisiken, die schließlich alle tragen müssen. Und doch: Aus dieser Einsicht und aus der Trauer über das, was verloren ging, kann Neues erwachsen. Die Weichen können neu gestellt werden: für eine nachhaltige, resiliente Infrastruktur und Wirtschaftsweise. »Aus dem Verlust heraus besteht die Chance, neue Wege zu gehen. Aber von stark betroffenen Personen kann man das nicht erwarten. Es braucht Kräfte von außen, die Mut machen und Impulse geben, ohne gleich einen vorgefertigten Plan überzustülpen«, erklärt Renate Petry. So schöpft sie gerade aus der Unterstützung freiwilliger Helfer:innen Kraft. Eine aus einem anderen Ort angereiste Frau, die bei den Räumungsarbeiten half, begründete ihre Motivation mit der Aussage: »Das hier geht uns alle an.« Die Flutnacht im Ahrtal ist kein für sich allein stehendes Unglück. Sie ist Teil eines größeren Trends, der klimatischen Entfesselung von Naturgewalten, die noch viele Opfer fordern werden. Nicht zuletzt sollten aus den Ereignissen im Ahrtal Lehren gezogen werden – für die Region selbst, aber auch darüber hinaus.

Was muss geschehen, um besser auf das nächste Hochwasser vorbereitet zu sein? Wie kann das Energiesystem zukunftsfähig ausgestaltet werden? Nicht nur in Rheinland-Pfalz und Nordrhein-Westfalen waren die Katastrophenschutzvorrichtungen defizitär. In vielen anderen Bundesländern ist es nicht besser um sie bestellt. Deutschland ist insgesamt für kommende Klimaextreme zu wenig gewappnet. Für Renate Petry steht fest: »Das Geld alleine wird uns nicht retten. Es braucht eine ehrliche Aufarbeitung der Geschehnisse – auch für die nächsten Katastrophen, die ja kommen werden. Und dann ist möglicherweise nicht mehr so viel Geld da, um Schäden zu beheben.« Ein Umdenken hat bereits bei vielen Menschen eingesetzt, jetzt müssen ihm endlich Taten folgen. Frau Petry befürchtet allerdings, dass *eine* Tragödie vielleicht nicht ausreicht, um das Steuer herumzureißen.

Warnungen, die verhallten

Die Geschichte von Familie Petry/Schulz ist eines von vielen Schicksalen nach der Flutkatastrophe im Ahrtal, das bis heute nachwirkt. Nicht alle Menschen nutzten die Zeit vor der Katastrophe, um sich bestmöglich zu schützen, viele waren noch nie selbst mit Hochwasser in Berührung gekommen und wurden von den Fluten überrascht. Aber warum hat die Flut so viele Menschen unvorbereitet getroffen? Verschiedene Institutionen, wie der Deutsche Wetterdienst, das Europäische Flutwarnsystem (European Flood Awareness System, EFAS) und die Hochwasserzentralen der Länder, wie das Landesamt für Umwelt von Rheinland-Pfalz, haben Extremniederschläge und Überflutungen vorausgesagt.

Das EFAS beispielsweise zeigte zwei Tage zuvor die höchste Warnstufe für die Ahr an. Auch der Deutsche Wetterdienst meldete am 13. Juli Extremregen mit der höchsten Warnstufe. Doch die Warnkette ist lang. Ob und wann etwa evakuiert wird, liegt auch in der Entscheidungsgewalt der Kommunen, in denen oft nur begrenzte fachliche Kapazitäten bestehen, um meteorologische Daten ad hoc zu deuten. Außerdem können Regenmengen nur für größere Gebiete vorausgesagt werden. Wo genau es zu lebensbedrohlichen Überflutungen kommen wird, ist schwieriger zu antizipieren. So wurden für den gleichen Zeitraum auch massive Regenfälle für das Schwarzwaldgebiet angekündigt, ohne dass dort gravierende Überflutungen auftraten. Insofern muss abgewogen werden zwischen einer großflächigen Evakuierung und dem Inkaufnehmen substanzieller Risiken. An welcher Stelle die falschen Entscheidungen bei der Flutkatastrophe an der Ahr getroffen wurden, ist schwer zu ermessen – im Nachhinein fällt ein Urteil leicht darüber, wie man hätte handeln müssen. Inmitten einer Krise die richtigen Schlüsse zu ziehen, ist hingegen weitaus komplizierter und erfordert nicht zuletzt Ausbildung und Training im Krisenmanagement. Mehrere Untersuchungsausschüsse versuchen nun zu klären, welche Fehler gemacht wurden und wie der Katastrophenschutz verbessert werden kann.

Ungeachtet der Verantwortung einzelner Personen steht fest, dass Eifel und Ahrtal, wie wahrscheinlich etliche andere Regionen in Deutschland, auf einen derartigen Katastrophenfall nicht vorbereitet waren. Die Regenfälle waren so heftig, dass die Menschen den Naturgewalten machtlos gegenüberstanden. An vielen Orten wurden innerhalb von 24 Stunden Niederschlagsmengen von über 100 Litern pro Quadratmeter verzeichnet.[3] Darüber hinaus konzentrierten sich in manchen Gebieten die enormen Regenfälle auf nur wenige Stunden – Rekordwerte, die alle Aufzeichnungen sprengten. Schließlich brachten die Wassermassen sogar Talsperren zum Überlaufen.

So kam es, dass viele Menschen sich in kürzester Zeit zur Evakuierung entschlossen und selbst ihre wichtigsten Unterlagen nicht mehr sichern konnten. Als die Fluten die Wohnhäuser erreichten, liefen innerhalb von Minuten Zimmer bis unter die Decke voll. Einige Bewohner:innen mussten sich sogar auf ihre Dächer flüchten. Ohne die Eigeninitiative und instinktiven Reaktionen der Betroffenen hätte es womöglich noch mehr Tote gegeben. Es folgten Wochen und Monate der Vertreibung. Menschen mussten in Notunterkünften ausharren oder fanden in anderen Gemeinden, bei Freunden oder Verwandten Zuflucht.

Ob die Vertriebenen in die verwüsteten Gebiete zurückkehren können beziehungsweise wollen, hängt von vielen Faktoren ab. Ältere Menschen, die zwar tief verwurzelt in den betroffenen Städten und Dörfern waren, haben vielleicht nicht die Kapazitäten, um zerstörtes Wohneigentum wieder aufzubauen. Andere erlitten starke Traumatisierungen und suchen den Neuanfang in anderen Teilen der Republik. Und in bestimmten Bereichen ist der Grad der Gefährdung so hoch, dass davon abgesehen wird, dort wiederaufzubauen. Zwar wird die Ahrtalflut als ein Jahrhundertereignis eingestuft, aber durch die globale Erwärmung könnten solche Extreme künftig häufiger auftreten. Für einige Gebiete wird daher eine generelle Umsiedlung in weniger exponierte, etwas höher gelegene Landstriche diskutiert. Der Klimawandel zieht auch bei uns neue Grenzen der Anpassung und bringt Vertreibungen mit sich.

Am Beispiel der Ahrtalflut wird zudem deutlich, dass die wenigsten eine Auswanderung in einen anderen Staat in Betracht ziehen, solange die Möglichkeit besteht, in der Umgebung oder im eigenen Land zu bleiben. Deutschland bietet durch Versicherungen, Regierungshilfen, die Spendenbereitschaft und -fähigkeit der Bevölkerung sowie eine solide Infrastruktur eine Reihe von Optionen für die Bewältigung von Extremwetterereignissen, die es in den meisten Entwicklungsländern nicht gibt. Auch wenn das Leid aufgrund des Verlusts der Heimat das gleiche ist, so stehen doch den Überlebenden der Ahrtalflut mehr Türen offen als den Sturmnomaden von Bangladesch oder den Philippinen. Aber der Wohlstand in Deutschland ist durch die Folgen des Klimawandels in Gefahr. So haben sich Bund und Länder dazu verpflichtet, den Wiederaufbau der Flutgebiete, die vor allem in Rheinland-Pfalz und Nordrhein-Westfalen liegen, mit 30 Milliarden Euro zu unterstützen. Schon zuvor forderten trockene Sommer Hunderte Millionen Euro an staatlichen Hilfsgeldern für Forst- und Landwirtschaft.

Für Schadensereignisse solche Summen aufzuwenden ist nur sehr wenigen Ländern möglich. Zum Vergleich: Die Industriestaaten beschlossen auf den internationalen Klimaverhandlungen in Kopenhagen, ab 2020 gemeinsam einen jährlichen Betrag von 100 Milliarden Euro für Entwicklungsländer bereitzustellen, damit diese sowohl in Emissionsminderungen als auch in Klimaanpassung investieren können. Wohlgemerkt: Alle Entwicklungsländer zusammen sollten diese Summe erhalten. Für Verluste und Schäden für die von den Industriestaaten verursachten Klimafolgen wiederum gibt es keinen Finanzmechanismus in Form einer Art Ausgleichszahlung, da die potenziellen Geberstaaten Zahlungsverpflichtungen weitestgehend von sich weisen. Bisher konnten die Industriestaaten gemeinsam jedoch nicht mal die Summe der 100 Milliarden aufbringen.[4] Das Ziel wurde 2020 und 2021 verfehlt und wird wahrscheinlich auch 2022 nicht erreicht.

Fossiles Katastrophenmanagement

Der Wiederaufbau von Gebäuden kostet nicht nur Geld und Zeit, sondern auch Ressourcen. Dies kann extrem emissionsintensiv sein, gerade wenn unter hohem Zeitdruck Entscheidungen fallen müssen, weil Menschen – verständlicherweise – möglichst bald in ihre Wohngebiete zurückkehren wollen. Ereignisse wie die Ahrtalflut werfen somit auch ökologische Bestrebungen zurück, denn sowohl die Aufbauarbeiten als auch die Katastrophenhilfe, die fast vollständig auf fossile Energien angewiesen ist, hinterlassen einen enormen CO_2-Fußabdruck. Bricht, wie im Ahr-Flutgebiet, die Stromversorgung zusammen, kommen Dieselgeneratoren zum Einsatz. So gab das Technische Hilfswerk für den Zeitraum der ersten Wochen nach der Katastrophe einen Dieselverbrauch von 300 000 Litern an.[5] Keine Frage: Wenn Menschen akut bedroht sind, ist es moralisch geboten, auch sehr hohe Ressourcen aufzuwenden, um Leben zu retten. Außerdem bedeutet es eine große Herausforderung, das Katastrophenmanagement zu ändern. Trotzdem muss auch im humanitären Bereich wie der Katastrophenhilfe ein Umdenken stattfinden, sodass Nachhaltigkeitsaspekte in die Abläufe integriert werden.

Ein sukzessiver Ausstieg aus den fossilen Energien (erstmal die Industrie dekarbonisieren, dann die Landwirtschaft, dann die Entwicklungshilfe und zuletzt den Katastrophenschutz) würde das verbleibende CO_2-Budget überschreiten. Deswegen stehen nun alle in der Pflicht. Die Klimaphysik richtet sich nicht nach Recht und Unrecht. Klar ist, eine Umstellung hin zu ökologischeren Prozessen kann nur langfristig gelingen und darf die Operabilität von Hilfsorganisationen nicht einschränken. Doch mehr als drei Jahrzehnte nach dem ersten Bericht des Weltklimarats ist die Zeit für den ersten Schritt in Richtung Klimaneutralität überreif.

In einigen Gemeinden der von der Flutkatastrophe zerstörten Gebiete werden bereits Pläne umgesetzt, um den fossilen Pfad zu verlassen. Auch könnten erneuerbare Energiesysteme die Dörfer resilienter machen. Die Wärmeversorgung im Ort Dernau im Kreis Ahrweiler in

Rheinland-Pfalz zum Beispiel soll im Zuge des Wiederaufbaus auf umweltfreundliche Systeme umgestellt werden. Dies ist nicht nur besser für das Weltklima, sondern kann die Schäden künftiger Überschwemmungen womöglich begrenzen.

Vom Regen in die Traufe: Extremniederschläge und der Klimawandel

Inzwischen leben wir bereits außerhalb des Klimas, in dem sich die menschliche Zivilisation entwickelt hat. Das zeigt sich auch an den zunehmenden Extremwetterlagen wie dem Tiefdruckgebiet »Bernd«, das durch massive Niederschläge die Ahrtalflut verursachte.

Schon heute ist eines von vier Regenextremen auf den Klimawandel zurückzuführen.[6] Auch bei den gewaltigen Niederschlägen im Ahrtal spielte er eine Rolle. Durch die bisherige Erwärmung hat sich die Eintrittswahrscheinlichkeit dieses Wetterereignisses um 3 bis 19 Prozent erhöht.[7]

Aber warum regnet es heftiger, wenn sich die Erde erwärmt? Das hängt unter anderem damit zusammen, dass die Luft mehr Wasser aufnehmen kann, wenn sie wärmer wird. Pro Grad Celsius Temperaturanstieg steigt der Wasserdampfgehalt um etwa sieben Prozent! Mehr Wasser über unseren Köpfen kann dann auch zu nassen Füßen führen.

Lang anhaltende Wetterlagen bedeuten eine besondere Belastung für uns. Denn ein paar regenreiche oder heiße Tage sind zu verschmerzen, doch wenn die Witterungsbedingungen andauern, fordern Hitzewellen und Überschwemmungen schlimmstenfalls Todesopfer. Über 70 Prozent der Fläche Europas ist in den Sommermonaten schon von solchen verharrenden Wetterlagen betroffen, die Extremereignisse wahrscheinlicher werden lassen.[8]

Ein Wetterextrem dem Klimawandel zuzuordnen ist ein komplexes Unterfangen, mit dem sich eine wachsende Gemeinschaft von Wissenschaftler:innen inzwischen auseinandersetzt. Die sogenannte Attributionsforschung versucht festzustellen, ob an einem Wetterereignis wie einer Dürre oder Flut die globale Erwärmung bereits eine Rolle

Abb. 6: Einer von vier Regenrekorden ist auf den Klimawandel zurückzuführen.

gespielt hat. Die Wissenschaftlerin Friederike Otto, mit der zusammen ich über mehrere Monate im Rahmen der »Ideenwerkstatt deutsche Außenpolitik« der Deutschen Gesellschaft für Auswärtige Politik zur Rolle von Klimafolgen für die Außen- und Sicherheitspolitik diskutiert habe,[9] versucht gemeinsam mit Mitstreiter:innen, kurz nach dem Auftreten von Klimaextremen Informationen und Erkenntnisse darüber zu gewinnen, ob und in welchem Ausmaß der Klimawandel auf die Entstehung der Wetterereignisse Einfluss genommen hat.

Ziel ist neben der wissenschaftlichen Einordnung auch die möglichst schnelle Bereitstellung von Informationen für die Öffentlichkeit. Dies entspricht nicht dem klassischen wissenschaftlichen Modell, bei dem erst viele Monate oder gar Jahre nach einem Ereignis Analysen veröffentlicht werden können, weil sie einen extensiven Überprüfungsprozess durchlaufen mussten. Doch Jahre später sind die Aufmerksamkeit der Allgemeinheit und die Empathie mit den Opfern abgeklungen oder werden von der nächsten Krise überschattet. Daher veröffentlichen Otto, die am Imperial College in London arbeitet, und ihre Kolleg:innen ihre bereits geprüfte Methodik hinter jedem Assessment für die breite Wissenschaft nachvollziehbar auf ihrer Webseite. Ihre Zuordnungsforschung beschreibt sie als »Kampf gegen fehlende Wetterdaten, ungeeignete Modellsimulationen und Datensätze, die partout nicht zusammenpassen wollen«.[10] Trotz aller Einschränkungen schafft sie es immer wieder, belastbare Daten zu liefern und darauf aufmerksam zu machen: Der Klimawandel ist kein fernes Zukunftsszenario – wir sind bereits mittendrin.

Kohleförderung fördert Vertreibungen

Die Einsicht, dass Flutkatastrophen wie im Ahrtal durch den Klimawandel wahrscheinlicher werden, ist schmerzhaft. Sie bedeutet: Wir alle tragen dafür eine Mitverantwortung. Doch trotz dieser Erkenntnis werden weiterhin fossile Brennstoffe gefördert und genutzt – ohne Rücksicht auf Verluste.

Wer einmal vor einem Tagebau in der Lausitz oder im rheinischen Revier stand, versteht das Ausmaß der direkten Zerstörung durch die Nutzung von Braunkohle. Bis zum Horizont sind schwarz-graue Wunden in die Fläche geschlagen, menschengemachte Mondlandschaften mitten in Deutschland. Denn nicht nur in Bangladesch müssen Dörfer der fossilen Industrie das Feld überlassen. Auch in der Bundesrepublik verschwanden ganze Gemeinden, um dem Tagebau Platz zu machen. So zum Beispiel das Dorf Immerath in Nordrhein-Westfalen, das seit 2006 umgesiedelt und dann abgerissen wurde. Friedhöfe mussten ebenfalls dem Kohlewahn weichen, obwohl zu diesem Zeitpunkt schon längst andere Technologien für die Energieerzeugung zur Verfügung standen. Im Jahr 2018 wurde gar der imposante denkmalgeschützte Immerather Dom, St. Lambertus, trotz gewaltiger Proteste von Anwohner:innen und zugereisten Aktivist:innen dem Boden gleichgemacht.

Auf der Liste der Gebäude, die abgerissen werden sollen, stehen noch andere deutsche Kulturgüter. So könnte die geräumige neugotische Kirche Heilig Kreuz Keyenberg im rheinländischen Erkelenz schon 2023 den Baggern zum Opfer fallen.

Mit dem Mut der Verzweiflung versuchen Umweltschützer:innen im rheinischen Garzweiler, weitere Dörfer vor der Zerstörung durch

Abb. 7: Der Immerather Dom muss – wie das gesamte Dorf – dem Kohlebergbau weichen.

den Braunkohletagebau zu bewahren. Eines davon ist Lützerath unweit von Erkelenz, um das im Sommer 2020 rund 3000 Menschen einen schützenden Ring gebildet hatten. »Alle Dörfer bleiben!«, lautete ihre Parole.[11] Das Dorf gibt es schon seit dem 12. Jahrhundert.

Der Lützerather Bauer Eckardt Heukamp legte per Eilantrag bei Gericht Beschwerde gegen das Abbaggern von Haus, Hof und Land ein, um seinen Betrieb vor der Enteignung zu schützen. Doch seine Argumentation, die ausgedehnte Kohleförderung durch die Erschließung zusätzlicher Tagebaugebiete sei nicht kompatibel mit dem Pariser Klimaabkommen und somit verfassungswidrig, wurde erst vom zuständigen Verwaltungsgericht und schließlich vom Oberverwaltungsgericht in Münster abgeschmettert.[12] Zwar sei es richtig, dass das für Deutschland verbleibende CO_2-Budget auch durch den Gesetzgeber auf verschiedene Sektoren, unter anderen den Energiesektor, verteilt werden müsse, doch dies stehe noch aus. Daher müsse zunächst durch die Politik geklärt werden, welches Budget für die Kohleverstromung zur Verfügung stehe. Erst dann gebe es eine entsprechende Gesetzesgrundlage. So wurde die Verantwortung praktisch wieder an die Bundesregierung zurückdelegiert, die jedoch bisher nichts unternommen hat, um die Vernichtung des Dorfs zu stoppen. Aufgrund der bestehenden Gesetzeslage und der unanfechtbaren Entscheidung des Oberverwaltungsgerichts blieb Landwirt Heukamp nichts anderes übrig, als seinen Hof aufzugeben. Wann genau die Abrissbirnen anrollen, ist offen.

Deutschland ist derweil einer der weltweit größten Stromexporteure, im Jahr 2016 war es sogar Spitzenreiter.[13] Angesichts der voranschreitenden Klimakrise ist es absolut unverständlich, dass Menschen von ihrem Besitz vertrieben werden, um Braunkohlebaggern Platz zu schaffen – noch dazu in einem Land, in dem es seit Jahrzehnten bessere Technologien für die Energieversorgung gibt. Aus dieser mutwilligen Zerstörung von Dörfern, in denen seit Jahrhunderten Menschen leben, erwachsen weitere Vertreibungen, auch fernab der Kohlegrube, etwa in den vom Klimawandel zerstörten Weltregionen. Denn verschwinden die letzten Dörfer in den Kohlerevieren, werden Tatsachen geschaffen für die weitere Nutzung der Kohleverstromung.

Heiße Zeiten

Aufgrund der Nutzung fossiler Brennstoffe ist seit Ende des 19. Jahrhunderts die Mitteltemperatur in Deutschland um etwa 1,6 °C gestiegen. Ähnlich starke Temperaturerhöhungen sind in Österreich und der Schweiz zu verzeichnen, noch größere im Alpenraum. Die globale Mitteltemperatur stieg indes »nur« um etwa 1,2 °C im Vergleich zum vorindustriellen Niveau an. Die Abweichung ist vor allem darin begründet, dass sich die Luft über Landmassen schneller erwärmt als über den Ozeanen. Wie schon erwähnt, lauern in diesen Temperaturveränderungen besondere Gefahren, und zwar dann, wenn uns zum Beispiel lang andauernde Hitzewellen treffen. So wie 2003, als in Europa schätzungsweise über 70 000 Menschen hitzebedingt zu Tode kamen.[14] In Deutschland starben in den heißen Sommern 2003, 2006 und 2015 zusammen knapp 20 000 Menschen an den Folgen von Hitze.[15]

Der Trend setzt sich auf dramatische Weise fort. Die drei aufeinanderfolgenden, außergewöhnlich warmen Sommer von 2018 bis 2020 kosteten mehr als 19 000 Personen das Leben.[16] Das liegt auch daran, dass die Anpassung an Hitzeextreme noch nicht ausgefeilt ist. Zum einen gibt es keine ausreichende Klimatisierung von Institutionen wie Krankenhäusern oder Altenheimen, zum anderen richten wir unser Verhalten oft nicht an den veränderten Bedingungen aus. Einfache Gewohnheiten, wie zum Beispiel mehr zu trinken und die Mittagshitze zu meiden, sind gerade bei vergleichsweise mäßigen Hitzewellen entscheidende, effektive Maßnahmen. Hier können mitteleuropäische Staaten noch viel von Spanien, Portugal oder auch Ländern wie Indien lernen. Weil Städte sich in besonderem Maße aufheizen, sind Architekten und Stadtplaner gefragt, um aus Betonwüsten resiliente urbane Räume zu machen. Während in Deutschland die steigenden Temperaturen zu immer neuen Herausforderungen führen, stehen andere Länder mit schwierigeren klimatischen Bedingungen bereits heute durch Klimafolgen vor existenziellen Krisen.

Wissen um die Ausprägung verschiedener Klimazonen vermittelt das Klimahaus in Bremerhaven, nahe meiner Heimatstadt Bremen.[17] Es ist ein Lernort mit Informationen über den Zustand unserer Erde. Dort können Kinder, Jugendliche und Erwachsene Wetterphänomene aufspüren und herausfinden, wie es sich anfühlt, in einer anderen Klimazone zu leben. In dem energieeffizienten Bau, der CO_2-neutral betrieben wird, werden wissenschaftliche Erkenntnisse der Meteorologie und anderer Disziplinen erlebbar gemacht. Eine Reise entlang des achten östlichen Längengrads mit Stationen unter anderem in Sardinien, Kamerun, Samoa und Alaska veranschaulicht die Lebensweise von Menschen in unterschiedlichen Klimazonen und die Schönheit des Planeten. In Videos kann man sich dem »Reisenden« Axel Werner auf seiner Tour »anschließen« und so die Heimat von Menschen aus ganz verschiedenen Kulturen kennenlernen.

Bedrohtes Alpenidyll

Das Klimahaus wurde 2009 eröffnet, mehr als zehn Jahre später soll nach und nach der zwischenzeitliche Wandel an allen Reisestationen dokumentiert und in Form einer Ausstellung zugänglich gemacht werden. Im Jahr 2021 ist als erste Station Isenthal in der Schweiz dran, und ich begleite Arne Dunker, den Geschäftsführer und Mitentwickler des Klimahauses, den »Reisenden«, Architekten und Szenenbildner Axel Werner sowie das Schreib- und Dokumentationsteam, bestehend aus der Reisejournalistin Anne Steinbach, dem Fotografen Manolo Ty und dem Filmemacher Alessandro Rovere, in die Berge.[18]

Vom Fuße der Alpen aus gesehen, erscheint es fast undenkbar, dass dieses mächtige Ökosystem durch menschliche Einflüsse bereits empfindlich gestört wurde. Aufgrund der immer weiter steigenden Temperaturen haben die Gletscher der europäischen Alpen seit Beginn des 20. Jahrhunderts mehr als 50 Prozent ihrer Masse verloren. Ihr Rückgang ist durch eine vergleichsweise hohe Dichte an Messdaten und frühe Fotografien besonders gut dokumentiert. Die Verlustrate steigt offenbar weiter, denn die Gletscher schmolzen in den 2010er Jahren schneller ab als jemals zuvor in den Messreihen. Wenn Permafrost und Gletscher schmelzen, können zudem ganze Felshänge instabil werden. »Das Eis im Innern eines Berges wirkt wie ein Kitt, es hält das Gestein zusammen«, schreiben der Meteorologe Sven Plöger und der Journalist Rolf Schlenker in ihrem lehrreichen Buch ›Die Alpen und wie sie unser Wetter beeinflussen‹.[19]

Auch im Kanton Uri, in dem Isenthal liegt, ist der Gletscherrückgang offensichtlich. Wir erfahren, dass vor etwa 100 Jahren Zeitungen über das geräuschvolle Kalben des Gletschers über die Bergkante ins Isenthal berichteten. Eismassen krachten täglich den Berghang hinunter, und der imposante Gletscher war von der Biwaldalp aus zu beobachten. Inzwischen liegt die Gletscherzunge weit hinter der

Bergkante; unter der brennenden Sonne zog sie sich in den vergangenen Jahrzehnten immer weiter in die höheren Lagen zurück. Dort ist sie für gute Bergsteiger:innen noch zu bewundern, zu denen ich nicht gehöre, aber dazu später mehr.

Der Rückgang der Gletscher hat schwerwiegende Konsequenzen. Wenn sich in kalten Wintern Schnee und Eis auf den Bergen gebildet haben, speist die im darauffolgenden Sommer einsetzende Eisschmelze Flüsse und die Trinkwasserversorgung. Fehlt jedoch das Eis, kann es zu Wasserknappheit oder Niedrigwasser in den heißen Monaten führen. Dies betrifft nicht nur die Landwirtschaft, sondern auch die Stromversorgung, weil Wasserkraftwerke dann nicht mehr mit voller Kapazität betrieben werden können. Einige Almwirtschaften mussten schon Trinkwasser per Seilbahn hochfahren lassen. Das macht Arbeit und verursacht Kosten. Und würde im schlimmsten Fall zur Normalität werden: Bei einem ungebremsten Klimawandel wären die Alpen bis Ende des Jahrhunderts fast komplett eisfrei.[20] Das hätte Konsequenzen über den Alpenraum hinaus, denn gerade in den Sommermonaten speisen sich auch Flüsse wie der Rhein anteilig aus den alpinen Gletschern.

Im Isenthal kommen wir im Hotel Urirotstock unter, wo uns der herzliche Wirt mit Lunchpaketen für die bevorstehende Wanderung versorgt. Am Abend wird Akkordeon gespielt, diskutiert und viel erzählt. Dann brechen wir auf in Richtung Biwaldalp, die in knapp 1700 Meter Höhe südwestlich vom Isenthal liegt. Wir kraxeln den Berg hinauf, machen Fotos, genießen die atemberaubende Berglandschaft und das Läuten der Kuhglocken. Oben angekommen, gibt es eine innige Begrüßung insbesondere zwischen Axel Werner, der vor mehr als 15 Jahren vor Ort drehte, und der nun hochbetagten, aber immer noch sehr aktiven Alpenbäuerin Hedy Infanger.

In dritter Generation bewirtschaftet die Familie Infanger jeden Sommer die Alp. Das bedeutet richtige Knochenarbeit. Die Kühe werden, sobald es warm genug ist, im Juni die steile Alm hochgetrieben. Zwischen Mensch und Tier besteht eine enge Bindung. Wenn ein Tier erkranke, so erklärt mir Werner Infanger, gehe dies der Familie nahe, und sie versuche, es bestmöglich behandeln zu lassen. »Das hier ist nicht nur irgendeine Kuh, das ist die Josie!«, sagt Werner und zeigt auf eines der hellbraunen Rinder. Aus der Kuhmilch stellt seine Frau Margrit Infanger, eine beeindruckende, resolute Person, köstlichen Käse her.

Als wir vor Ort sind, wird gerade geheut, also mit Sensen an den Berghängen Gras geschnitten, zusammengeharkt und abtransportiert, um Futter für die Kühe zu bevorraten. Der Geruch des Grases hängt überall in der Luft. Im Tal kommen für das Heuen auch schon die umstrittenen, weil umweltschädlichen und extrem lauten Laubbläser mit ihren gesundheitsschädlichen Abgasen zum Einsatz. Immerhin erleichtern sie ein wenig die Schwerstarbeit. Außer den Kühen gibt es hier noch Schweine und Ziegen, die am liebsten die Blumen in den Vasen auf den Holzbänken anknabbern, und auch um Bergsteiger:innen, die den eindrucksvollen Uri Rotstock (2929 Meter) erklimmen wollen, kümmert sich die Familie. Dafür stehen ein paar Schlaflager zur Verfügung, von denen die Reisejournalistin Anne Steinbach und ich uns eines teilen. Anne ist eine furchtlose Weltenbummlerin, die ihre Leser:innen in Gebiete mitnimmt, die nicht in handelsüblichen Reiseführern aufgeführt sind.

Während die drei Söhne der Infangers auf dem Hof anpacken, sind viele junge Menschen aus der Region nicht mehr in der Landwirtschaft tätig, sondern haben die Dörfer verlassen und kommen nur noch gelegentlich zu Besuch. An Vertreibung durch den Klimawandel ist in dieser Idylle zwar noch nicht zu denken, aber die Risiken durch Extremwetter und Gletscherschmelze nehmen zu. Grundsätzlich lebt es sich auf einer Alm nicht gefahrlos. Im Jahr 2015 verursachte ein Felssturz oberhalb der Biwaldalp schwere Schäden an der Seilbahn, über die die Alm mit dem Nötigsten versorgt wird. Wie durch ein Wunder kamen keine Menschen zu Schaden, und auch das Wohnhaus der Familie Infanger blieb intakt. Mit Versicherungszahlungen wurden die kostspieligen Reparaturen beglichen, andernfalls führt so ein Unglück einen Betrieb gegebenenfalls an den Rand seiner Existenz. Das Risiko, dass das Abschmelzen der Eismassen Berghänge destabilisiert, wodurch es zu Erdrutschen und Felsstürzen kommt, ist immer vorhanden. Ohne staatliche Subventionen wäre die Alpenlandwirtschaft in der Schweiz schon heute ökonomisch kaum noch tragfähig. Bei fortschreitendem Klimawandel würden die Kosten für diese Landwirtschaftskultur weiter in die Höhe schnellen. Auch wenn es heute noch vorrangig andere Gründe sind, aus denen vor allem junge Menschen Isenthal verlassen, so wird doch deutlich, was passieren kann, wenn steigende Temperaturen und Extremwetterereignisse das Leben zunehmend erschweren.

Unser Team möchte den Gletscher Blüemlisalpfirn filmen, der sich inzwischen hinter die Bergkante zurückgezogen hat. Dafür stehen wir früh auf und beginnen unsere Wanderung zusammen mit dem Gemeinderat und ehemaligen Kulturbeauftragten des Kantons Uri Josef Schuler sowie dem Glaziologen Andreas Linsbauer von der Universität Zürich. Zunächst wandern wir noch zwischen Blumenwiesen, dann wird das Gelände karger. Aus der Ferne sehen wir Gämsen, die flink über steil abfallende Felswände springen. Weiter oben überqueren wir zwei Schneefelder unter Anleitung des Bergführers Wisi Infanger,[21] der gut auf uns achtgibt. Doch kurz vor einer Hütte, in der wir eine längere Rast einlegen wollen, geht auf einmal gar nichts mehr bei mir, und es wird schwarz vor meinen Augen. Der Schwächeanfall kommt plötzlich und unerwartet. Die Wanderung war anstrengend, ja, aber nicht so anstrengend wie andere Kletter- und Wandertouren, die ich zuvor gemacht hatte.

Wir befinden uns in einer Höhe von knapp 2300 Metern (zur Erklärung für alle, die auch auf Höhe des Meeresspiegels aufgewachsen sind: Das ist eigentlich nicht hoch). Was vorher noch wunderschön aussah – das Bergpanorama, die Felswände –, erscheint mir plötzlich bedrohlich. Josef Schuler setzt sich neben mich und findet ein paar beruhigende Worte. Alles dreht sich, aber nach einem Schluck Wasser geht es mir schon etwas besser. Wir diskutieren mit Wisi, wie es weitergehen soll. Noch einmal probiere ich den Aufstieg, fühle mich aber mit jedem Schritt unsicherer. Josef bietet mir an, mit mir wieder hinunterzusteigen, und ich erkenne, dass ich vielleicht das ganze Unterfangen des Drehs gefährden würde, wenn ich weiter oben gravierende gesundheitliche Probleme bekäme. So gern hätte ich den Gletscher mit eigenen Augen gesehen, aber ich muss akzeptieren, dass es an diesem Tag einfach nicht geht. Wir steigen ab, und ich setze mich frustriert und erschöpft in die Sonne, wo ich mich schnell erhole.

Vielleicht war es die Höhe, vielleicht war ich nicht ausreichend trainiert nach einem Jahr Corona geschuldetem Homeoffice und Tastaturakrobatik oder es war einfach ein schlechter Tag für mich – der Berg zwingt mich in die Knie. Ironischerweise habe ich es in etwa bis dorthin geschafft, wo früher der Gletscher seine Zunge ausstreckte, aber jetzt nur noch Felsgeröll zu sehen ist. Als Josef und ich wieder auf der Biwaldalp ankommen, spielt Margrit Infanger das traditionelle Alphorn, das sehr schwer zu erlernen ist, und wir trinken einen Kaffee zusammen. Etwas später treffen auch die erfolgreichen Bergsteiger:innen ein. Neugierig frage ich sie nach ihren Erfahrungen auf dem Gletscher. Sie sind erschüttert von dem Zustand des einstigen Naturwunders, das sich so stark verändert hat. Statt mit blau-weiß glitzerndem Eis zu glänzen, ist die Gletscherzunge des Blüemlisalpfirns durch den Schmelzprozess und die hochfrequenten Schuttbewegungen graubraun eingefärbt. Da ich mich sehr auf den Anblick des Gletschers gefreut hatte, denke ich im Nachhinein, dass mein unfreiwilliger Abbruch der Tour möglicherweise auch etwas Gutes hatte. Vielleicht wäre das Bild vom ergrauten Riesen, ein warnendes Symbol unserer Zerstörung der Natur, doch sehr belastend gewesen. Vielleicht aber muss ich auch nochmal zurückkehren ins Isenthal, um erneut den Versuch zu wagen, den Gletscher oder das, was von ihm noch übrig ist, selbst in Augenschein zu nehmen – und die Infangers und Josef in ihrem faszinierenden und schützenswerten Lebensraum, den Schweizer Alpen, wiederzusehen.

Auf der Rückfahrt aus dem Isenthal – ich hatte mir ein kleines Auto gemietet – schaffe ich norddeutsche Flachnase es noch, genau den Zeitpunkt zu erwischen, an dem der Postbus die Bergstraße hochfährt. Im Schnitt setze ich mich gefühlte zwei Mal im Jahr selber ans Steuer. Jetzt muss ich mich mit Gangschaltung rückwärts die Bergstraße hochquälen, um dem Bus irgendwie Platz zu machen. Der Fahrer ist unglaublich nett und geduldig, und wir finden eine Stelle, die breit genug ist, damit er sich in Millimeterarbeit an meinem glücklicherweise kleinen Wagen vorbeizwängen kann. Bei offenem Fenster entschuldige ich mich übereifrig, aber ich scheine nicht die erste Fremde zu sein, die diesen Fehler begeht, und er lächelt mir verständnisvoll zu. Schweißgebadet erreiche ich die Hauptstraße, und mein erstes Abenteuer in den Schweizer Alpen endet in Wohlgefallen.

Deutsche Küstenlandschaft unter Druck

Die Gletscherschmelze, der Verlust der kontinentalen Eisschilde an den Polen und insbesondere auch die thermische Expansion des Ozeans treiben den Meeresspiegelanstieg weltweit an. Zwar hat Deutschland, wie auch andere Industriestaaten, überproportional zum Klimawandel beigetragen, ist aber davon nicht so stark wie andere Länder betroffen. Dennoch gibt es auch hierzulande Gebiete, in denen die Bevölkerung durch Klimaveränderungen künftig zur Umsiedlung gezwungen sein könnte, etwa auf den flachliegenden Halligen in Schleswig-Holstein. Die schon seit dem Mittelalter bewohnten Inseln drohen durch den steigenden Meeresspiegel permanent überflutet zu werden. Und es gibt noch andere Probleme. Auch zunehmend heiße Sommer und sintflutartige Regenfälle machen den Halligbewohner:innen zu schaffen, denn wenn Rinder nicht genügend Futter auf den Wiesen finden, müssen Landwirtschaftsbetriebe Heu vom Festland zukaufen, was enorme Kosten verursacht.[22] Auf Süderoog musste 2022 im vierten Jahr in Folge im Frühsommer zugefüttert werden, weil auf den Salzwiesen statt sattem Grün braune Einöde vorherrschte. Die Halligen sind fester Bestandteil der Kulturlandschaft Schleswig-Holsteins und beliebte Ziele für Touristen, und so hoffen die Bewohner:innen, dass sie nicht eines Tages gezwungen sind, ihren Lebensraum aufzugeben.

Andere Inseln sind ebenfalls bedroht, wie Sylt oder Langeoog, wo eine Familie bereits gegen eine zu schwache europäische Klimaschutzpolitik geklagt hat, weil sie ihre Existenz in Gefahr sieht. Wie recht sie mit ihren Sorgen hat, zeigt sich 2022. Sturm »Zeynep« fegt über die Nordseeinseln hinweg und richtet massive Schäden auch auf Langeoog an. Auf Wangerooge wird der Hauptstrand von Sturm »Zeynep« sogar zu 90 Prozent abgetragen und ins Meer gesogen.

Zehntausende Kubikmeter Sand sind von einem auf den anderen Tag verschwunden. Die Küstenstriche weisen meterhohe Abbruchkanten auf. Neuen Sand wiederzubeschaffen ist teuer. Mehr und mehr Gelder müssen aufgewendet werden, um ihn andernorts abzupumpen und dann mit Schiffen an beschädigte Strände zu verladen.

Der fortschreitende Meeresspiegelanstieg und die Wellenbewegungen können dazu führen, dass viele Inseln ihre Küstenlinien ändern und langfristig auch ihre Position. Dieser dynamischen Entwicklung soll durch Infrastrukturmaßnahmen wie dem Deichbau und der Aufschüttung von Sand entgegengewirkt werden, damit Menschen ihre Häuser und Betriebe nicht verlieren. Ob das letztlich gelingt, ist fraglich. Denn für diese Gegenmaßnahmen gibt es keine unbegrenzten finanziellen und technologischen Mittel.

Je öfter heftige Sturmfluten auftreten, desto schwieriger wird es, die Schäden abzufedern beziehungsweise zu beseitigen. Ein unbegrenzter Klimawandel hätte zur Folge, dass das Wattenmeer bis zum Ende des Jahrhunderts 75 Prozent seiner Fläche verliert, weil es dann schlicht unter dem Meeresspiegel läge.[23] Dies würde den Lebensraum vieler Arten zerstören, die Ruhe- und Nistplätze auf Sandbänken und im Watt benötigen, an dessen fein austariertes Ökosystem sie sich in perfekter Form angepasst haben.

Der Anstieg des Meeresspiegels wird auch den Küstenschutz auf eine harte Probe stellen. So könnten bei Sturmfluten Inseldurchbrüche beispielsweise auf Sylt erfolgen. Die Halligen trifft es besonders heftig. Steigen die Emissionen wie bisher weiter an, wird das Leben dort schon um 2050 erheblich erschwert und möglicherweise ganz in Frage gestellt sein. Absehbar ist: Selbst bei einem gemäßigten Szenario werden bis Ende des Jahrhunderts massive Schäden auftreten. Zwar »wachsen« die Halligen auch durch erhöhte Sedimentierung, aber diese Entwicklung wird nicht mit der Rate des Meeresspiegelanstiegs Schritt halten können.

Der Ausblick auf die Klimafolgen in der Bundesrepublik ist ernüchternd, und das gilt nicht nur für die Küstengebiete. So schreiben die Journalisten Nick Reimer und Toralf Staud in ihrem Buch ›Deutschland 2050‹: »Deutschland wird 2050 […] ein anderes Land sein – ein heißeres. Hitze- und Dürresommer wie 2018 und 2019 werden Mitte des Jahrhunderts normal sein, ebenso extrem milde Winter wie jener 2019/20. Es wird immer öfter Sturzregen und Überflutungen geben und doch vielerorts viel trockener sein als heute. Es wird mehr Unwetter geben und höhere Sturmfluten an den Küsten. Unser Leben wird 2050 unsicherer sein […]«[24] Diese Unsicherheit ist allerdings nicht ausschließlich den lokalen Klimafolgen geschuldet, sondern auch den Nachwirkungen fern geglaubter Schocks, die gerade für Exportnationen wie Deutschland relevant werden.

Auch das Nachbarland Österreich steht unter Klimadruck. So beginnt die Zusammenfassung des Fortschrittsberichts zur österreichischen Klimaanpassungsstrategie mit folgender Feststellung: »Der Klimawandel ist längst kein Zukunftsszenario mehr. Die weitreichenden Folgen wie zunehmende Hitze- und Dürreperioden, schmelzende Gletscher- und Permafrostflächen oder vermehrte Starkregenereignisse sind auch in Österreich spürbar. In Zukunft werden sich diese Herausforderungen noch verschärfen.«[25]

Ferne Klimafolgen, nahe Auswirkungen

Tatsächlich entfalten Klimafolgen ihre Zerstörungskraft nicht in räumlicher Isolation. Das haben sie mit Pandemien, Kriegen und Blockaden gemeinsam, was gerade die letzten Jahre eindrucksvoll beweisen. Weit entfernte Schocks können auf unsere innere Sicherheit einwirken und unsere Wirtschaft bedrohen. Unterbrechungen von Lieferketten bringen Produktionsabläufe ins Wanken, wie in der Covid-19-Pandemie bereits geschehen. Der nach einem Sandsturm im Suezkanal festgefahrene 400 Meter lange Frachter »Ever Given« blockierte im März 2021 sechs Tage lang die Durchfahrt der Wasserstraße und verursachte enorme Schäden für Industrien, die auf pünktliche Lieferungen angewiesen waren. So strandeten mit dem Containerschiff Hunderte Millionen Euro.

Auch unser buntgemischtes Sortiment an Lebensmitteln hängt von Zulieferungen anderer Länder ab. Schwere, anhaltende Dürren in

Getreideexportstaaten treffen nicht nur die Produktionsländer selber, sondern gefährden auch die Versorgung vieler weiterer Staaten. So löste schon 2010 ein extrem heißer Sommer in Russland eine Verringerung der Getreideerträge aus, woraufhin der Kreml einen Exportstopp verhängte. Diese Verknappung ließ die Preise für Getreide global in die Höhe schnellen und begünstigte Hungerkrisen. Zwischen Juni 2010 und 2011 hatte sich der Getreidepreis fast verdoppelt. In dieser Zeit begann der sogenannte Arabische Frühling, wobei erste Proteste auch durch Grundnahrungsmittelknappheit ausgelöst wurden.[26] Anfang 2022 haben die im Zuge des russischen Angriffskriegs auf die Ukraine gestiegenen Preise für Lebensmittel und fossile Energien, die zum Beispiel in Deutschland eine vergleichsweise hohe Inflation auslösten, bereits zu heftigen politischen Auseinandersetzungen geführt. Doch damit nicht genug. Auch ein Krieg trägt zum Klimawandel bei, weil er nicht nur die lokale Umwelt für Jahre zerstört, sondern auch in großem Umfang CO_2-Emissionen verursacht. Durch die Bewegungen von Streitkräften oder das Anzünden von Treibstoffreserven zum Beispiel werden massenhaft Treibhausgase in die Atmosphäre entlassen. Kriege sind auch Treiber des Klimawandels.

These

Auch in Mitteleuropa können Menschen ihre Heimat und ihren Kulturraum aufgrund von Klimafolgen verlieren. Zwar gibt es im globalen Vergleich in Deutschland und der Schweiz mehr Möglichkeiten zur Anpassung, aber steigende Emissionen lassen diese Optionen immer weiter schrumpfen und finanziell wie technologisch aufwendiger werden. Die billigste Lösung bleibt der umfassende Klimaschutz.

8 KLIMAPASS FÜR KLIMAMIGRANTEN? DER POLITISCHE INSTRUMENTENKASTEN FÜR DIE SYSTEMKRISE

Unbewohnbare Landstriche ▪ Rückkehr unmöglich? ▪ Vorbereitet für den Ernstfall ▪ Nansens Vermächtnis ▪ Eine Schutzagenda ▪ Klimamigrations-Mainstreaming ▪ Der Nansen-Pass für Klimavertriebene ▪ Luftschlösser und Mauern ▪ Debatte im Bundestag ▪ Vorreiter aus Bremen und Brandenburg ▪ Stimmen aus den Kleininselstaaten ▪ Wir werden bleiben ▪ Inhumane Grenzpolitik

Mein langjähriger Mentor, der Klimawissenschaftler Hans Joachim Schellnhuber, brachte vor einigen Jahren folgende Klimaparabel zu Papier: »Stellen Sie sich vor, eine bestimmte Fischart (zum Beispiel Kabeljau) wird aus ihrem angestammten marinen Lebensraum (etwa der Nordsee) durch die vielfältigen Auswirkungen anthropogener Eingriffe in das Klimasystem, wie Wärmestress, Sauerstoff- und Nährstoffmangel, Ozeanversauerung usw., vertrieben. Infolgedessen versuchen große Schwärme dieser Art instinktiv in alternative Gebiete (etwa in die Barentssee) auszuwandern, wo sie bessere Überlebenschancen haben. Stellen Sie sich auch vor, dass diese Tiere von der Grenzpolizei an einer der Trennlinien zwischen den nationalen ausschließlichen Wirtschaftszonen (z. B. an der Grenze zwischen Norwegen und Russland) aufgehalten und zurückgeschickt werden. Die Zurückweisung wird von den Behörden damit begründet, dass ›kein Asylanspruch nach den Kriterien der Genfer Konvention besteht‹. Abgesehen davon, dass ein solches Szenario nicht praktikabel ist, erscheint es völlig dumm und grausam. Und doch scheint es viele Entscheidungsträger zu geben, die bereit sind oder wären, genau dieses Szenario zu verwirklichen, wenn es sich bei den Migranten nicht um Fische bei der Überquerung der Barentssee, sondern um Menschen handeln würde (bei der Überquerung des Mittelmeers auf maroden Schiffen zum Beispiel).«

Mit diesen Sätzen beschreibt Schellnhuber das Paradox, dass die Menschheit einerseits einen zivilisatorischen Höchststand erreicht hat, aber andererseits politische Grenzlinien zieht, die bei einem destabilisierten Klima zur Folge haben können, dass ein Teil unserer eigenen Spezies auf möglicherweise unbewohnbaren Flächen festsitzt. Denn ungebremst führen die massiven und schnell ablaufenden Umweltveränderungen gerade in Ländern mit wenig Landmasse oder hoher Bevölkerungsdichte unweigerlich zu existenziellen Problemen. Trotzdem steigen die globalen Emissionen.

Das gilt auch für Deutschland, wo nach einem kurzzeitigen Rückgang aufgrund des Wirtschaftseinbruchs im Gefolge der Covid-19-Pandemie im Jahr 2021 die Emissionen wieder um 4,5 Prozent anstiegen. Um das selbstgesteckte Reduktionsziel der Bundesregierung von minus 65 Prozent bis 2030 im Vergleich zum Jahr 1990 zu erreichen, müsste der Ausstoß eigentlich um 6 Prozent jährlich *sinken*. Den Sachstandsbericht des Weltklimarats der Arbeitsgruppe III, die sich mit Emissionsminderungen beschäftigt, bezeichnete UN-Generalsekretär António Guterres in einer Videobotschaft im April 2022 als »ein Dossier der Schande, das die leeren Versprechungen katalogisiert, die uns auf den Weg in eine unbewohnbare Welt bringen«.[1]

Unbewohnbare Landstriche

Doch wann wird ein Gebiet durch den Klimawandel unbewohnbar? Darauf gibt es keine allgemeingültige Antwort, denn sowohl die Intensität der Klimafolgen als auch die Kapazität der Gesellschaften, auf diese zu reagieren, bestimmen letztlich den Grad der Bewohnbarkeit. So können rein theoretisch durch technologische Interventionen auch in unwirtlichen Landstrichen Lebensräume geschaffen werden, doch ist dies mit einem hohen Ressourcenaufwand und dem Einsatz großer finanzieller Mittel verbunden, die nur den wenigsten Ländern zur Verfügung stehen. Verteilungsungerechtigkeiten zwischen und innerhalb von Staaten spielen ebenfalls eine zentrale Rolle dabei, ob die Bevölkerung sich anpassen kann. Je extremer die Folgen des Klimawandels in Erscheinung treten, desto schwieriger werden mögliche Anpassungsmaßnahmen. Aufgrund der Komplexität dieser verschiedenen Faktoren befasst sich eine Reihe von Wissenschaftlerinnen und Wissenschaftlern aus mehreren Disziplinen mit der Frage der Bewohnbarkeit von Landschaften unter dem Druck des Klimawandels.[2]

Damit ein Gebiet bewohnbar bleibt, muss gewährleistet sein, dass die Grundbedürfnisse der dort lebenden Menschen abgedeckt sind. Das ist beispielsweise dann nicht mehr gegeben, wenn Risiken für Unterversorgung bestehen, gravierende Gesundheitsschäden zu erwarten sind oder Verletzungen von Menschenrechten etwa durch den fehlenden Zugang zur Grundversorgung vorliegen. An den Fluchtbewegungen im Zentralpazifik, in Bangladesch oder der Sahelzone lässt sich ablesen, dass bei Migrationsentscheidungen stets auch eine individuelle Risikoabwägung stattfindet: Wie sicher ist es zu bleiben?

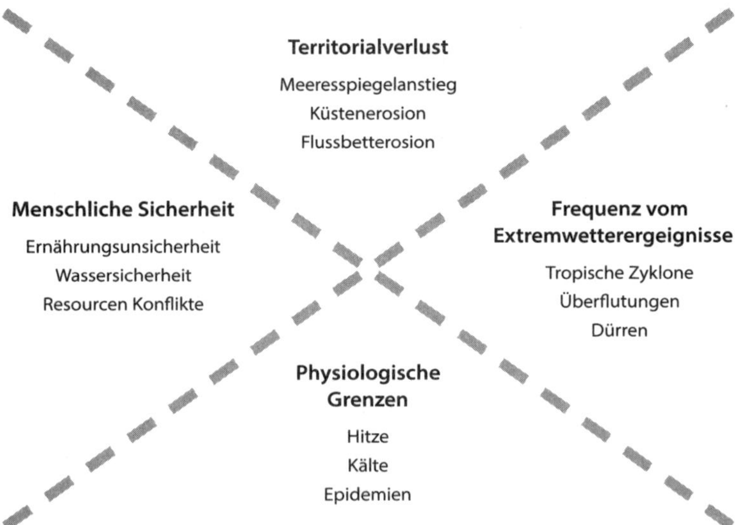

Abb. 8: Formen klimabedingter Unbewohnbarkeit

Was erwartet mich woanders? Wenn Lebensräume jedoch zu Todeszonen werden, haben Menschen keine Wahl, sie müssen fliehen. Im Verlauf dieses Jahrhunderts könnten verschiedene Landstriche der Welt ihre Habitatfunktion für den Menschen einbüßen. Unser heutiges Handeln bestimmt, welches Ausmaß die Veränderungen annehmen werden.

Die Faktoren, die ein Gebiet unbewohnbar machen, lassen sich in mehrere Kategorien einteilen (Abbildung 8): die Überschreitung physiologischer Grenzen, zum Beispiel bei Hitzeextremen, wie sie etwa im Amazonasgebiet oder in Teilen Indiens auftreten (ein längerer Aufenthalt im Freien wäre tödlich); der Verlust von Land, der nicht nur für Kleininselstaaten ein reales Risiko darstellt; die Häufigkeit von Extremereignissen, die etwa Länder wie die Philippinen treffen und zu Hungerkrisen führen (wenn Ernten ausbleiben, verlieren landwirtschaftsbasierte Lebensformen ihre Grundlage); schließlich die Gefahr für die menschliche Sicherheit, wie sie sich in der Sahelzone abzeichnet.

Wächst dieses komplexe Gefahrenpotential im Laufe des Jahrhunderts durch die fortschreitende Erwärmung weiter an, bietet Migration die einzige und letzte Möglichkeit, die Grenzen der Anpassung zu überwinden. Dabei geht es nicht nur darum, ob ein Gebiet für alle dort lebenden Menschen unbewohnbar wird, sondern auch darum, ob degradierte Ökosysteme beispielsweise eine wachsende Bevölkerung ernähren können. In diesem Zusammenhang spielt auch die Importabhängigkeit von Grundnahrungsmitteln eine Rolle. Je größer sie ist, desto eher können parallele Krisen, wie etwa Kriege, Hungersnöte auslösen – die wiederum Migration bedingen.

Rückkehr unmöglich?

Die meisten Menschen würden, wenn irgend möglich, am liebsten dort bleiben, wo sie zu Hause sind, beziehungsweise dorthin zurückkehren, sobald es die Umstände wieder zulassen. Doch diese Option ist ihnen häufig verwehrt. Bereits heute verzeichnet die Flüchtlingsorganisation der Vereinten Nationen UNHCR stark rückläufige Zahlen für eine sichere Rückkehr von Geflüchteten, die aus ganz verschiedenen Gründen aus ihrem Heimatland geflohen sind.[3]

Während es im Zeitraum von 1990 bis 1999 noch 15 Millionen Rückkehrer gab, waren es zwischen 2000 und 2009 nur noch 10 Millionen und von 2010 bis 2019 nur noch 3,9 Millionen. Obwohl diese Entwicklung eng verknüpft sein dürfte mit einem anhaltenden Konfliktgeschehen und politischer Fragilität, könnte auch eine schwerwiegende Umweltdegradation ein nicht zu unterschätzender Faktor sein. Organisationen wie UNHCR und die Aufnahmeländer selbst drängen oft darauf, Geflüchteten eine Rückkehr zu ermöglichen, wenn die Konflikte im Ursprungsland beigelegt sind. Sich verschlechternde Umweltbedingungen gerade in Staaten, die gleichzeitig von gewaltsamen Unruhen erschüttert wurden, erschweren allerdings die Möglichkeit zurückzukommen zusätzlich. Allein aus humanitären Gründen wäre es dringend geboten, Menschen, denen diese Möglichkeit auf lange Sicht versperrt bleibt, die Chance zu geben, weiterzuziehen und in einem anderen Land Fuß zu fassen. Denn das Ausharren in der Ungewissheit eines Camps ist bereits für zu viele Menschen zum Dauerzustand geworden, weil sich nach wie vor Länder weigern, Geflüchtete aufzunehmen und gesellschaftlich zu integrieren.

Vorbereitet für den Ernstfall

Meine eigene Feldforschung – und die anderer Wissenschaftler:innen – weist darauf hin, dass die Klimaauswirkungen schon bei der derzeitigen Erwärmung von knapp 1,2 °C die Lebensgrundlage vieler Kleinbauern und Fischer zerstören und sie zur Migration zwingen. Je mehr sich die globale Erwärmung einem 2 °C-Szenario nähert, desto häufiger wird es zu klimatischen Veränderungen führen, die Populationsverschiebungen von Menschen und Tieren nach sich ziehen. Bei einem ungebremsten Klimawandel hingegen wird es zwangsläufig zu massiver Migration kommen müssen. Deswegen ist es zwingend notwendig, weltweit die Treibhausgasemissionen zu senken und die Vorgaben des Pariser Klimaabkommens einzuhalten.

Da jedoch die globalen Emissionen nach der kurzen pandemiebedingten Pause wieder angestiegen sind, ist ein Worst-Case-Szenario nicht auszuschließen. Im Mai 2022 meldete die Weltorganisation für Meteorologie (WMO), dass die 1,5 °C-Temperaturgrenze bereits in den kommenden fünf Jahren mit 50-prozentiger Wahrscheinlichkeit erreicht wird.[4] In diesem Zeitraum wird zudem mit über 90-prozentiger Wahrscheinlichkeit ein neuer Hitzerekord verzeichnet. Dieser Trend geht insgesamt mit extremeren Wetterlagen einher. Damit ist, anders als im Fall gewaltsamer Konflikte, die ohne jahrelange Vorhersage plötzlich ausbrechen können, der Klimawandel als Treiber von Migration zumindest in groben Zügen zu antizipieren.

Während strategisch geplante Migration häufig zu positiven wirtschaftlichen Effekten für Migrant:innen, Empfänger- und Sendegemeinden führt, ist Ad-hoc-Migration als letzte mögliche Reaktion auf den Klimawandel oft nachteilig für Betroffene und aufnehmende Kommunen. Um leidgetriebene Überlebensmigration zu vermeiden, ist politisches Handeln zur Unterstützung und Legitimation von Migration als Anpassungsstrategie notwendig. Denn die nationalen und internationalen Institutionen, die schon bisherige Migrationskrisen nicht adäquat bewältigen konnten, werden ohne erweitertes Mandat komplexere Wanderungsbewegungen aufgrund des Klimawandels erst recht nicht meistern können. Für den Ernstfall, wenn Landesgrenzen überschritten werden, etwa weil das gesamte Staatsterritorium durch den Meeresspiegelanstieg gefährdet oder bereits unbewohnbar geworden ist, gibt es kaum praktikable gesetzliche Richtlinien (Kapitel 2).

Doch obwohl ein erhebliches Risiko besteht, dass genau dies eintritt, und obwohl mehrere Institutionen die Notwendigkeit einer Lösung dieses Problems betonen, haben bislang nur wenige Regierungen Strategien entwickelt, wie damit umgegangen werden soll. Einige Staaten wie Fidschi und Vanuatu erließen Richtlinien für interne Umsiedlungen (Kapitel 3), die Rechtslücke für grenzüberschreitende klimabedingte Migration und Vertreibung bleibt jedoch bestehen. Die Gründe dafür sind vielfältig. In potenziellen Aufnahmeländern und Regionen mit hohem Migrationsaufkommen verhindert in vielen Fällen eine einwanderungsfeindliche Rhetorik die öffentliche Unterstützung für legale Immigration. Umgekehrt zögern Regierungen, die stark vom Klimawandel betroffen sind, eine Führungsrolle in der Politikgestaltung der geregelten Abwanderung zu übernehmen, da dies so interpretiert werden könnte, dass sie ihr Land aufgeben, weil sie davon ausgehen, dass das Temperaturlimit von 1,5 °C nicht mehr eingehalten werden kann.

Angesichts der sich abzeichnenden Klimafolgen wäre es töricht, die Entstehung noch größerer Migrationsbewegungen abzuwarten, bevor Schutzmaßnahmen implementiert werden. Daher sollte die Staatengemeinschaft proaktiv Instrumente entwickeln, die den Schutz von besonders vom Klimawandel betroffenen Personen verbessern.

Nansens Vermächtnis

Mit diesem Auftrag wurde 2012 von den Regierungen Norwegens und der Schweiz und unterstützt von der EU-Kommission und Deutschland die sogenannte Nansen-Initiative ins Leben gerufen. Sie sollte den Schutz von Personen verbessern, die aufgrund von Naturkatastrophen oder den Folgen des Klimawandels ihr eigenes Land verlassen müssen. Ziel des Projekts war es, den zwischenstaatlichen Austausch zu diesem Thema zu fördern und Kooperationen aufzubauen. Die Initiative wurde nach dem Polarforscher und Friedensnobelpreisträger Fridtjof Nansen (1861–1930) benannt. Der Norweger verbrachte einen Großteil seines Lebens mit der wissenschaftlichen Erforschung der wenig besiedelten nördlichsten Gebiete unserer Erde und leitete bahnbrechende Polarexpeditionen, wie etwa die Überquerung des grönländischen Inlandeises im Jahr 1888. Doch er beschränkte sich nicht auf seine Forschung und darauf, die Menschheit an seinem Wissen teilhaben zu lassen. Er war auch politisch aktiv und nutzte sein weltweites Ansehen zugunsten von Menschen, die auf der Schattenseite des Lebens standen.

In seinen späteren Lebensjahren setzte sich Nansen für die Stärkung des Völkerbunds ein, der Vorgängerorganisation der Vereinten Nationen. 1921 wurde der Polarforscher zum ersten Hochkommissar für Flüchtlingsfragen berufen. Nun widmete er sich der prekären Lage von Geflüchteten, die im Ersten Weltkrieg staatenlos geworden waren, insbesondere Russinnen und Russen, aber auch Armenier:innen und anderen Betroffenen, die sich oft ohne Rechte in verschiedenen europäischen Ländern aufhielten. Diese Menschen sollten mithilfe des sogenannten Nansen-Passes in ihren Aufnahmeländern legal leben und arbeiten können. Das Dokument, das keinem eigentlichen Pass gleichkam, weil es nicht zum Wählen berechtigte oder eine Staatsbürgerschaft übertrug, wurde vom Völkerbund ausgestellt. Mit Überzeugungskraft und Charisma schaffte es Nansen, dass über 50 Länder es offiziell anerkannten und so den Geflüchteten Schutz gewährten. Rund 450 000 Personen erhielten im Zeitraum von 1922 bis 1942 einen Nansen-Pass. Für sein humanitäres Engagement wurde dem Norweger 1922 der Friedensnobelpreis verliehen. Nur acht Jahre später starb er im Alter von 68 Jahren an einem Herzinfarkt infolge einer schweren Grippeerkrankung.

Einer seiner Söhne, Odd Nansen, ein ausgebildeter Architekt, gründete 1936 die Nansenhilfe für Flüchtlinge und Staatenlose und führte damit das Werk seines Vaters fort. Diese Organisation unterstützte auch vom NS-Regime verfolgte Deutsche, insbesondere deutsche Juden, die nach Norwegen fliehen wollten. Nach der Besetzung Norwegens durch die deutsche Wehrmacht und der Installation einer faschistischen Marionettenregierung in Oslo wurde Odd Nansen 1942 inhaftiert und die Nansenhilfe verboten. Zunächst kam Odd Nansen ins Konzentrationslager Grini nahe Oslo, von dort wurde er ins KZ Sachsenhausen nordöstlich von Berlin deportiert. Heimlich schrieb er Tagebuch. Die Aufzeichnungen versteckte er, bis sie aus dem Lager geschmuggelt werden konnten. Jahre später – Odd Nansen überlebte das KZ – veröffentlichte er seine Erinnerungen in dem Buch ›Von Tag zu Tag‹.

Nach seiner Befreiung setzte er sich weiter für die Belange von Geflüchteten ein; besonders ging es ihm um das Schicksal von Kindern. Im Jahr 1946 wurde er Mitbegründer des Kinderhilfswerks UNICEF und setzte als Direktor der Norwegischen Europahilfe auch die Arbeit der Nansenhilfe fort. Unter dem neuen Namen Norwegische Flüchtlingshilfe (Norwegian Refugee Council, NRC) engagiert sich die weltweit anerkannte Organisation bis heute für Menschen auf der Flucht. Bemerkenswerterweise setzte sich Nansen auch für die deutschen Heimatvertriebenen ein, die größtenteils unter widrigsten Bedingungen in Lagern unterkamen, bevor sie in den Westen übersiedelten. In einem Interview begründete Nansen dies so: »Ich weiß, was es heißt, in einem Lager für Jahre zu leben. Das bedeutet einen langsamen Untergang.«[5] Damit wies er die Kritik an seinem Einsatz und Mitgefühl für deutsche Vertriebene entschieden zurück. Nach dem Zweiten Weltkrieg waren Millionen Menschen zu Flüchtlingen oder Binnenvertriebenen geworden, die unter prekären Umständen in Lagern ihr Leben fristeten. Odd Nansen ging es darum, nachhaltige Schutzstrukturen für Geflüchtete zu schaffen, um derartige Krisen zu verhindern: »Wäre es nicht wert, für uns selbst, für die Flüchtlinge und die ganze Welt, diese größte Rettungsarbeit der Geschichte in Gang zu setzen?«[6] Diese Frage ist angesichts der Rekordzahlen von Geflüchteten heute aktueller denn je.

Eine Schutzagenda

Die 2012 ins Leben gerufene Nansen-Initiative veröffentlichte 2015 eine über 50 Seiten lange Schutzagenda, die Empfehlungen für Nationalregierungen bündelt.[7] Zwischen drei politischen Zielsetzungen wird unterschieden: der freiwilligen, temporären Aufnahme von Personen, die im Zusammenhang von Naturkatastrophen und Klimafolgen fliehen und in ihrem Heimatland keinen Schutz bekommen; der Nichtzurückweisung solcher Personen, die sich bereits auf fremdem Territorium aufhalten; der Entwicklung langfristiger Lösungen für Betroffene, die keine Aussicht auf Rückkehr haben. Dieser Kriterienkatalog soll den Staaten als Entscheidungsgrundlage dafür dienen, wem Schutz zusteht. Dabei kommen diverse Mechanismen zum Einsatz, wie etwa die Anweisung an Grenzschutzbehörden, Personen, die im Kontext spezifischer Extremereignisse geflohen sind, ins Land zu lassen. Darüber hinaus fordert die Nansen-Initiative mehr Forschung und gründlichere Datenerhebungen sowie Unterstützung für die Versorgung von Binnenvertriebenen nach Wetterextremen in den Herkunftsländern.

Nach 2015 wurde die Nansen-Initiative durch die Plattform für Katastrophenvertreibung (Platform on Disaster Displacement) abgelöst, die sich für die multilaterale Umsetzung der Schutzagenda einsetzt und Raum für Wissensaustausch und Kooperationsaufbau bietet. Das ist dringend notwendig, denn während sich im Bereich der Forschung zum Thema Klimamigration im Allgemeinen in den vergangenen Jahren sehr viel bewegt hat[8] und die Erkenntnisgrundlage enorm gewachsen ist,[9] blieben konkrete Fortschritte beim Schutz von grenzüberschreitend fliehenden Klimamigrant:innen weitgehend aus.

Doch eine Reihe von Institutionen wendet sich nun zumindest verstärkt dem Thema zu. So formulierte das UN-Flüchtlingskommissariat UNHCR 2020 ein strategisches Rahmenwerk für seine Arbeit im Bereich Klima,[10] in dem unter anderem als Ziel genannt wird, Länder dabei zu unterstützen, die rechtlichen Grundlagen zum Schutz von Personen in Not zu verbessern. Dies ist relativ breit formuliert, auch weil die Organisation auf die Unterstützung der Mitgliedsstaaten angewiesen ist. Obwohl das UNHCR auch Binnenvertriebenen hilft, bildet die Genfer Flüchtlingskonvention mit ihrer engen Definition für Flüchtlinge (Kapitel 2) das Kernmandat der Organisation. Das Thema der klimabedingten Vertreibung ist nicht neu für sie. Schon 2009 warnte António Guterres in seiner Funktion als Hoher Flüchtlingskommissar des UNHCR auf dem Weltklimagipfel in Kopenhagen: »Der Klimawandel könnte zum Hauptfluchtgrund werden.«[11] Einen weiteren Lichtblick bildet die Verankerung des Themas im UN-Migrationspakt.[12] 164 Staaten einigten sich darin auf einen Text, der auch den Klimawandel als einen Treiber von Migration anerkennt und im zweiten Kapitel dieses Buches diskutiert wurde.

Eine frühe Vorkämpferin für die Rechte von Klimamigrant:innen ist die Wissenschaftlerin Koko Warner, die heute bei der UNFCCC (United Nations Framework Convention on Climate Change) den Bereich »Klimawirkungen, Vulnerabilität und Risiken« in Bonn leitet. Die gebürtige US-Amerikanerin setzte sich bereits lange vor dem Pariser Klimaabkommen für den besseren Schutz von Betroffenen ein und leitete eine Reihe von Forschungsprogrammen, die zu einem besseren Verständnis des komplexen Themas führten. Dass sie sich von der Wissenschaft in die UN-Diplomatie begab, ist ein echter Glücksfall für das UN-System, das dringend neue Impulse aus Forschung und Zivilgesellschaft braucht.

Klimamigrations-Mainstreaming

Die politische Verankerung des Themas verläuft auch auf nationaler Ebene nicht ohne Hindernisse. Rein theoretisch könnten sich unterschiedliche Ministerien mit Fragen zur Klimamigration auseinandersetzen, etwa Ressorts, die sich mit Umwelt, Entwicklung, Auswärtigem, Innerem, Arbeit, Gesundheit oder auch Sicherheit befassen. Tatsächlich ist es aber so, dass das Thema oft zwischen die Trennlinien der traditionellen Aufteilung von Ministerien fällt und es somit keine klaren Zuständigkeiten gibt. Ein ressortübergreifender Ansatz wäre sinnvoll, ist aber nur mühsam umsetzbar, da die einzelnen Ministerien sich in ihrer Arbeitsweise oft unterscheiden.

Seit dem Regierungswechsel in den USA 2021 hat sich auch die amerikanische Position zur Behandlung von Klimamigrant:innen verändert. Während die Trump-Regierung den Klimawandel leugnete und sogar die Unterzeichnung des UN-Migrationspakts verweigerte, erließ US-Präsident Joe Biden gleich zu Beginn seiner Amtszeit ein Dekret, das die Stärkung von Resettlement-Programmen für Geflüchtete vorsieht und auch auf das Thema Klimamigration eingeht.[13] Um besser auf sie vorbereitet zu sein, wurde sogar ein interministerieller Bericht dazu angeordnet. Viele erhofften sich von ihm ein konkretes Maßnahmenprogramm, doch diese Erwartungen erfüllt das Papier nicht.

Der ohne Frage lesenswerte Report des Weißen Hauses greift die bestehende wissenschaftliche Literatur auf und bewertet mögliche außen-, entwicklungs- und sicherheitspolitische Implikationen aus amerikanischer Sicht. Dabei verbindet das Schreibteam die außen- und innenpolitische Dimension von künftigen Vertreibungen: »Unzureichende politische Rahmenbedingungen zur Steuerung großer Migrationsströme können Ressourcenungleichheiten verschärfen, die öffentlichen Haushalte belasten und zu Fremdenfeindlichkeit beitragen, was politische Spannungen verstärkt.«[14]

Zudem wird darauf hingewiesen, dass bereits heute die (menschlichen) Kosten von Migration für Migrant:innen selbst wie auch für die Orte, aus denen sie stammen, teils enorm hoch sind und perspektivisch noch weiter anwachsen könnten. Etwa wenn die klügsten Köpfe abwandern oder Arbeitskräfte in der Landwirtschaft fehlen. Aufnahmeländer hingegen können bei plötzlich steigenden Migrationszahlen an Kapazitätsgrenzen kommen, etwa wenn es um die Versorgung und Unterbringung von Personen geht. Nicht zuletzt deswegen braucht es langfristige Lösungen anstelle von Ad-hoc-Antworten auf Einwanderung. Finde man keine adäquaten Antworten auf diese Entwicklungen in Sende- und in Empfängerländern, könne es mittelfristig zu einer Destabilisierung demokratischer Staaten kommen, so der Bericht des Weißen Hauses.

Der Report schließt mit einer Reihe von Empfehlungen, darunter auch der Anregung, sich im US-amerikanischen Kongress mit dem fehlenden Schutz von Klimamigrant:innen zu befassen. Die Erfolgschancen hierfür sind jedoch äußerst gering. Vor dem Hintergrund bestehender Ressentiments gegen Migrant:innen und der immer noch weitverbreiteten Leugnung des Klimawandels ist schwer vorstellbar, dass der US-Kongress in der gegenwärtigen politischen Konstellation Klimageflüchteten zu Hilfe eilt. Dies gestehen sogar die Verfasserinnen und Verfasser des Berichts ein und führen eine Spaltung zwischen der Demokratischen und der Republikanischen Partei als Grund für die prekäre Situation vieler Einwanderer:innen an: »Das Fehlen einer überparteilichen Einigung über humane Grenzverfahren und Einwanderungspolitik erschwert die Bemühungen der USA, weltweite Unterstützung für den Schutz von Flüchtlingen, Asylsuchenden und anderen gefährdeten Migranten zu mobilisieren.«

Somit sind die USA auch in einer schwierigen Verhandlungsposition, wenn es darum geht, andere Staaten zur Aufnahme einer größeren Zahl von geflüchteten oder gar klimavertriebenen Personen zu bewegen. Mehr noch fallen die Vereinigten Staaten seit Jahren hinter ihren fairen Anteil für die internationale Klimafinanzierung zurück, auch weil der amerikanische Kongress die Ausgabe größerer Summen blockiert. So kündigte Präsident Biden 2021 bei der COP in Glasgow an, den US-Beitrag für die internationale Klimafinanzierung bis zum Jahr 2024 auf 11,4 Milliarden US-Dollar anzuheben, doch nur eine kärgliche Milliarde Dollar wurde 2022 vom Kongress bewilligt. Deutschland, mit einem weitaus kleineren Bruttoinlandsprodukt als die USA, stellt etwa vier Milliarden Euro jährlich zur Verfügung und will seine Finanzierung bis 2025 auf sechs Milliarden Euro anheben. Diese Gelder, die sich eigentlich seit 2020 auf jährlich 100 Milliarden US-Dollar belaufen sollten (siehe Kapitel 7), sind dafür gedacht, Entwicklungsländern zu helfen, klimafreundlich zu wirtschaften und sich an Extremwetterereignisse und andere klimatische Veränderungen anzupassen.

Während einige Länder in ihren nationalen Anpassungsplänen zumindest auf die mit klimabedingter Binnenmigration verbundenen Herausforderungen hinweisen, stehen multilaterale Bemühungen zum Schutz transnational migrierender Personen immer noch am Anfang. Auch die 2019 von der deutschen Bundesregierung eingesetzte Fachkommission Fluchtursachen empfiehlt, »die Rechts- und Schutzlücke für Klimavertriebene an[zu]erkennen und Lösungen [zu] erarbeiten«.[15] Doch obwohl in zahlreichen Dokumenten die Notwendigkeit neuer Instrumente und Mechanismen zum Schutz von Klimavertriebenen direkt oder indirekt angesprochen wird, sind Vorschläge für konkrete Maßnahmen eher rar – auch weil jeder dieser Vorschläge sofort Kritik auf sich zieht. Ungeachtet dessen steht jedoch fest: Dringend erforderlich ist es, sowohl eine deutlich höhere Finanzierung von Anpassungsmaßnahmen sicherzustellen, etwa die Absicherung landwirtschaftlicher Lebensgrundlagen, um ein Bleiben zu ermöglichen, als auch Wege für eine selbstbestimmte Migration in Würde zu schaffen. Deswegen sollte eine entsprechende Freizügigkeit für Menschen aus Hochrisikogebieten nicht länger blockiert werden.

Der Nansen-Pass für Klimavertriebene

Ein Schritt in Richtung Freizügigkeit wäre zum Beispiel die Ausstellung von Reisedokumenten nach dem Vorbild des Nansen-Passes, der schon in den 1920er Jahren Staatenlose in die Lage versetzte, legal in anderen Ländern zu leben.[16] Zusammen mit dem Wissenschaftlichen Beirat Globale Umweltveränderungen, der eine interdisziplinäre Gruppe namhafter Wissenschaftler:innen vereint, entwickelte Hans Joachim Schellnhuber die Idee des Klimapasses. Vor dem Hintergrund vergangener Flüchtlingskrisen müssten dringend Vorkehrungen getroffen werden, um im Ernstfall Menschen mit Reisedokumenten ausstatten zu können, die es ihnen ermöglichen, sich in Sicherheit zu bringen. »Schier unerträglich ist die Vorstellung, dass Millionen Klimamigrant:innen in den kommenden Jahrzehnten auf kriminelle Schlepperorganisationen angewiesen wären, wie sie aktuell im Mittelmeer so schreckliches menschliches Elend bewirken«,[17] so der WBGU. Deswegen schlägt das Gremium die Einführung eines Klimapasses vor: »In Anlehnung an die humanitäre Innovation des Nansen-Passes soll der Klimapass für existenziell vom Klimawandel bedrohte Personen frühzeitige, freiheitliche und würdevolle Migrationsoptionen [...] eröffnen.«

Der Pass soll möglichst von Staaten anerkannt werden, die signifikant zum globalen Treibhausgasausstoß beigetragen haben, also insbesondere von Industriestaaten. Zwar soll die Einrichtung des Passes rechtlich an die Klimarahmenkonvention (UNFCCC) angedockt sein, aber ähnlich dem Nansen-Pass zunächst durch eine kleine Gruppe von Staaten realisiert und dann weiter vorangetrieben werden können. Mit einer solchen Vorreitergruppe würde man das Hindernis umgehen, die gesamte Staatengemeinschaft hinter dem Vorschlag vereinen zu müssen. Die Empfehlung des WBGU lautet, erst einmal ein überschaubares Kontingent für Bewohner:innen besonders bedrohter Inselstaaten zu schaffen, um dann nach Bedarf die Gruppe möglicher Empfänger:innen auszuweiten. Die Idee ist bestechend. So würde für eine kleine, aber unzweifelhaft stark gefährdete Bevölkerungsgruppe präventiv eine Lösung erarbeitet werden, die möglicherweise als Präzedenz für den Schutz weiterer Klimavertriebener fungieren könnte. Seit der Veröffentlichung des WBGU-Papiers arbeiten eine Reihe von Wissenschaftler:innen und ich an einem konkreten Vorschlag zur Ausgestaltung des Instruments.[18]

Der Beirat fordert zudem: »Der Klimapass soll nicht anstelle von, sondern begleitend mit Klimaschutz und physischen Anpassungsmaßnahmen etabliert und finanziert werden. Betroffene Individuen sollten durch sichere und frühe Migrationsoptionen freier entscheiden können, ob und wann sie migrieren möchten.« Klimafolgen beschneiden die Selbstbestimmung vieler Menschen. Kulturelle Praktiken, traditionelle Formen der Landwirtschaft und das Recht, in der eigenen Heimat zu bleiben, werden durch den Klimawandel in Frage gestellt. Zwar wird Migration oft als Anpassungsstrategie an die sich verändernden Umweltbedingungen bezeichnet, doch diese Formulierung verschleiert, dass eine Abwanderung vom Land in die Stadt oder gar über Landesgrenzen hinweg immer eine einschneidende Zäsur im Leben der Menschen bedeutet. Denn anders als etwa durch den Bau eines Deiches wird durch Migration zwar das Leben, aber nicht die Lebensweise geschützt. Sind Menschen gezwungen, aufgrund des von fernen Ländern herbeigeführten Ausstoßes von Treibhausgasen die Wurzeln ihres bisherigen Lebens auszureißen, sollte es geboten sein, ein Mindestmaß an Entscheidungsfreiheit wiederherzustellen, etwa durch einen Klimapass.

Die Idee eines solchen Passes wurde inzwischen vielfach aufgegriffen. Zum einen brachten Bündnis 90/Die Grünen als Opposition einen entsprechenden Antrag im Bundestag ein (dazu später mehr). Zum andern kommt der Klimapass in der Dauerausstellung des Berliner Futuriums zur künftigen Mobilität vor. Das Futurium ist eine Art interaktives Museum und Forum zum Thema Zukunft, ihre Herausforderungen und Möglichkeiten, in dem man selbst über Entwicklungen abstimmen und verschiedene neue Technologien und Gesellschaftsmodelle auf ungewöhnliche Art erleben kann. Ob sich einige von ihnen durchsetzen werden, ist ungewiss. Doch genau darin liegt der Charme der Zukunft.

Luftschlösser und Mauern

Inmitten unterschiedlichster Krisen sind wir möglicherweise weit entfernt von der Umsetzung einer Idee wie dem Klimapass. Vielleicht aber gibt es eine schweigende Mehrheit, die sich eine humanere Migrationspolitik und größere Unterstützung für vom Klimawandel betroffene Personen durchaus wünschen würde. In jedem Fall lohnt es sich, auch für solche Ziele zu kämpfen, selbst wenn der Klimapass im Moment noch ein Luftschloss sein mag.

Lernen kann man das von dem ehemaligen US-Präsidenten Donald Trump. Ja, Sie lesen richtig, ich spreche von dem migrantenfeindlichen Republikaner, der über vier Jahre aus dem Weißen Haus twitterte und zum Sturm auf das Kapitol aufrief. Auch er hatte eine Idee, die vielen als abwegig erschien. Damit meine ich nicht nur seine Präsidentschaftskandidatur, sondern den Bau einer Mauer. Zwischen den USA und Mexiko, mehrere hundert Kilometer lang, sollte sie entstehen und mexikanische wie auch zentralamerikanische Einwanderer und Einwanderinnen daran hindern, in die USA zu gelangen. Bei vielen Menschen löste die menschenverachtende Absurdität dieses

Vorschlags erst einmal nur ein spöttisches Stirnrunzeln aus. Es war nahezu unvorstellbar, dass Trump im Einwanderungsland USA für eine solche Idee Zuspruch erhalten könnte. Doch trotz erheblicher Kritik in liberalen Medien ließ Trump nicht locker und schürte Ressentiments. Der von ihm erhoffte Effekt trat ein, Angst und Frustration eines Teils der Bevölkerung entluden sich in der Forderung nach immer rigoroserem Grenzschutz. Man begann tatsächlich, eine über zehn Meter hohe Mauer zu bauen und Familien von ihren Kindern an der Grenze zu trennen. An die dunkelsten Zeiten der Geschichte erinnern Bilder aus dem Jahr 2021 von weißen Polizisten auf Pferden, die mit Peitschen Jagd auf schwarze Migrant:innen aus Haiti machen. Auch der bereits amtierende Präsident Joe Biden zeigte sich schockiert über die Bilder. Doch abgelenkt durch andere Krisen, verhallte die Empörung derer, die in Migrant:innen Menschen sahen.

Die neue Regierung unter US-Präsident Biden konnte die Fehler der Trump-Regierung nur in Teilen wieder korrigieren. So sind immer noch viele Eltern von ihren Kindern getrennt, einige Kinder im Papierdschungel der amerikanischen Behörden kaum wieder auffindbar. Doch kann man aus dieser grausamen Episode der Einwanderungspolitik der USA etwas für den Klimapass lernen? Aus meiner Sicht ist es so: Wenn es möglich ist, politische Mehrheiten für abwegige, hass- und angstgetriebene Ideen zu gewinnen, sollte es mit Beharrlichkeit ebenso möglich sein, gute Ideen zu popularisieren, für die sich zunächst keine Mehrheit starkmacht. Somit sollten wir den Mut aufbringen, uns für das einzusetzen, was moralisch geboten ist. Nur nach dem zu verlangen, was schon offensichtliche Mehrheiten hat, wo keine Überzeugungsleistung mehr zu erbringen ist, reicht nicht aus zur Bewältigung der Klimakrise, in der alles auf dem Spiel steht. Übrigens: Einige Teile von Trumps Mauer wurden 2021 in Arizona nach längeren Dürreperioden durch extreme Niederschläge stark beschädigt.[19] Keine Mauer steht ewig.

Debatte im Bundestag

Um Klimamigrant:innen besser zu schützen, braucht es vor allem den politischen Willen, neue Wege zu gehen und von vergangenen Krisen zu lernen. Im Jahr 2019 reichten die Grünen als Oppositionspartei einen Antrag mit dem Titel »Klimabedingte Migration, Flucht und Vertreibung – Eine Frage globaler Gerechtigkeit« ein.[20] Dieser stellt fest, dass die voranschreitende globale Erwärmung und die bestehende Schutzlücke gegenüber Klimavertriebenen im Völkerrecht bereits in eine Gerechtigkeitskrise geführt haben. Dabei wird die Verantwortung von Industriestaaten wie Deutschland in den Fokus gerückt: »Als – historisch wie aktuell – Hauptmitverursacher der Erderwärmung und als weltweit einflussreiche Multiplikatoren kommt es vor diesem Hintergrund ganz entscheidend auf Deutschland und die Europäische Union an.« Der Antrag formuliert gleich mehrere Forderungen im Zusammenhang mit klimabedingter Migration. Etwa die Stärkung von Katastrophenvorsorge in Klimawandelhotspots und den Schutz von besonders verletzlichen und marginalisierten Gruppen, zu denen vielerorts auch Frauen zählen.

Außerdem wird die Bundesregierung dazu aufgefordert, »auch die Einführung eines Klimapasses national, europaweit und international voranzutreiben und diesen in einer ersten Phase den Bevölkerungen kleiner Inselstaaten anzubieten, deren Staatsgebiete durch den Klimawandel unbewohnbar werden«. Gerade die Jugendorganisation der Partei Bündnis 90/Die Grünen, die Grüne Jugend, macht sich für diesen Vorschlag stark. Klimamigration sollte frühzeitig adressiert werden, um Migrant:innen Entscheidungsspielräume zu eröffnen, die durch die Klimakrise immer weiter verringert würden.

Im Bundestag wurde heftig über den Antrag gestritten.[21] Insbesondere die AfD-Fraktion brachte immer wieder absurde Argumente vor, mit denen sie die Auswirkungen des Klimawandels verharmloste. »Klimaflüchtlinge« wurden als »grüne Fake News« bezeichnet. Es scheint, als würden Existenz und Schutzbedürftigkeit von Klimamigrant:innen nicht deshalb in Abrede gestellt werden, weil sie nicht evident wären, sondern weil immer eindeutiger zutage tritt, dass der Mensch der Verursacher der Treibhausgaskrise ist. Der AfD-Parlamentarier Markus Frohnmaier verstieg sich zu der Prophezeiung, wenn Klimavertriebene Freizügigkeit erhielten, würden die Vorkommnisse der Kölner Silvesternacht 2015 »das ganze Jahr« über auftreten. Damit bezog er sich auf die zahlreichen Anzeigen, die im Nachlauf zur Silvesterfeier um den Kölner Hauptbahnhof erstattet wurden. Für die Übergriffe wurden hauptsächlich Männer aus Nordafrika verantwortlich gemacht, obwohl auch deutsche Männer unter den mutmaßlichen Tätern waren.

Was folgte, war ein rassistischer Dammbruch in Deutschland. Geschickt nutzten die Rechtspopulisten ein progressives Thema – die Rechte von Frauen und ihr Schutz vor sexuellen Übergriffen –, um es gegen ein anderes progressives Thema auszuspielen: das Recht auf Asyl. Die »Willkommenskultur« kippte in vielen Teilen der Gesellschaft. Geflüchteten wurde mit Misstrauen begegnet, die Vorfälle als Einwand gegen ihre Aufnahme missbraucht – wie Jahre später auch in der Debatte um den Klimapass. Zu Verurteilungen im Zusammenhang mit der Silvesternacht kam es jedoch kaum, nur drei Personen wurden wegen sexueller Übergriffe schuldig gesprochen, mehrere Dutzend wegen Diebstahl oder Raub.[22]

In der Debatte im Plenarsaal bezeichnete aber auch der Bundestagsabgeordnete der CDU/CSU-Fraktion Volkmar Klein den Klimapass als »Absurdität«.[23] Deutschland sei bereits Vorreiter in der Klimafinanzierung, erklärte er, und die Perspektivlosigkeit in Entwicklungsländern wie etwa dem Tschad hänge mit schlechter Regierungsführung, dem Bevölkerungswachstum und der Übernutzung von Ressourcen zusammen. Die Folgen des Klimawandels spielten, wenn überhaupt, nur eine untergeordnete Rolle. Dass die Ressourcennutzung im Tschad pro Kopf weitaus geringer ausfällt als etwa in Industriestaaten, erwähnte er nicht, ebenso wenig wie die Situation der Kleininselstaaten, die bei den Forderungen nach sicheren Migrationswegen im Zentrum stehen.

2020 wurde ich im Bundestagsausschuss für wirtschaftliche Zusammenarbeit und Entwicklung zu einer Expertenanhörung zu dem

Antrag eingeladen. Die Diskussion verlief weitgehend sachlich, auch wenn die AfD-Fraktion den Zusammenhang zwischen Klimafolgen und den Treibern von Migration wiederholt und evidenzresistent in Frage stellte. Der Antrag wurde schließlich außer von den Grünen nur von der Partei Die Linke gestützt und deswegen abgelehnt.

Vorreiter aus Bremen und Brandenburg

Trotz des Scheiterns wurde durch den Vorstoß das Thema Klimamigration in der politischen Debatte stärker verankert. Im April 2022 zum Beispiel starteten Bremen und Brandenburg einen neuen Versuch, extreme Klimafolgen als Fluchtgrund anerkennen zu lassen. Da gerade in vielen Teilen der Welt der Ukraine-Krieg die politische Agenda bestimmte, fielen Themen, die mit dem Klimawandel zusammenhingen, unter den Tisch. Nicht aber ein zu diesem Zeitpunkt überraschender Antrag auf der Integrationsministerkonferenz in Hamburg. Bremens grüne Integrationssenatorin Anja Stahmann und Brandenburgs Integrationsministerin Ursula Nonnemacher, ebenfalls Grüne, forderten, die Folgen des Klimawandels als Fluchtgrund anzuerkennen. Die Klimafolgen müssten als Abschiebungshindernis bejaht und ins Asylrecht aufgenommen werden. Die Bundesrepublik trage als hochindustrialisiertes Land zu überdurchschnittlichen Treibhausgasemissionen bei und müsse ihrer Verantwortung gegenüber Menschen, deren Lebensgrundlage in den Heimatländern verlorengegangen ist, gerecht werden.[24]

Die Antwort der AfD ließ auch in diesem Fall nicht lange auf sich warten. Alexander Wolf, Bundesvorstandsmitglied seiner Partei, bezeichnete das Vorhaben als »eine Einladung an die Armutsflüchtlinge der ganzen Welt«.[25] Der Ausgang des Antrags ist noch offen. Im Idealfall führt er zum gewünschten Ergebnis, aber man darf sich keinen Illusionen hingeben: In der Klimapolitik ist der Lösungsweg aus der Krise mit Rückschlägen gepflastert.

Stimmen aus den Kleininselstaaten

Wie denken die Betroffenen selbst, wie denken Menschen in besonders gefährdeten Regionen über das Thema Recht auf transnationalen Schutz bei lebensbedrohlichen Klimafolgen? Im Rahmen verschiedener Forschungsarbeiten auf Inselstaaten stellten meine Kolleg:innen aus dem Potsdam-Institut für Klimafolgenforschung und ich, teils mithilfe von lokalen Berater:innen wie dem charismatischen Teddy Fong von der Universität des Südpazifiks in Fidschi, einigen Interviewpartner:innen die Frage: »Sollten Menschen, die in ihrem Land stark vom Klimawandel betroffen sind, das Recht haben, in einem anderen Land zu leben und zu arbeiten?«

Sich für das Recht auf Umsiedlung oder für die Aufnahme von Migrant:innen auszusprechen, kann schnell Kritik auf sich ziehen. Um also möglichst offene Antworten zu erhalten, anonymisierten wir die Aussagen – und kamen so zu sehr reflektierten und facettenreichen Einschätzungen von NGO-Mitarbeiter:innen, Umweltplaner:innen, Regierungsvertreter:innen und Mitarbeiter:innen von regionalen Organisationen.

In der Karibik etwa sind die Entscheidungsträger:innen zunehmend besorgt über das Ausmaß und die Häufigkeit tropischer Wirbelstürme und ihre Auswirkungen auf Vertreibung. Die Wirbelsturmsaison 2017 hat sich in die Erinnerung der gesamten Region gebrannt (siehe Kapitel 3). Geprägt von diesen Erlebnissen, sprachen sich die meisten Menschen, mit denen ich mich austauschte, für eine grenzüberschreitende Freizügigkeit aus. Ein Grund dafür könnten bereits bestehende regionale Abkommen der OECS (Organisation of Eastern Caribbean States, dt.: Organisation Ostkaribischer Staaten) und der CARICOM (Caribbean Community, dt.: Karibische Gemeinschaft) sein, die den karibischen Mitgliedsstaaten weitgehende Freiheit bei der (Arbeits-) Migration bieten.

Im Inselstaat St. Lucia wiederum befürwortete ein Mitarbeiter aus dem für Katastrophenschutz zuständigen Ministerium zwar die Möglichkeit zur Migration, verwies aber gleichzeitig auf mögliche Probleme: »Ja, man hat ein Recht darauf. Es ist jedermanns moralische Verantwortung, dass wir alle ein gutes Leben führen können. Aber in der Praxis ist es für die Regierung schwieriger zu rechtfertigen, Geld für Migranten auszugeben, wenn es ihrer eigenen Bevölkerung schlecht geht.« Gerade in sehr armen Regionen konkurrieren Migrant:innen potenziell mit armen Einwohner:innen um Ressourcen. Eine Person, die für ein karibisches Arbeitsministerium tätig ist, betonte das Motiv der Solidarität: »Letztendlich sind wir alle Menschen. Man kann sich nicht isolieren, denn man weiß nie, wann man selbst in eine Situation gerät, in der man ebenfalls Hilfe benötigt. Man weiß nie, wann man in eine Situation gerät, in der man gezwungen ist zu migrieren.«

Wir werden bleiben

Neben der allgemein positiven Resonanz gab es auch Vorbehalte gegenüber einer möglicherweise von oben angeordneten Umsiedlung von Menschen, die sofort mit dem Thema Klimamigration in Verbindung gebracht wird: »Wenn wir auf lokaler Ebene nicht in der Lage sind, Menschen aus einem bestimmten Gebiet innerhalb des Landes umzusiedeln, wie wollen Sie dann Menschen dazu bringen, in ein anderes Land umzusiedeln, bevor etwas passiert und sogar nachdem etwas passiert ist? [In] Anguilla […] war die Dürre so schlimm, dass die Nationalregierung […] mit den Regierungen von Trinidad und Guyana sprach, um die Anguillaner dorthin zu bringen. Aber nur wenige zogen um. Die Mehrheit ist geblieben. Es gibt Widerstand gegen die Umsiedlung, die Menschen sagen: ›wir werden bleiben‹«, erklärte eine Mitarbeiterin des Katastrophenschutzes in Anguilla. Viele Menschen ziehen es vor, ihre Heimat nicht zu verlassen, und migrieren erst dann, wenn ihnen keine andere Möglichkeit mehr bleibt. Das ist in der Karibik nicht anders als im Ahrtal.

Im Pazifik haben die Debatten um Umsiedlung und Vertreibung stark an politischem und öffentlichem Interesse gewonnen, seitdem die Regierung von Kiribati 2014 Land auf den Fidschi-Inseln gekauft hat, um die Lebensgrundlage der Menschen langfristig zu sichern (Kapitel 3). Ein Mann aus Fidschi, der in seiner Arbeit auch an den internationalen Klimaschutzverhandlungen beteiligt ist, fasste kritische Punkte zusammen, darunter die Frage der Klimagerechtigkeit und die Notwendigkeit der Integration in die Aufnahmegesellschaft: »Als Fidschianer würde ich das bejahen (Menschen sollten ein Aufenthaltsrecht bekommen), aber ich betrachte es auch aus der Perspektive der Interessen des Landes, in dem man arbeiten möchte. [...] Ich würde ›ja‹ sagen, wenn der Klimawandel der ausschlaggebende Faktor ist, aber wie kann man beweisen, dass es eine Herausforderung ist? Tatsache ist, dass man den moralischen Anspruch erheben kann, dass die Industrieländer diese Probleme verursacht haben und dass wir darunter leiden. Wir müssen auf diese Industrieländer zugehen. In den Industrieländern wie Australien, Neuseeland, den europäischen Ländern, Kanada und Amerika sind die Mauern dicker und höher geworden, und sie lassen niemanden mehr herein.«

Die Frage der Klimagerechtigkeit und der Verantwortung der Industrieländer tauchte immer wieder in den Gesprächen auf. Ein NGO-Mitarbeiter aus Vanuatu antwortete: »Ja, und hoffentlich öffnen die entwickelteren Länder ihre Türen für diejenigen, die vom Klimawandel stark betroffen sind.« In mehreren Interviews wurde die Pflicht zur humanitären Hilfe als Motiv für die Gewährung des Rechts auf Migration in ein anderes Land genannt und auf die existenzielle Gefahr durch den Klimawandel hingewiesen: »Ja, es sollte Systeme geben, die den vom Klimawandel Betroffenen helfen, in einem anderen Land zu leben und zu arbeiten. Wir leben alle auf einem Planeten, und andere Länder sollten helfen, wenn Mitmenschen in Not sind, vor allem, wenn es um ihr Überleben geht«, sagte ein Mitarbeiter des Finanzministeriums Vanuatus. Sowohl in der Karibik als auch im Pazifik beantworteten hochrangige Beamt:innen und Expert:innen die Frage aber auch oft so, als seien sie persönlich von einer notwendigen Umsiedlung betroffen: »Menschen aus Vanuatu [...] fühlen sich in Vanuatu zu Hause. Wenn man sie aus ihrer Heimat herausreißt und in ein fremdes Land mit fremden Menschen steckt ... wäre das schwierig. [...] Wenn in unserem Ort etwas passieren würde, zögen wir es vor, auf eine Insel im Landesinneren umgesiedelt zu werden.« Ihr Bewusstsein für Klimarisiken und die Zäsuren, die sich aus solchen Katastrophen ergeben können, ist offenkundig.

Auch wurden Bedenken geäußert, ob eine gezielte Abwanderungspolitik letztlich nicht zu Menschenrechtsverletzungen führen könnte. Zum Beispiel dann, wenn Migrant:innen nicht die gleichen Rechte eingeräumt bekämen wie Alteingesessene. In diesem Fall bestünde die Gefahr, dass Migrant:innen zu Bürger:innen zweiter Klasse würden. Ein Wissenschaftler aus Fidschi, der sich auch mit Klimaanpassung auseinandersetzt, wies in seiner Antwort darauf auf die Gefahr des Missbrauchs eines solchen Schutzinstruments hin: »Ja und nein. Ja, wenn die Menschen vom Klimawandel betroffen sind, sollte ihnen eine Art Status gewährt werden, wenn sie migrieren müssen. Nein, denn es besteht die Gefahr, dass die damit verbundenen Verfahren zur Migration in einem anderen Land missbraucht werden. Bevor vom Klimawandel betroffene Menschen in einem anderen Land Zuflucht suchen, muss es eine angemessene Planung und Richtlinien geben, und bei diesen Verfahren müssen auch die Bürger des Aufnahmelandes berücksichtigt werden.« Dahinter steht die Befürchtung, dass es zu Zwangsumsiedlungen aus politischen Motiven kommen könnte. Fidschi hat durch den Landverkauf an Kiribati selbst Solidarität gezeigt, aber auch hier werden Ängste laut, dass bei einer zu großen Zahl plötzlich ankommender Personen Interessenkonflikte zwischen der lokalen Bevölkerung und Migrant:innen entstehen könnten. Ein Befragter, der im Privatsektor in Fidschi im Bereich Umweltrecht arbeitet, betonte den freiwilligen Charakter der humanitären Hilfe: »Man hat definitiv keinen Anspruch darauf, es geht um humanitäre Gründe.«

In einigen der Interviews in der Karibik wurde betont, dass die Entscheidung zur Migration oder zum Verbleib bei der betroffenen Person oder dem Haushalt liegen sollte. »Sie sollten ein Recht darauf haben, aber es sollte die persönliche Entscheidung der Opfer des Klimawandels sein, in welches Land sie umgesiedelt werden wollen«, sagte eine Mitarbeiterin einer NGO auf Kiribati.

Die Stimmen aus den Inselstaaten sind vielfältig, aber sie verdeutlichen die Notwendigkeit, das internationale Migrationsregime den neuen Realitäten eines sich ändernden Klimas anzupassen. Sie spiegeln den wachsenden Bedarf an Mechanismen, die einen möglichst flexiblen Umgang mit Klimamigration erlauben. Dazu zählt nicht nur ein möglicher Klimapass, sondern auch die Erteilung humanitärer Visa, die Ausweitung des Nichtzurückweisungsprinzips und die Reform von skandalgetriebenen Immigrations- und Grenzschutzbehörden; und auch die europäische Frontex und die amerikanische ICE (United States Immigration and Customs Enforcement, dt.: Einwanderungs- und Zollbehörde) zählen dazu.

Inhumane Grenzpolitik

Die jüngsten Berichte über das Ausmaß bevorstehender Klimafolgen des Weltklimarats IPCC und das wachsende Leid vieler Menschen, deren Lebensgrundlagen ausgetrocknet, verbrannt oder von Fluten verschlungen werden, machen deutlich: Die menschlichen Kosten für das Aufrechterhalten des bestehenden strikten Grenzschutzes und des engen Asylregimes werden in einem sich verändernden Klima steigen. Sie sind schon heute unerträglich hoch, wie die Angehörigen der Kinder, Frauen und Männer, die auf dem Mittelmeer den Tod gefunden haben, bezeugen. Die vehemente Verteidigung der Ländergrenzen ist inzwischen zum entscheidenden Instrument der Beibehaltung globaler Ungerechtigkeit geworden, und der Klimawandel verstärkt diese Schieflage noch.

Neben wirtschaftlichen Auswirkungen von fernen Stürmen, Fluten oder Dürren kann der Klimawandel dazu führen, dass mehr Menschen über Grenzen hinweg wandern wollen und möglicherweise müssen, um Leib und Leben zu schützen. Dass hinter einem Teil der Migrationsbewegungen nach Europa bereits ein Klimasignal steht, ist schwer zu belegen. Aufgrund des bestehenden Asylrechts würde kaum eine geflüchtete Person Hunger und Armut als offizielle Gründe für ihre Flucht anführen, geschweige denn die Abstraktion auf den Klimawandel wagen, da sie dies sofort für politisches Asyl disqualifizieren würde. Doch einzelne Zeugnisse von immer weiter schwindenden Ressourcen in Heimatregionen legen nahe, dass Klimafolgen immer größere Perspektivlosigkeit erzeugen, die auf fehlende Gouvernanz, Korruption und teils auf systemische Gewalt trifft. Aus dieser Gemengelage heraus versuchen Menschen, sich andernorts ein neues Leben aufzubauen. Führt ihre Reise nach Europa, bedeutet dies jedoch nicht zwangsläufig eine bessere Zukunft.

Das erschreckende Ausmaß des Leids in europäischen Lagern für Asylanwärter:innen dokumentierte eine Gruppe um die Deutsche KlimaStiftung, die 2020 nach Griechenland reiste und die menschenunwürdige Härte der EU-Grenzpolitik selbst zu spüren bekommen sollte.[26] Die Recherche diente einer Ausstellung über Klimaflucht sowie der Klärung der Frage, ob nach Europa Menschen kommen, die aufgrund von Klimafolgen ihre Heimat verlassen. Der Fotograf Manolo Ty, Videojournalistin Larissa Rausch und Mitarbeitende der Deutschen KlimaStiftung, begleitet von einem Übersetzer, zog es nach Samos, genauer zum Flüchtlingscamp Vathy. Die Gruppe entschied sich für dieses Lager, da es weniger in der öffentlichen Aufmerksamkeit stand als etwa das mit Schrecken behaftete Flüchtlingslager Moria. Die Zustände, die das Team in Vathy vorfand, überstiegen jedoch alles, was es sich auf europäischem Boden als hinnehmbar hätte vorstellen können.

Der Kernbereich des Camps liegt auf einem alten Militärgelände auf einem Hang oberhalb der Stadt und ist für etwa 650 Personen gedacht. Weil Samos jedoch eine von fünf Hotspotinseln war, auf denen nach Griechenland Geflüchtete ihren Asylantrag stellen sollten, schwoll die Belegung auf zeitweise 8000 Personen an.[27] Um das eigentliche Campgelände bildete sich der »Dschungel«, eine informelle Zeltstadt, in der Menschen aus aller Welt unter widrigsten Bedingungen hausten: Junge, Alte, Männer, Frauen, Kinder aus Syrien, Afghanistan, Haiti, Burkina Faso, Nigeria und vielen anderen Ländern. Dieser informelle Teil des Lagers war deutlich größer als das Kerncamp auf dem Militärgelände. Um nicht in die militärische Sperrzone zu geraten, hielt sich das Team der KlimaStiftung ausschließlich im sogenannten Dschungel auf und drehte dort Interviews mit Geflüchteten, auch wenn die griechische Polizei später etwas anderes behaupten sollte.

In den engen Gassen neben den Slumunterkünften aus Plastiktüten und -planen staute sich der Abfall. Das abgepackte Essen, das an die Geflüchteten ausgeteilt worden war, war bereits abgelaufen und verschimmelt. Wer keine Durchfallerkrankung erleiden wollte, warf es bis auf einige Fladen Brot regelmäßig weg. Die Reste türmten sich am Wegesrand. Das Unternehmen, das für die Essensversorgung zuständig war, musste für sein menschenverachtendes Vorgehen zwar bereits Strafe zahlen, doch das Geschäft mit dem vergammelten Essen lohnte sich offenbar trotzdem so sehr, dass Geldstrafen kaum abschreckten.

Auch die Infrastruktur reichte bei Weitem nicht für die Anzahl von Menschen aus, die sich auf dem Gelände drängten. Frauen gruben Löcher in den Boden, um nachts ihre Notdurft verrichten zu können. Manolo konnte die Schilderungen der Geflüchteten, die von einer extremen Rattenplage berichteten, zunächst kaum glauben. Kleinere Kinder kämen nachts nur selten zum Schlafen, weil die Ratten sie annagten. Deswegen dösten die Kleinen oft tagsüber. Dann besuchte er nach Einbruch der Dunkelheit selbst nochmal das Camp: »Sie waren überall. Ich habe noch nie so viele Ratten gesehen. Sie sind sogar an mir hochgelaufen, mir an die Beine gesprungen. Es war unbeschreiblich.«

Für die Geflüchteten gab es kein Entkommen aus dem rattenverseuchten Slum. »Ab 18 Uhr durften sie sich nicht mehr im Ort aufhalten, sondern mussten in das Camp zurück. Einige Geschäfte bedienten sie gar nicht, andere hatten an den Kassen ein Zwei-Schlangen-System eingeführt: eine Schlange für Geflüchtete und eine Schlange für Ortsansässige und Touristen«, erzählt Larissa. Ein System, das an die Apartheid erinnert. Häufig wurden Internierte auch tagsüber daran gehindert, das Camp zu verlassen. Einige schilderten, dass sie Polizeibeamt:innen bestachen, um im Ort wenigstens etwas zu essen kaufen zu können.

Sobald die Geflüchteten ihren Asylantrag gestellt haben, bekommen sie temporäre Geldkarten, auf die einmal im Monat ein Betrag von 70 Euro überwiesen wird. Weil die Grundversorgung nicht gesichert ist, reicht dieser Betrag nicht annähernd aus. Für alles brauchen die Internierten Geld: für Holz zum Kochen und zum Bauen, für Kleidung, Planen, Verpflegung mit Grundnahrungsmitteln, die nicht schon Abfall sind. Für jede Abhebung müssen die Geflüchteten eine Gebühr von mehreren Euro zahlen, die die bereitstellende Bank einkassiert.

In der Umgebung liegende Krankenhäuser haben für Geflüchtete Kontingente. Wird die zugelassene Zahl überschritten, werden auch akut kranke Menschen abgewiesen, so die Schilderungen mehrerer Betroffener. Die Coronapandemie wurde zudem als Deckmantel genutzt, um die Situation der Geflüchteten weiter zu verschlechtern. Personen, die während der Pandemie ankamen, wurden in eine alte Gefängniszelle in der Polizeistation gesteckt, um sie zu isolieren. Frauen mit Kindern verbrachten dort Wochen, bis ein Menschenrechtsanwalt aus Athen, Dimitris Choulis, so lange Druck ausübte, bis sie freigelassen wurden. Willkürlich wurden Geflüchtete mit der Begründung, sie hätten Symptome von Corona, in Isolationshaft genommen. Ohne Test und ohne jegliche Beweise – meistens als Strafe für angeblich unbotmäßiges Verhalten.

Auch das Asylentscheidungsverfahren ist undurchsichtig. Betroffene erfahren nicht, wann sie mit einer Entscheidung über ihren Verbleib rechnen können. Einige, die das Team traf, waren erst vor Kurzem angekommen, andere harrten schon seit drei Jahren vor Ort aus und warteten noch immer auf die erste Anhörung zu ihrem Verfahren. »Manche hatten bereits formell Asyl erhalten, durften aber die Insel Samos nicht verlassen. Sie wurden mit Stöcken geschlagen, als sie versuchten, auf die Fähre zu gelangen, die von Samos wegführte«, gibt Manolo die Berichte von NGO-Mitarbeiter:innen und internierten Migrant:innen wieder.

Gleichzeitig traf er Personen, die bereits einen Abschiebebescheid erhalten hatten, sowie solche, die freiwillig die EU wieder verlassen und in ihre Heimat zurückkehren wollten, aber daran gehindert wurden. »Viele haben uns gesagt: ›Es ist die Hölle hier. Wir gehen lieber in den Krieg zurück.‹ Aber auch diese Menschen durften nicht zurück.« Die Vermutung drängt sich auf, dass die Überfüllung der

Camps und die unmenschliche Behandlung von Geflüchteten Teil der griechisch-europäischen Grenz- und Asylpolitik sind: härteste Abschreckung von Menschen, denen Hunger, Krieg und nicht zuletzt gefährliche Migrationsrouten bereits alles abverlangt haben. Die Hoffnungslosigkeit im Camp war laut Zeugenaussagen so groß, dass es immer wieder zu Suiziden kam. Organisationen wie Ärzte ohne Grenzen oder die lokale Hilfsorganisation Samos Volunteers versuchten ihr Bestes, um die Umstände im Camp erträglicher zu machen, doch ihre Kapazitäten wurden durch die große Anzahl der Notleidenden regelmäßig überschritten.

Griechinnen und Griechen, die es Geflüchteten erlaubten, auf ihrem Grund und Boden zu zelten, waren großen Belastungen ausgesetzt. Manolo und Larissa sprachen mit einem Rentner auf Samos, der Geflüchtete auf seinem Agrarland hatte wohnen lassen. Um sich in den kalten Nächten wärmen zu können, holzten sie nach und nach seine 200 Jahre alten Olivenbäume ab. Nun fehlt dem Rentner das Einkommen aus seiner kleinen Olivenernte, doch weder die EU noch die griechischen Behörden zahlen ihm Entschädigung.

In dieser prekären Situation, die geprägt war von der Angst, das Asyl verwehrt zu bekommen oder grundlos verhaftet zu werden, erwies es sich als äußerst schwierig für das Team der KlimaStiftung, Interviewpartner:innen zu finden, die über Fluchtursachen sprechen wollten. Auch hatte es angeblich bereits vereinzelt Vorfälle mit unbekannten Personen gegeben, die das Camp unter dem Vorwand von Medieninterviews besuchten und dann die Aussagen der Geflüchteten der griechischen Asylbehörde übermittelten, damit diese mehr Anträge ablehnen konnte. Trotz des Misstrauens schaffte es das Team, mit Geflüchteten ins Gespräch zu kommen, und traf tatsächlich auch auf Menschen, deren Fluchtgeschichte mit klimatischen Extremen im Zusammenhang stand.

So sprach die Gruppe mit einer jungen Frau aus dem westafrikanischen Sierra Leone, die aufgrund einer Flut alles verloren hatte. Ihre Eltern waren gestorben, und das Hab und Gut der Familie war unwiederbringlich verloren. Nach Europa sei sie geflohen, um sich aus ihrer perspektivlosen Lage zu lösen und eine handwerkliche Ausbildung zu absolvieren. Sie wollte dann für einen Neuanfang in ihrem Heimatland wieder zurückkehren. Für sie war es nicht der große Traum, nach Europa auszuwandern, sondern der letzte Versuch, sich aus der Hoffnungslosigkeit zu befreien und ihrem eigenen Leben eine Chance zu geben. Ein Mann aus Haiti berichtete unter Voraussetzung der Anonymität den Journalist:innen, dass tropische Zyklone Äcker zerstört hätten und damit die Lebensgrundlage vieler Menschen im Land weggebrochen sei. Jedes Mal, wenn sich Familien ihre Häuser wieder aufgebaut hätten, sei eine weitere Katastrophe über sie hereingebrochen, ein schweres Erdbeben, Wirbelstürme und extreme Regenfälle, die alles wieder zunichtemachten. Der Klimawandel sei jedoch nur einer von vielen Faktoren und wiederkehrenden Schocks in einem Land, das von schwacher Staatlichkeit gezeichnet sei, berichtete der Haitianer. Da es immer mehr Menschen in seiner Umgebung so erging und die öffentliche Ordnung immer stärker unterwandert wurde, war er nicht mehr sicher. Er erhielt Morddrohungen und konnte von der Polizei keinen ausreichenden Schutz erwarten. Sein Körper war von Narben übersät. So begab er sich auf eine widrige und lange Flucht, die ihn schließlich über Umwege nach Samos geführt hatte.

Am dritten Tag seiner Recherchen filmte das Team an einem Strand etwas außerhalb von Vathy, an dem auch Boote aus der Türkei übersetzen. Danach stiegen sie in ihren Mietwagen. Nur kurze Zeit später wurden sie von der Polizei angeblich im Rahmen einer allgemeinen Verkehrskontrolle angehalten. Die Polizisten forderten die vier auf, sie aufs Revier zu begleiten, um ihre Daten zu überprüfen. Zunächst wurde der für die Deutsche KlimaStiftung tätige syrischstämmige Übersetzer, der eine Arbeits- und Aufenthaltserlaubnis in Deutschland hat, beschuldigt, sich illegal in der Europäischen Union aufzuhalten. Zwar scheint dieser Vorwurf einem Mitarbeiter einer deutschen Stiftung gegenüber völlig absurd, aber vor dem Hintergrund der Geschehnisse in Griechenland war er brandgefährlich. So wurde beispielsweise der Fall eines syrischen Geflüchteten bekannt, der ein Aufenthaltsrecht in Deutschland zugesprochen bekommen hatte, aber bei der Suche nach seinem verschollenen kleinen Bruder in Griechenland von der Polizei aufgegriffen wurde. Diese nahm ihm

Pass und alle Unterlagen ab und zwang den Mann schließlich auf ein Schlauchboot, mit dem er rechtswidrig in die Türkei gebracht wurde. Erst nach einer drei Jahre dauernden Odyssee rechtsstaatlichen Versagens konnte er erneut nach Deutschland einreisen.[28] Insofern waren die Drohgebärden und Beschuldigungen der griechischen Polizist:innen ernst zu nehmen.

Doch damit nicht genug, die Gruppe wurde aufgeteilt und separat verhört. Man warf ihr vor, Spionage betrieben zu haben, und drohte eine Haftstrafe von 25 Jahren an. Sie hätte militärisches Sperrgebiet ohne Erlaubnis gefilmt. Dabei hatte das Team, das sich bei den griechischen Behörden vor seiner Reise angemeldet hatte, das militärische Gelände nicht einmal besucht, sondern die Recherchen auf die informellen Siedlungen außerhalb jeglicher Militärgebiete begrenzt.

Auch Schikane gehörte zu den Verhörmethoden: Der Mund-Nase-Schutz eines Journalisten wurde unter Verletzung der zu diesem Zeitpunkt geltenden Coronaregeln ersatzlos weggeworfen, die Mitglieder der Gruppe wurden gezwungen, sich nackt auszuziehen, und sollten griechischsprachige Protokolle, die sie nicht lesen konnten, unterschreiben. Das Material, das die Gruppe bei sich trug, wurde gesichtet und zum Teil einkassiert. Allerdings hatten alle ihre Quellen gut geschützt, um Asylbewerber:innen nicht in Gefahr zu bringen. Vor der Beschlagnahmung gelang es ihnen noch, per Handy einen Notruf an den deutschen Honorarkonsul und eine Nichtregierungsorganisation auf Samos abzusetzen, die den Menschenrechtsanwalt Dimitris Choulis mobilisierte. Auch Amnesty International und andere Organisationen wurden aktiv und begannen, mit der Polizeistation Kontakt aufzunehmen.

Unter geballtem Druck wurde das Team schließlich wieder freigelassen. Ob künftig Anklage gegen die Mitglieder erhoben wird, sollten sie nochmals in Griechenland einreisen, bleibt unklar. Eine offizielle Tatbeschuldigung gab es zu keinem Zeitpunkt. Was ihnen widerfuhr, dient offenkundig einer brutalen Abschreckung. Journalist:innen werden eingeschüchtert und bedroht, um sie daran zu hindern, über das Camp und die Zustände vor Ort zu berichten. Der Umgang mit EU-Staatsbürger:innen lässt Schlimmes befürchten, was die Behandlung Geflüchteter angeht, die weniger mögliche Fürsprecher haben.

Nachdem das Team der Deutschen KlimaStiftung Griechenland verlassen hatte, traf ein Tsunami auf Samos und überschwemmte den Ort Vathy. Kurzzeitig kehrte sich die Situation um, und der Berg, auf dem sich das Lager befand, wurde zur Zuflucht für die ansässigen Griechinnen und Griechen. Die Geflüchteten halfen bei der Behebung der Schäden im Ort. Wenige Wochen darauf ging das Camp, dessen formeller Part bereits seiner Schließung entgegensah, teilweise in Flammen auf. Alles, was die Bewohner:innen an Besitz mühsam zusammengesucht hatten, verschwand im Feuer. Nun wurde in noch größerer Entfernung zum Ort Vathy ein vollüberwachtes Hochsicherheitslager gebaut, das einem Gefängnis gleicht und künftig die Abfertigung von Asylsuchenden übernehmen soll. Zwar mögen hier die hygienischen Umstände besser als im sogenannten Dschungel sein, aber die Freiheitsberaubung und Überwachung von geflüchteten Kindern und Erwachsenen ist menschenverachtend und wurde bereits von zahlreichen Nichtregierungsorganisationen kritisiert.[29] Mehr als 300 Menschen leben inzwischen in dem Camp, das mit fast hundert Kameras überwacht wird, von Stacheldraht eingezäunt ist und zu dem Journalist:innen und Anwält:innen nur unter Aufsicht griechischer Behörden Zutritt erhalten.

Die Behandlung von geflüchteten Personen in den griechischen Camps zielt systematisch darauf ab, sie zu demütigen, ihnen keine Chance auf ein würdiges Leben zu geben, sondern ihnen klarzumachen, dass sie in Europa keine Zukunft haben. Die Doppelgesichtigkeit der europäischen Asylpolitik ist offenkundig – zeugte doch der Umgang mit ukrainischen Kriegsgeflüchteten im Jahr 2022 (darunter die Anerkennung von ukrainischen Berufsabschlüssen, die Bewegungsfreiheit oder auch der vereinfachte Zugang zum Arbeitsmarkt) von großer Solidarität und Hilfsbereitschaft. Hatte man aus den Fehlern vergangener Migrations-»Krisen« gelernt? Wohl kaum, denn die Lagerstrukturen in Griechenland werden weiter aufrechterhalten, ja, die Lager sogar nach und nach in Hochsicherheitscamps umgerüstet. Eine gnädige Interpretation der neuentfachten Willkommenskultur lautet, dass die EU-Staaten eine größere Verantwortung gegenüber Menschen aus der Ukraine spüren als gegenüber Geflüchteten aus anderen Ländern. Allerdings drängt sich der Verdacht des Rassismus als Grund für Nichtgleichbehandlung von BIPoC-Geflüchteten (Black, Indigenous, People of Colour) unweigerlich auf.

Angesichts weiter anschwellender Migrations- und Fluchttreiber aus dem Portfolio der Klimafolgen muss auch die Frage gestellt werden: Wie sollte die Europäische Union künftig mit Geflüchteten umgehen, die nicht aufgrund von Kriegen oder Verfolgung, sondern wegen immer schwererer Klimafolgen migrieren? Als Großemittenten tragen viele europäische Staaten eine Verantwortung für Klimaschäden. Ohne frühzeitige Vorkehrungen zum Schutz der Lebensgrundlagen und des Verbleibs von Klimamigrant:innen drohen die bereits absehbaren Auswirkungen der Erderwärmung die europäischen Werte auf eine harte Probe zu stellen.

Wie Geflüchteten menschlich begegnet werden kann, zeigte sich nach dem Angriff Russlands auf die Ukraine, als Hunderttausende von Kriegsflüchtlingen, für die umgehend gesorgt werden musste und die ohne Asylverfahren einen sofortigen vorübergehenden Schutzstatus erhielten, in den europäischen Ländern eintrafen. Dass dies leider keine Selbstverständlichkeit darstellt, machten die Ereignisse an der belarussischen Grenze zu Polen deutlich, an der wenige Wochen vor Kriegsbeginn afghanische und andere schutzbedürftige Personen abgewiesen wurden. Ebenso schockierten die Nachrichten, dass BIPoC-Personen, wie zum Beispiel Austauschstudent:innen aus afrikanischen Ländern, von der Ausreise aus der Ukraine abgehalten wurden. Diese Dichotomien in der europäischen Solidarität stoßen uns auf die Fragen: Wem gewähren wir Empathie? Welche Verantwortung nehmen wir an? Und welche offenkundig berechtigten Forderungen nach weniger CO_2-Ausstoß, weniger Zerstörung der Biodiversität und mehr praktizierter Solidarität mit Opfern und Held:innen der Klimakrise lassen wir an uns abprallen, weil sie weder mit unserem Selbstverständnis noch mit unserer Wirtschaftsweise vereinbar sind?

These

Eine Fülle von Instrumenten und Empfehlungen zum Schutz von Klimavertriebenen wartet darauf, umgesetzt zu werden. Aus dem bestehenden Wissen zu schöpfen und den politischen Mut für neue Wege aufzubringen könnte die Perspektiven für viele Menschen verbessern, deren Zukunft von der Klimakrise bestimmt sein wird.

9 AUSBLICK UND AUSWEGE AUS DER KRISE – BRUCHSTÜCKE DER HOFFNUNG

Was Klimamigration mit Rassismus zu tun hat ▪ Was Klimamigration mit Sexismus zu tun hat ▪ Geschlechtergerechtigkeit in Industrienationen ▪ Ein Gesellschaftsproblem ▪ Lösungen jenseits des Tellerrands ▪ Architekt:innen für die Ärmsten ▪ Schwimmende Städte als Rettungsanker? ▪ Die imperfekte Stadt von morgen ▪ Klimawissen und Kultur ▪ Hitzewellen im Frühling ▪ Wie geht es weiter? Urteilsvermögen, Überzeugung und Empathie

Nichts ist mehr wie früher. Viele Umbrüche, die das Leben der Menschen auf dem blauen Planeten erschweren, sind bereits in vollem Gange – sie gewinnen sogar noch an Tempo.

Die bisherigen Kapitel über verschiedene Weltregionen sollten den Blick auf das menschliche Gesicht des Klimawandels öffnen, ein Gesicht, das Spuren von Leid, Verzweiflung und Vernichtung erkennen lässt: Da sind die Lebensgrundlagen wie Haus und Hof, die durch Fluten zerstört wurden; Eltern, denen der Supersturm die Kinder nahm; Landwirt:innen, die in den Zufluchtsorten nur Arbeit auf dem Schwarzmarkt finden, wenn überhaupt. Dem gegenüber steht noch ein anderes Narrativ, das des Handelns und Überlebens. Um diese zwei Aspekte soll es in diesem Kapitel abschließend gehen: um die Dimension der Zerstörung, der Ungleichheit; und die Auflehnung dagegen – um Lösungen, Ideen, die bahnbrechend für eine bessere Zukunft sein könnten. Es sind Bruchstücke der Hoffnung, die angesichts multipler Krisen unsere Vorstellungskraft fordern, wie wir das Blatt noch wenden können.

Dabei braucht es Rückblick und Vorausschau zugleich, denn nur durch das Verständnis vergangener Fehlschläge lassen sich angemessene Antworten auf die Herausforderungen der Gegenwart finden.

Was Klimamigration mit Rassismus zu tun hat

Von der Ungleichverteilung der Ursache des Klimawandels, den globalen Treibhausgasemissionen, war nun schon mehrfach die Rede. Hat diese Schieflage zwischen Industrie- und Entwicklungsländern mit Rassismus zu tun? Der Wirtschaftsanthropologe Jason Hickel berechnete, welchen Anteil einzelne Länder an den historischen Emissionen haben, die über einen mit den planetaren Grenzen vereinbaren Treibhausgasausstoß hinausgehen. Allein die USA und Europa sind zusammen bereits für 82 Prozent der weltweiten überschüssigen Emissionen verantwortlich, der globale Süden hingegen nur für 8 Prozent. Die restlichen 10 Prozent verteilen sich auf weitere Länder des globalen Nordens.[1]

Für die Wissenschaftler Ulrich Brand und Markus Wissen ist diese einseitige Übernutzung der Atmosphäre ein Teil der »imperialen Lebensweise«, die darauf gründet, zugunsten weniger sowohl ökologische als auch menschliche Ressourcen in Form von Arbeitskraft auszubeuten.[2] Auch wenn man nicht alle Schlussfolgerungen des Autorenduos teilen muss, ihre Analyse über die Mechanismen unseres Wirtschaftssystems ist messerscharf: »Die EU-Politik wird als Versuch begreifbar, einen Wohlstand, der auch auf Kosten anderer entsteht, gegen die Teilhabeansprüche ebendieser anderen zu verteidigen.« Die Abschottung von geflüchteten Personen soll die Exklusivität der imperialen Lebensweise wahren, weil diese nur dann stabil funktioniert, wenn sie ihre Kosten anderen aufbürden kann, so die Kritik von Brand und Wissen.

Die Aktivistin und Anwältin Elizabeth Yeampierre geht noch einen Schritt weiter zurück in der Geschichte und sieht in den Anfängen der Sklaverei den Beginn der systematischen Umweltzerstörung: »Mit der Ankunft der Sklaverei geht eine Umnutzung des Landes einher: das Fällen von Bäumen, die Störung von Wassersystemen und anderen Ökosystemen, [um] eine kapitalistische Gesellschaft aufzubauen und Ressourcen für Privilegierte bereitzustellen – dafür wurden die Körper von Schwarzen Personen benutzt, um dies zu erreichen.«[3] Die Unterdrückung von Mensch und Natur geht also oft Hand in Hand, so die Aktivistin. Yeampierre resümiert folgerichtig: »Der Klimawandel ist das Kind all dieser Zerstörung.«

Auch wenn die Elite, die den meisten Platz in Bezug auf die Beanspruchung der Atmosphäre einnimmt, inzwischen globalisiert ist, also auch aus Ländern des globalen Südens kommt, ist die Ungleichverteilung, auf die Hickel in seiner Länderanalyse, Yeampierre, Brand und Wissen in ihrer Kritik an den imperialistischen Zügen der industriellen Lebensweise hinweisen, nicht zu leugnen. Dass BIPoC im globalen Süden aufgrund von Klimafolgen vertrieben werden, die mehrheitlich weiße Personen im globalen Norden verursachen, ist somit Produkt und Fortschreibung von rassistischer Unterdrückung zugleich.

Aber auch innerhalb der Industriestaaten geht die Schere zwischen weißen Menschen und BIPoC weit auf, was unter anderem dann besonders sichtbar wird, wenn klimatische Extremereignisse das soziale Geflecht auseinanderreißen. So waren etwa in den Vereinigten Staaten Afroamerikaner:innen und Latinx disproportional von den tropischen Zyklonen Katrina (2005) und Harvey (2017) betroffen.[4] Dies ist auch durch strukturellen Rassismus bedingt. Niedrigere Bildungschancen und Einkommen bringen es mit sich, dass in den USA viele BIPoC in Vierteln leben, die eher von Überflutungen heimgesucht werden, weil dort zum Beispiel Mieten und Grundstückspreise noch erschwinglich sind. In diesen Gegenden gibt es auch kaum Grünanlagen, die Wasser im Fall von Extremniederschlägen absorbieren könnten.

Ein Report der Nationalen Akademien der Wissenschaften der USA stellt fest, dass durch städtische Überflutungen BIPoC häufiger sterben oder Verletzungen erleiden als weiße Personen.[5] Und auch der Wiederaufbau verläuft zäher, da BIPoC durchschnittlich nicht so gut versichert sind, was höchstwahrscheinlich wiederum mit Armut und Bildungschancen zu tun hat. Zudem haben viele BIPoC weniger Vertrauen in Regierungsbehörden, zu denen auch solche gehören, die mit dem Wiederaufbau betraut sind.[6] Angesichts massiver Polizeigewalt gegen BIPoC in den USA ist das Misstrauen gegenüber staatlichen Institutionen nicht überraschend. Es bedeutet allerdings, dass die vom Unwetter heimgesuchten Menschen womöglich nicht die Hilfe einfordern, auf die sie eigentlich Anspruch hätten. Im Fall der ausgiebig dokumentierten Folgen des Hurrikans Katrina etwa wurde nachgewiesen, dass BIPoC länger in temporären Unterkünften ausharren mussten als weiße Personen und im Durchschnitt auch häufiger permanent vertrieben wurden.[7] Afroamerikanische Frauen waren laut einer Studie eines Vororts von New Orleans besonders betroffen. Sie »wurden am seltensten zusammen mit ihren Familien evakuiert, hatten seltener Familien oder Verwandte an ihrem ersten und zweiten Aufenthaltsort [nach der Evakuierung] und blieben länger an ihrem Aufnahmeort«, mussten also länger in Vertreibung leben.[8]

Ein weiteres Beispiel: Wohngebiete, die in den USA früher durch sogenanntes Redlining segregiert wurden, sind heute nachweislich höheren Umweltrisiken ausgesetzt als andere Viertel.[9] Als Redlining bezeichnet man in den USA die rassistische Praxis, ethnische Minderheiten auszugrenzen, indem ganze Wohnviertel von Investitionen ausgeschlossen wurden, was sich unter anderem in einem verminderten Zugang zu städtischen Dienstleistungen und einem geringeren Wert von Grundstücken niederschlug. Zwar ist dieses Vorgehen inzwischen illegal, aber die Auswirkungen sind bis heute spürbar: Diese Bezirke sind besonders heftig von Hitze betroffen und im Schnitt 2,6 °C wärmer – einzelne Quartiere sogar 7 °C wärmer als andere.[10] Menschenfeindliche Stadtplanung und die geringe Anzahl schattenspendender Bäume tragen dazu bei, dass die Redline-Viertel sich stärker erhitzen. Zudem schlagen viele Highways ihre Schneisen durch diese Quartiere, was nicht nur zur Erwärmung, sondern auch zu einer Verschlechterung der Luftqualität beiträgt.[11]

In der Bundesrepublik gibt es ähnliche Phänomene. Eine Reihe von Studien in Deutschland weist darauf hin, dass ein »Migrationshintergrund« (der oft statistisch erfasst wird) noch ausschlaggebender als die Höhe des Einkommens dafür ist, ob eine Person sich Umweltrisiken, wie etwa schlechter Luftqualität, ausgesetzt sieht.[12]

Zwar ist in Deutschland und den USA momentan einiges in Bewegung, um Diversität auf verschiedenen Entscheidungsebenen zu fördern. Trotzdem werden BIPoC immer noch zu wenig Mitsprache und Aufmerksamkeit geschenkt, wenn es bei Paneldiskussionen und in den Medien um die Folgen des Klimawandels geht.

Die Journalistin Alice Hasters hebt noch einen anderen Punkt hervor: inwiefern der Klimawandel sich auf bestehende Ungleichheiten auswirkt. Sie erklärt die bestehende Schieflage damit, dass »sich die *weiße* Vorherrschaft und das Patriarchat mit Händen und Füßen wehren – und uns die Zeit wegrennt, diese Diskussionen zu führen, weil der Klimawandel im Schnellschritt auf die Irreversibilität zusteuert und damit neue Probleme einhergehen werden«.[13] Bestehende und voranschreitende Klimafolgen werden, insbesondere dann, wenn wir nichts gegen sie unternehmen, unweigerlich immer mehr Kapazität in Anspruch nehmen. So bleibt weniger Raum und Zeit für die Bewältigung anderer Krisen, etwa für zentrale gesellschaftliche Debatten um Rassismus und Chancengleichheit. In einem entfesselten Klimawandel würden Fragen der Gerechtigkeit schon deswegen stärker in den Hintergrund treten, weil es dann für immer mehr Menschen um das nackte Überleben ginge.

In der bisherigen Bilanz des Klimawandels gibt es zudem einen Verlust, der in der öffentlichen Wahrnehmung kaum zu Buche schlägt. Gemeint ist das Potential derer, die täglich um ihr Überleben kämpfen müssen und sich deswegen nicht anderen Aufgaben widmen können. Dieses Potential geht dem menschlichen Fortschritt insgesamt verloren. Die Gestaltungsmacht über die eigene Zukunft wird den Betroffenen durch die strukturelle Gewalt der globalen Emissionen entzogen. Hasters Buch ›Was weiße Menschen nicht über Rassismus hören wollen, aber wissen sollten‹ hält noch eine andere Erkenntnis für seine Leser:innen bereit, die sich sowohl auf den von ihr thematisierten Rassismus als auch auf die Bewältigung der Klimakrise beziehen lässt: »Die Wahrheit ist, dass ein offenes Herz, ein guter Wille und Enthusiasmus allein die Welt nicht retten.«[14]

Was Klimamigration mit Sexismus zu tun hat

Klimawandel, Flucht und Vertreibung betreffen Männer und Frauen unterschiedlich. So stellt die Arbeitsgruppe II des Weltklimarats im sechsten Sachstandsbericht von 2022 fest, dass die Folgen des Klimawandels sich bereits nachteilig auf die Geschlechtergerechtigkeit ausgewirkt haben.[15] »Frauen sind oft unverhältnismäßig stark von den negativen Auswirkungen extremer Klimaereignisse betroffen. Die Gründe dafür reichen von Betreuungsarbeit über mangelnde Kontrolle von Haushaltsressourcen bis hin zu kulturellen Kleidungsnormen.«[16] In vielen Regionen sind es zudem Männer, die als Reaktion auf sich verschlechternde Umweltbedingungen migrieren, während Frauen häufig zurückbleiben oder erst zu einem späteren Zeitpunkt aufbrechen.[17] Das hat mehrere Gründe: Für eine Abwanderung müssen Frauen in der Regel höhere Risiken und Nachteile in Kauf nehmen als Männer, etwa in Bezug auf ihre Bildungschancen, den fehlenden Zugang zu Verhütung sowie die tradierten Normen – das alles wirkt sich sowohl auf ihre Möglichkeiten aus, mit Klimafolgen umzugehen, als auch auf ihre Migrationsentscheidungen.

Betrachtet man die sozioökonomische Ungleichheit aus einer globalen Perspektive, kommt die Dimension dieser Krise noch deutlicher zum Vorschein. Ein Report der Hilfsorganisation Oxfam legt dar, dass die 22 reichsten Männer der Welt mehr besitzen als die gesamte weibliche Bevölkerung des afrikanischen Kontinents.[18] Bei diesem Vergleich ist schwer auszumachen, wovon man mehr schockiert sein soll, von dem grenzenlosen Reichtum der globalen Superelite oder der bitteren Armut, in der gerade viele Frauen gefangen sind. Generell besitzen Frauen oft weniger Vermögen als Männer, da Betreuungsarbeit von Kindern oder pflegebedürftigen Angehörigen nicht entlohnt wird. Auch wenn Arbeit auf dem Feld die Selbstversorgung sichern hilft, werfen kleine Landwirtschaftsbetriebe nur selten substanzielle Gewinne ab. Ohne jegliche finanzielle Reserven, ohne Zugang zu Bankkonten sind Frauen erheblichen Risiken ausgesetzt. Armut bedeutet in der Regel Abhängigkeit, Unsicherheit und tiefgehende Einschnitte in die grundlegende Entscheidungsfreiheit einer Person.

Oft fallen existenzielle Nöte, fehlende Gleichstellung der Geschlechter und Klimafolgen zusammen. So leben viele Menschen, die unter Wasserknappheit leiden, in Gebieten, wo große Armut herrscht und die Ungleichheit zwischen Frauen und Männern enorm ist.[19] Besonders besorgniserregend ist der fehlende Zugang vieler Frauen zu ausreichenden und nährstoffreichen Nahrungsmitteln. »Die geschlechtsspezifische Diskrepanz beim Zugang zu Lebensmitteln hat sich von 2018 bis 2019 vergrößert, wobei Frauen, die in ländlichen Gebieten leben, am stärksten betroffen sind – was paradox ist, da Frauen und Mädchen den Großteil der Lebensmittelproduzent:innen […] ausmachen«, schlussfolgert ein 2022 erschienener Report des Entwicklungsprogramms der Vereinten Nationen mit Bezug auf eine Reihe von Studien.[20]

Es ist jedoch problematisch, Frauen nur als Opfer der Klimakrise zu sehen. In vielen Gesellschaften nehmen Frauen bereits heute

Schlüsselpositionen ein, in denen sie Ressourcenkonflikte verhindern, nachhaltige Formen von Landnutzung praktizieren, Anpassungsmaßnahmen an den Klimawandel umsetzen oder auch Emissionsminderungen herbeiführen. Insofern sind Frauen wichtige Akteurinnen in der Bewältigung der Klimakrise. Doch um in großem Maßstab handlungsfähig zu werden, müssen Grundsteine der Entwicklung neu verlegt werden. Wenn zum Beispiel Frauen Zugang zu Strom, Bildung und modernen Kochstellen bekommen, also auch nicht mehr darauf angewiesen sind, stundenlang Holz zu sammeln, bleibt ihnen mehr Zeit, um sich fortzubilden. Erwiesenermaßen sinkt mit einem höheren Bildungsgrad auch die Anzahl der Kinder, die sie bekommen.[21] Dadurch kann wiederum der künftige Ressourcenbedarf fallen, und Frauen werden durch geringere Betreuungsaufgaben in ihrer Entscheidungsfreiheit gestärkt.

Bei meinen Recherchen bin ich immer wieder auf beeindruckend starke Frauen gestoßen, die ihr Schicksal selbst in die Hand nehmen. In Bangladesch sprach ich mit einer Dreiergruppe von Frauen, die zunächst ihren gewalttätigen Männern entflohen sind und dann migrieren mussten, weil der tropische Wirbelsturm »Aila« ihre Unterkunft zerstört hatte.

Sturmnomadinnen sind oft besonderen Risiken ausgesetzt, wenn sie allein in Länder fliehen müssen, in denen die Rechte von Frauen wenig geschützt sind. Dies betrifft leider auch viele vom Klimawandel stark betroffene Staaten wie Bangladesch, das auf Platz 133 im Index der geschlechtsspezifischen Ungleichheit (Gender Inequality Index) liegt, oder Burkina Faso, das den 147. Platz belegt.[22]

Der unfreiwillige Weg in die Sexarbeit ist keine Seltenheit nach Naturkatastrophen in Ländern ohne funktionierende Sozialversicherungssysteme. Doch die Frauengruppe, mit der ich mich in Bangladesch austauschte, nutzte ein »Cash for Work«-Programm, half beim Deichbau und konnte sich so zumindest mit dem Nötigsten versorgen. Sie stemmte sich gegen ein System, in dem die Mehrheit der Frauen ihre Rolle von Männern zugewiesen bekommt.

Geschlechtergerechtigkeit in Industrienationen

Die Diskriminierung von Frauen kann sehr unterschiedlich ausfallen und sich auf mehreren Ebenen abspielen. So erfahren zum Beispiel schwarze lesbische Frauen häufig mehr Diskriminierung als weiße heterosexuelle Frauen, Frauen mit einer Behinderung mehr als solche ohne. Deswegen ist eine intersektionale Betrachtung wichtig – die im Übrigen mit einschließt, dass auch Frauen die Entwicklung anderer Frauen blockieren. Das beginnt schon damit, dass Frauen in den Industriestaaten in erheblichem Maß zu den Emissionen beitragen, die Frauen in Entwicklungsländern die Lebensgrundlage entziehen.

Die fehlende Gleichstellung von Frauen beschränkt sich allerdings keineswegs nur auf ferne Länder. Auch in Industrieländern ist die Macht- und Ressourcenverteilung zwischen Männern und Frauen bis heute nicht ausgewogen. So gibt es in der Klimawissenschaft erhebliche Disparitäten zwischen Männern und Frauen, die durch intersektionale Ungleichheit nochmals verstärkt werden. Reuters publizierte 2021 eine Liste der 1000 einflussreichsten Akademiker:innen in den Klimawissenschaften. Unter den 1000 aufgeführten Personen waren nur 122 Frauen und nur 111 Personen aus dem globalen Süden, davon der Großteil aus China.[23] Der gesamte afrikanische Kontinent war nur durch eine Handvoll männlicher Wissenschaftler aus Südafrika vertreten. Nun kann man darüber streiten, ob Reuters' Auswahlkriterien, die den kritikwürdigen, aber gängigen quantitativen akademischen Zitationsindizes folgten, zu einem etwas verzerrten Bild führten. De facto reflektiert die Liste jedoch im Großen und Ganzen die Realität des Wissenschaftsbetriebs. Auch in Deutschland ist nur etwas mehr als ein Viertel aller Professorenposten mit Frauen besetzt.[24]

Kristina Lunz, die zusammen mit zwei Frauen das Zentrum für feministische Außenpolitik in Berlin gründete, schreibt in ihrem lesenswerten Buch ›Die Zukunft der Außenpolitik ist feministisch‹ ein Kapitel über den Zusammenhang von Klimakrise und Feminismus:

»Keine Klimagerechtigkeit ohne Feminismus«.[25] Zweifelsohne lassen sich für dieses Argument Gründe finden, und diese führt Lunz auch auf: Die Stimmen mutiger Frauen, die sich seit Jahren für Klimaschutz einsetzen, müssen Gehör finden; unilaterale, nationalistische Ansätze können die globale Krise nicht lösen; die Klimakrise ist Auswuchs eines ausbeuterischen Systems; menschliche Sicherheit bedeutet nicht nur die Abwesenheit heißer Konflikte; Klimaleugner sind oft auch Frauenhasser.

Tatsächlich müsste die Kernlogik allerdings lauten: Kein Feminismus ohne Klimaschutz. Zerstören wir die Lebensgrundlagen auf unserem Planeten, sind es normative Werte, die als Erstes über Bord gehen werden. Die Verteidigung der Demokratie, das Schließen der Schere der Ungleichheit, die Emanzipation, für die unsere Mütter und Großmütter gekämpft haben – das alles ist in Gefahr, wenn Extremwetterlagen unseren Alltag bestimmen. Wie sehr bei akuten Krisen Themen der sozialen Gerechtigkeit in den Hintergrund des öffentlichen Diskurses treten, ist nicht zuletzt an dem sicherheitspolitischen Schock auszumachen, den der völkerrechtswidrige Angriffskrieg der Russischen Föderation gegen die Ukraine ausgelöst hat und unsere gesellschaftlichen Debatten dominiert.

Teil der Wahrheit ist auch, dass gegenwärtig hauptsächlich Männer in den Führungspositionen von Unternehmen sitzen, die für den Großteil der weltweiten Emissionen verantwortlich sind. Saudi Aramco, Gazprom und die Iranische Nationale Ölfirma außen vor gelassen – nicht nur dort, sondern auch bei Chevron, ExxonMobil, BP und Shell besetzen nur Männer die Vorstandsvorsitzenden- oder CEO-Posten. Selbst wenn sich inzwischen in manchen »Boards« vereinzelt Frauen finden, bleiben die höchsten Spitzenpositionen allein von Männern besetzt. Das gilt ebenso für die hiesigen Energieriesen RWE, EnBW, Vattenfall und E.ON – und ist keine reine Momentaufnahme. Vielmehr handelt es sich um von Männern geschaffene Strukturen, die – in Komplizenschaft mit den Verbraucher:innen – die Destabilisierung des Weltklimas täglich vorantreiben und die Fluchtursachen befördern. Das ist zwar nicht primäres Ziel dieser Unternehmen, doch eine seit Jahrzehnten bekannte und zumindest billigend in Kauf genommene Nebenerscheinung ihrer Wirtschaftsweise, ein nicht hinzunehmender Kollateralschaden.

Die frühen Studien zum Klimawandel von ExxonMobil in den 1980er Jahren zum Beispiel belegen, dass gezielt und über Jahre verschleiert wurde, wie schädlich die Produkte der fossilen Industrie sind.[26] »Statt an einer Lösung zu arbeiten, [investierte ExxonMobil] Millionen Dollar in PR-Kampagnen, um Zweifel an der Klimawissenschaft zu säen«, schreibt Klimawissenschaftler Stefan Rahmstorf zu den Vorgängen im ›Spiegel‹ und weist auf die Vorwürfe der Tochter eines der führenden ExxonMobil-Wissenschaftler hin, der sich gegen das Unternehmen öffentlich auflehnte.[27, 28]

Aggressiver Lobbyismus wie auch vom Ölkonzern BP, der 2017 die Amtseinführung des damaligen US-Präsidenten Donald Trump mit einer halben Million Dollar unterstützte und dafür mit Umweltderegulierung belohnt wurde, führt inzwischen zu einem extensiv betriebenen Greenwashing der Unternehmen. Dabei handelt es sich eher um einen verzweifelten letzten Kampf um die eigene Existenzberechtigung als um eine ehrliche Umstrukturierung. Zu einem solchen Umsteuern würde wohl auch gehören, dass Frauen Spitzenämter übernehmen, auch wenn nicht gesagt ist, dass Frauen gemeinwohlorientierte Emissionsminderungen herbeiführen würden. Doch angesichts des stetig sinkenden Emissionsbudgets und des mittlerweile schneckenartigen Tempos bei der Gleichstellung ist eine zeitnahe Veränderung dahingehend, dass Frauen in Führungspositionen von Energieunternehmen aufrücken und dort eine Einhaltung der Pariser Temperaturgrenzen fordern können, wenig wahrscheinlich. Laut dem »Gender Gap Report« des Weltwirtschaftsforums würde es nach dem jetzigen Entwicklungspfad noch knapp 136 Jahre dauern, bis Männer und Frauen weltweit gleichgestellt sind.[29] Als Agentinnen des Wandels sind Frauen allerdings schon jetzt tätig. Denn auf welch wackligen Beinen das fossile Patriarchat inzwischen steht, ist nicht zuletzt an der Schüler:innenbewegung »Fridays for Future« auszumachen, in der eine Reihe von Schüler:innen (wie die inzwischen erwachsene Greta Thunberg) durch ihren willensstarken Protest die Massen bewegt und Kohlebosse in die Knie zwingt.

Auch die mutige Kündigung der langjährigen Sicherheitsberaterin des Ölunternehmens Shell, Caroline Dennett, zählt zum weiblichen Widerstand gegen die fossile Lobby. Dennett erklärte öffentlich, die Zusammenarbeit mit dem Ölgiganten einzustellen, weil Shell trotz seiner Null-Risiko-Strategie Klimarisiken keinerlei Beachtung schenke und sogar noch neue Quellen fossiler Energieträger erschließen wolle. »Ich kann nicht länger für ein Unternehmen arbeiten, das alle Alarmsignale ignoriert und die Risiken des Klimawandels und des ökologischen Zusammenbruchs leugnet«, schrieb Dennett 2022 auf ihrer LinkedIn-Seite und schickte einen entsprechenden Brief an alle Exekutivdirektoren des Unternehmens. Sofort empörten sich Hunderte von Männern in den Kommentarspalten und beschimpften Dennett. Das Internet scheint ohnehin zum neuen Ort ungebändigten Frauenhasses geworden zu sein, in dem sich im realen Leben offenbar durchsetzungsschwache Mitläufer im anonymen Kollektiv auf jeden Beitrag stürzen, der ihre verbleibenden Privilegien in Frage stellt.

Trotz des Hasses stemmen sich couragierte Frauen weltweit gegen die Klima- und Biodiversitätskrise. Alessandra Korap Munduruku kämpft gegen die Abholzung des Amazonasregenwaldes und für die Rechte der indigenen Bevölkerung in Brasilien. Weil sie große Agrarkonzerne und die Sojaproduktion an den Pranger stellt, erhält sie Morddrohungen. »Wir leben in einem Moment der großen Erschütterung«, sagt die für ihren Mut mehrfach ausgezeichnete Vertreterin des Munduruku-Volks.

Mary Robinson, ehemalige Präsidentin der Republik Irland und frühere UN-Hochkommissarin für Menschenrechte, tritt seit Langem für Klimagerechtigkeit ein: »Die Leugnung des Klimawandels ist nicht nur ignorant, sie ist eine böswillige Verleumdung. Sie ist letztlich der Versuch, Menschenrechte denjenigen zu verweigern, die zu den verwundbarsten Gruppen der Weltbevölkerung gehören.«[30] Als ich sie vor fast zehn Jahren auf einer Konferenz ansprach und ihr von meinem Dissertationsvorhaben zum Thema Klimamigration erzählte, riet sie mir, die betroffenen Menschen ins Zentrum der Arbeit zu stellen und keine rein theoretische Abhandlung zu verfassen. Für diesen Rat bin ich ihr bis heute dankbar.

Doch so viele entschlossene Frauen es für die Lösung der Klimakrise weiterhin braucht, die gegenwärtige Machtungleichverteilung ist nicht von der Hand zu weisen. Die Journalistin und Autorin Elisabeth Niejahr zog in einem Radiointerview mit Bezug auf das Thema Generationenungerechtigkeit in Deutschland folgenden bitteren Schluss: »Die Jungen sind darauf angewiesen, dass andere stellvertretend für sie die Zukunftsthemen wichtig finden«, weil sie nur einen kleinen Teil der wahlberechtigten Bevölkerung ausmachen und entsprechend weniger politische Macht haben.[31]

Da bereits heute die Weichen für ein stabiles Weltklima gestellt werden müssen, reicht es nicht aus, einfach abzuwarten, bis die junge Generation in verantwortungsvolle Positionen nachrückt. Zwar sind Frauen rein zahlenmäßig Männern nicht unterlegen, aber sie haben nicht den gleichen Anteil an Macht, auch wenn einzelne Frauen Machtpositionen bekleiden. Dass sich Männer überproportional häufig in Positionen finden, die über die Zukunft aller Geschlechter entscheiden, ist ohne Frage ungerecht und muss sich ändern. Um Lenkungswirkung zu entfalten, müssen der Klimaschutz und der Feminismus gleichermaßen und parallel vorangetrieben werden.

Maßgeblich haben die Entscheidungen von Männern in Industrieunternehmen, Regierungen, Klimadelegationen den Verlauf der Klimakrise geprägt. Deswegen gilt auch hier, was Niejahr in Bezug auf die Generationengerechtigkeit sagt. Da die Klimakrise unmittelbar gelöst werden muss, sind Frauen darauf angewiesen, dass Männer in machtvollen Positionen sich stellvertretend für sie für das Gemeinwohl eines lebensfreundlichen Planeten einsetzen.

Solidarität von Männern bedeutet im 21. Jahrhundert somit nicht mehr, Frauen und Kinder zuerst vom sinkenden Schiff zu retten, sondern zu verhindern, dass es zum Untergang kommt. Das ist weitaus komplexer. Glücklicherweise haben viele männliche Wissenschaftler, Journalisten, Aktivisten, Lehrer, Meteorologen, Unternehmer, Investoren und so weiter der Klimakrise bereits den Kampf angesagt. Es sollten noch mehr werden – wir brauchen euch.

Ein Gesellschaftsproblem

Aus den unterschiedlichen Dimensionen der mit der Klimamigration verbundenen Gerechtigkeitsfragen ergibt sich eine entscheidende Schlussfolgerung: Wenn wir den Klimawandel als reines Umweltproblem wahrnehmen, werden wir daran scheitern, effektive Lösungen zu finden. Es geht um ein Menschenrechtsproblem, eine Genderkrise und eine Ungleichheitskatastrophe, um ein außen- und innenpolitisches Problem, das die Sicherheit unseres Landes bedroht. Klimarisiken betreffen die Stadtplanung, die Architektur, das Weltkulturerbe. Sie betreffen die Treiber von Flucht und Vertreibung und wirken sich auf Aufnahmeländer, Flüchtlingscamps und informelle Siedlungen aus. Ohne dieses übergreifende Verständnis können vermeintliche Lösungen zu noch stärkerer Marginalisierung bestimmter Gruppen führen. Deswegen gilt es, von den Lebensrealitäten der Betroffenen zu lernen und ihre Erfahrungen in politische Reformen und konkrete Projekte mit einfließen zu lassen.

Über die Jahre meiner Forschung ist mir eines klar geworden: Die Geschichten von Menschen wie Renate Petry aus dem Ahrtal, Moyna aus Bangladesch, Kilok von den Marshallinseln und Traoré aus Burkina Faso sind hochkomplex und individuell, aber sie verbindet auch vieles: Die Zäsur der Vertreibung, die Wehrlosigkeit gegenüber entfesselten Naturgewalten, der Wille zu überleben und die Ungewissheit hinsichtlich der Zukunft sind Teil ihrer Lebensgeschichten. Gleichwohl stehen den Betroffenen sehr unterschiedliche Möglichkeiten zur Verfügung, ihr Leben nach den Extremereignissen zu gestalten.

Es gilt also, dem Ruf aus verschiedenen Teilen der Erde nach mehr Klimagerechtigkeit Gehör zu verschaffen und auf lokaler, regionaler und globaler Ebene aktiv zu werden. Politische und rechtliche Reformen, wie sie in den vorhergehenden Kapiteln thematisiert wurden, sind ebenso notwendig wie konkrete, unmittelbare Hilfe. Beides fordern Aktivist:innen, die global denken und ihre eigene Zukunft verknüpft sehen mit der Zukunft der Marshallinseln und Bangladeschs, immer häufiger ein. Inzwischen ist eine Weltbürgerbewegung entstanden,[32] getragen von Schüler:innen, die freitags streiken, vielfach unterstützt von Lehrer:innen, Wissenschaftler:innen, Eltern und Großeltern. Mit dabei sind Student:innen, die Straßen blockieren, um die Öffentlichkeit wachzurütteln. Sie alle erkennen die Warnsignale im Erdsystem und schätzen den Wert der Wissenschaft im öffentlichen Diskurs. Das ist neu und lässt Raum für Zuversicht.

Lösungen jenseits des Tellerrands

Viel zu selten blicken wir auf die Lösungsansätze und Pionierarbeit in Ländern außerhalb Europas und der USA. Da viele Regionen schon heute mit weitaus gravierenderen Klimafolgen umgehen müssen als wir, wäre ein noch engerer Austausch, zum Beispiel auf kommunaler Ebene, wünschenswert, um das Rad nicht nach jedem Unwetter neu erfinden zu müssen. Ein beeindruckendes Beispiel für maßgeschneiderte Breitenbildung ist die Arbeit der Mediae Company, die in Ostafrika verschiedene erfolgreiche Formate etabliert hat, um Wissen zu vermitteln. Da ist zum Beispiel »Shamba Shape Up«, eine Reality-TV-Serie, in der mehrere kleine Farmen in Ostafrika besucht werden. »Shamba« ist Suaheli und bedeutet Feld, Ackerland oder Farm, »Shamba Shape Up« bedeutet also so viel wie »Motz deine Farm auf«. Die Bäuerinnen und Bauern erzählen von ihren landwirtschaftlichen Herausforderungen, und Expert:innen geben Ratschläge, wie sie damit umgehen beziehungsweise was sie verbessern können, auch leisten sie praktische Hilfe, etwa beim Ausbessern von Stallungen. Neben Informationen zu nachhaltiger Landwirtschaft gibt es Tipps zu Ernährung, Hygiene und anderen Themen. All das stößt auf breites Interesse, die Serie ist extrem erfolgreich.

Ein anderes Format des Sozialunternehmens ist die Seifenoper ›Makutano Junction‹, die Millionen Zuschauer:innen erreicht. Mit unterhaltsamer Dramatik werden ernste gesellschaftliche Themen wie soziale Gerechtigkeit, Umweltverschmutzung, Korruption und Erkrankungen wie HIV aufgegriffen und mögliche Auswege aus den Problemen aufgezeigt.

Auch wenn sich dieses Portfolio nicht 1:1 auf die Lebensrealitäten in anderen Ländern übertragen lässt, wäre durchaus vorstellbar, das Wissen über Katastrophen- und Infektionsschutz oder die Bewältigung der Klimakrise über ähnliche Formate auch in Europa populärer und damit vielleicht auch erfolgreicher als bisher zu vermitteln.

Architekt:innen für die Ärmsten

Wenn der Klimawandel Millionen von Menschen dazu zwingt, sich in den kommenden Jahrzehnten eine neue Bleibe zu suchen, weil Lebensgrundlagen zunichtegemacht werden, wird der Druck auf Megastädte zunehmen. Wie bereits ausgeführt, betrifft das auch Metropolen, die jetzt schon eine hohe Bevölkerungsdichte bei schwacher Regierungsführung aufweisen. So nehmen zum Beispiel in der philippinischen Hauptstadt Manila die Slums inzwischen große Teile des Stadtgebietes ein.

In Lagos, der größten Stadt Nigerias, ist im Laufe der Jahre ein riesiger Slum gewissermaßen ins Meer gewachsen. Die Behausungen stehen zum Teil auf Stelzen – aus der Ferne ein bunter Anblick, in Wirklichkeit sind es jedoch Notunterkünfte, in denen sich die Bewohner:innen buchstäblich nur mit Mühe über Wasser halten. Dennoch wurde in Makoko, so heißt der Slum, nach den Entwürfen des nigerianischen Architekten Kunlé Adeyemi eine schwimmende Schule errichtet. Ob in Asien, Afrika oder in anderen Teilen der Erde: Überall auf der Welt sind Architekt:innen gefordert, neue, umweltfreundliche Methoden und Bautechniken für die Ärmsten der Armen zu entwickeln, damit diese ein menschenwürdiges Leben führen können. Natürliche Materialien wie Erde und Holz sowie erneuerbare Energien wie Wind und Sonne spielen dabei eine entscheidende Rolle.

Viele Slums entstehen ohne Plan, durch Improvisation und Wildwuchs, denn es fehlt an allem, an Baumaterial, Geld und Wissen. Dennoch konzentrieren sich Architekturschulen darauf, innovative Konzepte für Hochhäuser und hochwertige Gebäude zu entwerfen, die von der globalen oberen Mittelschicht bewohnt werden sollen. Die eigentliche Herausforderung besteht jedoch darin, angemessenen und kostengünstigen Wohnraum zu schaffen, der zugleich Gemeinschaft und Integration fördert. Daher kommt auf Architekt:innen und Stadtplaner:innen die Aufgabe zu, neue Bautechniken zu erforschen und die nächste Generation darin zu schulen, wie man mit extrem begrenzten Ressourcen – Material, Finanzen und Fläche – in unterschiedlichen geografischen und kulturellen Räumen planen und dort Projekte realisieren kann.

Die Architekt:innen Yasmeen Lari und Kunlé Adeyemi zum Beispiel verfolgen solche Lösungen und setzen sie gemeinsam mit der lokalen Bevölkerung um.[33] Eine Ausweitung solcher Kooperationen zwischen Architekt:innen und lokalen Praktiker:innen wäre wünschenswert und könnte die Anpassungsfähigkeit an Umweltveränderungen und die Katastrophenresilienz fördern, wenn es darum geht, urbane Landwirtschaftsprojekte in städtische Slums zu integrieren. Im Idealfall würden Bewohner:innen in der Phase der Umsetzung eine Berufsausbildung in bestimmten Techniken erhalten, etwa beim Häuserbau mit Erdsäcken.[34] Dafür gibt es bereits erfolgreiche Pilotprojekte, die durch Universitäten, lokale Verwaltungen und Entwicklungsagenturen unterstützt werden müssen. Anschließend können diese Projekte an unterschiedliche örtliche Gegebenheiten angepasst werden, um auf diese Weise einen systemischen Wandel sicherzustellen.

Schwimmende Städte als Rettungsanker?

Kunlé Adeyemis Arbeit ist dabei für viele Gebiete wegweisend, denn bis zum Ende des 21. Jahrhunderts rechnen Meeresspiegelexpert:innen wie Stefan Rahmstorf mit einem Anstieg des Meeresspiegels von bis zu über einem Meter in einem Szenario ungebremster CO_2-Emissionen.[35] Das würde »Land unter« für küstennahe Regionen, das Verschwinden einzelner Eilande und den Untergang ganzer flachliegender Inselstaaten bedeuten. Gegenwärtig leben 110 Millionen Menschen auf Landstrichen, die unterhalb der jetzigen Hochwasserlinie liegen.[36] Steigt der Meeresspiegel, weiten sich diese Gebiete aus, und die Belastungen für die Infrastruktur, die das Wasser zurückhalten soll, nehmen zu.

Auch bei Einhaltung des Pariser Klimaabkommens könnte der Anstieg bis 2100 bei über einem halben Meter liegen. Neben Architekt:innen machen sich inzwischen auch Meeresforscher:innen, Ingenieur:innen, Landschaftsplaner:innen und Baumeister:innen auf die Suche nach Lösungen, um Menschen aus diesen gefährdeten Gebieten eine Zukunft im eigenen Land zu ermöglichen. Und »im eigenen Land« heißt in diesem Fall: auf dem eigenen Wasser in Küstennähe, Flussdeltas, Wasserstraßen und Lagunen.

Wie die schwimmende Schule von Adeyemi gewinnen schwimmende Häuser und überhaupt die Aquaarchitektur immer mehr Anhänger. Vorreiter auf diesem Gebiet können sich auch die dichtbesiedelten Niederlande nennen, die zu einem Viertel unterhalb des Meeresspiegels liegen und seit Menschengedenken gegen die Fluten der Nordsee kämpfen. Hier wird seit vielen Jahren an Wohnformen für das Leben auf dem Wasser experimentiert.[37] Dabei soll es nicht nur um Freizeit- und Prestigeobjekte wie Hausboote, Ferienwohnungen oder Wasservillen gehen, sondern um Wohnanlagen für Tausende Durchschnittsbürger. In den Niederlanden sind auf diese Weise schon komplette schwimmende Siedlungen entstanden wie Ijburg in Amsterdam und Maasbommel bei Arnheim.

Zum Teil stehen die mit Stegen verbundenen Häuser auf festem Grund, etwa aufgeschüttetem Sand, können aber bei Flut mehrere Meter in die Höhe steigen – weil das Haus auf einem Schwimmkörper sitzt, einer hohlen Betonwanne. Damit das Heim bei Auftrieb durch Hochwasser nicht wegschwimmt, ist es an zwei Stahlpfeilern befestigt und kann daran bis zu 5,5 Meter hochgleiten.[38] Sonnenkollektoren, Wärmepumpen, Abwasseraufbereitungssysteme, begrünte Dächer und Sammelbecken für Regenwasser sollen die Häuser weitgehend unabhängig vom Festland machen und die Nachhaltigkeit fördern.

Auf großes Interesse stößt diese Bauform naturgemäß auch in anderen vom Meeresanstieg besonders bedrohten Ländern wie den

Philippinen, bei Inselstaaten sowie bei den am Wasser liegenden Metropolen. Ein Beispiel ist hier Südkoreas zweitgrößte Stadt Busan, die im April 2022 zusammen mit UN-Habitat (dem Programm der Vereinten Nationen für menschliche Siedlungen) und dem Unternehmen Oceanix in New York ihr Projekt Oceanix Busan vorstellte – eine schwimmende Kleinstadt auf drei Hauptplattformen für 12 000 Menschen.[39] Das Architekturbüro des Dänen Bjarke Ingels erstellte die innovativen Entwürfe der »Oceanix City«, deren Plattformen untereinander und mit dem Land verbunden sind.[40] Es berücksichtigt in seiner Arbeit die Umsetzung verschiedener Ziele nachhaltiger Entwicklung und bestimmt bereits im Planungsprozess Material- und Energieverbrauch über die Lebenszyklen von Gebäuden hinweg. Für die Oceanix City sind Sonnenkollektoren, abfallfreie und kreislauforientierte Systeme, geschlossene Wasserkreisläufe, Netto-Null-Energie und innovative Mobilitätskonzepte vorgesehen.[41] Mit dem Bau soll 2023 begonnen werden, die Besiedlung 2025 erfolgen.

Die imperfekte Stadt von morgen

Auch wenn die schwimmenden Städte bewunderndes Staunen bei uns auslösen, ist kaum anzunehmen, dass solch kostspielige Konstruktionen in absehbarer Zeit in der Breite umgesetzt werden. Ein Großteil der bisherigen Forschung zu einer nachhaltigen Stadtplanung beziehungsweise -gestaltung konzentriert sich auf die Vorstellung von Konzepten für die ideale Stadt; diese zeichnet sich durch High-End-Technologien aus, die dem Wohlbefinden ihrer Bewohner:innen dienen und gleichzeitig die Dienstleistungen des Erdsystems sichern.[42]

Viele dieser Innovationen sind jedoch für die Mehrheit der Weltbevölkerung in diesem Jahrhundert keine realisierbaren Optionen, schon gar nicht für von Armut betroffene Menschen. Herausforderungen wie Klimawandel, Bevölkerungswachstum und Land-Stadt-Migration erfordern eine andere Herangehensweise. Die damit einhergehenden Probleme verlangen insbesondere den

Administrationen großer Städte einiges ab, und der Handlungsbedarf ist gewaltig – sowohl in Bezug auf Emissionsminderungen als auch in Bezug auf Klimaanpassung.

Diesen Herausforderungen will sich unter anderem das »Bauhaus der Erde« stellen, ein Zusammenschluss aus Wissenschaft, Architektur, Städtebau und Forstwirtschaft. Wie das berühmte Vorbild aus den 1920er Jahren strebt das Projekt nach einer Erneuerung in Architektur, Bildender Kunst und Design und zielt ebenfalls in vielfacher Hinsicht auf eine revolutionäre Veränderung. Neue und alte Materialien sollen dabei zum Einsatz kommen, insbesondere, als zentrales Element, Holz aus nachhaltigem Anbau. So sollen aus langlebigen Holzbauten CO_2-Senken entstehen, Zement und Beton, die große Mengen Treibhausgas verursachen, umfassend ersetzt werden. Dass dies möglich ist, zeigte die Wissenschaftlerin Galina Churkina. Zusammen mit einem internationalen Autor:innenteam, zu dem auch ich gehörte, untersuchte sie, wie viel CO_2 durch den Holzbau gespeichert werden kann und wie sich dies im Vergleich zur Treibhausgasbilanz herkömmlicher Bauweisen verhält.[43] Die Ergebnisse waren erstaunlich: Zum einen wird massiv CO_2 eingespart und gespeichert, zum anderen gibt es genügend Holz, um weitaus mehr aus dem Rohstoff zu bauen. Würde man bis Mitte des Jahrhunderts 90 Prozent der Häuser aus Holz bauen, könnten bis zu 20 Gigatonnen Kohlenstoff in den Gebäuden versenkt werden.

Das »Bauhaus der Erde« wächst inzwischen von einer Idee hin zu einer Institution, angetrieben von dem Klimawissenschaftler Hans Joachim Schellnhuber und dem Architekten Philipp Misselwitz. Das Vorhaben, sich aus der Klimakrise herauszu*bauen*, findet auch Anklang auf europäischer Ebene. So rief Kommissionspräsidentin Ursula von der Leyen das Neue Europäische Bauhaus aus. Sie formulierte die Ambition des Projekts so: »Wir wollen lebenswerten und bezahlbaren Wohnraum schaffen für immer mehr Menschen – und zugleich Klima und Umwelt schützen.«[44]

Klimawissen und Kultur

Auch in der Kulturbranche werden die Klimafolgen mehr und mehr thematisiert. So bringt zum Beispiel Theatermacher Michael Ruf mit seiner Nichtregierungsorganisation »Wort und Herzschlag« die Lebens- und Leidensgeschichten verschiedener Menschen als ineinander verzweigte Monologe auf die Bühne. Das Besondere daran: Ruf erstellt die Skripte aus vielen Stunden Interviewmaterial, das er lediglich verdichtet, ansonsten aber wortgetreu beibehält. So entstehen unmittelbar ergreifende dokumentarische Texte. Seine Arbeit berührt und rüttelt wach. Nach den Mittelmeer-Monologen, die das Schicksal von Geflüchteten und den Einsatz mutiger Helfer:innen verarbeiteten, wendet er sich in seinem neuesten Stück den Folgen des Klimawandels zu, wofür er eigens nach Bangladesch reiste, um dort Gespräche mit Vertriebenen zu führen. Bei einem Treffen in Berlin erklärte mir Michael Ruf: »Obwohl hierzulande viel über den Klimawandel gesprochen wird – was dieser konkret bedeutet für Menschen in Bangladesch, Mosambik oder Tansania, das wissen die wenigsten. Mit den Klima-Monologen möchte ich zeigen, wie in anderen Regionen der Welt der Klimawandel bereits heute das Leben sehr vieler Menschen auf den Kopf stellt.«

Ein anderes in Deutschland angesiedeltes Projekt verbindet die Arbeit mit geflüchteten Personen mit den Bemühungen um mehr Klimaschutz. Die vom Bundesumweltministerium finanzierte Initiative »KlimaGesichter« bildet Geflüchtete zu Klimabotschafter:innen aus. Ihnen soll Wissen über den Klimawandel und Klimaschutz vermittelt werden, das sie an ihren künftigen Arbeitsstellen, sei es in Deutschland oder nach der Rückkehr in ihrer Heimat, anwenden können. Das Projekt, das vom Unabhängigen Institut für Umweltfragen, der Deutschen KlimaStiftung und einer Jugendwerkstatt umgesetzt wird, zielt darauf ab, Integration und Klimaschutz zusammenzudenken.

Hitzewellen im Frühling

Kurz vor Fertigstellung dieses Buches bin ich nochmal in Neu-Delhi, wo meine Reise zum Thema Klimamigration startete. Es ist April 2022, eigentlich Frühling. Doch das Land hat schon mehrere Hitzewellen hinter sich, die im März begannen. Als ich ankomme, klettern die Temperaturen für mehrere Tage auf Werte zwischen 40 und 45 °C. Es ist unerträglich heiß und soll noch heißer werden. Kurze Zeit später wird Friederike Otto mit ihrem Attributionsforschungsteam feststellen, dass diese Hitzewelle, die auch Pakistan betrifft, durch die bisherige Erderwärmung 30-mal wahrscheinlicher wurde.[45] In den Konferenzräumen des Raisina-Dialogs, einer geopolitischen Tagung unter Leitung des indischen Außenministeriums und der Observer Research Foundation, einer indischen Denkfabrik, ist es hingegen angenehm kühl.

Ich spreche zur deutschen Klimaaußenpolitik unter anderem mit Waseqa Ayesha Khan, einer wortgewandten Parlamentarierin aus Bangladesch, und Jayant Sinha, dem früheren Finanzminister Indiens, der bis heute Mitglied der Lok Sabha, des indischen Parlaments, ist. Es geht um Fragen der CO_2-Bepreisung – wer muss für seine Emissionen zahlen? – und um fehlende Hilfe für diejenigen, die noch nicht mal einen Stromanschluss haben. Unsere Gesprächsrunde verläuft trotz teils unterschiedlicher Ansichten harmonisch – diese Art Austausch ist unersetzlich, um Außenansichten auf die deutsch-europäische Politik gewinnen zu können.

Und die Themen könnten kaum aktueller sein, denn draußen brennt quasi der Asphalt. Es wird auf einen Blick ersichtlich: Der Klimawandel vergrößert die Ungleichheiten. Während sich die Mittel- und Oberschicht 24 Stunden per Klimaanlage herunterkühlt, um überhaupt schlafen und arbeiten zu können, sind die ärmsten Bevölkerungsschichten der Hitze schutzlos ausgeliefert. In manchen Städten wurden gekühlte Hallen eingerichtet, damit Arbeiter:innen wenigstens ein paar Stunden Schlaf finden und die Zahl der Hitzetoten nicht zu sehr in die Höhe schnellt.

Im Plenarsaal findet sich unterdessen ein hochrangiges Panel ein. Die Umweltministerin der Malediven, Aminath Shauna, die Außenministerin Norwegens, Anniken Huitfeldt, der Generalsekretär der OECD, Mathias Cormann, und Amitabh Kant, CEO der indischen Planungs- und Beratungsbehörde NITI Aayog, wollen über die globale Energiewende sprechen.[46] Als die Diskussion beginnt, scheint es jedoch so, als säßen sie nicht im selben Raum oder sprächen nicht dieselbe Sprache – so weit klaffen die Redebeiträge auseinander.

Der indischen Moderatorin, die wissen möchte, inwiefern Norwegen Entwicklungsländer bei der Energiewende unterstützen könnte, antwortet die norwegische Außenministerin Huitfeldt: »Wir sind eine ölproduzierende Nation und wir produzieren auch viel Gas. Wir werden unseren Petroleumsektor weiterentwickeln, nicht demontieren.«

Die Umweltministerin der Malediven, Shauna, hingegen skizziert die extremen Herausforderungen, auf die der flachliegende Inselstaat zusteuert: »Die Malediven bestehen aus 1200 Inseln. Der höchste Punkt liegt bei etwa einem Meter. Jedweder Anstieg des Meeresspiegels ist eine existenzielle Bedrohung für unsere Inseln. Sie erodieren in einem viel schnelleren Tempo, als wir es uns je hatten vorstellen können. Jedes Jahr gibt es Überflutungen. Wir verlieren unser Land an den Klimawandel.« Auf die Frage, was die größte Herausforderung in der globalen Energiewende sei, antwortet sie: »Ich glaube nicht, dass es ein Problem fehlender Finanzierung oder fehlender Technologie ist. Es ist der fehlende politische Wille [...]. Wir behandeln die Klimakrise nicht als Notfall.«

Die Aussage von Aminath Shauna scheint im Saal zu verhallen, keiner geht wirklich auf das ein, was sie sagt. Vielmehr betont der OECD-Generalsekretär später in seinem Statement, dass der Übergang zu erneuerbaren Energien »mehrere Dekaden« dauern werde. Gerade die OECD-Länder müssten jedoch schneller als Entwicklungsländer aus den fossilen Industrien aussteigen. Darüber wird nun schon seit gut dreißig Jahren diskutiert, während den Bewohner:innen der Inselstaaten das Wasser buchstäblich bis zum Hals steht. Doch das Statement ist wenig verwunderlich, da Cormann in seiner vorherigen Rolle als Finanzminister Australiens bereits Netto-Null-Emissionsreduktionsziele als »extremistisch« bezeichnet und die CO_2-Bepreisung in Australien zugunsten der Kohlelobby aufgehoben hat.[47]

Als die Fragerunde für das Publikum eröffnet wird, richte ich mich an Cormann. Mich interessiert, was dieses Jahr getan wird, um Emissionen zu senken, da Klimafolgen wie die Hitzewelle, die uns in Indien gerade umgibt, keinen weiteren Aufschub um Dekaden erlauben. Was folgt, ist mein persönlicher »Don't Look Up«-Moment. Der OECD-Generalsekretär zieht in offenkundig geübter Manier mein Statement ins Lächerliche und behauptet, ich wolle wohl über Nacht alle Kraftwerke abschalten. Diese Taktik der Delegitimierung ist viele Jahrzehnte alt und trotzdem in diesem Rahmen schockierend für mich. Sie zielt darauf ab, offensichtlich notwendige Maßnahmen, wie erste Schritte bei der Senkung von Emissionen einzuleiten, so zu überspitzen, dass sie völlig absurd erscheinen.

Desillusioniert und voller Zweifel setze ich mich wieder. Dann plötzlich spricht mich ein älterer Mann von der Seite an, einfach gekleidet im Vergleich zum Konferenzglamour. »Leben Sie hier in Delhi?«, fragt er. »Nein«, antworte ich flüsternd, denn vor uns redet das Panel weiter, »aber ich habe hier ein paar Monate gelebt.« »Verstehe«, sagt der Inder und macht eine Pause. »Denn Sie sprechen uns, den normalen Menschen hier, aus dem Herzen.« Kurz danach ist er wieder verschwunden.

An diesen Austausch muss ich seitdem oft denken. Die Podiumsdiskussion war beispielhaft dafür, wie in vielen Debatten das Mitgefühl für das Gegenüber abhandenkommt. Das kurze Gespräch mit dem fremden Mann hingegen entsprach dem Gegenteil. Er hatte genau durchschaut, was sich abspielte. Rückblickend führte die Reise nach Indien mir nochmal vor Augen, dass wir in einer Zeit der multiplen Krisen leben. Armut und Ungleichheit vergrößerten sich durch die Covid-19-Pandemie in vielen Ländern, gleichzeitig schreitet die Klimakrise unentwegt fort. Nach zwei Jahren Gesundheitsnotstand hofften viele auf ein Aufatmen. Auch Klimaaktivist:innen riefen zu neuen Protesten auf, die großen Weichenstellungen für die Nachhaltigkeitstransformation sollten nun endlich mit aller Kraft angegangen werden. Doch dann geschah das Unbegreifliche: Russland begann am 24. Februar 2022 einen Angriffskrieg gegen die Ukraine. Auch die Diskussionen auf dem Raisina-Dialog waren geprägt von den Rissen in der internationalen Ordnung. Der Krieg mitten in Europa treibt Hunderttausende zur Flucht, Tausende Menschen sterben, unter ihnen viele Kinder. Die Krise trifft auch die Europäische Union an ihrer energiepolitischen Achillesferse, der Abhängigkeit von Kohle, Öl, Gas und Uran aus Russland. Werden aus der geopolitischen und humanitären Katastrophe Lehren für eine Sicherheitspolitik gezogen, die Ressourcen- und Energiefragen als Teil von innerer Sicherheit begreift?

Was Hoffnung weckt, ist ein Blick auf den Solar- und Windatlas, den die Weltbank mit Forschungsinstitutionen wie der Technischen Universität Dänemarks (DTU) erstellt. In ihm ist erkennbar, welches enorme Potential die erneuerbaren Energien haben.[48] Wie die Umweltministerin Shauna von den Malediven betonte, mangelt es nicht an Optionen.

Auf Dauer wird es angesichts der Fülle von Möglichkeiten schwer vermittelbar sein, dass Menschen ihre Heimat, ihre Grundstücke, sogar Angehörige verlieren, weil wir nicht bereit sind, Energiesysteme schneller umzustellen oder weniger Fleisch zu konsumieren. Wenn wir trotzdem Migration als eine Form der Anpassung an den Klimawandel ausrufen, können wir unsere Türen nicht denen verschließen, die aufgrund der von uns verweigerten Lebensstiländerung ihr Zuhause zurücklassen müssen. Dieses System wird langfristig nicht tragen. Doch wie gelingt der Umbruch?

Die Migration vieler Menschen, mit denen ich sprach, begann mit der Hoffnung, dass anderswo weniger widrige Bedingungen herrschen als an dem Ort, wo sie sich befanden. Viele konnten zwar zu dem Zeitpunkt der Migration nicht vollends abschätzen, was der Ortswechsel tatsächlich mit sich bringen würde, doch der Druck des Klimawandels und anderer Lebensumstände war oft so groß, dass sie sich für ebendiese Ungewissheit entschieden. In manchen

Fällen war dies allerdings keine Entscheidung für ein besseres Leben, sondern eine Entscheidung zwischen Leben und Tod.

Dieser Abwägungsprozess hält wichtige Lektionen für die Überwindung der Klimakrise bereit. Während die ersten Schritte, die wir gehen müssen, auf der Hand liegen, ist der Weg zur Lösung der Krise nicht vorgezeichnet. Er wird von Widersprüchen in unserem Handeln geprägt sein und auch Fehlschläge mit sich bringen. Doch aus Angst vor dem zehnten Schritt dürfen wir die Notwendigkeit, den ersten, zweiten und dritten Schritt zu gehen, nicht aus dem Auge verlieren. Auch vor dem Hintergrund der Ungewissheit müssen wir Entscheidungen treffen, die uns zumindest in die richtige Richtung lenken. Eines ist gewiss: Der Kampf gegen die Klimakrise endet entweder mit ihrer Lösung oder mit unserer Kapitulation.

Wie geht es weiter? Urteilsvermögen, Überzeugung und Empathie

Wird es uns gelingen, die globale Temperatur bei maximal 2 °C zu stabilisieren und so essenzielle Lebensräume zu schützen? Die Antwort muss offen bleiben. Die Zeit läuft, doch je schneller wir jetzt die Emissionen senken, desto größer werden die Chancen, dass die Menschheit einen Ausweg auch aus dieser Krise findet. Verlängern wir unser Zögern, werden uns immer mehr Entscheidungen aus der Hand genommen.

Migrationsbewegungen sind die Summe vieler individueller Geschichten. Damit Bewegungen von Menschen im Raum nicht zur humanitären Krise werden, braucht es vielfältige Ansätze, neue Ideen und mehr Menschen, die sich mit den komplexen Zusammenhängen zwischen Klimafolgen und ihren Auswirkungen auf Lebensgrundlagen und Migration auseinandersetzen. Fern von ideologiegetriebenen Debatten kann echte Veränderung erwachsen. Eine einzelne Lösung wird es nicht geben, aber der Strauß an Möglichkeiten, die uns noch offenstehen, ist üppig. Wenn wir Migration als Akt der Befreiung aus der unterdrückenden Wucht der

Klimakrise begreifen, führt an der Zusicherung von mehr Freizügigkeit und der Verankerung von mehr Rechten auf der Flucht vor den Naturgewalten kein Weg vorbei. Denn Migration als die Quelle kollektiver Hoffnung ist Teil unserer Menschheitsgeschichte.

Nun möchte ich Sie einladen, zum Schluss nochmal einen Blick auf die Thesen zu werfen, die am Ende der einzelnen Kapitel zusammenfassend stehen:

1. Die globalen Treibhausgasemissionen haben zu einem stark veränderten Weltklima geführt, auch wenn das Ausmaß der Erderwärmung sich noch begrenzen lässt. Durch Migration können Betroffene überleben, nicht aber ihre gewohnte Lebensweise aufrechterhalten.

2. Das bestehende Grenzregime wird im Zuge dramatischer Klimafolgen zu immer mehr Menschenrechtsverletzungen führen. Ungleich verteilte Umweltschäden erfordern institutionelle und rechtliche Reformen, die sichere, legale Migrationswege aus zerstörten Gebieten eröffnen und zukünftige Schäden begrenzen.

3. Auf den Kleininselstaaten hat der Überlebenskampf im Klimachaos bereits begonnen. Der drohende Untergang ganzer Kulturen wird billigend in Kauf genommen für das Wachstumsparadigma der fossilen Industrien. Von den Inseln ohne Zukunft geht ein Warnsignal aus – ein letzter Aufruf, die globale Katastrophe noch abzuwenden.

4. Der Druck an Europas Außengrenzen wird weiter steigen, und die europäischen Werte werden sich daran messen lassen müssen, wie viel menschliches Leid die EU zugunsten des Grenzschutzes in Kauf zu nehmen bereit ist.

5. Aufeinanderfolgende Superstürme könnten exponierte Gebiete langfristig entvölkern. Fortschritte im Katastrophenschutz in asiatischen Ländern sind wegweisend für die Bewältigung unterschiedlicher Extremereignisse in Europa.

6. Das Wirkungsgeflecht von Artensterben und Klimawandel lässt die Menschheit auf eine beispiellose Krise zusteuern. Nur durch Migration wird es einigen Arten gelingen zu überleben.

7. Auch in Mitteleuropa können Menschen ihre Heimat und ihren Kulturraum aufgrund von Klimafolgen verlieren. Zwar gibt es im globalen Vergleich in Deutschland und der Schweiz mehr Möglichkeiten zur Anpassung, aber steigende Emissionen lassen diese Optionen immer weiter schrumpfen und finanziell wie technologisch aufwendiger werden. Die billigste Lösung bleibt der umfassende Klimaschutz.

8. Eine Fülle von Instrumenten und Empfehlungen zum Schutz von Klimavertriebenen wartet darauf, umgesetzt zu werden. Aus dem bestehenden Wissen zu schöpfen und den politischen Mut für neue Wege aufzubringen könnte die Perspektiven für viele Menschen verbessern, deren Zukunft von der Klimakrise bestimmt sein wird.

Die These aus diesem Kapitel lautet:

9. Wenn auch nicht allen Menschen die gleichen Möglichkeiten offenstehen, haben zumindest diejenigen, die signifikant zur Fluchtursache Klimawandel beitragen, die Möglichkeit und moralische Pflicht, durch Verhaltensänderungen, Beteiligung an Wahlen, Protest, Widerspruch oder Widerstand zur Lösung der Klimakrise beizutragen und Migration aus unwiederbringlich zerstörten Gebieten zu unterstützen.

Neben den vielen schon genannten Vorschlägen, wie die Menschheitskrise Klimawandel überwunden werden kann, sind es vor allem drei Dinge, die uns ans Ziel bringen werden: erstens das *Urteilsvermögen* darüber, was richtig und was falsch ist, und insbesondere darüber, was essenziell und was verzichtbar ist. Zweitens die *Überzeugung*, dass wir die Kraft aufbringen werden, uns aus dieser Krise zu befreien. Und drittens die *Empathie* für Menschen, deren Leben durch den Klimawandel beschnitten wurde. Für ihre Rechte einzustehen muss Teil der Lösung sein. Das sind die Herausforderungen der Klimakrise, welche die Wissenschaft nicht für uns meistern kann – wir müssen es selber tun.

Obwohl uns schon einige Prozesse entglitten sind, Arten ausstarben, Ökosysteme zerstört und Menschen vertrieben wurden, liegen die letzten verbleibenden Fäden des Klimageflechts noch in unseren Händen. An ihnen hängt nicht weniger als das Schicksal der Menschheit. Dass wir diese Chance noch haben und um sie wissen – mehr als jemals zuvor –, ist ein Leuchtstreifen in der Dunkelheit dieser Zeit.

NACHWORT – ZU GUTER LETZT

Wie viele Menschen leben in einem Slum? Wie viele (nicht registrierte) Einwohner sind bei einem Sturm ums Leben gekommen? Wie viele wurden vertrieben? Solche Fragen stellten sich durch die Kapitel dieses Buches hinweg, sie ließen sich aber nicht immer exakt beantworten. Das hat zum einen mit der teilweise unzureichenden Datenerfassung zu tun, zum anderen damit, dass verschiedene Quellen zwar ähnliche, aber dennoch voneinander abweichende Werte angeben. Trotzdem ist es für mich als Wissenschaftlerin unbefriedigend, manchmal keine definitiven Antworten zu finden und bei den Recherchen auf immer neue Fragen zu stoßen.

Auch wenn jedes einzelne Leben zählt, wird es eben oft nicht gezählt. Gleichwohl kann keine Zahl, so groß und genau sie auch sein mag, das Schicksal eines Einzelnen oder einer Gruppe von Menschen tatsächlich erfassen und quantifizieren. Wie Albert Einstein schon sagte: »Nicht alles, was zählt, kann gezählt werden, und nicht alles, was gezählt werden kann, zählt!«

Die Fachliteratur um Klimamigration ist in der letzten Dekade beachtlich gewachsen und umfasst viele Tausend Seiten. Es war nicht mein Anspruch, alle Erkenntnisse in diesem Buch zu kondensieren. Eine solche Synthesearbeit leistet zum Beispiel der Weltklimarat IPCC, der in seinem Sechsten Sachstandsbericht auch ein Kapitel zur Migration veröffentlicht hat. Vielmehr wollte ich Sie, meine Leserinnen und Leser, auf meine persönliche Reise mitnehmen, auf der ich mich diesem komplexen, vielschichtigen Thema annähere. Neben den Ländern, die ich selbst besucht habe und auf denen der Fokus der Regionalkapitel liegt, gibt es noch viele andere Gebiete, in denen die vom Klimawandel angetriebene Migration heute schon Realität ist.

Ich zitiere Wissenschaftler:innen, Journalist:innen und Autor:innen, die mich geprägt, beeindruckt oder empört haben und deren Ausführungen eine Anregung waren, darüber nachzudenken. Auch verweise ich auf die Arbeit meiner Kolleg:innen am Potsdam-Institut für Klimafolgenforschung (PIK) und bei der Deutschen Gesellschaft für Auswärtige Politik (DGAP), denn viele Diskussionen dieser klima- und außenpolitischen Streitgemeinschaft hatten Einfluss auf meine Gedanken. Zentrale Fakten und Hypothesen untermauere ich durch selektive Fachliteratur. Wenn Sie in die Quellenverweise einsteigen, werden Sie feststellen, wie weit verzweigt und umfassend das Thema Klimamigration ist, wie sehr der eine Bereich mit dem anderen zusammenhängt und wie viel mehr es noch zu wissen und zu verstehen gibt.

In einem sich derart rasant entwickelnden Forschungsfeld kann die heutige Erkenntnis morgen schon der Schnee von gestern sein. Die Gegenwart überdauert nur einen Lidschlag. Insofern ist diese Publikation auch Zeugnis unserer Zeit, in der wir die Schätze unseres Planeten Erde in einem Maße für uns in Anspruch nehmen, das unser Klima aus dem Gleichgewicht bringt.

Wenn Sie Ideen, Anregungen, Ergänzungen oder auch Kritik haben – schreiben Sie mir! Das letzte Wort dazu ist noch längst nicht gesprochen.

DANK

»Sturmnomaden« basiert auf vielen Jahren Forschung, wobei unterschiedliche Menschen meinen Weg gekreuzt, begleitet und bereitet haben. An dieser Stelle möchte ich ihnen meinen besonderen Dank aussprechen.

Für die weit über hundert Interviews im Rahmen meiner wissenschaftlichen Arbeit haben Menschen mir Zeit geschenkt und ihre Geschichten geteilt. Damit sind viele besondere Erlebnisse und Begegnungen verknüpft, und für dieses Lebensgeschenk bin ich zutiefst dankbar.

Franziska Günther von der Agentur Graf & Graf brachte den Stein für das Buch ins Rollen und gab mir in allen Phasen der Entstehung wichtige Ratschläge. Für diese achtsame Begleitung und vertrauensvolle Zusammenarbeit möchte ich mich ausdrücklich bedanken.

Ein großer Dank gilt Stefan Ulrich Meyer vom dtv Verlag, der dieses Projekt maßgeblich förderte und mir gerade zu Beginn aus seinem großen Erfahrungsschatz wichtige strukturelle Hinweise gab, die sich nun im Buch wiederfinden.

Rosemarie Mailänder möchte ich für ein exzellentes, geduldiges Lektorat und ermutigende Worte danken. Ich hätte es für dieses Buch nicht besser treffen können. Durch sie habe ich den Text nochmal aus einem anderen Blickwinkel gelesen.

Viele Menschen haben Teile dieses Buchs in verschiedenen Stadien gelesen und kommentiert. Mein großer Dank gilt Dana Schirwon (Kapitel 2), Mechthild Becker (Kapitel 3 und 5), Stefanie Wesch (Kapitel 4), Michael Ruf (Kapitel 5), Jonas Bergmann (Kapitel 6), Valerie Köcke (Kapitel 6), Josef Ludescher (Kapitel 6), Renate Petry (Kapitel 7), Larissa Rausch (Kapitel 7) und Annika Mannah (Kapitel 7).

Ausdrücklich danken möchte ich zudem:

Manolo Ty für ernste, schöne und facettenreiche Fotografien und viele hilfreiche inhaltliche Kommentare.

Arne Dunker für die gemeinsame intensive Reise in die Schweiz sowie Kommentare und Hinweise zum Kapitel 7.

Sven Plöger für die Ermutigung, dieses Projekt anzugehen, und viele Gespräche über die Klimakrise und ihre Lösung.

Prof. Michael Daxner, der immer ein aufmerksamer Ansprechpartner und Ratgeber für mich war.

Stephan Zöllner von der Diakonie Katastrophenhilfe für sein Vertrauen und sein Engagement.

Angelika Nikionok-Ehrlich, Peter Ehrlich und David Wortmann für eine letzte Durchsicht.

Mein besonderer Dank gilt Prof. Hans Joachim Schellnhuber, der meine Arbeit seit 2014 begleitet und viele Gedanken in diesem Buch geprägt hat. Ohne seine wissenschaftliche und humanistische Pionierarbeit und sein persönliches Engagement wären viele klimapolitische Weichenstellungen nicht realisiert worden.

Die Inhalte des Buchs bauen auf mehreren Jahren wissenschaftlicher Arbeit am Potsdam-Institut für Klimafolgenforschung auf, die von der Instituts- und Forschungsbereichsleitung sowie verschiedenen externen Förderern unterstützt wurden. Ihnen gilt mein ausdrücklicher Dank. Intensive Gespräche zur Klimamigration habe ich Julia Blocher, Himani Upadhyay, Dr. Emanuela Paoletti, Dr. Roman Hoffmann, Dr. Maria Martin und Dr. Barbora Sedova zu verdanken.

Prof. Helga Weisz möchte ich für die Betreuung meiner Promotion danken, auf der dieses Buch aufbaut, und dafür, dass sie mir wissenschaftlichen Entfaltungsraum gegeben hat.

Seitdem ich die Leitung des Zentrums für Klima und Außenpolitik bei der Deutschen Gesellschaft für Auswärtige Politik übernommen habe, begleitet mich ein exzellentes Team. Danke Tim Bosch, Dana Schirwon, Kai Kornhuber und Leonie Oechtering für eure Ermutigung und eure Leidenschaft im Kampf um Lösungen der Klimakrise.

Hinsichtlich meiner Forschungsaufenthalte möchte ich Dieter Paulmann, Gründer der Okeanos Stiftung, danken, der mir den Weg auf die Marshallinseln bereitet hat. Vor Ort haben mir Dustin Langidrik, Iva Nancy Vunikura und Alex Tohitika Sanchez, Alexander Beetz und Raffael Held sehr geholfen.

Dr. Dorothea Rischewski und Teddy Fong möchte ich für unsere gemeinsame Arbeit zur Klimamigration auf Inselstaaten und Claire Frank für ihre Unterstützung auf Barbuda danken.

Prof. Rainer Sauerborn verdanke ich eine unvergessliche Forschungsreise nach Burkina Faso.

Für die Unterstützung meiner Arbeit in Bangladesch möchte ich Fabian Wolff, Naoshin Jahan und Rashed Jalal Himal danken.

Josef Schuler und Familie Infanger haben uns das wunderschöne Schweizer Isenthal gezeigt, danke für eure Gastfreundschaft.

Ich danke meinen Eltern, Barbara Lange-Vinke und Hermann Vinke, denen dieses Buch gewidmet ist und die mir immer, und auch bei diesem Projekt, zur Seite standen.

»Ohne die Liebe ist alles nichts.« Danke, Thiago.

QUELLENNACHWEISE UND ANMERKUNGEN

1 Aufbruch ins Ungewisse – Klimamigration im 21. Jahrhundert

1 Black, R. / Bennett, S. R. G. / Thomas, S. M. / Beddington, J. R.: Migration as Adaptation. Nature 478 (2011).

2 Klimaneutral bedeutet, dass »menschliche Aktivitäten keine Nettoauswirkung auf das Klimasystem haben« (IPCC 1,5 °C Bericht, Glossar).

3 Vinke, K.: Unsettling Settlements. Cities, Migrants, Climate Change. Lit Verlag (2019).

4 Lenton, T. M. et al.: Climate tipping points – too risky to bet against. Nature 575 (2019).

5 IPCC, 2021: Climate Change 2021. The Physical Science Basis. Contribution of Working Group I to the Sixth Assessment Report of the Intergovernmental Panel on Climate Change. [Masson-Delmotte, V. / Zhai, P. / Pirani, A. / Connors, S. L. / Péan, C. / Berger, S. / Caud, N. / Chen, Y. / Goldfarb, L. / Gomis, M. I. / Huang, M. / Leitzell, K. / Lonnoy, E. / Matthews, J. B. R. / Maycock, T. K. / Waterfield, T. / Yelekçi, O. / Yu, R. / Zhou, B. (Hrsg.)]. Cambridge University Press.

6 UNHCR: Global Trends – Forced Displacement in 2020 (2021).

7 Hoffmann, R. / Dimitrova, A. / Muttarak, R. / Crespo Cuaresma, J. / Peisker, J.: A meta-analysis of country-level studies on environmental change and migration. Nature Climate Change (2020); https://doi.org/10.1038/s41558-020-0898-6.

8 Schellnhuber, H. J.: Selbstverbrennung – Die fatale Dreiecksbeziehung zwischen Klima, Mensch und Kohlenstoff. C. Bertelsmann (2015).

9 IDMC: GRID 2021 – Internal Displacement in a changing climate. Internal Displacement Monitoring Centre and Norwegian Refugee Council (2021).

10 2021 lag die Anzahl der Binnenvertreibungen aufgrund von Konflikten sogar noch höher, bei 14,4 Millionen. In dem Jahr wurden etwas weniger

Menschen aufgrund von Naturkatastrophen innerhalb ihres eigenen Landes vertrieben (23,7 Millionen). IDMC: GRID 2022 – Children and youth in internal displacement. Internal Displacement Monitoring Centre and Norwegian Refugee Council (2022).

11 Der Report analysiert folgende Regionen: Subsahara-Afrika (86 Millionen klimabedingte Binnenvertriebene), Nordafrika (19 Millionen), Ostasien und pazifischer Raum (49 Millionen), Südasien (40 Millionen), Lateinamerika (17 Millionen), Zentralasien und Osteuropa (5 Millionen). Aus: Clement, V. / Rigaud, K. K. / de Sherbinin, A. / Jones, B. / Adamo, S. / Schewe, J. / Sadiq, N. / Shabahat, E. (2021). Groundswell Part 2: Acting on Internal Climate Migration. World Bank, Washington, D. C.; https://openknowledge.worldbank.org/handle/10986/36248; License: CC BY 3.0 IGO.

12 Bengtsson, L. / Lu, X. / Thorson, A. / Garfield, R. / von Schreeb, J.: Improved response to disasters and outbreaks by tracking population movements with mobile phone network data: a post-earthquake geospatial study in Haiti (2011). PLOS Medicine, 8(8):e1001083; https://doi.org/10.1371/ journal.pmed.1001083; https://www.nature.com/articles/s41599-019-0242-9?error=cookies_not_supported&code=fa8ff968-1ded-4b72-8eda-b34fd20e168b.

13 Vgl. Danuor, S. et al.: Education in meteorology and climate sciences in West Africa. Atmospheric Science Letters. Wiley Online Library (2011).

14 Weltbank: CO_2 emissions (metric tons per capita) – Sub-Saharan Africa (2018); https://data.worldbank.org/indicator/EN.ATM.CO2E.PC?locations=ZG.

15 Vinke, K. / Harper, A.: Climate Change and the future of sage returns (2020); https://reliefweb.int/sites/reliefweb.int/files/resources/Climate%20change%20and%20the%20future%20of%20safe%20returns%20%28November%202020%29.pdf.

16 Tiihonen, J. / Halonen, P. / Tiihonen, L. et al.: The Association of Ambient Temperature and Violent Crime. Scientific Reports 7, 6543 (2017); https://doi.org/10.1038/s41598-017-06720-z.

17 Upadhyay, H. / Vinke, K. / Weisz, H.: »We are still here« – Climate change and immobility in highly mobile Himalayan communities (noch nicht erschienen).

2 Schutzlos auf der Flucht – Recht und Unrecht in der Klimakrise

1 Knaus, G.: Welche Grenzen brauchen wir? Piper (2020).

2 UNHCR: Abkommen über die Rechtsstellung der Flüchtlinge vom 28. Juli 1951. Artikel 1 (1951); https://www.unhcr.org/dach/wp-content/uploads/sites/27/2017/03/GFK_Pocket_2015_RZ_final_ansicht.pdf.

3 Vgl. Sydney Declaration of Principles on the Protection of Persons Displaced in the Context of Sea Level Rise; https://disasterdisplacement.org/portfolio-item/sydney-declaration.

4 UNHCR: Abkommen über die Rechtsstellung der Flüchtlinge vom 28. Juli 1951. Artikel 33 (1951); https://www.unhcr.org/dach/wp-content/uploads/sites/27/2017/03/GFK_Pocket_2015_RZ_final_ansicht.pdf.

5 https://www.tagesschau.de/inland/pushback-unwort-des-jahres-101.html.

6 Graham-Harrison, E.: »They treated her like a dog« – tragedy of the six-year-old killed at Croatian border. The Guardian (2017).

7 McAdam, J.: Protecting People Displaced by the Impacts of Climate Change. The UN Human Rights Committee and the Principle of Non-refoulement. American Journal of International Law, 114(4), 708-725 (2020); doi:10.1017/ajil.2020.31.

8 Ibid.

9 Behrouz Boochani schildert in seinem Buch ›Kein Freund außer den Bergen‹ die brutale Realität eines Internierungslagers in Papua-Neuguinea. Als kurdisch-iranischer Flüchtling verbrachte er sechs Jahre in dem Camp auf Manus Island und schrieb sein Buch heimlich über viele einzelne Kurznachrichten per Handy.

10 United Nations: Global Compact for Safe, Orderly and Regular Migration (A/RES/73/195) (2018).

11 United Nations: Global Compact on Refugees. A/73/12, Part II (2018).

12 Nansen Initiative: Agenda for the Protection of Cross-Border Displaced Persons in the Context of Disasters and Climate Change (2015).

13 Für eine genaue Auflistung der Rechte zu verschiedenen Zeitpunkten der Migration siehe die Publikation der Internationalen Organisation für Migration: IOM Outlook on Migration, Environment and Climate change (2014); https://publications.iom.int/system/files/pdf/mecc_outlook.pdf.

14 Ionesco, D. / Mokhnacheva, D. / Gemenne, F: Atlas der Umweltmigration. Oekom Verlag (2018).

15 Thornton, F.: Climate Change and People on the Move. International Law and Justice. Oxford (2018).

16 UN Human Rights Council, 48th session (2021); https://undocs.org/a/hrc/48/l.23/rev.1.

17 https://www.bundesverfassungsgericht.de/SharedDocs/Pressemitteilungen/DE/2021/bvg21-031.html.
18 Bundesverfassungsgericht, Beschluss vom 24.3.2021; https://www.bundesverfassungsgericht.de/SharedDocs/Entscheidungen/DE/2021/03/rs20210324_1bvr265618.html.
19 Roda Verheyen hat zusammen mit Alexandra Endres eine packende »Ermutigung« geschrieben (noch nicht erschienen): Wir alle haben ein Recht auf Zukunft, dtv (2023).
20 Für die neuesten Entwicklungen siehe auch: https://rwe.climatecase.org/.
21 Rechtsprechung des People's Climate Case (auch Carvalho Case genannt) C565/19 P, frei ins Deutsche übersetzt; https://curia.europa.eu/juris/document/document.jsf?text=&docid=239294&pageIndex=0&doclang=EN&mode=req&dir=&occ=first&part=1&cid=504038.
22 People's Climate Case: EU Court turn a deaf ear to citizens hit by the climate crisis (2021); https://peoplesclimatecase.caneurope.org/2021/03/eu-court-turn-a-deaf-ear-to-citizens-hit-by-the-climate-crisis/.
23 https://www.noaa.gov/explainers/deepwater-horizon-oil-spill-settlements-where-money-went.
24 Kujawinski, E. B., Reddy, C. M., Rodgers, R. P. u. a.: The first decade of scientific insights from the Deepwater Horizon oil release. Nat Rev Earth Environ 1, 237–250 (2020); https://doi.org/10.1038/s43017-020-0046-x
25 Climate Accountability Institute: Carbon Majors (2020). https://climateaccountability.org/carbonmajors_dataset2020.html.
26 Global Witness: A Bad Year for Glencore (2018); https://www.globalwitness.org/en/blog/bad-year-glencore/.
27 https://www.stopecocide.earth/legal-definition
28 20. Congress of the International Criminal Law Association, 15.11.2019.
29 International Law Commission: Summary Records of the meetings of the 38th session, 119–121, 128, 175, U. N. Doc. A/CN.4/SER.A/ (1986); https://legal.un.org/ilc/publications/yearbooks/english/ilc_1986_v1.pdf.
30 Rechtstheoretiker Georg Jellinek (1851–1911) definierte in seinem Standardwerk ›Allgemeine Staatslehre‹ die drei Elemente eines Staates als »Staatsgebiet, Staatsvolk und Staatsgewalt«. In der Konvention von Montevideo über die Rechte und Pflichten von Staaten (1933) wurde zudem ein viertes Element definiert, die Fähigkeit diplomatische Beziehungen mit anderen Ländern zu führen. Dieses Prinzip hat sich in der Staatspraxis nicht etabliert.
31 Storlazzi, C. D. / Gingerich, S. B. / van Dongeren, A. / Cheriton, O. M. / Swarzenski, P. W. / Quataert, E. / Voss, C. I. / Field, D. W. / Annamalai, H. / Piniak, G. H. / McCall, R.: Most atolls will be uninhabitable by the mid-21st century because of sea-level rise exacerbating wave-driven flooding. Sci. Adv. 4, eaap9741 (2018).

32 McAdam, J.: »Disappearing States«, Statelessness and the Boundaries of International Law (2010). UNSW Law Research Paper No. 2010-2, verfügbar auf SSRN: https://ssrn.com/abstract=1539766.
33 Ibid.
34 Grote Stoutenburg, J.: When Do States Disappear? In: Threatened Island Nations – Legal Implications of Rising Seas and a Changing Climate. Cambridge University Press (2013).
35 Ibid.
36 McAdam, J., »Disappearing States«, a. a. O.
37 Allgemeine Erklärung der Menschenrechte. UN-Resolution 217 A (III) vom 10.12.1948.
38 Burkett, M.: The Nation Ex-Situ. In: Threatened Island Nations – Legal Implications of Rising Seas and a Changing Climate (2013).

3 Inseln ohne Zukunft? Das Paradies der Kleininselstaaten verschwindet

1 Namen geändert.
2 Okeanos Foundation: https://okeanos-foundation.org/vaka-motu/.
3 Wer sich für den Zustand der Meere interessiert, dem empfehle ich die Bücher der Ozeanographin Sylvia Earle. Zum Beispiel ›Sea Change, A Message from the Oceans‹ (1996), in dem die Industrialisierung der Fischerei thematisiert wird, und ›Oceans: A Global Odyssey‹ (2021), das sowohl die Schönheit der Meere als auch den Einfluss des Menschen auf sie darstellt.
4 Oxfam Briefing: Carbon inequality in 2030 – Per capita consumption emissions and the 1.5 °C goal (2021); https://oxfamilibrary.openrepository.com/bitstream/handle/10546/621305/bn-carbon-inequality-2030-051121-en.pdf.
5 https://www.si.edu/object/nmah_1303438.
6 Gerrard, M.: A Pacific Isle, Radioactive and Forgotten (Opinion). The New York Times (nytimes.com) (2016).
7 Storlazzi, C. D. et al.: Most atolls will be uninhabitable by the mid-21st century, a. a. O.
8 Price, G.: Mining India's troubled history of coal and politics. Chatham House (2021); https://www.chathamhouse.org/2021/11/mining-indias-troubled-history-coal-and-politics.
9 Eine Staatengruppe vor allem von Entwicklungsländern, die sich besonders bedroht durch den Klimawandel sieht.
10 Die Alliance of Small Island States, AOSIS, hat 39 Mitgliedsstaaten aus

Karibik, Pazifik, Indischem Ozean, Südchinesischem Meer und Afrika. Allesamt sind es kleine bzw. flachliegende Inselstaaten, die sich trotz ihrer großen kulturellen Unterschiede aufgrund der ähnlichen naturräumlichen Herausforderungen zusammengeschlossen haben und für nachhaltige Entwicklung engagieren.

11 https://www.bmuv.de/fileadmin/Daten_BMU/Download_PDF/Klimaschutz/paris_abkommen_bf.pdf.

12 IPCC, 2018: Global Warming of 1.5 °C. An IPCC Special Report on the impacts of global warming of 1.5 °C above pre-industrial levels and related global greenhouse gas emission pathways, in the context of strengthening the global response to the threat of climate change, sustainable development, and efforts to eradicate poverty [Masson-Delmotte, V. / Zhai, P. / Pörtner, H.-O. / Roberts, D. / Skea, J. / Shukla, P. R. / Pirani, A. / Moufouma-Okia, W. / Péan, C. / Pidcock, R. / Connors, S. / Matthews, J. B. R. / Chen, Y. / Zhou, X. / Gomis, M. I. / Lonnoy, E. / Maycock, T. / Tignor, M. / Waterfield, T. (Hrsg.)]. Cambridge University Press.

13 Glasgow Climate Pact, UNFCCC: COP26 cover decision (unfccc.int) (2021).

14 Ministry of Economy of Fiji: Planned Relocation Guidelines. A framework to undertake climate change related relocation (Planned-Relocation-Guideline-Fiji-2018.pdf; adaptationcommunity.net), (2018).

15 Vinke, K. / Blocher, J. / Becker, M. / Ebay, J. S. / Fong, T. / Kambon, A.: Home lands. Island and archipelagic states' policymaking for human mobility in the context of climate change (2020).

16 Pörtner, H.-O. et al. (Hrsg.): IPCC Special Report on the Ocean and Cryosphere in a Changing Climate (IPCC, 2019); https://report.ipcc.ch/srocc/pdf/SROCC_ FinalDraft_FullReport.pdf.

17 Unsere Forschung ist in dem Report zusammengefasst, auf den ich mich auch in diesem Kapitel beziehe: Vinke, K. et al.: Home lands (2020).

18NOAA: Hurricane Irma Meteorological Summary, National Hurricane Center, National Oceanic and Atmospheric Administration (2017).

19 Micronesians in Hawaii: Migrant Group Faces Barriers to Equal Opportunity. A Report of the Hawaii Advisory Committee to the U. S. Commission on Civil Rights (2019). Microsoft Word – Hawaii Micronesian Report – Re-publish 2020.docx (usccr.gov).

20 United States Interagency Homelessness Council: Hawaii Homelessness Statistics (2020); https://www.usich.gov/homelessness-statistics/hi/.

21 Harlow, P.: Robert De Niro – Rebuilding Barbuda (2017, Boss Files).

22 Der Begriff »White Savior Complex« wurde von dem nigerianisch-amerikanischen Schriftsteller Teju Cole eingeführt: The White-Savior Indus-

trial Complex (2012); https://www.theatlantic.com/international/archive/2012/03/the-white-savior-industrial-complex/254843/.

23 Rodríguez-Martínez, R. E. / Medina-Valmaseda, A. E. / Blanchon, P. / Monroy-Velázquez, L. V. / Almazán-Becerril, A. / Delgado-Pech, B. / Vásquez-Yeomans, L. / Francisco, V. / García-Rivas, M. C.: Faunal mortality associated with massive beaching and decomposition of pelagic Sargassum, Marine Pollution Bulletin, Band 146, S. 201–205 (2019); https://doi.org/10.1016/j.marpolbul.2019.06.015; https://www.sciencedirect.com/science/article/pii/S0025326X19304606.

24 Wang, M. / Hu, C. / Barnes, B. B. / Mitchum, G. / Lapointe, B. / Montoya, J. P.: The great Atlantic Sargassum belt, Science 365, S. 83–87 (2019), 10.1126/science.aaw7912.

25 Klein, N.: Die Schock-Strategie. Der Aufstieg des Katastrophen-Kapitalismus. Hoffmann und Campe (2007).

4 Konflikte zwischen nomadischen Hirten und sesshaften Bauern im Sahel

1 Von West nach Ost liegen Senegal, Mauretanien, Mali, Burkina Faso, Algerien, Niger, Nigeria, Kamerun, Zentralafrikanische Republik, Tschad, Sudan, Südsudan, Eritrea und Äthiopien teilweise in der Sahelzone.

2 Idemudia, E. / Boehnke, K.: Travelling Routes to Europe. In: Psychological Experiences of African Migrants in Six European Countries. Social Indicators Research Series, Band 81. Springer, Cham (2020); https://doi.org/10.1007/978-3-030-48347-0_3.

3 https://missingmigrants.iom.int/.

4 Mach, K. J. / Kraan, C. M. / Adger, W. N. et al.: Climate as a risk factor for armed conflict. Nature 571, 193–197 (2019); https://doi.org/10.1038/s41586-019-1300-6.

5 Wesch, S. / Rheinbay, J. / von Soest, C. / Gornott, C. / Scheffran, J. / Vinke, K. (im Review-Prozess): Fulani Identity in Crisis.

6 Die Namen der Interviewpartner sind aus Gründen des Persönlichkeitsschutzes geändert worden.

7 Die Geschichte von Asefa (Name geändert) und andere Aspekte des Nexus Klimafolgen und ländliche Entwicklung erzählen wir ausführlich in der Publikation »Äthiopien – Warum Wälder Zukunft bedeuten« von World Vision.

8 Tomalka, J. / Lange, S. / Röhrig, F. / Gornott, C.: Climate Risk Profile for Ethiopia (2020).

9 Sterl, S. / Fadly, D. / Liersch, S. et al.: Linking solar and wind power in

eastern Africa with operation of the Grand Ethiopian Renaissance Dam. Nat Energy 6, 407–418 (2021); https://doi.org/10.1038/s41560-021-00799-5.

5 Superstürme – Langfristige Auswirkungen auf den Philippinen und in Bangladesch

1 NOAA: Active 2021 Atlantic hurricane season officially ends (2021); https://www.noaa.gov/news-release/active-2021-atlantic-hurricane-season-officially-ends.
2 NOAA: How do Hurricanes form? National Ocean Service website; https://oceanservice.noaa.gov/facts/how-hurricanes-form.html.
3 IPCC, 2021: Summary for Policymakers. In: Climate Change 2021: The Physical Science Basis. Contribution of Working Group I to the Sixth Assessment Report of the Intergovernmental Panel on Climate Change [Masson-Delmotte, V. / Zhai, P. / Pirani, A. / Connors, S. L. / Péan, C. / Berger, S. / Caud, N. / Chen, Y. / Goldfarb, L. / Gomis, M. I. / Huang, M. / Leitzell, K. / Lonnoy, E. / Matthews, J. B. R. / Maycock, T. K. / Waterfield, T. / Yelekçi, O. / Yu, R. / Zhou, B. (Hrsg.)]. Cambridge University Press.
4 Zhang, G. / Murakami, H. / Knutson, T. R. / Mizuta, R. / Yoshida, K.: Tropical cyclone motion in a changing climate. Sci. Adv.6, eaaz7610 (2020).
5 Eckstein, D. / Künzel, V. / Schäfer, L.: Global Climate Risk Index 2021 – Who Suffers Most from Extreme Weather Events? Weather-Related Loss Events in 2019 and 2000–2019. Germanwatch (2021).
6 Sherwood, A. / Bradley, M. / Rossi, L. / Guiam, R. / Mellicke, B.: Resolving Post-Disaster Displacement. Insights from the Philippines after Typhoon Haiyan (Yolanda). Brookings & IOM (2015).
7 Ching, P. K. / de los Reyes, V. C. / Sucaldito, M. N. / Tayag, E.: An assessment of disaster-related mortality post-Haiyan in Tacloban City. Western Pac Surveill Response J.; 6:34–38, veröffentlicht am 6.11.2015; doi:10.5365/WPSAR.2015.6.2.HYN_005.
8 Walch, C.: Evacuation ahead of natural disasters. Evidence from cyclone Phailin in India and typhoon Haiyan in the Philippines. Geo: Geography and Environment (2018); e00051.https://doi.org/10.1002/geo2.51.
9 https://www.shelterbox.de/.
10 Vinke, K. et al.: Home lands, a. a. O.
11 Sherwood, A. et al.: Resolving Post-Disaster Displacement, a. a. O.
12 Brewer, L. / Casco, R. / Hills, S. / Kamiya, K. / Kelly, B. / Navidad, C. / Moniz Pereira, M. / Price, J. / Sta Clara, R.: Impact of Livelihood Recovery Initiatives on Reducing Vulnerability to Human Trafficking and Illegal Recruitment. Lessons from Typhoon Haiyan (IOM and ILO, 2015).

13 Ibid.

14 US State Department: Trafficking in Persons Report 2021.

15 Brashares, J. S. / Abrahms, B. / Fiorella, K. J. / Golden, C. D. / Hojnowski, C. E. / Marsh, R. A. / McCauley, D. J. / Nuñez, T. A. / Seto, K. / Withey, L.: Wildlife decline and social conflict. Science 345, 376–378 (2014).

16 Vinke, K. et al.: Home lands, a. a. O.

17 Gregorio, N.: The Rise and Fall of Jeepneys in Metro Manila, Philippines. Stanford Future Bay Initiative (2018).

18 IOM Philippines, Climate Change and Sustainability Unit: Framing the Human Narrative of Migration in the Context of Climate Change (2020).

19 Sengupta, S. / Fountain, H.: The Biggest Refugee Camp Braces for Rain: ›This Is Going to Be a Catastrophe‹, New York Times, 14.3.2018.

20 OCHA: Rohingya Refugee Crisis (2020); https://www.unocha.org/rohingya-refugee-crisis.

21 https://www.uno-fluechtlingshilfe.de/hilfe-weltweit/bangladesch.

22 Crayton, A. et al.: Narratives and Needs. Analyzing Experiences of Cyclone Amphan Using Twitter Discourse (2020).

23 World Economic Forum: These are the world's five biggest slums (2016); https://www.weforum.org/agenda/2016/10/these-are-the-worlds-five-biggest-slums/

24 Vinke, K.: Unsettling Settlements-Cities, Migrants, Climate Change. Rural-Urban Climate Migration as Effective Adaptation? LIT Verlag (2019).

25 Mitlin, D. / Satterthwaite, D.: Urban poverty in the global South. Scale and Nature, Routledge (2013); https://www.routledge.com/Urban-Poverty-in-the-Global-South-Scale-and-Nature/Mitlin-Satterthwaite/p/book/9780415624671.

26 Inskip, C. / Fahad, Z. / Tully, R. / Roberts, T. / MacMillan, D.: Understanding carnivore killing behaviour. Exploring the motivations for tiger killing in the Sundarbans, Bangladesh, Biological Conservation, Band 180, S. 42–50 (2014); https://doi.org/10.1016/j.biocon.2014.09.028.

27 UNICEF UK: Futures at Risk – Protecting the rights of children on the move in a changing climate (2021).

28 Ibid. & UNICEF: Children uprooted in a changing climate – Turning challenges into opportunities with and for young people on the move (2021).

29 Habekuß, F.: Weltrettung, Versuch Nummer 26, in: Die Zeit, 12.11.2021.

30 WBGU – Wissenschaftlicher Beirat der Bundesregierung Globale Umweltveränderungen: Der Umzug der Menschheit. Die transformative Kraft der Städte. WBGU (2016).

31 Khan, M. R. / Huq, S. / Risha, A. N. / Alam, S. S.: High-density population and displacement in Bangladesh. Science. 372, 1290–1293 (2021).

32 Clement, V. / Rigaud, K. K. / de Sherbinin, A. / Jones, B. / Adamo, S. / Schewe, J. / Sadiq, N. / Shabahat, E.: Groundswell Part 2. Acting on Internal Climate Migration. Washington, D. C., The World Bank (2021).

6 Feuer im Regenwald – Biodiversitätskrise im Amazonasbecken

1 Boulton, C. A. / Lenton, T. M. / Boers, N.: Pronounced loss of Amazon rainforest resilience since the early 2000s. Nat. Clim. Chang. 12, 271–278 (2022); https://doi.org/10.1038/s41558-022-01287-8.
2 Qin, Y. / Xiao, X. / Wigneron, J. P. et al.: Carbon loss from forest degradation exceeds that from deforestation in the Brazilian Amazon. Nat. Clim. Change 11, 442–448 (2021); https://doi.org/10.1038/s41558-021-01026-5.
3 Imazon: Deforestation in the Brazilian Amazon (2021); https://imazon.org.br/en/imprensa/deforestation-in-the-brazilian-amazon-reached-2-095-km%C2%B2-in-july-and-the-last-12-months-cumulative-is-the-highest-in-10-years/.
4 Lenton, T. M. et al.: Climate tipping points – too risky to bet against. Nature 575, 592–595 (2019); doi: https://doi.org/10.1038/d41586-019-03595-0.
5 Spiegel: Arsen und Zuckerstückchen (1968); https://www.spiegel.de/politik/arsen-und-zuckerstueckchen-a-23fa92a8-0002-0001-0000-000046093905?context=issue.
6 Schuster, R. / Germain, R. R. / Bennett, J. R. / Reo, N. J. / Arcese, P.: Vertebrate biodiversity on indigenous-managed lands in Australia, Brazil, and Canada equals that in protected areas (2019), Environmental Science & Policy, Volume 101; https://doi.org/10.1016/j.envsci.2019.07.002.
7 Schleicher, J. / Zaehringer, J. G. / Fastré, C. et al.: Protecting half of the planet could directly affect over one billion people. Nat Sustain 2, 1094–1096 (2019); https://doi.org/10.1038/s41893-019-0423-y.
8 Baragwanath, K. / Bayi, E.: Collective property rights reduce deforestation in the Brazilian Amazon. Proceedings of the National Academy of Sciences 117, 20495–20502 (2020).
9 Salgado, S.: Amazônia, Taschen (2021).
10 IPCC, 2022: 6th Assessment Report, Working Group II, Factsheet Biodiversity – Climate Change Impacts and Risks; https://report.ipcc.ch/ar6wg2/pdf/IPCC_AR6_WGII_FactSheet_Biodiversity.pdf.
11 Wer sich näher mit den Fragen der Biodiversität auseinandersetzen will, dem empfehle ich die Publikation »10 Must-Knows aus der Biodiversitätsforschung 2022« des Leibniz-Forschungsnetzwerks Biodiversität; https://doi.org/10.5281/zenodo.6257476.

12 Radchuk, V. / Reed, T. / Teplitsky, C. et al.: Adaptive responses of animals to climate change are most likely insufficient. Nat Commun 10, 3109 (2019); https://doi.org/10.1038/s41467-019-10924-4.

13 IPCC, 2022: 6th Assessment Report, Working Group II, Factsheet Biodiversity – Climate Change Impacts and Risks.

14 Steffens, D. / Habekuß, F.: Über Leben – Zukunftsfrage Artensterben. Wie wir die Ökokrise überwinden. Penguin (2020).

15 Dinerstein, E. / Joshi, A. R. / Vynne, C. / Lee, A. T. L. / Pharand-Deschênes, F. / França, M. / Fernando, S. / Birch, T. / Burkart, K. / Asner, G. P. / Olson, D.: A »Global Safety Net« to reverse biodiversity loss and stabilize Earth's climate. Sci. Adv.6, eabb2824 (2020).

16 Besonders eindrucksvoll und anschaulich beschreibt diesen Zusammenhang Eckart von Hirschhausen unter anderem in seinem Buch ›Mensch, Erde! Wir könnten es so schön haben‹. dtv (2021).

17 WHO: Air Pollution (2022); https://www.who.int/health-topics/air-pollution#tab=tab_1.

18 Vohra, K. / Vodonos, A. / Schwartz, J. / Marais, E. A. / Sulprizio, M. P. / Mickley, L. J.: Global mortality from outdoor fine particle pollution generated by fossil fuel combustion. Results from GEOS-Chem, Environmental Research, Band 195 (2021).

19 WHO: Billions of people still breathe unhealthy air (2022); https://www.who.int/news/item/04-04-2022-billions-of-people-still-breathe-unhealthy-air-new-who-data.

20 Romanello, M. et al.: The 2021 report of the Lancet Countdown on health and climate change: code red for a healthy futuraie, The Lancet (2021); https://doi.org/10.1016/S0140-6736(21)01787-6.

21 Schwerdtle, P. N. et al.: Environ. Res. Lett. 15 103006 (2020).

22 Bergmann, J.: At risk of deprivation. The multidimensional well-being impacts of climate migration and immobility in Peru. Doctoral thesis (in Vorbereitung).

23 Bergmann, J.: Planned relocation in Peru. Advancing from well-meant legislation to good practice. J Environ Stud Sci 11, 365–375 (2021); https://doi.org/10.1007/s13412-021-00699-w.

24 Ibid.

25 Bergmann, J. / Vinke, K. / Fernández Palomino, C. A. / Gornott, C. / Gleixner, S. / Laudien, R. / Lobanova, A. / Ludescher, J. / Schellnhuber, H. J.: Assessing the Evidence. Climate Change and Migration in Peru. Potsdam Institute for Climate Impact Research (PIK), Potsdam, and International Organization for Migration (IOM), Genf (2021).

26 Mora, C. / Dousset, B. / Caldwell, I. et al.: Global risk of deadly heat. Nat. Clim. Change 7, 501–506 (2017); https://doi.org/10.1038/nclimate3322.

27 Blocher, J. / Bergmann, J. / Upadhyay, H. / Vinke, K.: Hot, wet and deserted: Climate Change and Internal Displacement in India, Peru, and Tanzania. Insights from the EPICC Project. Background Paper for the Internal Displacement Monitoring Centre (GRID 2021). Internal Displacement Monitoring Centre (IDMC), Genf; https://www.internal-displacement.org/global-report/grid2021/downloads/background_papers/background_paper-climatechange.pdf.

28 Seehaus, T. et al.: »Changes of the Tropical Glaciers Throughout Peru Between 2000 and 2016 – Mass Balance and Area Fluctuations«, The Cryosphere Discussions (2019); https://doi.org/10.5194/tc-2018-289.

29 Blocher, J. et al.: Hot, wet and deserted (GRID 2021).

30 Parsa, S. et al.: Lima 2035, Food System Vision Prize, Rockefeller Foundation (2021); https://challenges.openideo.com/apps/IMT/UploadedFiles/00/f_92dfa7a6e543f07c6672931a76f59f2e/attachments_d9bc35c3-ceea-451b-9b25-77de52867b73.pdf?v=1647829912.

31 Mehr Informationen unter der spanischen Webseite »www.lossinagua.org«.

32 Ludescher, J. / Martin, M. / Boers, N. / Bunde, A. / Ciemer, C. / Fan, J. et al.: Network-Based Forecasting of Climate Phenomena, Proceedings of the National Academy of Sciences, 118.47 (2021); e1922872118 <https://doi.org/10.1073/pnas.1922872118>

33 Cai, W. / Borlace, S. / Lengaigne, M. et al.: Increasing frequency of extreme El Niño events due to greenhouse warming. Nature Clim Change 4, 111–116 (2014); https://doi.org/10.1038/nclimate2100 und Cai, W. / Santoso, A. / Collins, M. et al.: Changing El Niño – Southern Oscillation in a warming climate. Nat Rev Earth Environ 2, 628–644 (2021); https://doi.org/10.1038/s43017-021-00199-z.

34 Cai, W. / McPhaden, M. J. / Grimm, A. M. et al.: Climate impacts of the El Niño – Southern Oscillation on South America. Nat Rev Earth Environ 1, 215–231 (2020); https://doi.org/10.1038/s43017-020-0040-3.

35 Davis, M.: Die Geburt der Dritten Welt: Hungerkatastrophen und Massenvernichtung im imperialistischen Zeitalter. Assoziation A (2004/2019).

36 Oxfam: An Economy for the 99% (2017).

37 Oxfam: Inequality Kills. The unparalleled action needed to combat unprecedented inequality in the wake of COVID-19 (2022).

38 Takahashi, K. / Martínez, A. G.: The very strong coastal El Niño in 1925 in the far-eastern Pacific. Clim Dyn 52, 7389–7415 (2019); https://doi.org/10.1007/s00382-017-3702-1.

39 Rodríguez-Morata, C. / Díaz, H. F. / Ballesteros-Canovas, J. A. et al.: The anomalous 2017 coastal El Niño event in Peru. Clim Dyn 52, 5605–5622 (2019); https://doi.org/10.1007/s00382-018-4466-y.

40 Reuben, A. / Frischtak, H. / Berky, A. / Ortiz, E. J. / Morales, A. M. / Hsu-Kim, H. et al.: Elevated hair mercury levels are associated with neurodevelopmental deficits in children living near artisanal and small-scale gold mining in Peru. GeoHealth, 4; e2019GH000222.https://doi.org/10.1029/2019GH000222.

41 Martinez, G. / McCord, S. A. / Driscoll, C. T. / Todorova, S. / Wu, S. / Araújo, J. F. / Vega, C. M. / Fernandez, L. E.: Mercury Contamination in Riverine Sediments and Fish Associated with Artisanal and Small-Scale Gold Mining in Madre de Dios, Peru. Int. J. Environ. Res. Public Health 2018, 15, 1584; https://doi.org/10.3390/ijerph15081584.

42 Gilbert, S. G. / Grant-Webster, K. S.: Neurobehavioral effects of developmental methylmercury exposure. Environ Health Perspect 103 (Suppl 6): 135–142 (1995).

43 Yard, E. E. / Horton, J. / Schier, J. G. et al.: Mercury Exposure Among Artisanal Gold Miners in Madre de Dios, Peru: A Cross-sectional Study. J. Med. Toxicol. 8, 441–448 (2012); https://doi.org/10.1007/s13181-012-0252-0.

44 Fadrique, B. / Báez, S. / Duque, Á. et al.: Widespread but heterogeneous responses of Andean forests to climate change. Nature 564, 207–212 (2018); https://doi.org/10.1038/s41586-018-0715-9.

45 Feeley, K. J. / Silman, M. R. / Bush, M. B. / Farfan, W. / Cabrera, K. G. / Malhi, Y. / Meir, P. / Revilla, N. S. / Quisiyupanqui, M. N. R. / Saatchi, S.: Upslope migration of Andean trees (2011). Journal of Biogeography, 38: 783–791; https://doi.org/10.1111/j.1365-2699.2010.02444.x.

46 Kolbert, E.: Das 6. Sterben – Wie der Mensch Naturgeschichte schreibt. Suhrkamp (2015).

47 Auch Mammuts sind in erster Linie wahrscheinlich einer klimatischen Warmphase zum Opfer gefallen. Bei ihrer Auslöschung spielten aber ihre menschlichen Jäger wohl ebenfalls eine Rolle.

48 Xu, C. / Kohler, T. A. / Lenton, T. M. / Svenning, J.-C. / Scheffer, M.: Future of the human climate niche. Proceedings of the National Academy of Sciences 117, 11350–11355 (2020).

7 Klimakrise in Deutschland und der Schweiz – Von der Hallig bis zu den Alpen

1 Energieagentur Rheinland-Pfalz: Gemeinsamer Abschlussbericht 2021. Wärme- und Gasversorgung im Ahrtal nach der Flutkatastrophe (2022).

2 Emcke, C.: Wir können nicht weiterleben wie bisher. Süddeutsche Zeitung (30.7.2021).

3 Junghänel u. a.: Hydro-klimatologische Einordnung der Stark- und Dauerniederschläge in Teilen Deutschlands im Zusammenhang mit dem Tiefdruckgebiet »Bernd« vom 12. bis 19. Juli 2021, Deutscher Wetterdienst (2021).

4 Timperley, J.: The broken $100-billion promise of climate finance – and how to fix it, Nature 598, 400–402 (2021); https://doi.org/10.1038/d41586-021-02846-3.

5 Bundesanstalt Technisches Hilfswerk: 1 Million Einsatzstunden – Umzug eines Bereitstellungsraumes, um weiterzuhelfen (2021); https://www.thw.de/SharedDocs/Meldungen/THW-LV-HHMVSH/DE/Einsaetze/2021/08/1408BRumzug.html?idImage=16520364¬First=true.

6 Robinson, A. / Lehmann, J. / Barriopedro, D. / Rahmstorf, S. / Coumou, D.: Increasing heat and rainfall extremes now far outside the historical climate. npj climate and atmospheric science (2021).

7 https://www.worldweatherattribution.org/heavy-rainfall-which-led-to-severe-flooding-in-western-europe-made-more-likely-by-climate-change/.

8 Hoffmann, P. / Lehmann, J. / Fallah, B. H. / Hattermann, F. F.: Atmosphere similarity patterns in boreal summer show an increase of persistent weather conditions connected to hydro-climatic risks. Scientific Reports (2021).

9 Das Ergebnis ist in dem DGAP-Bericht »Smarte Souveränität – 10 Aktionspläne für die neue Bundesregierung« zu finden: https://dgap.org/de/forschung/publikationen/smarte-souveraenitaet.

10 Otto, F.: Wütendes Wetter – Auf der Suche nach den Schuldigen für Hitzewellen, Hochwasser und Stürme. Ullstein (2019).

11 https://www.alle-doerfer-bleiben.de.

12 Az.: 21 B 1675/21, 21 B 1676/21.

13 CIA World Factbook (2021): Electricity-Exports (2016); https://www.cia.gov/the-world-factbook/field/electricity-exports/country-comparison.

14 Robine, J.-M. / Cheung, S. L. K. / Le Roy, Setal, S. et al.: Death toll exceeded 70,000 in Europe during the summer Of 2003. C R Biol 331:171–178 (2008).

15 An der Heiden, M. / Muthers, S. / Niemann, H. / Buchholz, U. / Grabenhenrich, L. / Matzarakis, A.: Schätzung hitzebedingter Todesfälle in Deutschland zwischen 2001 und 2015. In: Bundesgesundheitsblatt 62, Heft 5, S. 571–579 (2019).

16 Winklmayr C. / Muthers S. / Niemann, H. / Mücke, H. G. / an der Heiden, M.: Heat-related mortality in Germany from 1992 to 2021. Deutsches Ärzteblatt Int 2022; 119: 451–7; DOI: 10.3238/arztebl.m2022.0202.

17 https://www.klimahaus-bremerhaven.de/.

18 Wer einen Eindruck von unserer Reise, dem Isenthal und den Herausfor-

derungen des Klimawandels für die Menschen gewinnen will, dem empfehle ich ›Das letzte Eis‹ von Anne Steinbach und Manolo Ty, erschienen 2022 bei Reisedepeschen und herausgegeben vom Klimahaus Bremerhaven, das die Geschichte des Isenthals und die Geschichte indigener Gruppen in Alaska in einem Buch vereint.

19 Plöger, S. / Schlenker, R.: Die Alpen und wie sie unser Wetter beeinflussen. Malik (2022).

20 Zemp, M. / Haeberli, W. / Hoelzle, M. / Paul, F.: Alpine glaciers to disappear within decades (2006)? Geophys. Res. Lett., 33, L13504, doi:10.1029/2006GL026319.

21 Alois (Wisi) Infanger gründete Anfang der 90er Jahre die erfolgreiche Bergtourenagentur Montanara: www.montanara.ch.

22 Das Buch ›Nordsee Südsee – Zwei Welten im Wandel‹ von Jana Steingässer und Manolo Ty schildert die Lebenswelt der Halligen und die Herausforderungen der Klimakrise eindrücklich in Wort und Bild. Knesebeck (2020).

23 Ministerium für Energiewende, Landwirtschaft, Umwelt und ländliche Räume des Landes Schleswig-Holstein: Strategie für das Wattenmeer 2100 (2015).

24 Reimer, N. / Staud, T.: Deutschland 2050, Kiepenheuer & Witsch (2021).

25 Bundesministerium Klimaschutz, Umwelt, Energie, Mobilität, Innovation und Technologie. Zweiter Fortschrittsbericht – Executive Summary zur österreichischen Strategie zur Anpassung an den Klimawandel (2021).

26 Parenti, C.: Die Welt in einem Laib Brot (2011), Le Monde diplomatique; https://monde-diplomatique.de/artikel/!245356.

8 Klimapass für Klimamigrant:innen? Der politische Instrumentenkasten für die Systemkrise

1 United Nations: Secretary-General Warns of Climate Emergency, Calling Intergovernmental Panel's Report ›a File of Shame‹, While Saying Leaders ›Are Lying‹, Fuelling Flames (2022); https://www.un.org/press/en/2022/sgsm21228.doc.htm.

2 Horton, R. M. / Sherbinin, A. / de Wrathall, D. / Oppenheimer, M.: Assessing human habitability and migration (2021). Science 372, 1279–1283; doi: 10.1126/science.abi8603.

3 Harper, A. / Vinke, K.: Climate Change and the Future of Safe Returns, UNHCR & PIK (2020); https://www.unhcr.org/5fb28b504.pdf.

4 World Meteorological Organization: WMO update: 50:50 chance of glo-

bal temperature temporarily reaching 1.5 °C threshold in next five years, WMO & UK Met Office (2022); https://public.wmo.int/en/media/press-release/wmo-update-5050-chance-of-global-temperature-temporarily-reaching-15%C2%B0c-threshold.

5 Schulte, Hildegard: Zeitzeichen – 27.06.1973 – Todestag von Odd Nansen, WDR (2018); https://www1.wdr.de/radio/wdr5/sendungen/zeitzeichen/odd-nansen-100.html.

6 Ibid.

7 The Nansen Initiative: Agenda for the Protection of Cross-Border Displaced Persons in the Context of Disasters and Climate Change (2015); https://www.eda.admin.ch/dam/eda/en/documents/aussenpolitik/menschenrechte-menschliche-sicherheit/2017-und-aelter/Nansen-Initiative-Schutzagenda-Volume-1_EN.pdf.

8 Warner, K.: Risk, Climate Change and Human Mobility in International Policy. In: Preuß, H. J. / Beier, C. / Messner, D. (Hrsg.): Forced Displacement and Migration. Springer (2022); https://doi.org/10.1007/978-3-658-32902-0_9.

9 Piguet, E. / Kaenzig, R. / Guélat, J.: The uneven geography of research on »environmental migration«. Popul Environ 39, 357–383 (2018); https://doi.org/10.1007/s11111-018-0296-4.

10 UNHCR: Strategic Framework for Climate Action (2021); https://www.unhcr.org/604a26d84.pdf.

11 https://www.uno-fluechtlingshilfe.de/informieren/fluchtursachen/klimawandel.

12 United Nations: Global Compact for Safe, Orderly and Regular Migration (A/RES/73/195; 2018).

13 The White House: Executive Order on Rebuilding and Enhancing Programs to Resettle Refugees and Planning for the Impact of Climate Change on Migration (2021); https://www.whitehouse.gov/briefing-room/presidential-actions/2021/02/04/executive-order-on-rebuilding-and-enhancing-programs-to-resettle-refugees-and-planning-for-the-impact-of-climate-change-on-migration/.

14 The White House: Report on the Impact of Climate Change on Migration (2021); https://www.whitehouse.gov/wp-content/uploads/2021/10/Report-on-the-Impact-of-Climate-Change-on-Migration.pdf.

15 Fachkommission Fluchtursachen: Krisen vorbeugen, Perspektiven schaffen, Menschen schützen – Bericht der Fachkommission Fluchtursachen der Bundesregierung (2021).

16 WBGU – Wissenschaftlicher Beirat der Bundesregierung Globale Umweltveränderungen: Zeitgerechte Klimapolitik: Vier Initiativen für Fairness. Politikpapier 9. WBGU (2018).

17 Ibid.
18 Vinke, K. / Donges, J. / Gardiner, S. / Gärtner, J. / Thornton, F. / Schellnhuber, H. J.: The Freedom to Move in Response to Uninhabitability: Enabling Climate Migration by a Nansen-Type Passport (in Vorbereitung).
19 Luscombe, R.: Trump's border wall reportedly in severe disrepair in Arizona. The Guardian (2021).
20 Roth, C. et al.: Klimabedingte Migration, Flucht und Vertreibung – Eine Frage globaler Gerechtigkeit. Deutscher Bundestag, 19. Wahlperiode, Drucksache 19/ 15781 (2019); https://dserver.bundestag.de/btd/19/157/1915781.pdf.
21 Deutscher Bundestag: Anträge zur »globalen Klimagerechtigkeit« (2019); https://www.bundestag.de/dokumente/textarchiv/2019/kw50-de-migration-klima-670582.
22 Dernbach, A.: Welche Lehren aus der Kölner Silvesternacht gezogen wurden. Der Tagesspiegel (2020).
23 Deutscher Bundestag, Mediathek: Globale Klimagerechtigkeit. Beratung des Antrags der Fraktion Bündnis 90/Die Grünen. Klimabedingte Migration, Flucht und Vertreibung – Eine Frage globaler Gerechtigkeit (2019); https://www.bundestag.de/mediathek?videoid=7407501#url=L21lZGlhdGhla292ZXJsYXk/dmlkZW9pZD03NDA3NTAx&mod=mediathek.
24 Bremer Senatorin: Auch Klimafolgen sollten Asylgrund sein. Buten un Binnen (2022); https://www.butenunbinnen.de/nachrichten/stahmann-klimawandel-asyl-bremen-102.html.
25 Alexander Wolf: Irres Ansinnen grüner Politik: »Klimaflüchtlinge« sollen Asyl in Deutschland erhalten!?!, AfD (2022); https://www.presseportal.de/pm/110332/5208282.
26 Auf dem Youtube-Kanal der Deutschen KlimaStiftung ist die »Dokumentation Klimaflucht« über die Zustände auf Samos einsehbar: https://www.youtube.com/watch?v=zVDw6AEskz8.
27 Die Samos Volunteers haben zum Vathy-Camp Informationen auf ihrer Webseite bereitgestellt: https://www.samosvolunteers.org/
28 Über den Fall berichtete etwa der Spiegel: Christides, G. / Popp, M.: Wie Europa das Recht bricht. Spiegel (2020).
29 Auch der Bremer Satiriker Jan Böhmermann widmete eine Folge seiner Sendung »Magazin Royale« den neu entstandenen Sicherheitslagern auf Samos (22.10.2021).

9 Ausblick und Auswege aus der Krise – Bruchstücke der Hoffnung

1 Hickel, J.: Quantifying national responsibility for climate breakdown: an equality-based attribution approach for carbon dioxide emissions in excess of the planetary boundary (2020), The Lancet Planetary Health, Volume 4, Issue 9; https://doi.org/10.1016/S2542-5196(20)30196-0.

2 Brand, U. / Wissen, M.: Imperiale Lebensweise – Zur Ausbeutung von Mensch und Natur im globalen Kapitalismus. Oekom (2017).

3 Gardener, B. / Yeampierre, E.: Unequal Impact. The Deep Links Between Racism and Climate Change. Yale School of the Environment (2020).

4 Adeola, F. O. / Picou, J. S.: Race, social capital, and the health impacts of Katrina: Evidence from the Louisiana and Mississippi Gulf Coast. Human Ecology Review 19(1):10–24 (2012).

5 National Academies of Sciences, Engineering, and Medicine: Framing the Challenge of Urban Flooding in the United States. The National Academies Press (2019); https://doi.org/10.17226/25381.

6 Ibid.

7 Bullard, R. / Wright, B.: Race, Place, and Environmental Justice After Hurricane Katrina – Struggles to Reclaim, Rebuild, and Revitalize New Orleans and the Gulf Coast. Routledge (2009).

8 Li, W. / Airriess, C. A. / Chen, A. C.-C. / Leong, K. J. / Keith, V.: Katrina and Migration: Evacuation and Return by African Americans and Vietnamese Americans in an Eastern New Orleans Suburb. The Professional Geographer, 62:1, 103–118 (2010); DOI: 10.1080/00330120903404934.

9 Salas, R. N.: Environmental Racism and Climate Change — Missed Diagnoses. New England Journal of Medicine (2021); DOI: 10.1056/NEJMp2109160.

10 Hoffman, J. S. / Shandas, V. / Pendleton, N.: The Effects of Historical Housing Policies on Resident Exposure to Intra-Urban Heat: A Study of 108 US Urban Areas. Climate 2020, 8, 12; https://doi.org/10.3390/cli8010012.

11 Ibid.

12 Ituen, I. / Tatu Hey, L.: Room – Environmental Racism in Germany Studies, knowledge gaps, and their relevance to environmental and climate justice, Heinrich Böll Stiftung (2021).

13 Hasters, A.: Was weiße Menschen nicht über Rassismus hören wollen, aber wissen sollten. hanserblau (2019).

14 Ibid.

15 IPCC, 2022: Climate Change 2022: Impacts, Adaptation, and Vulnerability. Contribution of Working Group II to the Sixth Assessment Report of

the Intergovernmental Panel on Climate Change [Pörtner, H.-O. / Roberts, D. C. / Tignor, M. / Poloczanska, E. S. / Mintenbeck, K. / Alegría, A. / Craig, M. / Langsdorf, S. / Löschke, S. / Möller, V. / Okem, A. / Rama, B. (Hrsg.)]. Cambridge University Press.

16 Ibid., Kapitel 7, Box 7.4.

17 Ibid., Kapitel 7.

18 Oxfam: Time to care – Unpaid and underpaid care work and the global inequality crisis (2020).

19 UNDP: 2022 Special Report – New threats to human security in the Anthropocene – Demanding greater solidarity. United Nations Development Programme (2022).

20 Ibid.

21 Belmin, C. / Hoffmann, R. / Pichler, P. P. / Weisz, H.: Fertility transition powered by women's access to electricity and modern cooking fuels. Nat Sustain 5, 245–253 (2022); https://doi.org/10.1038/s41893-021-00830-3.

22 UNDP: Human Development Report 2020 – The next frontier Human development and the Anthropocene (2020).

23 Schipper, E. L. F. / Ensor, J. / Mukherji, A. / Mirzabaev, A. / Fraser, A. / Harvey, B. / Totin, E. / Garschagen, M. / Pathak, M. / Antwi-Agyei, P. / Tanner, T. / Shawoo, Z.: Equity in climate scholarship: a manifesto for action, Climate and Development, 13:10, 853–856 (2021); DOI: 10.1080/17565529.2021.1923308.

24 Forschung & Lehre: Frauenanteil bei Professuren stagniert (2021); https://www.forschung-und-lehre.de/politik/frauenanteil-bei-professuren-stagniert-4084.

25 Lunz, K.: Die Zukunft der Außenpolitik ist feministisch – Wie globale Krisen gelöst werden müssen. Ullstein (2022).

26 Supran, G. / Oreskes, N.: Assessing ExxonMobil's climate change communications (1977–2014). Environmental Research Letters (2017).

27 Rahmstorf, S.: Ein Forscher sagte schon 1977 den Klimawandel voraus – leider arbeitete er bei Exxon. Spiegel (2019).

28 Black-Kalinsky, C.: My father warned Exxon about climate change in the 1970s. They didn't listen. The Guardian (2016); https://www.theguardian.com/commentisfree/2016/may/25/exxon-climate-change-greenhouse-gasses.

29 World Economic Forum (2021): Global Gender Gap Report 2021.

30 Carrington, D.: Climate change denial is evil, says Mary Robinson. The Guardian (2019); https://www.theguardian.com/environment/2019/mar/26/climate-change-denial-is-evil-says-mary-robinson.

31 Frenzel, K. / Niejahr, E.: Warum sich junge Menschen machtlos fühlen. Deutschlandfunk Kultur (2022).

32 Der Begriff »Weltbürgerbewegung« stammt aus einem Sondergutachten des WBGU: Klimaschutz als Weltbürgerbewegung (2014).

33 Riise J. / Adeyemi, K.: Case study: Makoko floating school. Curr Opin Environ Sustain 13:58–60 (2015).

34 Barnes, B. / Cao, H. / Drab, T. / Pearson, J.: Design of sustainable relief housing in Ethiopia: An implementation of cradle to cradle design in earthbag construction. *Am J Environ Sci* 5(2):137–144 (2009).

35 Horton, B. P. et al.: Estimating global mean sea-level rise and its uncertainties by 2100 and 2300 from an expert survey. npj Climate and Atmospheric Science 3 (2020); doi:10.1038/s41612-020-0121-5.

36 Kulp, S. A. / Strauss, B. H.: New elevation data triple estimates of global vulnerability to sea-level rise and coastal flooding. Nat Commun 10, 4844 (2019); https://doi.org/10.1038/s41467-019-12808-z.

37 Greiner, T.: Architektur für den Klimawandel – Die Welt lernt schwimmen. Süddeutsche Zeitung (2015); https://www.sueddeutsche.de/wissen/architektur-fuer-den-klimawandel-die-welt-lernt-schwimmen-1.2544091.

38 Roehrl, A. / Aufmkolk, T.: Zukunft des Wohnens – Schwimmende Häuser. SWR Planet Wissen (2019).

39 UN-Habitat: UN-Habitat and partners unveil OCEANIX Busan, the world's first prototype floating city (2022).

40 Ingels, B. / Sundlin, D.: Oceanix City. BIG-Bjarke Ingels (2022); https://big.dk/#projects-sfc.

41 Ibid.

42 Siehe z. B. »Morgenstadt – Stadt der Zukunft Initiative«, Fraunhofer Gesellschaft (2015).

43 Churkina, G. / Organschi, A. / Reyer, C. P. O. et al.: Buildings as a global carbon sink. Nature Sustainability 3, 269–276 (2020); https://doi.org/10.1038/s41893-019-0462-4.

44 Von der Leyen, U.: Ein Neues Europäisches Bauhaus, FAZ 20.2.2021.

45 World Weather Attribution: Climate Change made devastating early heat in India and Pakistan 30 times more likely (2022); https://www.worldweatherattribution.org/climate-change-made-devastating-early-heat-in-india-and-pakistan-30-times-more-likely/.

46 Das Video der Veranstaltung ist auf Youtube einsehbar unter: https://www.youtube.com/watch?v=rJtoXmChoNs.

47 Harvey, F.: Climate experts in dismay at choice of Mathias Cormann as OECD chief. The Guardian (2021); https://www.theguardian.com/business/2021/mar/12/climate-experts-in-dismay-at-choice-of-mathias-cormann-as-oecd-chief.

48 https://globalsolaratlas.info/ und https://globalwindatlas.info/.

LITERATUR- UND BILDNACHWEIS

Literaturnachweis

Brand, Ulrich; Wissen, Markus: Imperiale Lebensweise. Zur Ausbeutung von Mensch und Natur im globalen Kapitalismus. © 2017 oekom, München

Davis, Mike: Die Geburt der Dritten Welt. Hungerkatastrophen und Massenvernichtung im imperialistischen Zeitalter. © 2019 Assoziation A, Berlin / Hamburg

Hasters, Alice: Was weiße Menschen nicht über Rassismus hören wollen, aber wissen sollten. © 2019/2021 Carl Hanser Verlag GmbH & Co. KG / hanserblau, München

Khanna, Parag: Move. Das Zeitalter der Migration. © 2021 Rowohlt Berlin

Knaus, Gerald: Welche Grenzen brauchen wir? Zwischen Empathie und Angst. Flucht, Migration und die Zukunft von Asyl. © 2020 Piper Verlag GmbH, München

Kolbert, Elizabeth: Das 6. Sterben. Wie der Mensch Naturgeschichte schreibt. © 2015 Suhrkamp Verlag, Berlin

Otto, Friederike: Wütendes Wetter. Auf der Suche nach den Schuldigen für Hitzewellen, Hochwasser und Stürme. © 2019 Ullstein Buchverlage GmbH, Berlin

Reimer, Nick; Staud, Toralf: Deutschland 2050. © 2021 Verlag Kiepenheuer & Witsch GmbH & Co. KG, Köln

Steffens, Dirk; Habekuß, Fritz: Über Leben. Zukunftsfrage Artensterben: Wie wir die Ökokrise überwinden. © 2020 Penguin Verlag, München, in der Penguin Random House Verlagsgruppe GmbH

Bildnachweis

Seite 217:
© dpa Picture Alliance GmbH / REUTERS / Wolfgang Rattay